改訂版
企業労働法実務入門

はじめての人事労務担当者からエキスパートへ

編集代表 弁護士　倉重 公太朗
　　　　　　　　企業人事労務研究会代表

編集副代表 社労士　田代 英治
　　　　　　弁護士　小山 博章

編集者 弁護士　荒川 正嗣
　　　　　　　　中山 達夫
　　　　　　　　石井 拓士
　　　　　　　　平田 健二

執筆者 弁護士　近衞 大
　　　　　　　　岡村 光男
　　　　　　　　瓦林 道広
　　　　　　　　樋口 治朗
　　　　　　　　田島 潤一郎
　　　　　　　　冨田 啓輔
　　　　　　　　吉永 大樹
　　　　　　　　河本 みま乃

執筆者 社労士　菱野 義将
　　　　　　　　荒川 建一

日本リーダーズ協会／企業人事労務研究会

　2014年に初版第1刷が刊行された「企業労働法実務入門～はじめての人事労務担当者からエキスパートへ～」はお陰様で現在7刷のご好評を頂き、増刷を今もなお続けている。

　また、2016年には、企業労働法実務入門【書式編】も発行され、これを加えると、「企業労働法実務入門」シリーズの累計は1万部を突破したとのことである。労働法の実務書籍で1万部を超えるシリーズとなるものは極めて少ないため、読者の皆様には感謝申し上げる。

　さて、この度、企業労働法実務入門の改訂版を発刊する運びとなったが、これに当たり、シリーズを始めるにあたっての想いを改めて述べておきたい。

　本書は「これまで法律には縁が無かったけれども、はじめて人事・労務担当となって何から勉強したら良いのか分からない」(初版「はじめに」)という方を含めて幅広い人事担当者にお読み頂くために執筆した。労働法の正しい知識を持った人事担当者、労働組合担当者が一人でも多く育つことが、これからの日本の雇用社会を正しい方向に導くために必要だと考えたからである。

　これは、働き方改革時代を迎えて、労働時間の上限規制や同一労働同一賃金の問題など、労働法をめぐる環境が劇的に変わっている環境も変わらぬ理念である。むしろ、雇用慣行が劇的に変動している真っ最中にある今だからこそ、労働法の正しい知識を身につけ、これを常にアップデートする必要性は増している。

　本書は、法律用語が分からない初学者でも読める本当の意味での「入門」本であり、実務の「エキスパート」になるための実務書でありたいと考えている。その意味で、本書は初学者のみならず、一度労働法を学んだことがある方にとっても、最新の実務対応の議論まで触れられているため、読み応えのあるものになっているだろう。

　本書の製作という意味では、旧版は弁護士7名、社会保険労務士2名の著者陣であったが、改訂版は弁護士14名、社会保険労務士3名と大幅に陣容を拡大させている。これにより、旧版では全14章であった本書構成は16章に増大した。

　まず、【序章】を新設し、人事部とは何か？人事として求められる心構えなどを加筆した。さらに、【第8章】としてハラスメントの章を独立させ、【第12-1章】として非正規雇用管理、【第12-2章】として同一労働同一賃金、そして【第13章】として労基署対応を加筆した。これにより、現在の人事実務にまつわる諸問題を幅広くカバーする内容になっている。

第4次産業革命とも言われ、先行きには不透明感が強まり、何が正解かが分からない世の中である。だからこそ、目の前の法律については地に足を着けて、単なる知識ではなく、それを自らの血肉として身につけた上で、これからの雇用社会で日々生ずる新しい問題を、「自分の頭で」考えられる方が一人でも増えることを願い、本書改訂版の執筆に著者一同全力で取り組んだ。

　発刊まで極めて短いスケジュールとなり、著者及びそのご家族にはご負担をお掛けしたことと思います。この場を借りて御礼申し上げます。日本リーダーズ協会の櫻井洋輔氏、（株）ティー・プラスの利根川明仁氏には多数の無理を申し上げ、これを叶えて頂いたことに心から御礼申し上げます。また、私の家族である妻と2人の娘にも礼を述べる場とさせて頂きたい（いつもありがとう！）。

　最後になりますが、本書により、労働法に興味を持つ人が一人でも増えることを心から祈っています。働き方改革は、一過性のものではありません。読者一人一人の皆さんと一緒に作り上げていきましょう！

　　　　　　　　　　　　　　　　　　　　　　　　　令和元年7月1日
　　　　　　　　　　　　　　　　　　　　　編集代表　弁護士　倉重　公太朗

～推薦のことば～

　本書は、人事労務の初心者の方々のために、労働法の基本的内容をわかりやすく説いたものである。

　人事労務を担当するようになると、当然のことながら、労働法に接する機会が多くなる。労働法に従った人事労務の運営は、企業のコンプライアンスという点から重要であるだけでなく、企業の円滑な事業運営の基礎をなすものであり、また、従業員が充実感をもって働くことのできる基礎をなすものでもあるから、労働法と人事労務は切っても切れない関係にある。

　このような意味で重要度の高い労働法を身につけることは、ある程度は仕事を通じてのOJTでも可能であるが、体系的に内容を理解するためには、やはり、全体像をまとめた書物を読むことが有益である。特に、これまでなかった新たな問題に対応するためには、断片的な知識では十分とはいえず、労働法の基本に立ち戻った体系的な理解が大きな武器となる。

　本書には、労働法についての基本的な内容を的確に理解したうえで、人事労務の実務に生かすことができるように、多くの工夫が込められている。たとえば、わかりやすい文章や図表の活用、記憶に定着しやすい端的な結論のまとめ方、人事管理の基礎や社会保険制度の解説、実務上の有益なアドバイスや今後の展望を記した「一歩前へ」・「コラム」などであり、初学者への配慮が端々に感じられる。

　本書の編集代表者である倉重公太朗弁護士は、経営側の弁護士として活躍されるなかで、今後の労働政策についても有益な提言を行っておられる気鋭の実務法曹である。また、本書の著者には、編集者の小山博章弁護士をはじめ、当職が以前勤務していた慶應義塾大学法科大学院において、労働法関係の授業を履修してくれた方々が含まれている。かつての教え子（やや上から目線を感じさせ、あまり好きな表現ではないが）のみなさんが良い仕事をしているのを見るのは、教師冥利に尽きることである。

　人事労務の担当部門において、あるいは、その経験を生かしてより広い分野で活躍されている方々は、労働法について的確で広範な理解を身につけていることが多い。人事労務担当の初心者の方々が、本書により労働法の基本的な理解を身につけ、日々の仕事においてそれを生かして、人事労務のエキスパートとして活躍することが期待される。

　以上のとおり、本書を推薦する次第である。

東京大学教授　山川隆一

はじめに

1. 本書のコンセプト

　本書は、「これまで法律には縁がなかったけれども、はじめて人事・労務担当となって何から勉強したら良いのか分からない」という方を対象に、「初めて人事労務担当者になったら読む本」というコンセプトの元、「企業人事労務研究会」気鋭の弁護士7名、社会保険労務士2名ができるかぎり専門用語を使わず、分かりやすく労働法実務を解説するという観点から執筆を行ったものです。

　また、正確な理解のため、専門用語が必要な箇所には、可能な限りその説明をつけて、法律知識がゼロでも読めるように工夫したつもりです。

2. 本書の特徴

　本書を執筆するにあたって、各執筆者が留意したのは、徹底して実務に役立つこと、徹底して分かりやすくすることです。難しいことを分かりやすく書くということは、最も難しいことです。簡単すぎて当然のことばかりを書いたのでは問題解決の助けにはなりませんし、逆に、難解な理論ばかり書いても実務に役立ちませんので、そのバランス調整は、編集にあたって最も気を使ったところです。

　具体的な本書の特徴としては、

①各項目のまとめを設けていること

　これからお読み頂く各項目の最後に  で括られている箇所のことで、各項目の結論だけを記載しています。ここだけを通読していただくことでも、労働法実務の全体像が見えてくるでしょう。

②「一歩前へ」、「コラム」を設けていること

　各章では、基本的な事項の記載のみに留まらず、「やや難しいが実務上問題となる事項」については「一歩前へ」という欄を設け解説しています。最初はこの部分は読み飛ばしていただいても構いませんが、一度通しで読んだ後に見て頂けると理解が深まるでしょう。

　また、「コラム」については単なる実務上の記載に留まらず、現在の労働法の問題点やあるべき労働法の姿など、労働政策的記載にまで踏み込んでいます。基礎を身につけた後の羅針盤的役割を果たせればとの想いから、記載しています。

③用語集

　巻末索引に留まらず、各章に登場する専門用語のうち重要なものをピックアップし、定義の一覧を掲載しています（用語集に登場する用語につ

いては太字になっています)。これだけを読めば各章で最低限必要な基礎知識が身に付く構成になっていますので、時間がない方は、この部分だけみて分からないところを読むといった使い方でも良いでしょう。

3．本書の構成

　本章は一般的な採用から退職までの人事労務実務の問題に加えて、人事労務分野に特有の制度をそれぞれ解説するという流れになっています。これから本書を読み進めていくに当たっては、まず全体の流れを意識して頂ければ理解の助けとなるでしょう。

　まず、冒頭の「序論」では、労働法とは何かという本書全体の羅針盤を提示します。そして、「第1章　採用に関する諸問題」では労働者を採用する際の問題点、「第2章　就業規則と労働契約」では、会社に入社するにあたっての労働契約がどのように決定されるのかという判断プロセスを、「第3章　賃金」では、労働条件の中で最も労働者にとって重要な賃金に関する法規制を、「第4章　労働時間」では、毎日の「労働時間」を労働法がどのように評価し、どのような労働時間法制度が設けられているのかを網羅的に概説し、「第5章　休憩・休日・休暇」では、労働とは対象的な非労働部分についての基本的な考え方を解説します。

　ここまでが日々の労働で問題となる最も基礎的な部分です。

　次に、第6章以下は特別な場面における基礎的事項を解説します。

　「第6章　人事」では、日々の労働の結果として人事考課による異動や昇進降格・配置転換などについて、「第7章　懲戒処分」では、労働者の問題行動に対する処分について、「第8章　雇用契約の終了」では、退職・解雇に関連する法的規制・制度について、「第9章　労災・安全衛生」では、労災保険制度や企業の安全配慮義務を、「第10章　メンタルヘルス」では、近時問題となることの多いメンタルヘルスの問題を、「第11章　労働組合」では、企業の労働組合対応を、それぞれ、各人事労務特有の特別な場面における基本的事項について解説しています。

　ここまでで労働法に関する人事労務実務の基本的事項については一応網羅していることになります。

　「労働法の基礎」といった類の本では、ここまでの記載で終わることも多いですが、本書では、さらに進んで、「第12章　人事関連の法律で知っておくべきもの」として、人事担当者として知っておくべき各種法令の基礎を提示し、「第13章　人事組織マネジメントの基礎」では、人事制度、

はじめに

人事評価、人材育成の基礎を、「第 14 章　社会保険・労働保険の基礎知識」では、人事担当者として実務上避けては通れない社会保険の基礎を解説しています。

　ここまでお読み頂くことで、労働法の基礎のみならず人事政策・社会保険制度など、人事担当者として必要な基礎知識が一通り身に付くことでしょう。

4．最後に、企業人事労務研究会とは・・・

　企業人事労務研究会とは、20 年後・30 年後の将来を見据えて、日本の雇用社会・労働法のあるべき姿を考え、一方で、現在の実務に真に役立つ情報を研究・発信すべく教育・研修を行うことを目的として、平成 25 年、一般社団法人 日本リーダーズ協会内の組織活動として結成された、弁護士・社会保険労務士・企業実務担当者により組織される会のことです。

　本書は、当会の活動第一段として、教育・研修の最も基本的部分である初学者向けの出版を行うものです。今後は、当会としても応用的・実務的な書籍の出版や各種出版物に基づくセミナー、研究会、交流会など、執筆者と読者の「縦のつながり」のみならず、読者である人事担当者同士の「横のつながり」が生まれるような場を企画して参る所存です。

　企業人事労務研究会の今後の活動にご理解・ご協力賜われれば存外の喜びです。

　最後に、本書執筆にあたり、読者目線で何度も文章を推敲して頂いた一般社団法人日本リーダーズ協会櫻井洋輔氏（Special Thanks 石川勉氏）、タイトなスケジュールの中、様々な編集上の注文に応えて頂いた㈱ティー・プラス利根川明仁氏に心より感謝を申し上げます。お二人が居なければ、この出版はありませんでした。ありがとうございました。そして、2014 年 1 月から 2 月という極めて短い期間で何度も原稿の直しに応じて頂いた各執筆者の皆様にも感謝です。

　本書が、初めて労働法を学ぶ方の研鑽の一助となることを願って

2014 年 2 月
企業人事労務研究会　代表
編集代表　弁護士　倉重　公太朗

目次

改訂版発刊にあたって
推薦のことば
はじめに

序章1 労働法ってなに？

1. 労働法ってなに？ …*26*
   (1) 労働法という法律はない!? …*26*
   (2) この「労働法」については、大きく分けて3つに分類されています …*26*
   (3) 労働法の基本3法とは …*27*
       ① 労働基準法
       ② 労働契約法
       ③ 労働組合法
2. なぜ労働法が存在するのか …*28*
3. 判例の重要性 …*29*
4. 通達の重要性 …*31*
5. 施行令及び施行規則も要チェック …*31*
6. ガイドライン、Q&Aの重要性 …*32*

序章2 人事部の役割と実務

1. 人事の仕事の基本 …*34*
   (1) 人事部とは何か …*34*
       ① 人事部の仕事の特性
       ② 人事部の使命
   (2) 人事部の業務 …*35*
       ① 人事部の業務の分類
       ② 分類別の具体的な業務内容
           ⅰ．人材開発
               ア．採用業務
               イ．人事管理業務
               ウ．教育・研修業務
           ⅱ．人事政策
               ア．全社的な人事戦略の策定
               イ．人事制度の再構築
               ウ．要員計画の策定
           ⅲ．労務管理
               ア．労使関係
               イ．労務管理・安全衛生
               ウ．労務相談対応
           ⅳ．福利厚生
   (3) 年間スケジュール …*43*
       ① 人材開発分野
           ⅰ．採用業務
           ⅱ．人事管理業務
           ⅲ．教育・研修業務
       ② 人事政策分野
       ③ 労務管理分野

　　　　④ 福利厚生分野
　　(4) 人事部が関わるルール … *48*
　　　　① 人事部が関わる規則
　　　　② 基本的な人事制度のしくみ
　　　　　　ⅰ．等級制度
　　　　　　　　ア．職能資格制度
　　　　　　　　イ．職務等級制度
　　　　　　　　ウ．役割等級制度
　　　　　　ⅱ．賃金制度
　　　　　　ⅲ．人事考課制度
　　　　　　　　ア．人事考課の目的
　　　　　　　　イ．考課基準
　　　　　　　　ウ．職能資格制度における人事考課
　　　　　　　　エ．職務・役割等級制度における人事考課
　　　　　　ⅳ．人材育成（能力開発）制度
　　　　　　　　ア．人材育成基本方針
　　　　　　　　イ．人材育成の手法
　　　　③ 社員区分
２．人事部員に求められる心構え、知識、能力・スキル … *54*
　　(1) 人事部員の６つの心構え … *54*
　　　　① 信頼感を持たれるような意識と行動
　　　　② 社員に向ける深い愛情と強い関心
　　　　③ 組織・人材に対する貢献意識
　　　　④ ぶれない公平・中立性
　　　　⑤ 自己変革意識の保持
　　　　⑥ 相手の立場に立って話を聴く姿勢
　　(2) 人事部員に求められる知識 … *57*
　　　　① 人材開発：採用、社員教育、異動・昇格・昇進管理など
　　　　② 人事政策、労務管理：人事諸制度設計、労務管理施策、労使関係など
　　　　③ 社会保険・福利厚生：給与、社会保険、福利厚生など
　　(3) 人事部員に求められるスキル … *60*
　　　　① ヒューマンスキル（対人関係能力）
　　　　② テクニカルスキル（業務遂行能力）
　　　　③ コンセプチュアルスキル（概念化能力）
３．人事部員が最初に任される仕事 … *62*
　　(1) 最初はオペレーション業務が中心 … *62*
　　(2) 採用、教育研修の事務局的業務 … *63*
　　　　① 採用業務
　　　　② 教育・研修業務
　　(3) 社会保険、給与計算の業務 … *65*
　　　　① 社会保険の手続き
　　　　② 給与計算の実務
　　　　　　ⅰ．人事情報の収集
　　　　　　ⅱ．実労働日数、労働時間の集計
　　　　　　ⅲ．給与計算、給与支払明細書の作成
　　　　　　ⅳ．給与の支払い
　　　　　　ⅴ．税金、社会保険料の納付

第１章　採用に関する諸問題

１．採用とは … *68*

2．採用の自由とその制限 … *68*
　(1) 採用の自由 … *68*
　(2) 採用差別 … *69*
　　　① 採用差別の禁止
　　　② 間接差別
　　　③ コース別採用
　(3) 採用の自由に関わる法律 … *71*
　　　① 労働政策の総合的な推進並びに労働者の雇用の安定及び職業生活の充実等に関する法律
　　　② 障害者雇用促進法
　　　　　ⅰ．差別禁止・合理的配慮
　　　　　ⅱ．障害者雇用率制度
　　　　　ⅲ．障害者と対象障害者
　　　③ 若者雇用促進法
　　　　　ⅰ．職場情報の積極的な提供
　　　　　ⅱ．ハローワークにおける求人不受理
　　　　　ⅲ．ユースエール認定制度
　　　④ 女性活躍推進法
　　　⑤ その他
　(4) 労働条件の明示 … *77*
　(5) 身元保証契約の締結 … *79*
3．採用内定・内々定 … *80*
　(1) 採用内々定時の契約関係 … *80*
　　　① 採用内々定の法的性質
　　　② 採用内々定の取消し
　(2) 採用内定時の契約関係 … *81*
　　　① 採用内定の法的性質
　　　② 採用内定者に対する研修の義務づけ
　　　③ 採用内定の取消し
4．労働契約とは … *84*
　(1) 労働契約と労働基準法 … *84*
　(2) 労働基準法の適用を受ける場合 … *85*
　(3) 使用者 … *86*
5．試用期間 … *87*
　(1) 試用期間とは … *87*
　(2) 試用期間の注意点 … *88*
　　　① 本採用拒否
　　　② 試用期間の延長

第2章　就業規則と労働契約

1．就業規則の役割 … *92*
　(1) 就業規則とは … *92*
　(2) 就業規則を作成しないと？ … *92*
　(3) 就業規則と労働基準法 … *93*
　(4) 就業規則と法令・労働協約・労働契約との関係 … *95*
　　　① 就業規則と法令及び労働協約
　　　② 就業規則と労働契約
2．就業規則の作成 … *96*
　(1) やらなければならないこと … *96*
　　　① 就業規則案の作成

② 意見聴取
　　　③ 労働基準監督署長への届出
　　　④ 労働者への周知
　　(2) 就業規則作成の効力 … *100*
　　(3) 複数の就業規則 … *100*
　3．過半数代表者の選出について … *101*
　　(1) 過半数代表者の資格 … *101*
　　(2) 過半数代表者の選出方法 … *102*
　　　① 労基法及び通達の定め等
　　　② 実務上の運用
　　(3) 過半数代表者の任期制 … *104*
　　(4) 不利益取扱いの禁止 … *104*
　4．就業規則の変更 … *105*

第3章　賃　金

　1．「賃金」とは … *108*
　　(1) 定義 … *108*
　　(2) 労基法上の「賃金」該当性の判断 … *108*
　　(3) 一般的な賃金体系 … *109*
　2．「賃金」に関する規制 … *112*
　　(1) 労基法24条の規制 … *112*
　　　① 通貨払いの原則
　　　② 直接払いの原則
　　　③ 全額払いの原則
　　　④ 毎月1回以上払いの原則
　　　⑤ 一定期日払いの原則
　　(2) 男女同一賃金の原則 … *113*
　　(3) 不利益変更に対する規制 … *114*
　　(4) 個別合意による方法 … *114*
　　(5) 就業規則の変更による方法 … *115*
　　　① 内容面の要件
　　　② 手続面の要件
　　(6) 労働協約による方法 … *120*
　　(7) 最低賃金法の規制 … *120*
　　　① 適用範囲
　　　② 効力
　3．平均賃金（労基法12条）… *121*
　　(1) 平均賃金の算定方法 … *122*
　　(2) 平均賃金算定日数及び賃金総額からの控除 … *122*
　4．基準内賃金（定期昇給とベースアップ）… *123*
　　(1) 定期昇給とは … *123*
　　(2) ベースアップとは … *124*
　5．基準外賃金 … *124*
　　(1) 割増賃金と割増率 … *124*
　　　① 割増賃金とは
　　　② 割増率
　　　　ⅰ．時間外労働
　　　　ⅱ．休日労働
　　　　ⅲ．深夜労働
　　(2) 割増賃金未払いによるトラブル … *126*

6．その他の賃金 … **129**
　(1) 賞与（一時金） … **129**
　　　① 賞与とは
　　　② 支給義務
　　　　　ⅰ．就業規則等の定め
　　　　　ⅱ．労使慣行
　　　③ 支給日在籍条項
　(2) 退職金 … **132**
　　　① 退職金とは
　　　　　ⅰ．退職金の法的性格
　　　　　ⅱ．支給義務
　　　② 退職金の不支給・没収・減額条項
　　　　　ⅰ．同業他社への転職と退職金の没収・減額
　　　　　ⅱ．懲戒処分と退職金の不支給・減額

第4章　労働時間

1．労働時間について … **136**
　(1) 労働時間とは … **136**
　(2) 労働時間にあたるかどうかが問題となる場合（労働時間該当性） … **137**
　　　① 通勤時間
　　　② 実作業前後の準備時間
　　　③ 出張先への移動時間
　　　④ 教育研修、朝礼等の時間
　　　⑤ 電話当番、来客当番などの時間（待機時間・手持時間）
　　　⑥ 仮眠時間（不活動時間）
　　　⑦ 所定終業時間後の在社時間
　　　⑧ 持ち帰り残業
　　　⑨ 健康診断の時間
2．労働時間の管理（把握） … **139**
3．時間外労働（残業） … **142**
　(1) 時間外労働（残業）とは … **142**
　(2) どのような場合に時間外労働を命じることができるか … **143**
　(3) 残業時間の上限規制 … **144**
　(4) 上限規制の実務対応 … **147**
　(5) 36協定の作成及び届出 … **147**
　　　① 36協定の記載事項
　　　② 限度時間との関係
　　　③ 特別条項を設ける場合の延長時間等
　　　④ 健康福祉確保措置
4．労働時間の例外的取扱い … **154**
　(1) 変形労働時間制 … **156**
　　　① 1か月単位の変形労働時間制
　　　　　ⅰ．定義
　　　　　ⅱ．要件
　　　　　ⅲ．効果
　　　② 1年単位の変形労働時間制
　　　　　ⅰ．定義
　　　　　ⅱ．要件
　　　　　ⅲ．効果
　(2) フレックスタイム制 … **163**

　　　　① 定義
　　　　② 要件
　　　　③ 効果
　　(3) 事業場外労働　… *168*
　　　　① 定義
　　　　② 要件
　　　　③ 効果
　　(4) 裁量労働制　… *173*
　　　　① 専門業務型裁量労働制
　　　　　　ⅰ．定義
　　　　　　ⅱ．要件
　　　　　　ⅲ．効果
　　　　② 企画業務型裁量労働制
　　　　　　ⅰ．定義・趣旨
　　　　　　ⅱ．要件
　　　　　　ⅲ．効果
　　(5) 適用除外　… *177*
　　　　① 管理監督者
　　　　② 機密事務取扱者、監視・断続的労働従事者
　　　　③ 効果
　　(6) 高度プロフェッショナル制度　… *180*
　　　　① 定義・趣旨
　　　　② 要件
　　　　③ 効果
　５．割増賃金（残業代）の実務対応　… *184*

第５章　休憩・休日・休暇

　１．休憩時間　… *190*
　　(1) 休憩時間とは　… *190*
　　(2) 一斉休憩の原則と例外　… *191*
　　(3) 休憩時間自由利用の原則と例外　… *191*
　２．休日　… *191*
　　(1) 休日とは　… *191*
　　　　① 法定休日と所定休日
　　　　② 休日と休暇の違い
　　(2) 休日の振替と代休　… *193*
　　　　① 休日の振替とは
　　　　② 代休
　３．有給休暇　… *195*
　　(1) 有給休暇とは　… *195*
　　(2) 有給休暇の取得　… *196*
　　　　① 有給休暇の成立要件〜入社後最初の有給休暇〜
　　　　② 有給休暇の成立要件〜勤続による有給休暇〜
　　　　③ 有給休暇の取得手続
　　　　④ 有給休暇の効果
　　(3) 時季指定に対して企業の採るべき対応　… *199*
　　　　① 時季変更権とは
　　　　②「事業の正常な運営を妨げる」とは
　　　　③ 時季変更権の行使のタイミング
　　(4) 計画年休　… *201*

(5) 時季指定義務 … *201*
　① 概要
　② 就業規則への記載
　③ 企業による時季指定の手続
　④ 半日単位の年休の取扱い
　⑤ 年次有給休暇管理簿
(6) 未消化の有給休暇の処理 … *206*
　① 年休の買上げ
　② 有給休暇の繰り越しと時効
　③ 退職までの期間を指定した有給休暇取得

第6章　人　事

1．配転 … *210*
(1) 配転の意義 … *210*
(2) 企業の配転命令権の根拠 … *210*
(3) 配転命令権の限界 … *211*
　① 法令による制約
　② 契約による制約
　　ⅰ．職種を限定する合意
　　ⅱ．勤務地を限定する合意
　③ 権利濫用による制約
　　ⅰ．どのような場合に権利濫用となるか
　　ⅱ．遠距離通勤や単身赴任は
2．出向 … *218*
(1) 出向の意義 … *218*
(2) 出向、派遣、労働者供給事業、請負・業務委託、転籍の形態の違い … *218*
(3) 出向命令権の根拠 … *219*
(4) 出向命令への制約 … *221*
(5) 出向中の労働関係 … *222*
　① 労基法の適用関係
　② 就業規則の適用関係
3．転籍 … *225*
(1) 転籍の意義 … *225*
(2) 転籍の要件 … *225*
4．昇進、昇格、昇級 … *227*
(1) 昇進の意義 … *227*
(2) 昇進、昇格、昇級に関する法規制 … *227*
5．降格・降級 … *228*
(1) 降格の意義 … *228*
(2) 要件 … *228*
　① 一定の役職を解く又は低下させる降格（降職）
　② 職能資格等級を低下させる降格
　③ 職務等級制度における等級の引下げ（降級）

第7章　懲戒処分

1．懲戒処分の概説 … *232*
(1) 懲戒処分の意義と種類 … *232*
　① 懲戒処分とは
　② 懲戒処分の種類
　　ⅰ．譴責、戒告

　　　　ⅱ．減給
　　　　ⅲ．出勤停止（停職）
　　　　ⅳ．降格
　　　　ⅴ．諭旨解雇（諭旨退職）
　　　　ⅵ．懲戒解雇
　　　③ 懲戒処分を科すためには就業規則上の根拠規程が必要
　(2) 懲戒処分規程の内容 … *235*
 2．懲戒制度の運用 … *237*
　(1) 処分の相当性 … *237*
　　① 総論
　　② 懲戒事由毎の考慮要素及び重視要素を見極めることが重要
　　　　ⅰ．セクシュアルハラスメント
　　　　ⅱ．パワーハラスメント
　　　　ⅲ．勤怠不良（遅刻・欠勤・私用外出）
　　　　ⅳ．不正受給
　　　　ⅴ．横領・着服
　　　　ⅵ．暴行・暴言
　　　　ⅶ．取引先からの接待等
　　　　ⅷ．兼業（兼職）
　　　　ⅸ．電子メール・インターネットの私的利用
　　　　ⅹ．私生活上の非行
　　③ 事前の注意・警告、軽い懲戒処分の重要性
　(2) 手続の相当性 … *246*
　　① 懲戒手続
　　② 弁明の機会の付与
　　③ 長期間経過後の懲戒処分の可否
　　④ 辞職後や解雇後の懲戒解雇の可否
　　　　ⅰ．辞職後の懲戒解雇
　　　　ⅱ．普通解雇後の懲戒解雇
　　⑤ 始末書不提出と懲戒処分
 3．懲戒処分と退職金の不支給、減額 … *256*

第8章　ハラスメント

 1．ハラスメント … *260*
 2．ハラスメント対応の重要性 … *260*
 3．セクシュアルハラスメント … *261*
　(1) セクシュアルハラスメントの定義 … *261*
　　① 対価型セクシュアルハラスメント
　　② 環境型セクシュアルハラスメント
　(2) セクシュアルハラスメントにおける判断基準 … *264*
　　① 身体的接触を伴う場合
　　② 身体的接触を伴わない場合
　(3) セクシュアルハラスメントの背景になりうる言動について … *264*
　(4) 企業に求められる取り組み … *265*
 4．パワーハラスメント … *265*
　(1) パワーハラスメントの定義 … *265*
　(2) セクシュアルハラスメントとの相違点 … *266*
　(3) 企業に求められる取り組み … *267*
 5．マタニティハラスメント … *268*
　(1) 定義 … *268*

　　　　① 制度等の利用への嫌がらせ型のマタハラの具体例
　　　　② 状態への嫌がらせ型のマタハラ
　　(2) 業務上の必要性に基づく言動はマタニティハラスメントに該当しない … *271*
　　　　①「制度等の利用」に関する言動の例
　　　　②「状態」に関する言動の例
　　(3) 妊娠等を「理由として」の不利益取扱い … *272*
　　(4) 企業に求められる取り組み … *274*
　6. 企業に求められる取り組み … *275*
　7. ハラスメント事故が発生した場合の対応 … *277*
　　(1) はじめに … *277*
　　(2) 事実関係の調査 … *278*
　　　　① 初動・事後対応の重要性
　　　　② ヒアリングのポイント
　　(3) 加害者に対する対応 … *280*
　　　　① 調査中の加害者の取り扱い
　　　　② 懲戒処分
　　　　③ その他の措置
　　(4) 被害者に対する対応 … *281*
　　(5) 紛争が生じた場合の対応 … *282*
　　(6) 再発防止について … *282*

第9章　労災・安全衛生

　1. 労働災害 … *286*
　　(1) 労働災害とは … *286*
　　(2) 業務災害とは … *286*
　　(3) 通勤災害とは … *286*
　2. 業務災害の要件 … *287*
　　(1) 業務起因性（「業務上」であること） … *287*
　　　　① 職業病
　　　　② 脳・心臓疾患
　　　　③ 精神疾患
　　　　　ⅰ．特別な出来事がある場合
　　　　　ⅱ．特別な出来事がない場合
　3. 通勤災害の要件 … *294*
　　(1) 要件 … *294*
　　(2) 経路の逸脱または中断 … *295*
　4. 企業の民事責任（安全配慮義務） … *298*
　　(1) 企業の安全配慮義務と損害賠償責任 … *298*
　　(2) 労災との区別 … *299*
　　(3) 民事責任の要件 … *300*
　　　　① 安全配慮義務違反の事実と故意・過失
　　　　② 損害の発生
　　　　③ 因果関係
　　　　④ 立証責任について
　　(4) 損害賠償額の減額 … *303*
　　　　① 過失相殺
　　　　② 損益相殺
　　　　　ⅰ．損害額から控除されるもの
　　　　　ⅱ．損害額から控除されないもの
　　　　　ⅲ．損害額から控除されないが、損害賠償の履行の一部が猶予されるもの

5．長時間労働対策　… *307*
　　⑴ 長時間労働を発生させないための対策　… *307*
　　　　① 時間管理
　　　　② 時差出勤
　　　　③ 業務量や人員の調整
　　　　④ 経営トップの方針を出す
　　⑵ 長時間労働が発生した場合の対策　… *308*
　　　　① 医師の面接
　　　　② 残業禁止命令、帰社命令等
　6．人事担当者が知っておくべき安衛法の定め　… *311*
　　⑴ 安全衛生管理体制の構築　… *311*
　　　　① 総括安全衛生管理者、安全管理者、衛生管理者
　　　　② 安全委員会、衛生委員会
　　　　③ 産業医
　　⑵ 安全衛生管理計画書　… *318*
　　⑶ 労働者の危険又は健康障害を防止するための措置　… *319*
　　⑷ 健康診断・ストレスチェック　… *319*
　　　　① 健康診断
　　　　② ストレスチェック
　　　　③ 健康情報の取り扱いルールの明確化、適正化
　　⑸ 過労対策　… *322*
　　　　① 長時間労働者に対する面接指導
　　　　② 新たな技術、商品又は役務の研究開発に係る業務に従事する
　　　　　 労働者に対する面接指導
　　　　③ 特定高度専門業務・成果型労働制の労働者に対する面接指導
　　　　④ 時間管理方法
　　⑹ 健康の保持・増進　… *327*

第10章　メンタルヘルス

　1．メンタルヘルスと人事労務上の問題　… *330*
　2．休職命令発令までの対応　… *331*
　　⑴ メンタルヘルス疾患発症の段階　… *331*
　　　　① 診断書の提出
　　　　② 受診命令
　　⑵ 休職命令発令の段階　… *332*
　　　　① 一定の欠勤期間を経てから発令することが一般的
　　　　② 欠勤期間の通算規程
　　　　③ 欠勤していないケース
　　⑶ 休職制度の適用対象者　… *335*
　　　　① 試用期間中の労働者
　　　　② 有期契約労働者
　3．休職期間中の対応　… *336*
　　⑴ 賃金支払いの要否　… *336*
　　⑵ 休職期間中の年休　… *337*
　　⑶ 休職期間中の旅行や兼業（療養専念義務）　… *337*
　　　　① 旅行等、プライベートな行動
　　　　② 兼業
　　⑷ 休職期間中の報告　… *339*
　4．休職期間満了時の対応　… *340*
　　⑴ 休職期間満了退職・解雇の要件　… *340*

(2) 復職可能性の判断方法 … *340*
　　① 診断書の提出
　　② 産業医面談
　　③ 主治医からの意見聴取
(3) 復職可能の程度 … *342*
(4) 復職可能であることを証明するのは労働者 … *343*
(5) リハビリ出勤 … *343*
５．復職後の対応 … *346*

第11章　雇用契約の終了

１．雇用契約の終了場面（総論）… *348*
(1)「解雇」とは … *348*
　　① 普通解雇
　　　ⅰ．（狭義の）普通解雇
　　　ⅱ．整理解雇
　　② 懲戒解雇
(2)「退職」とは … *350*
　　① 合意退職
　　② 辞職（一方的退職）
(3) その他の雇用契約終了事由 … *350*
　　① 有期雇用契約における期間満了（雇止め）
　　② 休職期間満了による自動退職または解雇
　　③ 定年制
　　④ 労働者の死亡
２．解雇に関する法的ルール … *351*
(1) どのようなルールがあるのか？ … *351*
(2) 解雇権濫用法理 … *352*
　　① 解雇権濫用法理とは？
　　②「客観的に合理的な理由があり、社会通念上相当である」とは？
　　　ⅰ．勤怠不良
　　　ⅱ．能力不足
　　　ⅲ．協調性欠如
　　　ⅳ．業務命令違反
　　　ⅴ．私傷病
(3) 法令上、解雇が禁止されている場面 … *360*
　　① 解雇が禁止される期間
　　② 差別的・報復的解雇の禁止
(4) 30日前の解雇予告 … *362*
(5) その他の論点 … *365*
　　① 行方不明になった者を解雇できるか
　　② 裁判で解雇が無効と判断された場合はどうなるのか？
　　③ 有期雇用契約の解雇は簡単？
(6) 整理解雇 … *369*
　　① 整理解雇とは
　　② 整理解雇の4要件
３．退職 … *374*
(1) 退職とは … *374*
(2) 辞職 … *374*
　　① 許可制にすることはできるか
　　② 予告期間を長くすることができるか

　　　　　③ どのような手続・方式で行わなければならないのか
　　　　　④ プロジェクト途中で退職した労働者に対する損害賠償は
　　(3) 合意退職　… *377*
　　(4) 退職勧奨　… *377*
　　　　① 退職勧奨とは
　　　　② 退職勧奨の限界
　　(5)「退職届」は撤回できるか？　… *380*
　　(6) 退職の意思表示が無効・取消となる場合　… *380*
　　　　① 心裡留保による無効
　　　　② 錯誤による無効
　　　　③ 詐欺・強迫による取消し
４．定年制　… *382*
　　(1) 定年制とは　… *382*
　　(2) 定年年齢の下限　… *382*
　　(3) 高年齢者雇用安定法　… *383*
　　　　① 雇用確保措置の内容
　　　　② 継続雇用制度の具体的内容
　　　　　ⅰ．平成24年の法改正
　　　　　ⅱ．経過措置
　　　　　ⅲ．継続雇用が不要な場合
　　　　　ⅳ．継続雇用制度の内容
５．雇用契約終了後の法的ルール　… *386*
　　(1) 退職時の証明　… *386*
　　(2) 金品の返還　… *386*
　　(3) 労働保険・社会保険の諸手続　… *387*

第12-1章　非正規雇用管理

１．有期雇用　… *390*
　　(1) 期間の定めのある労働契約の意義・留意点　… *390*
　　(2) 有期雇用に関する法規制　… *390*
　　　　① 契約期間の長さ
　　　　　ⅰ．上限
　　　　　ⅱ．下限
　　　　② 期間途中の解雇の制限（労契法17条1項）
　　　　③ 無期転換（労契法18条）
　　　　④ 雇止めの制限（労契法19条）
　　　　⑤ 期間の定めがあることによる不合理な労働条件の禁止
　　(3) 有期雇用契約の締結　… *393*
　　(4) 有期雇用契約の更新　… *394*
　　(5) 有期雇用契約の終了（雇止め）　… *394*
　　　　① 雇止め法理（労契法19条）
　　　　② 雇止めに関する手続的ルール
　　　　　ⅰ．雇止めの予告
　　　　　ⅱ．雇止め理由の明示
２．無期転換　… *398*
　　(1) 無期転換権の発生要件　… *398*
　　　　①「同一の企業」との間で2以上の有期雇用契約を締結すること
　　　　② 契約期間が通算で5年を超えること
　　(2) 無期転換権の放棄　… *400*
　　(3) クーリング期間　… *400*

        (4) 無期転換権の行使 … *400*
        (5) 無期転換後の労働条件 … *401*
        (6) 無期転換に関する特例 … *401*
        (7) 無期転換に関する対応 … *402*
            ① 無期転換権を発生させない場合の対応
            ② 無期転換権の発生を前提とした対応
                ⅰ．無期転換に関する手続の整備
                ⅱ．無期転換した労働者に関する就業規則の整備・制度設計
    3．パート・有期法 … *404*
        (1) はじめに（パート労働法の改正からパート・有期法へ） … *404*
        (2) 改正のポイント … *405*
            ① 法律名の変更
            ② 対象労働者の拡大
            ③ 不合理な待遇の禁止
            ④ 差別的取扱いの禁止
            ⑤ 労働条件に関する文書の交付義務
            ⑥ 待遇に関する規定
            ⑦ 待遇に関する説明義務
        (3) まとめ … *407*
    4．労働者派遣法 … *408*
        (1) 派遣法の成り立ち … *409*
        (2) 労働者派遣とは … *409*
        (3) 二つの期間制限 … *410*
            ① 事業所単位の期間制限
            ② 個人単位の期間制限
            ③ 派遣可能期間の例外
        (4) 派遣先の義務 … *414*
            ① 中途解約の留意点
            ② 派遣労働者事前特定の禁止
            ③ 教育訓練
            ④ 情報提供
            ⑤ 派遣先管理台帳
        (5) 労働契約の申込みみなし … *415*
        (6) 偽装請負 … *415*
        (7) 紹介予定派遣 … *417*

第12-2章　同一労働同一賃金

    1．働き方改革関連法と同一労働同一賃金 … *422*
        (1) はじめに … *422*
        (2) パート労働法の改正 … *422*
        (3) 労働者派遣法の改正 … *424*
    2．不合理な待遇差の禁止（均衡待遇、パート・有期法8条） … *425*
    3．差別的取り扱いの禁止（均等待遇、パート・有期法9条） … *425*
    4．派遣労働者に関する不合理な待遇差の解消 … *426*
        (1) 派遣先均等・均衡方式 … *426*
        (2) 労使協定方式 … *426*
        (3) 各方式による場合の流れ … *427*
    5．同一労働同一賃金ガイドライン … *429*
        (1) はじめに … *429*
        (2) ガイドラインについての留意点 … *429*

(3) 短時間・有期雇用労働者　… *431*
　　　① 基本給・賞与
　　　② 各種手当
　　　③ 福利厚生
　　　④ その他（教育訓練・安全管理）
　(4) 派遣労働者　… *434*
6．「同一労働同一賃金」についての実務上の留意点　… *436*
　(1) 正規と非正規で共通の賃金制度を設けることは求められていない　… *436*
　(2) 待遇の相違についての4つの視点、考慮要素　… *436*
　(3) 基本給及び賞与について　… *437*
　(4) 各種手当について　… *439*
　(5) 改正パート・有期雇用労働法に基づく説明義務について　… *439*

第13章　労基署対応

1．はじめに　… *444*
2．労基署とは　… *444*
　(1) 労基署の役割　… *444*
　　　① 方面（監督課）
　　　② 安全衛生課
　　　③ 労災課
　　　④ 業務課
　(2) 労働基準監督官の権限　… *446*
3．労基署による監督　… *447*
　(1) 労働基準監督官による監督の種類　… *447*
　　　① 定期監督
　　　② 災害時監督
　　　③ 申告監督
　　　④ 再監督
　(2) 労基署による監督手続　… *448*
　　　① 労基署の調査には誠実に対応する必要
　　　② 監督手続の流れ
　　　③ 是正勧告書、指導票、使用停止等命令書について
　　　　ⅰ．是正勧告書
　　　　ⅱ．指導票
　　　　ⅲ．使用停止等命令書
　　　④ 是正報告
4．企業名公表制度　… *455*
5．点検すべきポイント　… *456*

第14章　労働組合

1．労働組合の基礎知識　… *460*
　(1) 労働組合とは　… *460*
　(2) 労働組合の種類　… *460*
　(3) 労働組合は何をするところなのか　… *461*
　(4) 労働組合として法律上認められるには？　… *461*
　(5) 労組法上の労働組合と認められることのメリットは？　… *462*
　(6) 過半数労組の法的位置付け　… *462*
2．労働組合対応の基本　… *464*
　(1) 労働協約と労使協定　… *464*
　　　① 労働協約とは

　　　　②効力の優劣関係
　　　　③労働協約の有効期間
　　　　④労使協定とは（労働協約との違い）
　　(2)ユニオン・ショップ制とは　…*466*
　　(3)チェック・オフとは　…*467*
　　　　①意味
　　　　②労基法24条との関係
　　(4)組合専従とは　…*468*
　　　　①意味
　　　　②認める義務はあるか
　　(5)組合休暇とは　…*468*
　　(6)便宜供与とは　…*468*
　　　　①定義
　　　　②労組法の規制
3．団体交渉への対応　…*469*
　　(1)交渉事項は　…*469*
　　(2)団交応諾義務とは　…*469*
　　　　①意味
　　　　②義務的団交事項と任意的団交事項
　　　　③義務的団交事項の範囲
　　(3)経営専権事項は交渉事項か　…*471*
　　(4)団交の進め方　…*471*
　　　　①団体交渉のルール
　　　　②団交時間中の賃金は
　　　　③上部団体の出席は
4．争議行為　…*473*
　　(1)争議行為とは　…*473*
　　　　①意味
　　　　②趣旨
　　　　③種類
　　(2)争議行為の限界　…*474*
　　　　①目的が違法な争議行為
　　　　②時期・手続が違法な争議行為
　　　　③手段・方法が違法な争議行為
　　　　④ストライキ中の賃金支払いは
5．不当労働行為とは　…*476*
　　(1)不当労働行為とは　…*476*
　　(2)不当労働行為の類型　…*477*
　　(3)不当労働行為の効果　…*477*
　　(4)労働委員会とは　…*479*
　　　　①不当労働行為救済申立てについて
　　　　②その他の手続について
　　　　③組織形態
　　　　④手続の種類
6．合同労組への対応　…*483*
　　(1)合同労組加入の増大　…*483*
　　(2)1人だけが加入した組合とも団体交渉をしなければならないのか　…*483*
　　(3)企業内組合との違い　…*483*
　　(4)団交対応の留意点は　…*484*
　　(5)便宜供与要求への対応　…*485*

目 次

第15章 人事関連の法律で知っておくべきもの
1．雇用対策法 … *488*
2．男女雇用機会均等法 … *489*
　(1) 雇用管理全般において、性別を理由とする差別は禁止 … *490*
　(2) 間接差別の禁止 … *490*
　(3) 妊娠・出産等を理由とする女性に不利益な取扱いの禁止 … *491*
　(4) セクシュアルハラスメント対策 … *491*
　(5) 職場における妊娠・出産等に関するハラスメント対策 … *492*
　(6) 妊娠中・出産後の健康管理に関する措置 … *492*
3．育児介護休業法 … *492*
　【育児関連】 … *493*
　(1) 育児休業制度 … *493*
　(2) 子の看護休暇制度 … *494*
　(3) 所定外労働の制限の制度 … *494*
　(4) 法定時間外労働の制限の制度 … *494*
　(5) 深夜業の制限の制度 … *494*
　(6) 所定労働時間の短縮等の措置等 … *494*
　【介護関連】 … *495*
　(1) 介護休業制度 … *495*
　(2) 介護休暇制度 … *495*
　(3) 所定外労働の制限の制度 … *495*
　(4) 法定時間外労働の制限の制度 … *496*
　(5) 深夜業の制限の制度 … *496*
　(6) 所定労働時間の短縮等の措置 … *496*
　【育児と介護に共通の事項】 … *497*
　(1) 転勤についての配慮 … *497*
　(2) 不利益取扱いの禁止 … *497*
　(3) 育児休業等に関するハラスメント（マタハラ）防止措置 … *497*
4．高年齢者雇用安定法 … *498*
　(1) 60歳定年時（例外①） … *498*
　(2) 経過措置としての再雇用基準適用時（例外②） … *499*
　(3) 雇止め（例外③） … *499*
　(4) 高年齢者の処遇 … *499*
5．会社分割承継法 … *500*
6．職業安定法 … *503*
　(1) 職業紹介 … *503*
　(2) 労働者募集 … *503*
　　　① 労働条件の明示
　　　② 個人情報の取り扱い
　(3) 労働者供給 … *505*
7．個人情報保護法 … *506*
　(1) 定義の確認 … *506*
　(2) 個人情報取扱事業者の義務 … *507*
　(3) 雇用管理に関する規制 … *507*
8．公益通報者保護法 … *509*
9．労働審判について … *511*

第16章 社会保険・労働保険の基礎知識
1．社会保険制度の概要 … *516*

(1) 健康保険とは　… *517*
　　① 概要
　　② 保険者（運営主体）
　　③ 適用事業所
　　④ 被保険者（加入者）
　　⑤ 保険料
　　⑥ 会社の負担
　　⑦ 給付内容
(2) 労災保険とは　… *520*
　　① 概要
　　② 適用事業所
　　③ 適用事業者（加入者）
　　④ 保険料
　　⑤ 本人の負担
　　⑥ 会社の負担
　　⑦ 給付内容
　　⑧ その他
(3) 雇用保険とは　… *525*
　　① 概要
　　② 適用事業所
　　③ 被保険者（加入者）
　　④ 保険料
　　⑤ 本人の負担
　　⑥ 給付内容
　　⑦ その他
(4) 厚生年金保険とは　… *529*
　　① 概要
　　② 適用事業所
　　③ 被保険者（加入者）
　　④ 保険料
　　⑤ 本人の負担
　　⑥ 給付内容
2．社会保険に関する1年間の人事スケジュール例（4月始まりの会社を想定）　… *536*

終わりに

用語集

労働法ってなに？

序章1

1. 労働法ってなに？
2. なぜ労働法が存在するのか
3. 判例の重要性
4. 通達の重要性
5. 施行令及び施行規則も要チェック
6. ガイドライン、Q&Aの重要性

序章 1　労働法ってなに？

1．労働法ってなに？

⑴ 労働法という法律はない！？

　人事・労務担当になり初めて労働法分野について学ぼうとして、六法を開いたり、インターネットで調べたりしても、「労働法」という名前の法律は見当たりません。「労働基準法」「労働契約法」などという名前の法律は存在するものの、「労働法」という法律は存在しないのです。

　では、労働法とは何なのかというと、簡単に言えば、人が雇われて働くことに関するルール（法律、判例なども含む）の総称にすぎません。

⑵ この「労働法」については、大きく分けて3つに分類されています

　1つ目は、雇われる者個人とそれを雇う者の関係を扱うものです。これを難しい言葉でいうと、「個別的労働関係法」、「雇用関係法」などと呼びます。代表例となる法律としては、労働基準法、労働契約法、男女雇用機会均等法などが挙げられます。

　2つ目は、雇われる者個人ではなく、その団体である労働組合と雇う者の関係を扱うものです。これを難しい言葉でいうと、「集団的労働関係法」と呼びます。代表例となる法律としては、労働組合法や労働関係調整法が挙げられます。

　3つ目は、労働力を買いたい人（求人者）と労働力を売りたい人（求職者）が取引の相手を探す場である労働市場を扱うものです。これを難しい言葉でいうと「労働市場法」と呼びます。代表例となる法律としては、労働者派遣法、職業安定法、雇用保険法、雇用対策法などが挙げられます

　これらの分類はあくまで目安程度のものに過ぎないですし、これらの名称は覚える必要はありませんが、このような分類がなされているとい

うことと、その代表例となる法律はイメージできるとよいでしょう。

　本書では、労働法分野を理解する上で特に重要となる労働基準法、労働契約法、労働組合法という基本3法を学ぶことに重点を置いていますが、必要に応じて他の法律についても言及していきます。

(3) 労働法の基本3法とは

　本書を読み進めていく上で、もっとも基本となる労働基準法、労働契約法、労働組合法という基本3法はいずれも企業と労働者に関する最低限のルールを定めたものであるということがポイントです。そして、これら基本3法を前提に、各特別法（特定の人、場所、事柄、行為などにだけ適用される法律）が存在しますので、まずは、この基本3法を本書でしっかり理解することが重要です。

　基本3法の概要については以下のとおりです。まずはその全体像を把握しましょう。

① **労働基準法（略称：労基法【ろうきほう】）**

　労働基準法は、企業が労働者を雇用する場合の最低限必要な労働条件を定め、立場が弱い労働者の保護を図ることを目的としています。労働契約・賃金・労働時間・休日・年次有給休暇・災害補償などについて規定しています。簡単に言えば、基本的に全国一律の最低限のルールを定めているのが労基法です。

　なお、労基法に違反する契約は無効となり（いわゆる強行的効力）、無効となった部分は同法の最低基準により定められる（いわゆる直律的効力）といった民事的な効力の他、刑罰法規（違反した場合には処罰の対象となる規定）、行政取締法規（行政上の目的から設けられている特定の行為の禁止や制限に関する規定のことであり、これに違反しても、その行為の効力自体は無効とならないもの）といった性質も有しています。

② **労働契約法（略称：労契法【ろうけいほう】）**

　労働契約法は、労働者と使用者の間で結ばれる労働契約の基本原則を定めた法律であって、労働条件の決定や変更が円滑に行われるよう労働契約に関する事項について定めたものです。簡単に言えば、労働契約の

ルールを定めたものが労契法です。なお、労基法と異なって、刑罰法規や行政取締法規としての性質は有していませんが、強行法的効力を有しています。

③ 労働組合法（略称：労組法【ろうそほう】）

労働組合法は、労働者が使用者（企業）との交渉で対等の立場に立つことを促進することによって、労働者の地位を向上させることを目的としています。労働三権（団結権、団体交渉権、団体行動権（争議権ともいう））を具体的に保障し、労働組合・不当労働行為・労働協約・労働委員会などについて規定しています。簡単に言えば、集団的労使関係についての最低限のルールを定めたのが労組法です。

2．なぜ労働法が存在するのか

あまり使われていませんが、民法にも「雇用」という章があり、雇われる者と雇う者のルールが定められています（なお、労働法においては、一般的には雇われる者（従業員）を「労働者」、雇う者（会社、企業）を「使用者」といいます。本書では、原則として雇われる者を「労働者」、雇う者を「企業」と呼ぶことにします）。

しかし、民法の規定だけでは、労働者にあまりに不利な結論になってしまうケースが多々発生します。例えば、極端な例で言えば、民法では、雇用期間を定めていなければいつでも雇用契約の解約の申入れが可能であるため、「君に可愛い彼女がいるのが腹立たしいからクビだ」というのも可能ですし、民法ではいかなる契約を結ぼうが基本的には当事者の自由という「契約自由の原則」というルールがあるため、「君以外にも、我が社で働きたいという者はたくさんいる。どうしても雇って欲しいというのであれば、時給10円にする」というようなことも可能になり得ます。

企業と労働者では、経済的にも立場的にも企業の方が優位であるため、両者は対等、平等ではなく、民法の規定だけでは労働者が不利に扱われてしまうのです。

このような事態を避ける観点から、労働法が存在します。

3．判例の重要性

　特に労働分野における法律の文言は抽象的であるため、法律を読んだだけでは実務をこなすことはできません。例えば、企業が労働者をクビ（解雇）にする場合に関連する法律・条文としては、労働契約法16条があり、これには、「解雇は、客観的に合理的な理由を欠き、社会通念上相当であると認められない場合は、その権利を濫用したものとして、無効とする」と規定されています。しかし、この条文を読んだだけでは、どのような場合に解雇が「濫用」となって無効になるのかさっぱり分かりません。

　そこで、判例において問題となった類似事例を検討することによって、どのような場合に解雇が「濫用」となって無効になるのかというのを学んでいくのです。そのため、特に労働分野においては判例が大きな役割を占めています。また、判例の内容は、雇用関係の特色や我が国の雇用システムを考慮したものとなっているため、実務をこなしていく上で判例を理解することは必須になります。

　しかし、判例は全国各地の裁判所が一日に何件も出すため、数えきれないほど存在しています。これをすべて学ぶのは不可能ですので、重要な判例を押えていくことに注力すべきです。

　なお、労働分野の判例は、事件名（「山田商事事件」といったように、ほとんどは被告（訴訟で訴えられる側）の会社名が付されます）で呼ばれることが多く、実務をこなしていく上で特に重要判例は、事件名も覚えた方がいいでしょう（本書では極めて重要な判例についてのみ、事件名も付して記載しています）。

　また、重要判例をチェックしたい場合はどうすればいいのかというと、まずは、本書に記載されているような基本的な判例を押えることです。さらに、最新の判例の動向もチェックしたい場合には、労働判例（株式会社産労総合研究所発 http://www.e-sanro.net/jinji/j_books/j_rodohanrei/）と労働経済判例速報（一般社団法人経団連事業サービス発行 http://www.keidanren-jigyoservice.or.jp/public/flash/）を確認

するのが一般的です。そして、その判例が、地方裁判所（地裁）、高等裁判所（高裁）、最高裁判所（最高裁）のいずれが、いつ判決を出したのか（判決年月日）ということさえ分かれば、検索可能となっています。

なお、法律書を読んでいると、

「<u>東亜ペイント事件</u>　<u>最判</u> <u>昭61.7.14</u>　<u>労判 477.6</u>」
　①　　　　　　　②　　③　　　　　④

などという記載を見かけることがあります。これについて参考までに読み方を説明します。

まず、①「東亜ペイント事件」という部分は、一般的に呼称されているこの判例の事件名を指しています。

次に、②「最判」という部分は、「最高裁判決」の略称です。東京地方裁判所での判決の場合は「東京地判」、大阪高等裁判所での判決の場合は「大阪高判」と略されます。なお、さらに細かく、「最2小判」「最大判」などと略されてるケースもありますが、これは最高裁のどの法廷での判決かを示すものなので（「最2小判」の場合は最高裁第2小法廷での判決、「最大判」というのは最高裁大法廷での判決といった具合）、現時点では意識する必要はありません。さらに、中には「地判」ではなく「地決」という言葉が使われているケースもありますが、これは「判決」ではなく「決定」で判断が示されたものということを指していますが、これも入門段階では気にする必要はありません。

さらに、③「昭61.7.14」という部分は、昭和61年7月14日に出された裁判所の判断を意味しています。平成26年4月15日に出された判決であれば、「平26.4.15」となります。

最後に、④「労判477.6」というのは、労働判例という判例雑誌の477号6頁に当該判例が掲載されているということを意味しています。労働判例は「労判」、労働経済判例速報は「労経速」、判例タイムズは「判タ」、判例時報は「判時」などと略されます。

以上については、読んで意味が分かる程度に理解していれば十分です。

4．通達の重要性

　本書を含め、労働法関連の書籍に目を通すと、通達について言及されていることがあります。

　通達とは、例えば、労働基準法等の法令の条文を読むだけでは何を意味するのか不明確な場合に、厚生労働省内部で上位機関から下位機関へ向けて公的な解釈・見解を示したものです。

　通達は、あくまで厚生労働省内の内部的な見解にすぎないため、直接、企業や労働者を法的に拘束するものではありません。しかし、少なくとも厚生労働省やその下部組織はこの通達を前提に行政指導等を行いますし、裁判所もこの通達を重視した判断をすることがあるため、結局は、実務をこなしていく上で通達は重要ということになります。

　なお、通達には以下のとおりいくつかの種類がありますが、あくまで参考までに記載する程度で、これを覚える必要はありません。以下の用語が出てきたら「あ、通達だな」と理解できれば十分です。

　基　発：厚生労働省（旧労働省含む）労働基準局長から各都道府県労働局長宛の通達。

　発　基：厚生労働省（旧労働省含む）事務次官から各都道府県労働局長宛の通達。

　基　収：各都道府県労働局長からの法令の解釈に疑義についての問い合わせに対する厚生労働省（旧労働省含む）労働基準局長による回答。

　基監発：厚生労働省労基局監督課長のから各都道府県労働局長宛の通達。

5．施行令及び施行規則も要チェック

　労働分野に限らず法律の文言は抽象的であり、細かな事項まで規定しているとは限りません。細かな事項については、施行令や施行規則といったものに規定していることが少なくありません。

　施行令は、内閣が出す命令であり、その例としては労働組合法施行令

などが挙げられます。また、施行規則は、各省庁の大臣が出す命令であり、その例としては労働基準法施行規則（本書では「労基則」と言います）などが挙げられます。施行令や施行規則の中に細かな事項が規定され、法律の抽象的な条文を補っています。

法律の条文の中に「政令で定める」といったような表現が出てきた場合には、施行令や施行規則をチェックする必要があります。

なお、労働基準法施行規則は「労基則（ろうきそく）」と略され、その他の法律の施行規則も同様に「○○則」（例えば育児休業、介護休業等育児又は家族介護を行う労働者の福祉に関する法律施行規則は「育介則」）と略されますので、意味は分かるようにしておきましょう。

6．ガイドライン、Q&Aの重要性

法律が改正された際などに、厚生労働省はガイドラインやQ&Aを出すことがあります。これは、厚生労働省としての法律の解釈や具体例等を示すため出されるものであり、実務に大きなインパクトを与えます。

そのため、人事担当者として実務に携わっていく上では、このガイドラインやQ&Aにも目を通すことが必要になります。

なお、これらは厚生労働省のホームページで入手することができますが、時にHP上での記載が変わる可能性がありますのでプリントアウトして保存しておくことをお勧めします。

序章2

人事部の役割と実務

1. 人事の仕事の基本

2. 人事部員に求められる心構え、知識、能力・スキル

3. 人事部員が最初に任される仕事

序章2　人事部の役割と実務

1．人事の仕事の基本

(1) 人事部とは何か

① 人事部の仕事の特性

人事部は、会社組織上の役割としては、「社員の採用から退職までの管理を担当する部署」となりますが、経験者や日頃から接しているという人でなければ、実際何をやっているのかよくわからない人が多いと思います。

よくわからないがゆえに、社員が人事部に対して持つ印象は、次のようなネガティブなものが多いかもしれません。

　「評価や配属の権限を持っていそうで、うかつなことは言えないなあ」
　「何やら敷居が高く、近寄り難い雰囲気だなあ」
　「個人情報を知られたくないし、できるだけ関わり合いたくないなあ」

しかし、人事部で働く人は、「社員＝ヒト」という最も重要な経営資源を大切にし、会社と社員の架け橋となって日夜奮闘しています。決して人事部は強大な人事権を行使する特権階級ではありません。

また、人事部の仕事は（営業部のように明確な）答が見つけにくい特性があります。いつも何らかの問題に関わっていて、仕事から解放されず、ストレスの多い仕事と言えますが、一方で、社員から感謝されたときなどにはやりがいを感じる仕事でもあります。

② 人事部の使命（存在理由、ミッション）

あらゆる組織には「使命」が必要ですが、人事部にも「人事部の使命」が必要となります。その際に大切な視点は、人事部にとっての「顧客」は誰かということです。その顧客に対して、どんな内容でどのような方法で貢献するのかを考えるわけですが、顧客を意識していないと、人事

部の仕事の軸がぶれてしまいます。

　ある会社では、人事部の使命を「会社と社員の向うべき方向性を合わせ、組織と個人の一見相反する利益を調整することであり、現場で働く社員が活き活きと働くことができるように最大限の努力すること」としました。

　ここでは、人事部の貢献対象（顧客）は、会社（経営者）と社員であり、双方の満足度をいかに高めるかが、人事部の腕の見せ所となります。社員一人ひとりが仕事に喜びを感じ努力することによって会社の利益が増大し、その利益は個人に還元され満足につながっていくという正のスパイラルが続くよう人事部として支援することが必要となります。

　であれば、まずは社員満足度を高めることが人事部に求められるのではないでしょうか。そのためには、「現場」をよく理解することが重要となります。「現場」では何が起こっているのか、「現場」の社員はどんなことを考えて仕事をしているのか、どんな点に不満を持っているのかなどをきちんと把握することが大切です。人事部員は、自分の机であれこれ考えるだけではなく、「現場」で起きていることを的確に捉えるために、常にアンテナを高く立て、自ら現場にも足を運び、そこで話を聞くことが重要です。

　このように、社員が何を考えているのか、望んでいるのかをつかむことが人事部の仕事の出発点となります。メールや社内掲示板への書き込みなどさまざまなアプローチや手法がありますが、有益な情報は、直接話を聞くことによって集まります。

(2) 人事部の業務
① 人事部の業務の分類

　人事部の業務は、業務の内容から人材開発系、人事政策系、労務管理系、福利厚生系等に分類することができます。大きな組織では、これらの系統毎にチームを構成していますが、小さな組織では、一人が複数の系統の業務を兼務しています。

> ⅰ．人材開発：採用、人事管理（異動・昇格・昇進）、教育・研修など
> ⅱ．人事政策：人事諸制度設計など
> ⅲ．労務管理：労務管理施策、労使関係など
> ⅳ．福利厚生：給与、社会保険、福利厚生など

　また、人事部の業務は、業務の性質からプランニング業務とオペレーション業務に分けることができます。

> ○ プランニング的機能
> ・戦略的業務：人事戦略の起案、人事施策の立案など
> ・コンサルティング業務：人材配置などラインへの支援、人的課題全般の解決支援など
> ○ オペレーション的機能
> ・給与、社会保険、福利厚生関連業務
> ・就業管理、採用支援、社内研修手配等の定型業務

② 分類別の具体的な業務内容
　人事部の業務を4つの分類（人材開発、人事政策、労務管理、福利厚生）にそって、整理してみます。
　　ⅰ．人材開発
　　　人材開発業務には、「採用」、「人事管理」、「教育・研修」の3つの業務があります。
　　　ア．採用業務
　　　新卒、中途を問わず、通年で採用活動を行う例が増えており、採用方法も企業によって様々ですが、ここでは、大卒者の新規採用において実施されているエントリーから内定までの一般的な業務の流れを示します。

【大学・大学院生の新卒採用業務の一般的な流れ（2019年時点）】
- エントリー（3月1日以降随時）

  会社HPの新卒採用専用画面または採用媒体のHP画面の立ち上げ（希望する学生に情報を入力してもらう。）。
- 会社説明会

  主に本社のある場所や地方の都市で開催される。
- エントリーシート

  希望する学生が志望動機や自己アピール等を記入したエントリーシートを会社に提出する。
- 適性検査

  適性検査（Web形式も多い）を実施する。
- 書類選考

  エントリーシートを提出し、適性検査を受験した者の中から面接に進める者を選考する。
- 面接等選考活動

  日本経団連の指針に基づき6月1日から実施する。
- 内々定出し

  大手企業では6月中に出し終えるところが多い。
- 内定式

  日本経団連の指針により、内定日は10月1日以降となる。

イ．人事管理業務

　人事管理業務は、大きく人事考課系と人事異動系に分けることができます。この業務は、予め実施時期が決まっていますが、個人情報等秘密を厳守しなければならないため、複数のスタッフを巻き込んで業務を行うことは難しく、管理職を中心に限られた人員で対応せざるをえない状況です。

・人事考課

　人事考課とは、社員の能力や仕事振り、成果等について、会社が自社の考え方に基づいて行う個々の社員の評価のことを言います。人事考課は、一般に人事考課表を用いて行われますが、人事部は、その人事考課表の各部署への配布および考課後に各部署からの回収（担当者レベルが担当）、全部署の考課結果を取りまとめて最終決裁者に報告する業務（管理職レベルが担当）を担当します。

　考課結果は、昇給・賞与の査定、昇格・昇進、人事異動等に反映されるため、その取りまとめは、限られた時間のなかで正確かつ効率的に行う必要があります。なお、人事考課表は、紙、Excel、Webなどで作成されていますが、人事部としては大量のデータを短期間に処理する必要があること、一方、現場の考課者・被考課者にとっても管理しやすいこともあって、Webを活用する企業が増えています。

　また、考課者の主観によって考課にバラツキが生じることを極力防止するため、人事考課の実施に先立ち、考課者訓練を実施する会社が増えています。考課者訓練とは、考課者に対して、部下の行動を適切に考課すること、また、適切な考課を通じて組織目標を達成することを目指して、そのために必要なスキルを習得させる研修です。

・人事異動

　会社に入社すると、いずれかの部署に配属されることになりますが、正社員の場合、定年まで入社時と同じ部署であることはまれで、定期あるいは不定期に部署を変わるのが一般的です。部署が変わっても職種は変わらない場合もあれば、部署も職種も変わる場合もあります（たとえば、前者は、職種は営業のまま部署を異動する場合、後者は営業部から人事部に異動する場合をさす）が、これを「人事異動」といいます。

　人事異動は、人事部が実質的に主導している会社と、人事部は

各部署から出された希望を取り纏めるコーディネート役にすぎない会社があります。また、若手社員の異動は人事部主導、管理職層の社員の異動は各部署が主導するという会社もあります。

定期異動発令日の数か月前から原案を作成し、2週間～1か月前には内示を出す会社が多いと思います。異動が発令された社員の新しい赴任先の準備期間を考慮すると、できるだけ早く内示することが望まれます。

ウ．教育・研修業務

教育・研修業務には、会社が求める人材像を明確にし、それに合った人材育成の基本設計を立案する「プランニング業務」とそれを具体的に推進する（主に研修を運営する）「オペレーション業務」があります。

管理職研修を例にして、集合研修の企画・実施手順を以下に示します。

まず、自社における管理職のあるべき姿を描きます。どのような管理職を期待するのか、そのイメージを明らかにしたうえで管理職教育のカリキュラムを検討することになります。

次に、これに基づいた講師や教材を手配します。講師は、自社の社員の中から選任することもありますが、専門的な内容になる場合は外部の講師を依頼します。外部の講師を依頼する場合には、予算やスケジュールの調整も必要になります。教材は講師に作成してもらうことになりますが、適当なテキストを自社で用意することもあるでしょう。

ⅱ．人事政策

人事政策業務は、以下のとおり、プランニング業務がほとんどであり、必要に応じて課題に取り組んでいくことになります。

ア．全社的な人事戦略の策定（中期経営計画策定の時期に行われることが多い）

戦略とは、経営の目線で、どのようにして他社との差別化を図り、優位性をつくるのかという計画のことですが、人事をこの戦略目

線に立って進めることを人事戦略と言います。人事戦略は、会社の経営戦略と一体化して検討し、会社の方向性との整合性を取ることが重要です。

イ．人事制度の再構築（必要に応じて）

必要に応じて人事制度を見直すべく、常日頃より労働組合や社員からの要望に耳を傾けておく必要があります。見直す際には、人事制度を構成している**等級（基本処遇）制度、賃金制度、人事考課制度、人材育成（能力開発）制度**をお互いに関連させて、整合性のある制度となるよう注意しつつ、設計します。

ウ．要員計画の策定（年度が始まる前の1月～2月頃が多い）

要員計画とは、効果的・効率的な事業運営のためにどういう人材をどれくらい確保する必要があるのか、質と量の両面から事前に査定し、採用数などを設定することです。人事部では、今後数年間の会社の要員計画を策定し、次年度の採用計画を策定します。また、各年度の要員計画に基づき、人件費予算（単年度および3か年程度の予算）を作成します。

ⅲ．労務管理

労務管理とは、会社がその社員に対して行う管理のことで、労使関係、労働環境、労働条件一般等を含みます。労務管理業務は大きく以下のとおり分類することができます。労働生産性（生産量を労働投入量で割った比率。労働投入量は労働者数もしくは延べ労働時間で表す）を上げるためには、働きやすい職場環境を作り、労務管理を適正に行うことが必要です。コンプライアンスの観点からも、適切な対応が求められます。

ア．労使関係

労働組合との良好な関係を保ち、労使が同じベクトルで会社の人事労務施策を考えられるような土壌を築くことが重要です。春季労使交渉（春闘。日本で毎年春頃に行われる労働条件の改善を要求する団体交渉のこと）関連業務、それに付随する労働協約、労使協定の締結等の業務があります。

イ．労務管理・安全衛生

　過重労働対策、ハラスメントやメンタルヘルス対策等の業務があります。これらは、ますます重要性を増しており、対策が不十分な場合には、労働生産性の低下、優秀な人材の流出、さらには行政指導、労災認定、民事損害賠償等に発展しうるため、労務リスクマネジメントの観点からも重要です。

ウ．労務相談対応

　主に、ハラスメント等の相談窓口業務が該当しますが、広く社員からの労務相談等に対して適切に対応することが大切です。相談が社外に出ないように、開かれた人事部への転換とカウンセリング技術や労務知識を持つ担当者が必要となります。

iv．福利厚生

　福利厚生分野に属する業務は、大きく法定業務と法定外業務に分類することができます。社会保険の手続き等の法定業務は、法令等に基づき年間業務スケジュール（後掲）が決まっており、決められた期限内に確実に業務を遂行することが重要です。

図表1 年間業務スケジュール表（2019年時点）

大分類	中分類	業務	4月	5月	6月	7月	8月	9月	10月	11月	12月	1月	2月	3月
人材開発	採用	新卒採用	■	■	■	■	■	■	■					■
		内定式/内定者研修							■	■	■			
		中途採用（随時）												
	人事管理	人事異動	■						■					
		自己申告						■						
		人事考課						■						■
		考課者訓練										■		
		昇格・昇給		■										
		賞与査定			■						■			
		目標管理			■				■					■
	教育・研修	研修制度研究（必要に応じて）												
		入社式/新入社員研修/受入業務	■											
		OJTリーダー研修		■										
		階層別研修（秋に実施が多い）							■	■	■			
		専門別研修（随時）												
		語学研修（随時）												
		通信教育講座（随時）												
人事政策	人事戦略	（必要に応じて）												
	人事制度再構築	（必要に応じて）												
	要員計画	要員計画立案										■	■	
労務管理	労使関係	春季労使交渉										■	■	■
		労働協約、協定書締結												■
		賞与支払い			■						■			
		就業規則変更、届出		■										
		36協定締結、届出		■										
	労務管理・安全衛生	就業管理（毎月）	■	■	■	■	■	■	■	■	■	■	■	■
		安全衛生委員会開催（毎月）	■	■	■	■	■	■	■	■	■	■	■	■
		「全国労働衛生週間」関連業務						■	■					
	労務相談	（随時）												
福利厚生	法定内業務	社会保険手続き等	■	■					■		■	■		
	法定外業務	社宅その他法定外福利業務（随時）												

(3) 年間スケジュール

　前述の4つの業務分野ごとに年間業務スケジュール例（2019年時点）を示します（P42図表1参照）。

① 人材開発分野

　　ⅰ．採用業務

　　　　3月1日以降　エントリー受付
　　　　3～5月　会社説明会、エントリーシート、適性検査、書類選考
　　　　6月1日以降　面接等選考活動
　　　　6月以降　内々定出し
　　　　10月1日以降　内定式（内定出し）

　　ⅱ．人事管理業務

　　　　1月　・考課者訓練の企画および案内（新たに考課者となる者だけを対象とするのではなく、考課者同士の目線を合わせるため、毎年全考課者を対象に実施するのが望ましい）

　　　　2月　・考課者訓練の実施（できるだけ多くの考課者が参加できるように回数を増やす努力をする）
　　　　　　・定期異動の準備（各部門長からヒアリングし4月1日付異動案を作成する）

　　　　3月　・人事考課（下期10月～3月および通期（年間）4月～3月を対象）の準備
　　　　　　・定期異動の内示（役員会での承認等手続を経て、部門長経由で本人へ内示）

　　　　4月　・人事考課（下期10月～3月および通期（年間）4月～3月を対象）の実施
　　　　　　・昇格・昇給（年1回4月に実施されることが多い。考課結果の取りまとめが5月以降となり、昇格・昇給の決定が遅れる場合、4月に遡って実施されることが多い。）
　　　　　　・定期異動の実施（転勤の場合は引越しや社宅の手配等のオペレーション業務が生ずる。海外転勤の場合は、渡航手続き等の業務も加わる。）

　　　　5月　・夏季賞与の査定

　　　　8月　・定期異動の準備（各部門長からヒアリングし10月1日付異動案を作成する）

　　　　9月　・人事考課（上期4月～9月を対象）の準備
　　　　　　・定期異動の内示（役員会での承認等手続を経て、部門長経由で本人へ内示）

10月・人事考課（上期4月～9月を対象）の実施
　　・定期異動の実施（転勤の場合は引越しや社宅の手配等のオペレーション業務が生ずる。海外転勤の場合は、渡航手続き等の業務も加わる。）
11月・冬季賞与の査定

ⅲ．教育・研修業務

4月　新入社員入社に関する業務
　　　入社式（4月1日。3月中に実施する会社もある）
　　　　・会場の設定と予約、会場レイアウトの検討
　　　　・案内状送付先のリストアップと送付
　　　　・社長祝辞文案の作成
　　　新入社員研修（入社式に続いて2週間程度が多い）
　　　　全社的に実施する導入研修は入社後2週間程度の期間で行われ、ビジネスマナーをはじめ会社組織や就業規則の説明、各事業部の説明、自社の製品・サービスの説明および工場等の現場見学などを行っているケースが多い。最近は、学卒者の基礎学力低下等を背景に配属前の導入研修の期間が長期化する傾向にある。

5月　OJT リーダー（指導員）研修
　　　OJT とは、オン・ザ・ジョブ・トレーニング（On the Job Training）の略で、実際に仕事をしながら訓練することを言う。OJT をリードする役割を担う OJT リーダーには、新入社員の配属の職場から入社3～4年目あたりの社員を任命するケースが多いが、彼らにも教える側としてのマインドやスキルを身につけてもらって、学ぶ側との一体感をもたせるために研修を実施するケースが増えている。新入社員が配属される前に実施するケースもある。

10月　新入社員フォローアップ研修
　　　入社後半年経ったあたりに実施されるケースが多い。新入社員が配属後の自己を振り返り、今後を考えさせるような内容で実施する。現在の仕事の中で直面している問題点を出させて、ディスカッションをしたり、今後の目標設定などを行ったりする。
　　　内定者研修
　　　内定後入社までの期間を利用して、内定者研修を実施する。通信教育や語学学校等の通学補助等が多いが、内定者を集めてイベントや独自の研修を行う会社も増えている。

11月　各階層別研修（秋シーズンが多い。受講者の繁忙期である年末年始を避ける）

階層別研修は、各階層の社員が自分の階層における役割を認識し、自らの将来を考え、キャリア・ビジョンを見つめていくのに大切な研修であり、次のような研修が一般的である。
・中堅社員研修：中堅社員としての役割・使命の認識を図る
・新任係長職研修：係長として必要なマネジメントの基本を学ぶ
・新任課長職研修：課長として必要なマネジメントの基本を再確認する

② 人事政策分野

人事政策分野に属する業務は、プランニング業務がほとんどであり、年間でスケジュール化できる業務は少なく、必要に応じて課題に取り組んでいくことになります。

③ 労務管理分野

4月　規則、規程、協定の締結、更新および届け出
・就業規則改定、届け出
就業規則改定案を作成して過半数労働組合等労働者の代表の意見を聴取し、労働基準監督署に届け出て、労働者に周知させる。
・時間外・休日労働に関する協定書（36協定書）の更新、届け出
法定の労働時間を超えて労働させる場合、または法定の休日に労働させる場合には、あらかじめ労使で書面による協定を締結し、これを所轄の労働基準監督署に届け出る。

5月　夏季賞与準備
・賞与算定期間の確認
・賞与受給資格がある従業員の確定
・賞与査定の実施
・勤怠データの確認

6月　夏季賞与の決定、計算、支給、届け出
賞与支給日から5日以内に「健康保険・厚生年金保険被保険者賞与支払届」を所轄年金事務所に提出する。

9月　従業員の健康、職場の安全
・定期健康診断（ここでは9月としているが、年に1回実施すれば何月でも可）
常時使用する労働者に対して、1年以内ごとに1回（有害業務従事者については6か月に1回）、医師による健康診断を行う。健康診断の結果は、「健康診断個人票」を作成して5年間保存し、有所見者（何らかの医者の指摘、治療に関しての指示があったもの）のフォローを行う。

・「全国労働衛生週間」に基づく自主的な労働衛生管理活動
　　全国労働衛生週間は、国民の労働衛生に関する意識を高揚し、さらに、事業場での自主的労働衛生活動を通じた労働者の健康の確保と快適な職場環境の形成を図ることを目的として実施されている。10月1日から10月7日までを本週間（実施期間）、9月1日から9月30日までを準備期間として実施要綱とともにスローガンが発表され、事業場における労働衛生意識の高揚と自主的な労働衛生管理活動の推進を求めている。

10月　定期健康診断結果報告
　　従業員が50人以上の事業所の場合、「定期健康診断結果報告書」を所轄の労働基準監督署に提出しなければならない。

11月　冬季賞与準備（夏季と同様）

12月　冬季賞与の決定、計算、支給、届け出（夏季と同様）

1月　春闘（春季労使交渉）準備
　　交渉の事前準備として、賃金等の動向について、日本経済全体や業界の動向等の情報を収集し、研究しておく。この時期から3月までは世間の動向をしっかりつかみ、これらも参考にしながら、会社要求の原案を取りまとめる一方、（水面下で）組合幹部との接触を増やし、組合要求の情報を探っておく。

2月　春闘労使交渉開始
　　2月中下旬頃から、（賃金・労働時間などの労働条件に関する）要求書の交換により交渉が始まる。自動車、電機、鉄鋼などの大手製造業が口火を切って交渉し、その年の労働条件の方向性が固まる。その後、大手私鉄や電力会社などの非製造業が交渉に入り、中小企業は大手企業の春闘の動向をみながら対応することになる。

3月　春闘労使交渉妥結
　　大手製造業の回答期限は通常3月中旬に設定され、その回答指定日に向けて、労使交渉が続けられる。断続的な交渉の結果、回答指定日までに賃上げや賞与額等が決定し、春闘が妥結する。妥結後は、妥結内容に基づき労働協約および付属協定書が締結されることになる。

④ 福利厚生分野

4月　新入社員の社会保険・労働保険加入手続き
　・社会保険の手続き
　　健康保険・厚生年金被保険者資格取得届／標準報酬の決定
　　被扶養者の認定手続き
　・労働保険の手続き

　　　　　雇用保険被保険者資格取得届
　　　　　その他
　　　　・労働者名簿、賃金台帳の作成
　　　　・給与支払報告書に係る給与所得者の異動届
　　　　・最低賃金適用報告
　　　　・預金管理状況報告
　　　　・労働者死傷病報告（1月〜3月）
 5月　労働保険の年度更新の準備
　　　　　その他
　　　　・個人住民税の特別徴収
　　　　・所得税更正請求書の提出
　　　　・障害者雇用納付金申告書の提出
 6月　労働保険年度更新手続き（保険料確定・概算額納付）（6月1日〜7月10日）
　　　　　住民税の徴収手続き
　　　　　賞与支給に関連する手続き
　　　　　「健康保険・厚生年金保険被保険者賞与支払届」
 7月　社会保険手続き「報酬月額算定基礎届（定時決定）」（7月1日〜10日）
　　　　　その他
　　　　・特例による源泉徴収税の納付（1月〜6月分）
　　　　・労働者死傷病報告（4月〜6月）
　　　　・身体障害者雇用状況報告書提出
　　　　・高年齢者雇用状況報告書提出
10月　労働者死傷病報告（7月〜9月）
12月　年末調整事務
　　　　・年末調整資料回収、計算、還付、追徴処理
　　　　・徴収税額計算
 1月・法定調書提出
　　　　・給与支払報告書作成
　　　　・給与所得者の扶養控除申告書準備、受理
　　　　・賃金台帳整理
　　　　・給与支払報告書、特別徴収票の提出
　　　　・勤労者財産形成貯蓄実施状況報告の提出
　　　　・労働者死傷病報告（10月〜12月）
 3月　新入社員受け入れ準備
　　　　　入社にあたっての連絡事項、入社までに用意する書類等の連絡

(4) 人事部が関わるルール

① 人事部が関わる規則

　人事部が関わる規則には、労働基準法に基づく就業規則等法律の要請に従って整備するものがあるほか、会社独自の制度やルールが社内規程として作られているものもあります。会社運営に関して規則を作り、文書化する理由は一定の基準を明確にして、業務や組織運営を円滑にすることにあります。

　人事部員として、まず規則を理解していく必要がありますが、それには、各規程を具体的に法律に照らしながら進めていくのがよいと思います。就業規則を例にとると、「就業規則第○条の根拠は労働基準法第△条であり、その内容を上回る（あるいはその内容のとおりの）ものとなっている」等とチェックし、なぜこの条文があるのかを考えるといった具合です。

　実務を行う際に、ただ「条文にこう書いてあるから（なぜだかわからないが）それをあてはめる」という仕事のやり方をしていると、応用が効かず成長しませんし、仕事の面白みが感じられないと思います。条文を理解し、その背景を探るとよいでしょう。

　人事部が関わる代表的な規則には次のようなものがあります。

【就業一般】

・就業規則

・契約社員就業規則

・パートタイマー就業規則

・災害補償規程

・育児休業規程

・介護休業規程

・ハラスメントの防止に関する規程

・裁判員休暇制度に関する規程

・定年退職者再雇用規程

・職能資格規程

> ・人事考課規程
> 【賃金・旅費・退職金】
> ・給与規程
> ・旅費規程
> ・退職金規程
> ・企業年金規程
> 【福利厚生関係】
> ・社宅使用規程
> ・住宅資金貸付規程
> ・財産形成貯蓄取扱規程

② 基本的な人事制度のしくみ

　人事部が関わる法律や規則の内容とともに、人事部員として理解しておかなければならないのが、会社の人事制度のしくみです。

　人事制度は、経営資源の中で最も重要な「人材」のマネジメントにおいて、経営目標・方針・戦略と直結したトータル・システムとして構築されます。また、人事制度は、下記のように等級制度（基本処遇制度）、賃金制度、人事考課制度、人材育成（能力開発）制度のサブシステムから構成されます。

> ⅰ．等級（基本処遇）制度：人事処遇の基本となる社内の等級（資格）制度
> ⅱ．賃金制度：等級制度に基づき社員の賃金を決定するための制度
> ⅲ．人事考課制度：一定期間の社員の行動や成果を評価する仕組みを定めた制度
> ⅳ．人材育成（能力開発）制度：会社が求める社員の能力を戦略的・計画的に高める制度

i. 等級制度

等級制度とは、社員に期待する能力（人）・職務（仕事）・役割等により社員をいくつかの階層に区分する制度をいいます。等級に区分するための根拠である能力（人）・職務（仕事）・役割を「基軸」といいます。等級制度の代表的なものとして、次のように、「**職能資格制度**」「**職務等級制度**」「**役割等級制度**」の３つがあります。

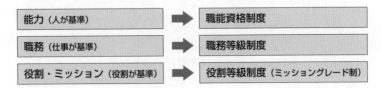

これらの制度の普及状況を概観しますと、1960年代後半頃から大企業においては自社の社員を保有する職務遂行能力をベースに職能資格にランクをつけ、この職能をベースとした「職能資格制度」が定着するようになりました。しかし、高度成長期に導入された職能資格制度も長年にわたる運用の過程で変質を遂げ、1980年代後半頃より**職能給**の年功的運用への批判が高まってきました。

1990年代以降は、社員の処遇を職務（仕事）や役割の大きさをベースにする「職務等級制度」「役割等級制度」を導入する企業が現れました。現在は、社員処遇の基軸は「職能主義」あるいは「職務・役割主義」を会社の事情に応じて選択する時代になりました。「職能資格制度」と「職務・役割等級制度」を併用する、あるいは一般社員は「職能資格制度」、管理職は「職務・役割等級制度」を採用するようなハイブリッド型の事例も見られるようになりました。

ア．職能資格制度

職務を遂行するのに必要な能力（職務遂行能力）を相対的に序列化して体系化した制度です。「職務遂行能力（職能）」を等級制度の基軸とし、職能資格制度のフレームを作るのが一般的です。

職能資格制度では社員の職能の伸長度・発展度に応じて処遇が決定されることになります。「経験年数と昇格要件」を示しておき、

それらを充足した者を対象に上位等級に昇格させます。
　イ．職務等級制度
　　職務評価に基づき職務ランクを序列化して体系化したものです。職務価値の大きさに応じた処遇となるよう社内の職務ランク（レベル）を一覧表にまとめた職務レベル表を作成するのが一般的です。
　　昇格や異動は、基本的に職務（ポジション）に欠員が生じたときに実施されます。
　ウ．役割等級制度
　　役割のタイプと大きさに応じて体系化したものです。担当する業務上の「役割」に応じた処遇となるような役割等級基準書を作成します。
ⅱ．賃金制度
　賃金制度とは、等級制度に基づき、社員の賃金を決定するための制度です。賃金は月例給とその他（賞与、退職金等）から構成され、月例給は基本給と諸手当から構成されます。
　基本給の代表的なものは、以下のとおりです。

ア　職能給：職務遂行能力の発展度に応じて決定される給与のこと
イ　職務給：職務の大きさに応じて決定される給与のこと
ウ　役割給：役割の大きさに応じて決定される給与のこと

　高度成長期は、自社の社員を保有する職務遂行能力をベースに職能資格にランクをつけ、この資格に対応する形で給与を決める「職能給」が主流でした。1990年代後半以降、「職務等級制度」「役割等級制度」の導入に伴い、職務の大きさや役割に応じた「**職務給**」「**役割給**」へ改定するケースが増えています。
　1960年代に日本で発案された「ジャパニーズ・スタンダード」な職能給から、外資系において採用されてきた職務給へ、或いは、昨今の役割重視のトレンドに対応して導入が進んでいる役割給へ

の改革が進んでいます。

ⅲ．人事考課制度

ア．人事考課の目的

人事考課の目的としては、主に次のようなものが挙げられます。

- 会社として、ビジョン実現、目標達成、戦略実行のために必要な人材育成をするためのツールとして活用する。
- 上司と部下が共に活用することで、目標達成し、成長するための機会とする。
- 公正かつ納得性のある人事管理（昇給、昇級、賞与など）を運営する。

イ．考課基準

考課基準を明確にするため、考課項目毎に各等級に求められるレベルを示す考課基準表を作成します。

ウ．職能資格制度における人事考課

「能力（保有・潜在能力）」、「意欲（執務態度）」、「成績（業績）」の区分をし、それぞれ考課項目が設定されるのが一般的です。

- **能力考課**：知識・技能、判断力、企画力、実行力、指導力等
- **意欲考課**：規律性、責任感、積極性、協調性等
- **成績考課**：仕事の量、仕事の質、業務改善等

実際の考課は、人事考課表（人事考課シート）が使用され、考課項目ごとに、3～10段階（S/A/B/C/Dの5段階が多い）で行うのが一般的です。

エ．職務・役割等級制度における人事考課

職務・役割に対応した「成果・業績」（パフォーマンス）と「発揮能力」（**コンピテンシー**）により行われるのが一般的です。

- 業績考課（目標達成度考課）

    目標管理（MBO=Management By Objectives and self-control）とは業務上の目標を自ら設定し、その目標達成に向けて努力するとともにその結果について考課を行う手法です。目標管理シートを使用し、期初に設定した目標に対して期末に達成

度を評価します。
・発揮能力(コンピテンシー)考課
「コンピテンシー(成果につながる行動)」とは、高い業績を挙げている者の行動特性のことを言います。自社の高業績者に共通の行動特性を明らかにして、考課基準として活用することになります。次のようなコンピテンシーが代表的なものです。

項　目	定　義
リーダーシップ	環境や状況の変化を先取りし、変化を会社や組織の業績向上に繋げるよう、革新的で自発的な行動をとる。
顧客志向	社内外の顧客ニーズを察知して、何が求められているかを理解する。顧客満足を最優先して、期待を上回る行動をとる。
コミュニケーション	相互理解のために様々な手法を用いる。信頼関係が構築できるよう、明確ではっきりとしたコミュニケーションを行う。
チームワーク	チームの目的や目標・課題を達成するために相互支援を実践する。

ⅳ．人材育成(能力開発)制度
ア．人材育成基本方針
　会社が戦略的に人材育成に取り組むためには、まず人材育成基本方針を固めることが必要です。人材育成基本方針に示される人材像は、人材の育成や活用についての柱となります。また、能力開発規程を作成し、人材育成の目的や基本方針を定めておくとよいでしょう。

イ．人材育成の手法(OJTとOFF-JT)
・OJT
「On the Job Training」の略で、読んで字のごとく、仕事をやりながら育成を行う手法です。メンター(OJTリーダー、エルダー、トレーナー等組織により名称が異なる)から業務を通じて知識の習得と仕事の進め方を学ぶ「メンター制度」を取り入れるケースが増えています。

　主に新入社員を対象とする定着と戦力化の手段であって、先輩社員が新入社員等の後輩社員に個別に付き、仕事の基礎

知識、スキルの伝授、職場内外での悩みの相談を行い、定着と戦力化を目指すものです。その際、ツールとしてOJT計画書（新入社員OJTカリキュラム）を活用するケースが多いです。

・OFF-JT

OFF-JTは「Off the Job Training」であり、仕事から離れたところでの育成で、主に集合研修などがこれに該当します。教育研修基本方針を定めたうえで、教育研修体系を構築するのがよいでしょう。

③ 社員区分

　人事制度に加えて、社員の区分についても理解しておく必要があります。まず、社員は、「正社員」と「非正規社員」（パートタイマー、アルバイト、契約社員、嘱託社員等）に区分されます（詳細は第12-1章「非正規雇用管理」参照）。また、自社の社員ではない外部労働力として、「派遣社員」や「業務委託社員」があります。

　さらに、「正社員」でも「非正規社員」でもない、いわばその中間的な存在としての「限定正社員」という区分もあります。「正社員」とは、一般に、労働契約に期間の定めがなく、勤務地や職務（職種）が限定されておらず、労働時間についても法定の範囲内で制限のない労働者のことを言いますが、これに対して、「限定正社員」は、労働契約に期間の定めはないものの、勤務地、職務（職種）、労働時間のいずれかが限定されている正社員のことを言います。

　「限定正社員」は、「正社員」と「非正規社員」の二極化した働き方ではなく、労働者にとってのワークライフバランスと企業による優秀な人材の確保や定着を同時に可能とするような、労使双方にとって望ましい多元的な働き方を実現させるものとして、近年注目されています。

2. 人事部員に求められる心構え、知識、能力・スキル

(1) 人事部員の6つの心構え

① 信頼感を持たれるような意識と行動

　人事部の仕事はヒトと向き合う仕事ですので、そこで働くヒトは、まず他人から信頼される人物でなければなりません。その人物像の特性を挙げれば、基本的に人間が好きであり、どんなヒトとも嫌な顔をせずコミュニケーションをとることができ、口が堅く、絶対に相手を裏切らない、バランス感覚に優れ、思考に柔軟性を持っている、といったところかと思います。

　「彼がそういうのなら仕方ない」と思わせるような絶対的な信頼感を持ってもらうためには、常日頃の言動が重要になります。逆に、何らかの理由（懇親の場で酒に酔った勢いで不適切な発言をするなど）で、一度でも信頼を失うと、それを挽回し、再び信頼を回復するのは大変難しいので気をつけましょう。それほど人事部員を見る社員の目は厳しいものがあります。

② 社員に向ける深い愛情と強い関心

　さまざまな会社の人事部員に接する機会がありますが、業績が伸びている会社には、愛情を持って積極的に社員とコミュニケーションをとっている人事部員が存在しています。ヒトと接触するのは億劫だというときもありますが、人事部としての使命だと思って行動すると、社員との距離もぐっと縮まるはずです。そういった人は、自分は何のために働いているのか、自分の存在理由は何か、貢献すべき対象は誰かなどをしっかりと自分の中に持っています。

　また、人事部員で、数百名の規模であれば社員の顔と名前を一致させ、おおよその経歴等も頭に入れている人がいます。ヒトに対する強い関心の表れであるといえます。特に若手の社員との会話では、「〇〇さん」と名前を呼び、関心を表すことで、距離の壁がなくなります。細かなことですが、このような点にも気を配るとよいでしょう。

③ 組織・人材に対する貢献意識

　人事部の役割は、会社と社員の向かうべき方向性を合わせ、組織と個人の一見相反する利益を調整することであり、現場で働く社員が活き活きと働くことができるように最大限の努力をすることであると考えます。

貢献対象は会社と社員であり、双方の満足度をいかに高めるかが重要です。

　社員一人ひとりが仕事に喜びを感じ、努力することによって会社の利益が増大し、その利益は個人に還元され満足につながっていくという、正のスパイラルが続くことが重要です。とすると、まずは社員満足度を高めることが人事部門に求められる本質的な役割ではないでしょうか。その点で、中堅の人事部員は、「他者に貢献することが自分にとっての幸せである」という自発的な貢献意識を持つことが肝心だと思います。

④ ぶれない公平・中立性

　人事部員は、さまざまな案件に対して判断を求められます。その際に大事な視点の一つは公平性です。前例を調査し、過去の同様のケースではどのように対処したのかを確認し、基本的には「前回はこうしたが、今回はそれとは違う」取り扱いをしないようにしなければなりません。

　一見簡単なことのようですが、現実に社員から強く言われたりすると、その判断が揺らぐことがあります。その場しのぎに走ることのないように、判断に迷う場面では原理原則に立ち帰り、軸がぶれないようにします。さまざまな各方面からの要望に対して、常に強い気持ちで公平に取り扱うことができるかどうかがカギとなります。

⑤ 自己変革意識の保持

　経営環境が激変するなか、「自己変革しない企業は滅びていく」といわれています。会社を人材面から支える人事部の仕事についても、変革意識を持って行うことが必要です。人事部員がそういった意識を持たず現状維持を続けていくと、マンネリ化し、自身が成長しないばかりではなく、役割の大きさを考えると組織全体に悪影響を及ぼすことも十分考えられます。これからの人事部員は、自分で仕事を提起し（課題を発見し）、それに対する提案を行い、社員と組織に高い付加価値を提供するプロフェッショナリティと常にアンテナを高くし変化へ対応する力が必要になります。

⑥ 相手の立場に立って話を聴く姿勢

　部下の指導はライン管理者の職務であり、基本的に部下の悩みの解

決は現場に任せることになります。しかし、職場には上司には言えない悩みや上司も絡む人間関係のトラブルなどもあります。人事部としては、そのような悩みやトラブルの相談があった場合には適切に対応する必要があります。

　このように個別に相談を受ける場合には、相手の立場に立ってとにかく相手の話をよく聴くことが大切です。人事部は社員のサポート部門ということで、謙虚な対応を心がけることも必要です。一般に、外から見た人事部は、官僚的、保守的等ネガティブなイメージを持たれ、敷居が高く感じられているので、相談しやすい体制と雰囲気づくりが重要です。

　相談をしてくる社員は、感情的になっていることも多いので、相談事に対して杓子定規に対応しないよう気をつける必要があります。「人の話をじっくりと最後までよく聴く」ことのできる人事部員は、社員との信頼関係を着実に構築していきます。その結果、人事部と現場のコミュニケーションもよくなり、現場からの情報も入りやすくなります。

(2) **人事部員に求められる知識**

　人事部員は、専門職であり、職務の遂行には一定の知識が必要となります。人材開発、人事政策、労務管理、福利厚生別にみると、次のような知識が必要となります。大企業で人事部に多くの人材を投入しているところでは、自分の担当チームの業務内容に関連する知識を深く掘り下げていくことになります。

　一方、中小企業など人事部にそれほど人材を投入できないところでは、一人が複数の系統の業務を兼務していることが多く、そこでは、一つひとつの知識は浅くても、幅広い知識を身に付ける必要があります。

① 人材開発：採用、社員教育、異動・昇格・昇進管理など

【労働関係法（主なもの）】
　・労働基準法
　・労働契約法
　・労働政策総合推進法

> - ・職業安定法
> - ・労働者派遣法
> - ・男女雇用機会均等法
> - ・高年齢者雇用安定法
> - ・障害者雇用促進法
> - ・パートタイム労働法（2020年4月より「パートタイム・有期雇用労働法」）
> - ・個人情報保護法

② 人事政策、労務管理：人事諸制度設計、労務管理施策、労使関係など

> 【労働関係法（主なもの）】
> - ・労働基準法
> - ・労働組合法
> - ・労働関係調整法
> - ・最低賃金法
> - ・労働契約法
> - ・男女雇用機会均等法
> - ・高年齢者雇用安定法
> - ・育児介護休業法
> - ・個人情報保護法
>
> 【人事制度、給与制度、評価制度】
> - ・職能資格制度、職務等級制度、役割等級制度
> - ・職能給、職務給、役割給
> - ・絶対評価、相対評価
> - ・目標管理制度
>
> 【賃金決定のメカニズム（春闘など）】
> - ・ベースアップ、定期昇給
> - ・労働組合、使用者団体
> - ・経済指標（労働分配率、完全失業率、消費者物価指数など）

> 【労働判例（「先例」としての重み付けがなされ、それ以後の判決に拘束力を持ち、影響を及ぼすものを判例という）】
> ・解雇権濫用の法理、整理解雇の4要件、有期雇用契約の雇止め（契約期間満了時に契約更新を行わず、契約を終了させること）の法理、同一労働同一賃金など

③ 社会保険・福利厚生：給与、社会保険、福利厚生など

> 【労働関係法（主なもの)】
> ・労働基準法
> ・労働契約法
> ・雇用対策法
> ・労働政策総合推進法
> ・労働者派遣法
> ・男女雇用機会均等法
> ・高年齢者雇用安定法
> ・障害者雇用促進法
> ・パートタイム労働法（2020年4月より「パートタイム・有期雇用労働法」）
> ・個人情報保護法
> ・最低賃金法
> ・育児介護休業法
>
> 【社会保険各法（主なもの)】
> ・健康保険法
> ・厚生年金保険法
> ・国民年金法
> ・雇用保険法
> ・労働者災害補償保険法
> ・労働保険徴収法
>
> 【福利厚生】

> ・法定外福利厚生施策
> ・カフェテリア・プランなど

(3) 人事部員に求められるスキル

① ヒューマンスキル（対人関係能力）

　このスキルは人事担当者として現場の社員とコミュニケーションをとる上で必要なスキルとなります。また、部下とのコミュニケーションの上で、管理者にとっても必要なスキルでもあります。

　昨今は、管理者に必要なスキルとして、コーチングやファシリテーションなどがクローズアップされています。これらを社内に推進する人事担当者（特に人材開発の担当者）にとっては、内容の理解とともに、コーチングやファシリテーションが実際にできるレベルにまで高めておくことが必要となります。

> 【人事部員に必要なコミュニケーションスキル】
> ・プレゼンテーション
> 　　プレゼンテーションとは、意見、情報、あるいは気持ちなどを言葉と言葉以外の手段を使って相手の注意を喚起し、興味を沸かせ、理解させ、合意させ、そして相手にプレゼンテーターの意図した行動をとらせること。
> ・コーチング
> 　　コーチングとは、相手とのやり取りの中で、相手自身が状況を正確に把握し、自分の把握した状況に対して取るべき的確な対応を認識し、行動につなげていくことができるように仕向けていくために行われるコミュニケーションである。
> 　　相手の答（取るべき行動）に対する気づきを促すために相手に自分の思っていること、感じていることを何でも話してもらって、それに対して予断を持たずに聴く「傾聴」のスキル、クライアントの現状や考え方等に対してそれ

> を認めていく「承認」のスキル、クライアントが自ら考えて答えを導き出せるように仕向けていくような質問を行う「質問」のスキルが、コーチングの主要なスキルである。
>
> ・アクティブ・リスニング
>
> 　アクティブ・リスニング（傾聴）とは相手の意見を丁寧に聴くことで、相手の話しやすい環境を作り、適切なタイミングで質問をするなど相手の意見を引き出すこと。ただ一方的に聴いているだけでなく、相手の話に相槌を入れたり、質問をしたりしながら、相手の話したいことをうまく引き出すことが重要である。
>
> ・ファシリテーション
>
> 　ファシリテーションとは、「促進する」「容易にする」「円滑にする」「スムーズに運ばせる」というのが原意。人々の活動が容易にできるよう支援し、うまくことが運ぶように舵取りする。具体的には、集団による問題解決、アイデア創造、合意形成、教育・学習、変革、自己表現・成長などあらゆる知識創造活動を支援し促進していく働きを意味する。

② テクニカルスキル（業務遂行能力）

　人事部員としては、労働・社会保険関連法、労働判例等の専門知識、また自社の就業規則や人事制度の内容をただ理解しているというレベルでは足りません。

　社員からの質問等に対し適切に回答したり、新入社員などに就業規則や人事制度の内容をわかりやすく説明したりすることができるレベルが求められます。

③ コンセプチュアルスキル（概念化能力）

　人事担当者のコンセプチュアルスキル（概念化能力）は、人を動かす上位職になればなるほど必要性が高まります。後輩や部下への指示や部門目標（方針）など、方向性をわかりやすいキーワードに置き換えて、

持論化することはリーダーとして必要なことではないでしょうか。

持論化された人事部のリーダーの言葉が部内に浸透し、メンバーがそれを共有し、部としての方向性が固まったとき、真に強い人事部組織が生まれるものです。

3. 人事部員が最初に任される仕事

(1) 最初はオペレーション業務が中心

まずは、オペレーション業務を中心に、仕事の流れを覚えましょう。

一般に、会社の根幹や機密の部分を扱う仕事、たとえば人事戦略や人事異動・人事考課に関する業務は管理職以上が行うことになりますので、若手社員はオペレーション業務を担当することになり、具体的には、就業管理、研修の事務局、新卒採用や社会保険・給与計算業務などが配属後最初の担当業務の候補となります。

オペレーション業務は、定型的なものですが、人事業務の基礎をなすものであり、決して疎かにしてはならず、まずはここをしっかり固める必要があります。正答のある業務であり、それゆえできて当たり前、間違いは許されないという緊張感をもってやれねばならないことは言うまでもありません。

新入部員は、人事部の年間業務スケジュールをよく確認したうえで、自分の担当業務がどんな位置付けとなるのか、それはどんな業務に結びつくのか等全体と関連付けながら上司の指導に基づき、能力開発をしていきたいところです。

最初に任されるオペレーション業務としては、次のようなものが考えられます。

> ・新卒採用に関する業務（人材開発）
> ・研修の事務局業務や企画・運営業務（人材開発）
> ・社会保険の手続き、給与計算業務（福利厚生）

(2) 採用、教育研修の事務局的業務
① 採用業務（大卒者の新規採用の場合。2019年時点）
　採用業務は、人事部にとって最も外向きかつ前向きな仕事で、やりがいのあるものです。また、リクルーターや面接などで人事部以外の社員が関わることも多く、人事部が何をしているのかをイメージしやすい仕事だと思います。
　特に、新卒採用業務は、過去の経験（自分自身が採用された経験やリクルーター経験等）を活かしやすいため、比較的なじみやすい仕事といえます。応募者と年齢が近いこともあり、フレッシュな若手社員が担当することが多いです。
　現在、大学3年生の3月から就職活動（企業にとっては採用活動）が始まります。さらに夏休みの時期を利用してインターンシップを行う企業もあり、採用活動は以前より早期化かつ長期化しているのが現状です。
　4月に配属された人は早速面接等選考活動に従事することになります。最初の1～2日、先輩社員の面接に同席させてもらい、その後は面接官として独り立ちし、学生と向き合うことになります。
　採用業務は、恒常的な人手不足の状況で、会社を代表して学生に接する重要な業務です。担当者としては、明るく快活、きちんとしたビジネスマナー、あきらめない粘り強さ等が必要になろうかと思います。
　入社希望者を選考することが仕事ではありますが、一方で自らも相手から選考されていることを肝に銘じてふるまうことが大切です。また、入社希望者は（特に一般消費者を対象にビジネスをしている会社では）将来の自社の顧客になる可能性もあり、丁寧に扱うことが必要です。
② 教育・研修業務
　教育・研修業務には、会社が求める人材像を明確にし、それに合った人材育成の基本設計を立案する「プランニング業務」とそれを具体的に推進する（主に研修を運営する）「オペレーション業務」がありますが、新入部員は「オペレーション業務」を担当することになります。研修業務は、これまで研修の受講経験があればどのようなことをするのかイメージしやすく、配属後の初心者レベルとしては取り組みやすいと思

います。

　新入部員は、まずは研修に立会い、事務局の仕事を受講生の立場に立って確実にこなせるようになってから、個々の研修の企画等を検討する仕事に移ることになります。

　では、最初の「研修の事務局業務」について、ポイントとなる事項を下記します。研修参加者が少しでも受講しやすい環境を整え、優先順位をつけて効率的で確実な手配を心掛けましょう。

　　ⅰ．研修前（研修の準備）
　　　・研修場所の手配（合宿研修の場合は宿泊場所の手配も必要）
　　　・講師との打合せ（研修資料や当日のスケジュールの確認等）
　　　・参加者に対する送付状の案内（本人および上司に遅くとも1か月前までに案内する）
　　ⅱ．研修中（当日の運営）
　　　・レジュメ・資料の配布
　　　・ホワイトボード、プロジェクター等の研修に使用する機器の準備
　　　・快適な研修環境つくり（空調の調節、お茶・スイーツ等の手配）
　　　・講師・受講者・研修施設管理者間の調整役
　　ⅲ．研修後
　　　・研修アンケートの取り纏め
　　　・研修のフォローや効果測定のため参加者よりヒアリング

　研修の事務局業務を習得してきたら、次は実際に集合研修を運営する業務を任されることになります。管理職研修の場合はおおむね次のように手配を進めます。

　　ⅰ．研修前
　　　・研修プログラムの検討（従前のものでよいのか、新しいものを検討するのか）
　　　・講師の選定（外部講師に依頼するかどうか。依頼する場合は費用やスケジュールの調整、教材の作成依頼等が必要）
　　　・研修場所の手配、講師との打合せ、参加者に対する送付状の案内等は前述の事務局業務のとおり。ただし、管理職研修を外部

講師で行う場合は、特に早目の手配が必要。
　ⅱ．研修中と研修後の業務は、前掲の事務局業務のとおり
　　　　新入部員の場合、管理職の経験がないため、研修プログラムの検討は難しいかもしれませんが、自ら仮説を立てたり、世間ではどのような研修が行われているのかを調べたりし、さらには上司にも意見を聞きながら、進めていくことになります。

⑶ 社会保険、給与計算の業務
① 社会保険の手続き
　福利厚生分野の業務は、法定業務と法定外業務に分かれますが、社会保険の手続き等法定業務については、法令等により提出期限が定められており、年間業務スケジュールをきちんと把握しておく必要があります。
　書類作成という単純作業が中心となりますが、間違いのないように細心の注意を払いつつ、効率よくできるようにスキルアップを図りましょう。
② 給与計算の実務
　給与計算業務は、以下のような流れで、基本的に1か月単位で行われています。
　ⅰ．人事情報の収集
　　　　給与計算は社員の入社、退社、結婚、出産、死亡、転勤などの情報（人事情報）を収集することから始まります。これは給与計算をするうえで最も大切な工程です。給与計算の基本はこの作業にあります。給与の額を間違うことは社員の会社に対する不信感を大きくします。社員の入退者が多い、3月～4月は特に気をつけましょう。
　ⅱ．実労働日数、労働時間の集計
　　　　次に給与締切日によるタイムカード、出勤簿の集計作業が始まります。最も時間と手間がかかり、神経を使うのがこの作業です。1日、1時間、1分が給与の額に影響しますので、正確な計算をしたうえで再度確認をする慎重さが必要です。
　ⅲ．給与計算、給与支給明細書の作成

就業規則、給与規程、先に収集した給与データに従って、まず給与総支給額を計算します。総支給額が間違っていると、控除する所得税、雇用保険料などが正しく計算されませんので、総支給額を間違えないようにしなければなりません。

　総支給額から控除額を差し引いたものが、差し引き支給額です。社員の中にはこの額（手取り額）しか見ない人も多いので、ひとたび間違いに気づいた場合、数か月に遡って修正しなければならないこともありますので、注意が必要です。

ⅳ．給与の支払い

　給与の支払い方法は、現在、多くの会社が銀行振り込みによって行っています。銀行のスケジュールも考えて、給与遅配にならないように十分に気をつけましょう。

ⅴ．税金、社会保険料の納付

　給与から控除した中で、源泉所得税、住民税、社会保険料は所定の手続きにより納付しなければなりません。

　源泉所得税や住民税は給与から控除したものを翌月10日までに納付します。社会保険料は、給与から控除した額に会社負担分を加えて、当該月の翌月末日までに納付します。納税等の後処理で給与計算業務は終了します。

採用に関する諸問題

1. 採用とは
2. 採用の自由とその制限
3. 採用内定・内々定
4. 労働契約とは
5. 試用期間

第1章 採用に関する諸問題

1．採用とは

　採用とは、企業が労働者を雇い入れることをいいます。

　労働契約（雇用契約）は、労働者が企業の募集に対して応募し（契約の申込）、企業がその労働者を採用（申込に対する承諾）すれば、成立します。

　実務上の採用プロセスは、一般的には下記表の手続で行われます。

　以下、採用プロセスの流れに沿って説明します。

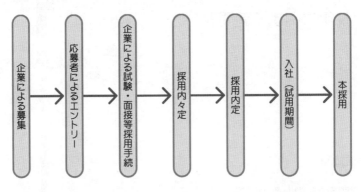

採用とは、企業が労働者を雇い入れることをいう。

2．採用の自由とその制限

(1) 採用の自由

　我が国では、労働者の採用に関して、企業に**採用の自由**（契約締結の自由とも言われ、憲法上も保障された人権です。）が認められています。採用するかどうか、採用するとして、採用の方法・採用人数などについ

ては、基本的に企業の自由です。判例においても、誰をどのような条件で雇うかについては基本的に企業の自由であると判断されています（三菱樹脂事件・最判昭 48.12.12）。

また、採用を拒否した場合に、労働者から採用拒否の理由を尋ねられることがありますが、回答する必要はありません。

> 企業には採用の自由があり、採用するかどうか、採用するとして採用の方法・人数などは企業の自由である。

(2) 採用差別
① 採用差別の禁止

採用の自由があるといっても、無制限ではありません。採用活動は公平に行われるべきであり、差別的な採用活動は違法となります。

例えば、「(3)採用の自由に関わる法律」のとおり、男女雇用機会均等法 5 条は性別による採用差別を禁止し、障害者雇用促進法 34 条は障害者に対する採用差別を禁止しています。また、労働政策の総合的な推進並びに労働者の雇用の安定及び職業生活の充実等に関する法律 9 条は、募集・採用について年齢制限を禁止しています。その他にも、労働者の能力等に無関係な家庭状況や生活環境といった事項、本来自由であるべき思想・信条に関する事項について資料を提出させたり、面接で質問したりすることは採用差別につながるおそれがあります。

採用差別を行った場合には、企業が損害賠償責任を負う可能性もありますし、採用差別を行った企業として悪い評判が立ちかねません。例えば、女性の応募者に対して面接時に婚姻の有無を尋ね、既婚であることを理由に不採用とした場合には、違法な採用差別として不法行為が成立し、その応募者に対して損害賠償責任を負う可能性があります。ただし、その場合でも採用を強制されるものではありません。

なお、公平な採用選考の留意点については、次表のとおりです（厚生労働省の HP にも詳細な解説が掲載されています。）。

採用差別をしないためには	
1 応募者に尋ねることを避けるべき事項	2 実施を避けるべき選考方法
(1) 応募者の能力等に無関係な事項 　・戸籍等に関する事項 　・生活環境や家庭環境に関する事項 (2) 思想信条等に関する事項 　・宗教観や政治観に関する事項 　・社会運動等に関する事項	・身元調査等 ・不必要な健康診断 ・性別によって異なる選考方法

採用差別を行うと、企業が損害賠償責任を負う可能性がある。

② 間接差別

　形式的には性別的中立な取扱いであっても、実質的に性別による差別となるおそれがあるものは、合理的な理由がない限り違法となります（これを**間接差別**といいます。）。採用に関して間接差別にあたるものは、下記表のとおりであり、均等則2条1号と2号に列挙されています（本書第15章参照）。

・採用にあたって、身長、体重又は体力に関する事由を要件とすること
・転居を伴う転勤に応じることができることを要件とすること

　例えば、防犯を目的とする警備員の採用にあたって、身長や体重が一定以上であることを要件とすることは合理的な理由があるといえるので適法でしょう。

形式的には性別的中立な取扱いであっても、実質的に性別による差別となるおそれがあるもの（間接差別）は、合理的な理由がない限り違法となる。

③ コース別採用

　近年、労働者を「総合職」と「一般職」とに区別して採用する企業が多く見受けられます。これは、**コース別採用（コース別管理）**と呼ばれるもので、性別的中立に、個人の能力や希望、職種などに応じて労働者を区分けする限りでは、採用差別にはあたりません。例えば、4年制の大学を卒業した者は総合職、その他の大学、短大、高卒者は一般職といっ

た区分けをすることは適法です。

しかし、形式的に男女で区別をしていなくとも、前記②の間接差別の問題は生じますので、転居を伴う転勤に応じることを総合職の採用要件とすることは、合理的理由がない限り、間接差別にあたります。ただ、多くの企業では、人材の育成を合理的な理由に、転居を伴う転勤に応じることを総合職の採用要件としています。

> コース別採用（コース別管理）とは、個人の能力、希望、職種などに応じて複数のコースを設けることをいう。

(3) 採用の自由に関わる法律

① 労働政策の総合的な推進並びに労働者の雇用の安定及び職業生活の充実等に関する法律

労働政策の総合的な推進並びに労働者の雇用の安定及び職業生活の充実等に関する法律（以下、本項目で「法」といいます。）は、労働市場法の基本法に位置付けられます。従来の雇用対策法が、働き方改革関連法により改正されたものです。

採用の自由との関係では、法は、原則として、募集・採用時に年齢制限を設けることを禁止しています（法9条）。例えば、「30歳以下の者を募集」といった条件を設定することも、「○○年以降に生まれた者」という条件を設定することも、年齢制限の禁止に違反します。ただし、例外的に、以下の場合には、年齢制限を行うことが可能です（法9条、法施行規則1条の3第1項）。

①	定年年齢未満の労働者を、期間の定めのない労働契約の対象として募集・採用する場合
②	法令の規定により年齢制限が設けられている場合
③	長期勤続によるキャリア形成のため、若年者等を期間の定めのない労働契約の対象として募集・採用する場合
④	技能などの承継のため、特定の職種・年齢層（労働者数が相当程度少ない年齢層）に限定し、かつ、期間の定めのない労働契約の対象として募集・採用する場合

⑤	芸術・芸能の分野における表現の真実性などを確保する必要がある場合
⑥	60歳以上の高年齢者または特定の年齢層雇用を促進する国の施策の対象となる者に限定して募集・採用する場合

　年齢制限の禁止に違反した場合には、罰則の適用はありませんが、行政による助言、指導又は勧告がなされる可能性があります（法33条）。

> 募集・採用時に年齢制限を設けることは、原則として、禁止されている。

② 障害者雇用促進法

　障害者雇用促進法（正式名称は、「障害者の雇用の促進等に関する法律」といいます。本項目では「法」とします。）は、障害者に対する差別禁止・**合理的配慮**と障害者の雇用義務を中心に定めています。

　　ⅰ．差別禁止・合理的配慮

　　　法は、募集・採用の機会（法34条）、賃金の決定、教育訓練の実施、福利厚生施設の利用（法35条）において障害者を差別することを禁止しています。例えば、車いすの利用・人工呼吸器の利用などを理由として採用を拒否することは違法になります。

　　　また、法は、企業に対して、募集・採用時、さらには採用後の職場における、障害者に対する合理的な配慮を求めています（法36条の2以下）。例えば、募集・採用時における合理的配慮としては、入社試験の問題用紙の点訳・音訳、試験回答時間の延長などが考えられます。また採用後の職場における合理的配慮としては、車いす利用者の机の高さを調節すること、通勤ラッシュを避けるための始業時間の設定、手話通訳者・要約筆記者の配置・派遣などが挙げられます。

　　　もっとも、企業に過度な負担を及ぼす場合には、この限りではありません。例えば、車いす利用者が面接に来る際、鉄道の利用が車いす利用者の負担になるからといって、企業がタクシー代金まで負担する必要はないと考えられています。

　　　なお、注意を要するのは、結果として、障害者を採用しないこ

とが直ちに差別禁止に該当するわけではないということです。障害者に対して合理的な配慮を提供し、障害者と障害者でない者に均等な機会を与えた選考の結果、能力や企業への適性を理由に障害者を採用しないことは、差別禁止には該当しません。

ⅱ．障害者雇用率制度

法は、全ての企業に対して、対象障害者を進んで雇い入れるよう努力義務を課しています（法37条1項）。さらに、政令で定める障害者雇用率（**法定雇用率**）に達するまでの対象障害者の雇用が義務づけられています（法43条）。すなわち、企業は、雇用する労働者に占める対象障害者の割合が法定雇用率以上になるようにしなければなりません。

この法定雇用率について、法定雇用率の算定基礎の分子に精神障害者が追加され、2.2％になりました（ただし、これは、猶予措置によるものであり、2021年4月までには、2.3％とされることが予定されています。）。これにより、従業員の人数が45.5人以上の企業は、少なくとも1人の障害者を雇用する義務を負うことになります。

法定雇用率を達成していない企業については、不足する障害者数に応じた障害者雇用納付金の納付が義務づけられています（法53条2項、54条）。他方、法定雇用率を超えて対象障害者を雇用している企業には、障害者雇用調整金が支給されます（法50条）。

ⅲ．障害者と対象障害者

ⅰで述べた、差別禁止・合理的配慮の対象となる「**障害者**」とは、「身体障害、知的障害、精神障害（発達障害を含む。）その他の心身の機能の障害があるため、長期にわたり、職業生活に相当の制限を受け、又は職業生活を営むことが困難な者」と定義されており（法2条1号）、障害者手帳保持者に限定されていません。

他方、ⅱで述べた雇用義務の対象となる「**対象障害者**」とは、「身体障害者、知的障害者又は精神障害者（精神保健法に基づく精神障害者保健福祉手帳の交付を受けているものに限る）」（法37条2

項）と定義されており、差別禁止・合理的配慮の対象となる「障害者」とは範囲が異なることには注意が必要です。

障害者への合理的配慮

　法は、企業に対して障害者への合理的配慮を求めていますが（法36条の2以下）、厚生労働省は、この合理的配慮について、平成27年厚生労働省告示第117号（「合理的配慮指針」と呼ばれます。）を公表しています。

　合理的配慮指針においては、合理的配慮に関する基本的な考え方として、次の事項が挙げられています。

①合理的配慮は、個々の事情を有する障害者と事業主との相互理解の中で提供されるべき性質のものであること。

②合理的配慮の提供は事業主の義務であるが、採用後の合理的配慮について、事業主が必要な注意を払ってもその雇用する労働者が障害者であることを知り得なかった場合には、合理的配慮の提供義務違反を問われないこと。

③過重な負担にならない範囲で、職場において支障となっている事情等を改善する合理的配慮に係る措置が複数あるとき、事業主が、障害者との話合いの下、その意向を十分に尊重した上で、より提供しやすい措置を講ずることは差し支えないこと。

　また、障害者が希望する合理的配慮に係る措置が過度な負担であるとき、事業主は、当該障害者との話合いの下、その意向を十分に尊重した上で、過度な負担にならない範囲で合理的配慮にかかる措置を講ずること。

④合理的配慮の提供が円滑になされるようにするという観点を踏まえ、障害者も共に働く一人の労働者であるとの認識の下、事情主や同じ職場で働く者が障害の特性に関する正しい知識の取得や理解を深めることが重要であること。

　合理的配慮指針では、この考え方に基づいて、「合理的配慮の手続」、「合理的配慮の内容」、「過重な負担」、「相談体制の整備等」について解説されています。そして、「合理的配慮の内容」については、合理的配慮指針の別表において、障害区分（視覚障害、聴覚障害などどのような障害か）及び場面（募集及び採用時か採用後か）ごとに、合理的配慮の内容が例示されています。

　この例示は参考になりますが、注意すべきは、企業に無理を強いるわけではないという点及び障害者と企業の「相互理解」・「話合いの下」という点です。すなわち、合理的配慮は、個々の障害者のもつ障害の状態や職場の状況に応じて提供されるべきものであるため、多様性、個別性

が高いものです。企業においては、合理的配慮指針の例示を参考にしながらも、自己満足に陥ることなく、各障害者との話合いの下、その意向を十分に尊重した上で、過重な負担にならない範囲で合理的配慮を提供することが肝要です。

③ 若者雇用促進法

　若者雇用促進法（正式名称は、「青少年の雇用の促進等に関する法律」といいます。本項目では「法」とします。）は、若者の雇用の促進と能力の有効な発揮を目的とする法律です。雇用する労働者数などの企業規模とは無関係に、いわゆる新卒者を募集する全ての企業が法の適用対象となっています。

　採用の自由との関係では、法は、若者の適職の選択に関する措置として、以下の措置を規定しています。

①	職場情報の積極的な提供
②	ハローワークにおける求人不受理
③	ユースエール認定制度

　　ⅰ．職場情報の積極的な提供

　　　これは、新卒者を募集する企業は、新卒者に対して、募集・採用に関する状況、職業能力の開発・向上に関する状況、企業における雇用管理に関する状況についての情報を提供しなければならないというものです。基本的には、企業はこれらの情報提供の努力義務を負うにとどまりますが、新卒者からの求めがあった場合には、これらの情報のうち1つ以上を提供することが義務となります（法13条）。また、ハローワークあるいは職業紹介事業者を利用した求人についても同様で、これらの情報提供義務（新卒者の求めがあれば義務）を負います（法14条）。なお、この義務違反した場合の罰則は、法には定められていません。

　　ⅱ．ハローワークにおける求人不受理

　　　これは、一定の労働関係法令の違反があった企業について、新

卒者の求人の申込みを受理しないこととするものです（法11条）。たとえば、違法な長時間労働を繰り返している企業として企業名が公表された場合は、この適用を受けます。

ⅲ．ユースエール認定制度

これは、若者の採用・育成に積極的で、若者の雇用管理の状況などが優良な中小企業（常時雇用する労働者（無期労働契約者・有期労働契約者のうち過去1年以上引き続いて雇用されている者及び有期労働契約者のうち雇い入れから1年以上引き続き雇用されると見込まれる者）の人数が300人以下の企業をいいます。）について、厚生労働大臣が行う認定制度です（法15条～17条）。この認定を受けると、助成金の優遇措置や日本政策金融公庫による低利融資を受けることができるなどのメリットがあります。

④ 女性活躍推進法

女性活躍推進法（女性の職業生活における活躍の推進に関する法律。本項目では「法」とします。）は、女性の職業生活における活躍を推進し、豊かで活力のある社会の実現を図ることを目的とする法律です。法は、その目的達成のために以下の事業主行動計画等を義務づけています。

①	自社の女性の活躍に関する状況把握・課題分析
②	状況把握・課題分析を踏まえた行動計画の策定・届出・公表
③	女性の活躍に関する情報公表
④	認定制度
⑤	履行確保措置

法は、採用に関する定めを明示しているわけではありませんが、このうち③については、女性の職業選択に資するよう、企業における女性の活躍に関する情報を公表する義務があり（法16条）、その中には、採用した労働者に占める女性労働者の割合という項目があります。

以上の義務については、常時雇用する労働者数が301人以上の企業が

対象であり、300人以下の企業は努力義務を負うにとどまります（法8条）。
⑤ その他

　以上のほか、採用の自由については、職業安定法、男女雇用機会均等法による規制もあります。職業安定法では、募集時における労働条件の明示（同法5条の3、42条）などが定められています。また、男女雇用機会均等法では、募集・採用時の性別を理由とする差別の禁止（同法5条、6条）、間接差別の禁止（同法7条）が定められています。詳細は、本書第15章をご参照下さい。

　また、労働者派遣法の労働契約申込みなし制度（労働者派遣法40条の6）については、本書第12-1章をご参照下さい。

(4) **労働条件の明示**

　企業は、労働契約の締結に際し、**賃金**や労働時間などの労働条件を労働者に明示しなければなりません（労基法15条1項）。これに違反すると、30万円以下の罰金を科せられる可能性があります（労基法120条1号）。

　労働条件の中でも、契約期間、労働時間、賃金といった重要な事項については、労働条件を記載した書面を労働者に交付しなければなりません（労基法施行規則5条。この書面を「**労働条件通知書**」といいます。）。さらに、パートタイム労働者については、通常の労働者よりも明示すべき労働条件が追加されている点に注意が必要です（パート労働法6条1項）。明示すべき労働条件については、次表のとおりです。

No.	使用者が労働者に明示すべき労働条件	書面交付の要否
1	労働契約の期間に関する事項	○
2	期間の定めのある労働契約を更新する場合の基準に関する事項	○
3	就業の場所及び従事すべき業務に関する事項	○
4	始業・終業時刻、所定労働時間を超える労働の有無、休憩時間、休日、休暇、労働者を2組以上に分けて就業させる場合における就業時転換に関する事項	○
5	賃金の決定、計算・支払の方法、賃金の締切り・支払の時期、昇給に関する事項	○（昇給の有無については、パートタイム労働者のみ必要）
6	退職・解雇に関する事項	○
7	退職手当の定めが適用される労働者の範囲、退職手当の決定、計算・支払の方法、退職手当の支払の時期に関する事項	×（退職手当の有無については、パートタイム労働者のみ必要）
8	臨時に支払われる賃金、賞与、これらに準じる賃金、最低賃金額に関する事項	×（賞与の有無については、パートタイム労働者のみ必要）
9	労働者に負担させるべき食費、作業用品等に関する事項	×
10	安全、衛生に関する事項	×
11	職業訓練に関する事項	×
12	災害補償、業務外の疾病扶助に関する事項	×
13	表彰、制裁に関する事項	×
14	休職に関する事項	×

　明示した労働条件が事実と相違する場合、労働者は、労働契約を即時に解除することができます（労基法15条2項）ので、企業は、事実と合致する労働条件を明示する必要があります。

　もっとも、明示すべき労働条件は多岐にわたるので、これらを一つの労働条件通知書で全て明示することは困難です。そこで、**就業規則**（本書第2章）を定めている企業においては、労働契約締結時に、労働条件

通知書とともに就業規則を交付し、労働条件通知書には「詳細は就業規則第○条～第○条」という様に、該当する就業規則の条項を引用する方法で労働条件を明示することも可能です。

なお、事実と合致する労働条件を明示していれば、労働契約締結後に、契約締結時の説明と事実が異なると労働者からクレームがあっても、労働条件通知書を証拠として提示することにより、労働者を納得させることができます。

また、労働条件の明示は、書面で行いますが（労基法施行規則5条4項本文）、労働者が希望した場合には、ファクシミリやメールで行うことも可能です（労基法施行規則5条4項ただし書1号、2号）。

労働者の募集時における労働条件の明示については職業安定法が規定していますが、この点については、本書第15章をご参照下さい。

> 労働契約締結時には、労働者に労働条件通知書を交付しなければならない。

(5) 身元保証契約の締結

身元保証契約とは、企業と身元保証人との間で締結される契約で、労働者のミスなどによって企業に損害が発生し、当該労働者が損害賠償責任を負う場合に、身元保証人もその損害賠償責任を負うというものです。

企業としては、労働者が損害賠償を支払うことができない場合に備えて、身元保証契約を締結することが望ましいです。

ただし、身元保証契約については、以下に挙げるように、民法に定められている保証契約よりも責任の範囲が制限、縮小されています。

① 契約期間は、最長5年であること（身元保証に関する法律1条、2条）
② 身元保証人に責任が生じるおそれがあるときは、企業は身元保証人にその旨通知をしなければならず、この通知を受けた身元保証人は、身元保証契約を解除することができること（同法3条、4条）
③ 身元保証人が責任を負う場合でも、その責任の範囲及び損害賠償額は、裁判所が一切の事情を考慮して決めることとされており、企業に生じた全損害の賠償は困難であること（同法5条）

さらに、民法の保証に関する規定の適用も受けるので、書面を作成する必要があり（民法446条2項）、また、極度額を定めない貸金等の根保証は無効（同法465条の2第2項）となるので、極度額を定めない貸金等の保証は契約から除く必要があります。

　そのため、実務上、身元保証契約は、主に従業員の不正を抑制する効果や**退職勧奨**（本書第11章）の際の身元保証人による仲介などの意味があると考えるべきでしょう。

> 身元保証契約とは、企業と身元保証人との間で締結され、労働者の損害賠償責任を身元保証人が担保することを内容とする契約である。

3．採用内定・内々定

　我が国の新規学卒者の採用においては、多くの場合、在学中に採用内定通知を発し、卒業後に正式に入社させることとしています。このように、正式な入社により労務提供を開始する前ではあるけれども、労働者を採用することが決定している状態を**採用内定**といいます。

　また、多くの企業では、採用内定通知を発する以前に、学生に対して口頭で、採用する予定である旨を伝え、その後、内定開始日において、採用内定通知を発するという取扱いをしています。このように、ほぼ内定が決まりかけているけれども内定式などの正式手続の前の状態を**採用内々定**といいます。これは、採用内定通知を発する前に、優秀な人材を確保するためのものです。

> 正式な入社により労務提供を開始する前ではあるけれども、労働者を採用することが決定している状態を採用内定といい、ほぼ内定が決まりかけているけれども内定式などの正式手続の前の状態を採用内々定という。

(1) 採用内々定時の契約関係

① 採用内々定の法的性質

　採用内々定とは、ほぼ内定が決まりかけているけれども内定式などの正式手続の前の状態を指します。採用内々定はあくまで仮の内定にすぎ

ませんから、後述する採用内定とは異なり、労働契約は、まだ成立していない段階ということになります。採用内々定の場合、採用内々定を告げられた者は、他の企業への就職を検討することもできることになります。

したがって、採用内々定は、未だ労働契約が成立していない段階ですから、採用内々定の取消しは、**解雇**ではなく、単なる採用拒否になります。

ただし、企業が採用内々定の形式をとっていても、実態（就労に必要な書類の提出を求めたり、研修を受けさせたりした場合）によっては、採用内定に至っているとして労働契約が成立したと扱われることもあります。このように、採用内々定か採用内定かは実質的に判断されます。

> 採用内々定によっては、労働契約は成立しない。

② 採用内々定の取消し

前記①のとおり、採用内々定によっては労働契約が成立していない以上、採用内々定の取消しは、解雇ではなく、単なる採用拒否になります。

ただし、採用内々定に際して、採用内々定者に対して採用内定通知を出す旨伝えておきながら採用内々定を取り消した事例で、採用内々定者が他の就職先を断っていたことから、採用内々定者の期待権を侵害したとして、企業に約50万円の損害賠償責任を認めた判例があります。もし採用内々定の取消しを検討するのであれば、採用内々定者の期待をいたずらに裏切らないよう、丁寧な説明など採用内々定者の理解を求める努力をすべきでしょう。

> 採用内々定の取消しは可能だが、企業が損害賠償責任を負うこともある。

(2) 採用内定時の契約関係

① 採用内定の法的性質

採用内定とは、正式な入社により労務提供を開始する前ではあるけれども、労働者を採用することが決定している状態を指し、判例は、採用内定通知を発した後に、労働契約締結のための他の手続（内定式等）が予定されていない場合においては、採用内定通知によって労働契約が成

立するとしています（大日本印刷事件・最判昭 54. 7. 20、電電公社近畿電通局事件・最判昭 55. 5. 30）。

　一方、採用内定通知を発した後に、労働契約締結のための他の手続（内定式等）が予定されている場合は、当該他の手続を行った後に労働契約が成立すると考えられ、どの時点で労働契約が成立するかは実態により判断されます。

　ただし、ここでいう労働契約は、企業が採用内定後の調査等で労働者の適格性を判断し、不適格と判断した場合や、労働者が大学などを卒業できなかった場合などには契約を解約する権利が企業に留保されているものです。すなわち、判例は、採用内定通知により、「**始期付解約権留保付の労働契約**」が成立するとしました。

> 採用内定通知を発した後に、労働契約締結のための他の手続（内定式等）が予定されていない場合、採用内定通知によって始期付解約権留保付の労働契約が成立する。

② 採用内定者に対する研修の義務づけ

　採用内定の法的性質に関連して、採用内定者に対してレポートの提出や研修への参加を義務づけることができるかが問題となります。

　前記①の判例の立場を前提とすると、採用内定通知によって、始期付解約権留保付の労働契約が成立するので、採用内定者に対して、始期付解約権留保付の労働契約に基づいてレポート等の提出を義務づけることは一応可能と考えられます。しかし、その場合でも、学業を優先させることが前提となり、学業の為に研修などに不出席の場合に、内定者に不利益処分を科すことはできません。

　無用なトラブルを避ける為にも、採用内定通知書に内定期間中の義務（研修の有無、時期、内容等）を事前に明示しておくことが望ましいでしょう。

> 採用内定通知を発した後に労働契約締結のための他の手続が予定されていない場合においては、採用内定者に対して一定の研修を義務づけることが可能である。

③ 採用内定の取消し

　採用内定に関しては、採用内定の取消しができるかが問題となります。

　前記①の判例の立場を前提とすると、採用内定の取消しができるかどうかは、留保された解約権をどのような場合に行使できるかという問題になります。採用内定により始期付解約権留保付の労働契約が成立する以上、留保された解約権の行使は、労働契約の解雇と同質ですので、解雇と同様に客観的に合理的な理由を欠き、社会通念上相当であると認められない場合は、無効になります（本書第11章参照）。

　留保された解約権を行使することができるのは、程度にもよりますが、内定後に事情変更があった場合、内定当時企業が知ることができなかった事情が発覚した場合などです。具体的には、採用内定者が学校を卒業できなかった場合、健康状態が著しく悪化した場合、虚偽の経歴等を申告していたことが発覚した場合、裁判で有罪判決を受けた場合、リーマンショック時のような景気変動により著しく会社業績が低下した場合などが挙げられます。

　他方、留保された解約権を行使することができないと判断された判例として、前掲大日本印刷事件があります。この事例は、企業が、採用内定者のことをグルーミーな印象で企業に不適格であると判断しながらも採用内定通知を発した後、これを理由に採用内定を取り消したものです。

　違法な内定取消しがなされた場合、単に損害賠償責任を負うのみならず、労働者としての地位が確認されることもあり、この点は採用内々定の場合と全く異なります。

　このようなリスクを避けるためには、いきなり採用内定を取り消すのではなく、退職勧奨（本書第11章）と同様、内定の辞退を求めることが穏当です。

　なお、労働者の方から一方的に内定を辞退することは、労働者による労働契約の解約が自由であることから（退職の自由・憲法18条、22条参照）、二週間の予告期間があれば適法です（民法627条1項）。そのため、内定を辞退した労働者に対する損害賠償請求は、よほどの事情がない限り困難でしょう。

> 採用内定の取消しは、内定後に事情変更があった場合、内定当時企業が知ることができなかった事情が発覚した場合などには認められるが、違法な内定取消しがなされた場合、内定者としての地位が存続する。

４．労働契約とは

　採用内定により企業と労働者との間で労働契約が成立します。労働契約とは、労働者は労働に従事し、企業は労働者の労働に対して賃金を支払うことを内容とする契約です。

> 労働契約とは、労働者は労働に従事し、企業は労働者の労働に対して賃金を支払うことを内容とする契約である。

(1) 労働契約と労働基準法

　労働契約で定める労働条件は、労使間の合意で自由に定めることができますが、企業と労働者との間には交渉力格差があるため、企業に有利（労働者に不利）な労働条件が定められがちです。そこで、労使間の合意を全くの自由としないため、労働基準法（労基法）によって、合意内容が規律されています。

　労基法とは、労働者の労働条件の最低基準を定める法律です。労基法の適用を受ける場合、労働者と企業が合意した労働条件は、それが労基法の定める最低基準の労働条件を下回る場合には無効となり、無効となった合意内容に代わって、労基法の定める最低基準の労働条件が契約内容となります。さらに、労基法に反した企業には刑罰が科せられる場合があります。

> 労働基準法の適用を受けると、一定の基準を下回る労働条件は無効となり、さらには企業に刑罰が科せられる場合もある。

(2) 労働基準法の適用を受ける場合

　労基法の適用を受ける場合とは、契約の一方の当事者が労基法上の労働者といえる場合をいいます。そして、労基法上の労働者かどうかは、当事者の合意ではなく、仕事の態様等に応じて決まります。

　そのため、例えば、形式的には請負（業務委託）契約や委任契約が締結されていても（次表のとおり、請負契約も委任契約も、労働契約とは形式的には別の契約です。）、実際の仕事の態様等から、労働者が企業の指揮命令を受けていると判断された場合、請負人や受任者が労基法上の労働者であるとされ、その契約は労基法の適用を受けることになります。

契約類型	契約の目的	仕事の態様	例
労働契約（雇用契約）	仕事をすること	使用者の指揮命令を受ける	会社員
請負契約	仕事の成果を出すこと	指揮命令を受けない	大工
委任契約	仕事をすること	受任者の自由	弁護士

　契約の形式が異なるからといって、一方的に企業に有利な契約条件を設定していると、労基法の規律が及ぶ場合に、「実質的には労働契約が成立している」と評価されたり、労基法違反による刑罰が科せられるリスクがありますので注意が必要です。

　労基法上の労働者といえるかどうかは、
　① 企業の指揮命令下で労務を提供しているか
　② 賃金が労務の対価といえるか
　③ その他の補強的要素

を総合的に判断して決します。そして、この①〜③については、次表の考慮要素を中心に判断されています。

① 他人の指揮命令下で労務を提供しているか
●仕事の依頼等に関する諾否の自由の有無 　→諾否の自由が制約されているならば、労働者とされやすい
●業務遂行上の指揮監督関係の有無 　→指揮監督関係があるならば、労働者とされやすい
●労務提供の時間的・場所的拘束性 　→時間的・場所的に拘束されているならば、労働者とされやすい
●労務提供の代替性（当人以外の者による労務提供ができるか） 　→代替性がないのであれば、労働者とされやすい

② 賃金が労務の対価といえるか
●労務提供時間に応じた賃金か →賃金が、仕事の成果の対価ではなく時間給などであれば、労働者とされやすい

③ その他の補強的要素
●機器・器具の負担関係 →会社の負担であれば、労働者とされやすい
●公租公課の負担関係 →給与所得であれば、労働者とされやすい
●専属性の有無 →他の会社の仕事をすることが自由でなければ、労働者とされやすい
●保険上の取扱い →報酬が労災保険の算定の基礎に含まれていれば、労働者とされやすい
●服務規律の適否 →就業規則の適用を受けていれば、労働者とされやすい

以上の判断を経て、労基法上の労働者であるとされた場合、当該労働契約は労基法の適用を受けることになります。

> 契約当事者の一方が労基法上の労働者といえる場合、その契約は労基法の適用を受ける。そして、労基法上の労働者かどうかは、①企業の指揮命令下で労務を提供しているか、②賃金が労務の対価といえるか、③その他の補強的要素によって決められる。

(3) 使用者

「使用者」とは、労働者に対して賃金を支払うものをいいます（労契法2条2項）。通常、使用者は、労働者を雇い入れた者をいいますが、**出向**や労働者派遣が行われた場合には、労使関係が複雑になります。

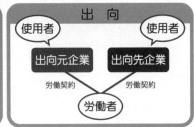

労働者派遣がなされた場合は、派遣先企業が労働者に対して指揮命令権を行使しますが、労働者派遣法上、派遣元企業が使用者であるとされています。また、出向がなされた場合は、労働者と出向元企業、労働者と出向先企業との間で二重の労働契約関係が成立し、出向元企業も出向先企業も使用者としての地位を有します。

　労働契約上の使用者に該当すると、その企業は、労働者の安全に配慮する義務など労働契約上の義務を負うことになります。労働者を採用した立場ではないからといって、使用者のなすべき義務を履行しないと、使用者に該当すると判断された場合、債務不履行責任を負う場合があるので注意が必要です。

> 使用者とは、労働者に対して賃金を支払うものをいう。

5．試用期間

(1) 試用期間とは

　試用期間とは、労働者を採用後（労働契約の成立後）、労働者を業務に従事させながら労働者の適格性を判断するための期間をいいます。試用期間の長さは、通常3か月間から6か月間程度です。企業は、試用期間終了時に、当該労働者を本採用するかどうかの判断をします。

　我が国の雇用システムは、終身雇用に特徴があり、一度労働者を採用した場合、労使関係は長期間継続します。企業としては、企業に不適格な労働者を採用することのないよう慎重に採用活動をすべきですが、やはり、実際に仕事をさせてみないと、適格性の判断ができない場合が多々あります。そこで、多くの企業では、試用期間を設けて、労働者の適格性を判断しています。

> 試用期間とは、労働者の採用後、その適格性を判断するために設けられた期間をいう。

(2) 試用期間の注意点
① 本採用拒否

試用期間終了時に、本採用拒否をできるのはどのような場合かが問題となります。

最高裁の判例によると、試用期間は、**解約権留保付の労働契約**期間とされています（前掲三菱樹脂事件。前記3(2)①の採用内定期間との違いは始期付か否かです。）。本採用拒否できるかどうかは、留保解約権の行使の可否の問題となります。そして、留保解約権の行使は、労働契約の解雇と同質ですので（通常の正社員解雇よりも理論的には多少緩やかな判断ですが、解雇であること自体は変わりません。）、客観的に合理的な理由を欠き、社会通念上相当であると認められない場合は、無効になります（本書第11章参照）。

留保解約権を行使することが認められるのは、採用決定時までに企業が知ることができなかった事情で、正社員としての適格性を失わせるといえる事情が試用期間中に発覚した場合などです。具体的には、就労開始後に著しい能力不足や意欲不足、協調性の欠如が発覚した場合、業務と関連する刑事犯罪が発覚した場合、著しい素行不良が発覚した場合などが挙げられます。

本採用拒否が違法とされる場合、企業が損害賠償責任を負うほか、本採用拒否の効果が認められずに、労働者としての地位が確認されることになります。

そのため、内定取消しの場合と同様に、本採用拒否を検討する前に、退職勧奨を行うことが実務上多く見られます。

なお、留保解約権の行使は、解雇そのものなので、試用期間の14日目を超えた後に留保解約権を行使する場合には、**解雇予告**もしくは、30日分の**解雇予告手当**が必要になります（労基法21条ただし書4号）。ただし、労基法20条の定める労基署長の認定を受けた場合は、この限りではありません（本書第11章）。

本採用拒否は、採用決定時までに企業が知ることができなかった事情で、正社員としての適格性を失わせるといえる事情が試用期間中に発覚した場合などに認められる。

② 試用期間の延長

　労働者の業務適格性について疑問があるけれども、直ちに本採用拒否をする程ではないという場合、試用期間を延長することができるか問題となります。

　この点、試用期間を延長するためには、就業規則に「試用期間は半年に限り延長することがある」などの定めをおく必要があります。

　就業規則に試用期間延長の定めがない場合でも適格性に疑義がある労働者に対して再度、適格性をアピールする機会を与えるために試用期間を延長することは不可能ではありませんが、実務的には就業規則に試用期間延長の定めを置くことが一般的です。

　試用期間を延長することは、本採用拒否をする場合に、試用期間を延長して労働者の適格性を慎重に判断したが、それでも適格性なしと判断するに至ったという点でも意味があります。

> 使用者が試用期間を延長するためには、就業規則に「試用期間は半年に限り延長することがある」などの定めをおく必要がある。

コラム

採用時のふるい分けの重要性

　労働者の解雇については**解雇権濫用法理**（本書第11章）が確立され、そのハードルには高いものがあります。

　本採用後に労働者を解雇することが難しいとなると、本採用の前、すなわち、内々定、内定、試用期間の段階で、労働者をふるい分けることが重要になります。

　実際、企業としては、短い期間で選考活動を行うことが必要となりますが、この間に、終身雇用するだけの価値のある労働者を見極めなければならないのですから、採用担当者の責任は重大といえるでしょう。

　なお、経団連は、「採用選考に関する指針」を策定していますが、2021年度以降に入社する学生を対象とする指針を策定しないことに決定しています。これからの企業は、横並びで定型的な新卒採用のあり方から、通年採用を含めた企業ごとの採用戦略構築が重要になっていくでしょう。

就業規則と労働契約

第2章

1. 就業規則の役割

2. 就業規則の作成

3. 過半数代表者の選出について

4. 就業規則の変更

第2章 就業規則と労働契約

1．就業規則の役割

(1) 就業規則とは

　就業規則とは、企業の職場規律と労働条件を定めた文書です。

　企業には多数の労働者が在籍しているので、一人一人の労働者ごとに職場規律や労働条件を定めることは、労働者の数だけ労働条件等を定めることになり非効率的です。

　就業規則は、一つの事業場に所属している労働者全員に適用されますので、就業規則によって、画一的・統一的な労働条件等を定めることが可能となり、効率的な労務管理が実現できます。

　就業規則で定められた労働条件は、合理的なものであれば労働契約の内容になり（労契法7条）、企業と労働者を拘束します（就業規則に違反することは契約違反になります。）。

> 就業規則とは、企業の職場規律と労働条件を定めた文書をいい、就業規則で定められた労働条件は、合理的なものであれば労働契約の内容となる。

(2) 就業規則を作成しないと？

　10人以上の労働者を使用する事業場においては、就業規則を作成しなければならず（労基法89条）、これに違反すると30万円以下の罰金が科せられる可能性があります（労基法120条1号）。

　しかし、労働者の人数が10人未満であれば就業規則を作らなくていいのかというと、そうではありません。

　前述のように、効率的な労務管理を実現するには就業規則が必要です。また、労働者を**懲戒処分**する、あるいは出向させるなどの企業の人事権

を有効に行使するためには、就業規則で根拠となる規定を定めておく必要があります。

> 常時10人以上の労働者を使用する事業場においては、就業規則を作成しなければならず、これに違反した場合、刑罰を科せられる可能性がある。

(3) 就業規則と労働基準法

　労基法が最低基準の労働条件を定める法律であることは前述しました（本書序章1）が、就業規則で定めた労働条件が、労基法が定める最低基準の労働条件を下回ることも考えられます。

　この場合、労基法で定める最低基準の労働条件を下回る労働条件を定める労働契約は、その部分については無効となり、無効となった部分の代わりに、労基法が定める最低基準の労働条件が労働契約の内容になります（労基法13条）。

　例えば、就業規則で、午後10時以降の労働について、それまでの時間帯と同じ賃金のみ支払う旨の条項があった場合、この条項は、午後10時以降の深夜労働に対する賃金について通常の賃金の2割5分以上の率で計算した賃金を支払わなければならないと定める労基法37条4項の最低基準に反するため、無効となります。

　午後10時以降の賃金について定める就業規則が無効となると、午後10時以降の賃金についての労働条件がなくなります。そこを補充するのが、労基法が定める最低基準の労働条件です。すなわち、上記労基法37条4項の定める最低基準の労働条件が、無効となった午後10時以降の賃金について定める就業規則に代わって労働契約の内容となり、企業は、午後10時以降の労働に対しては、通常の賃金の2割5分以上の率で計算した賃金を支払わなければならなくなります。

　このように、労基法が定める労働条件が最低基準となり、これに反する労働契約は無効になるだけではなく、契約内容が労基法に従った内容に修正されることを「**直律効**（ちょくりつこう）」といいます（「労基法は直律効がある」という言い方をします。）。

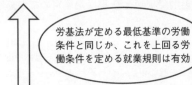
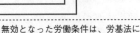

労基法が定める最低基準の労働条件を下回る労働条件を定める就業規則は無効となり、無効となった労働条件は、労基法に定める最低基準の労働条件となる。

直律効がない法律の規定

このように労基法は直律効があると言われますが、反対に直律効がないとされる法律の規定もあります。例えば、労契法20条は有期労働契約者（いわゆる契約社員）の労働条件が、期間の定めのない無期契約労働者（いわゆる正社員）と比較して「不合理と認められるものであってはならない」としており、正社員と契約社員の労働条件について差別禁止を定めています。

しかし、一般的に、この労契法20条（2020年4月1日（中小企業は2021年4月1日）以降は、同趣旨の規定が短時間労働者及び有期雇用労働者の雇用管理の確保等に関する法律8条に移設され、労契法20条は廃止。）については労基法13条のような「直律効がない」と考えられており、労契法20条違反が争点となった最高裁判決（平30.6.1）でもそのように判断されています。

その意味は、仮に、有期労働契約者の労働条件が無期労働契約者の労働条件と比べて「不合理」なものであったとしても、労契法20条を根拠に、有期労働契約者の労働条件が無期労働契約者と同じ労働条件になることはない、というものです。有期労働契約者は、不法行為に基づいて損害賠償請求することができる可能性があるに留まります。

この直律効がないことの意味は、「法違反になった後どう修正するか」の選択肢が企業に与えられているということを意味します。すなわち、法

> 違反の場合も有期労働契約者の労働条件が自動的に無期労働契約者の労働条件になるわけではないため、法違反状態の解消について、常に「有期労働契約者の労働条件を上げ」なければならないという訳ではなく、労使の合意などにより「無期労働契約者の労働条件を下げる」ことも含めて社内での労使関係において検討の余地があるということを意味します。
> 　このように、法律に規定されている事柄であっても、直律効の有無により、その結果が変わってくることになるのです。

(4) 就業規則と法令・労働協約・労働契約との関係

　就業規則で定められた労働条件は、合理的なものであれば労働契約の内容になりますが、就業規則の他、法令、**労働協約**（**労働組合**と企業間で締結された労働条件に関する合意をいいます（労組法14条）。）、一人一人の労働者と合意する個別の労働契約などによっても、労働条件を定めることができます。なお、労働協約と似た概念として**労使協定**があります。労使協定と労働協約の違いについては、本書第14章をご参照下さい。

　そのため、就業規則で定められた労働条件と、法令等で定められた労働条件に齟齬が生じることがあります。この場合、どの労働条件が優先するのでしょうか。

① 就業規則と法令及び労働協約

　労基法は、就業規則は法令又は労働協約に反してはならないと規定しており（労基法92条1項）、労契法は、法令又は労働協約に反する就業規則は適用しないと規定しています（労契法13条）。また、労組法は、労働協約で定める労働条件に違反する労働条件を定める就業規則は、その部分については無効となり、無効となった部分に代わって労働協約で定める労働条件が労働契約の内容になるとしています（労組法16条）。

　このように、就業規則は、法令又は労働協約に違反する場合、その適用が排除され、就業規則に優先する法令又は労働協約に定められた労働条件が、労働契約の内容になります。

> 法令又は労働協約に反する就業規則は適用されず、就業規則に優先する法令又は労働協約に定められた労働条件が、労働契約の内容になる。

② 就業規則と労働契約

就業規則で定める労働条件を下回る労働条件を定める労働契約は、その部分については無効となり、無効となった部分に代わって就業規則で定める労働条件が契約内容になります（労契法12条）。

これに対して、就業規則を上回る労働条件を定める労働契約は有効となります（労契法7条ただし書）。

> 就業規則を下回る労働契約は無効となり、無効となった部分に代わって就業規則で定める労働条件が契約内容になる。

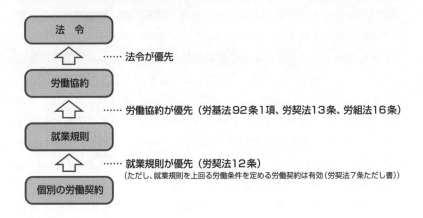

2．就業規則の作成

(1) やらなければならないこと

就業規則作成の手続は、下記の流れに沿って行います。

① 就業規則案の作成

就業規則の記載事項としては、次の❶から❸があります。

❶ 必ず記載しなければならない**絶対的必要記載事項**
❷ その制度を実施する場合には記載する必要がある**相対的必要記載事項**
❸ 記載するか否かが自由である**任意的記載事項**

各記載事項の内容は次表のとおりで、❶絶対的必要記載事項と❷相対的必要記載事項については、労基法89条に定められています。

❶ 絶対的必要記載事項（労基法89条1号ないし3号）

- 始業・終業の時刻、休憩時間、休日、休暇、交替制労働における就業時転換に関する事項
- 賃金の決定、計算及び支払の方法、賃金の締切り及び支払の時期並びに昇給に関する事項
- 退職に関する事項（解雇の事由を含む）

❷ 相対的必要記載事項（労基法89条3号の2ないし10号）

- 退職手当に関する事項
- 臨時の賃金額及び最低賃金額に関する事項
- 労働者の食費、作業用品その他の負担に関する事項
- 安全及び衛生に関する事項
- 職業訓練に関する事項
- 災害補償及び業務外の疾病扶助に関する事項
- 表彰及び制裁の種類・程度に関する事項
- その他当該事業場の労働者全てに適用される定めをする場合、これに関する事項

❸ 任意的記載事項

- 就業規則の解釈・適用に関する事項
- 必要記載事項以外で法令に定められた事項を確認する事項

> 就業規則の記載事項には、絶対的必要記載事項、相対的必要記載事項、任意的記載事項がある。

② 意見聴取

　企業は、就業規則案を作成したら、当該事業場に労働者の過半数で組織する労働組合（そのような労働組合がない場合は、労働者の過半数を代表する者）の意見を聴かなければなりません（労基法90条1項）。以下では、労働者の過半数で組織する労働組合を「過半数組合」、労働者

の過半数を代表する者を「過半数代表者」とし、併せて「労働組合等」とします。ここで必要とされる手続は、意見を聴くことであり、労働組合等の同意を得ることまでは不要です。

　ここでいう「過半数組合」とは、その事業場のすべての労働者の過半数を占める労働者が加入している労働組合をいいます。過半数の算定における分母は、「すべての労働者」です（労基法9条の「労働者」と同様。）。すなわち、過半数を算定する際の分母には、正社員はもちろん、パートタイマーなどの非正規社員、管理監督者、休職中の労働者なども含まれます。そのため、たとえば、パートタイマーにのみ適用される就業規則の作成手続においても、その事業場のすべての労働者の過半数で組織する労働組合に意見を聴けば足ります。

　但し、労働組合が過半数であるか否かはチェックオフ協定（用語の意味は第14章参照）などにより毎年確認するようにして下さい。

　なお、「過半数代表者」については、「3. 過半数代表者の選出について」において後述します。

> 就業規則の作成にあたっては、企業は、労働者の過半数で組織する労働組合がある場合はその労働組合（そのような労働組合がない場合は、労働者の過半数を代表する者）の意見を聴かなければならない。

③ 労働基準監督署長への届出

　企業は、労働組合等の意見を聴いた上で就業規則の内容を確定したら、就業規則に労働組合等の意見書を添付して、所轄の労基署長にこれを届け出なければなりません（労基法89条）。就業規則は2部作成し、1つは労基署に提出し、もう1つは労基署の受理印の押印を受けた上、返却を受けます。

> 就業規則の内容が確定したら、就業規則に労働組合等の意見書を添付して、所轄の労基署長に届け出なければならない。

労働組合が意見書を提出しない場合の対応

　企業は、労働者の過半数で組織する労働組合（そのような組合がない場合、労働者の過半数を代表する者）から意見を聴取したら、意見書の提出を受け、これを資料として就業規則に添付して労基署に届け出る必要があります。

　しかし、実際には、就業規則の内容に反対する労働組合が意見書を提出しない場合があります。この場合、企業はどうすればよいでしょうか。

　企業に求められる手続は、労働組合等の意見を聴くことであって、労働組合等の同意を得ることではありません。意見聴取のポイントは労働組合等に発言権を与えることにあり、企業が労働組合等に対して意見を聴いたこと（回答が来たかどうかは別として）が重要なのです。

　この場合でも、企業が労働組合等の意見を聴いたことさえ証明できれば、労基署は届出を受理します（意見書がなくとも、企業が労働組合等の意見を聴いたことが証明できれば、就業規則作成の届出を受理すべきとする行政通達もあります（昭23.5.11基発735号、昭23.10.30基発1575号））。

　企業としては、労働組合等の意見を聴いたことがわかる資料（組合宛のメール、文書等）を残しておくことが肝要です。

④ 労働者への周知

　企業は、労基署長に届け出た就業規則が受理されたら、その就業規則を労働者に対して周知しなければなりません（労基法106条）。

　周知とは、労働者が必要なときに容易に就業規則の内容を確認できる状態にあることをいいます。具体的な周知方法については労基法施行規則52条の2で以下の方法が挙げられています。

　ア．常時各作業場の見やすい場所に掲示し、又は備え付けること
　イ．労働者に書面を交付すること
　ウ．磁気テープ、磁気ディスクその他これらに準ずる物に記録し、かつ、各作業場に労働者が当該記録の内容を常時確認できる機器を設置すること

　就業規則が重要なものであるからといって、社長室の鍵のかかるロッカーや金庫に保管している企業も希に見受けられますが、このような状態では従業員に周知したことにはならないので注意が必要です。

> 企業は、労基署長に届け出た就業規則が受理されたら、その就業規則を労働者に対して周知しなければならない。

(2) 就業規則作成の効力

就業規則で定められた労働条件は、

　ア．就業規則の内容が合理的であること
　イ．就業規則が労働者に周知されていること

という要件を満たせば、労働契約の内容になります（労契法7条）。

なお、労契法7条にいう「周知」といえるためには、前記④記載の労基法106条の周知とは異なり、形式的に掲示や交付がなされていなくとも、実質的に労働者に就業規則の内容が知れていれば良いと考えられています（実質的周知）。この実質的周知の例としては、イントラネットへの掲示、全労働者に知らせた保管場所で、労働者が容易に閲覧できる状態（鍵をかけた引き出しに入れるなどしない）で保管することなどが挙げられます。

そのため、労基法106条の定める周知方法によらなくとも、実質的に周知ができていれば（労契法7条の周知を満たせば）、上記アの要件を満たしている限り、就業規則の効力が認められます。ただし、労基法106条の定める周知方法によらない場合には、就業規則作成の行政手続を欠いていることになるため、30万円以下の罰金を科せられる可能性があります（労基法120条1号）。

> 就業規則で定められた労働条件は、①就業規則の内容が合理的であること、②就業規則が労働者に周知されていることという要件を満たせば、労働契約の内容になる。

(3) 複数の就業規則

就業規則は、画一的・統一的に労務管理を行うためのものですが、労働者の属性によっては、画一的・統一的な労務管理を行わず、あえて個別的な労務管理を行うことが適切な場合もあります。パートタイマー、契約社員などの雇用形態ごとに賃金や労働時間、雇用期間などの労働条

件が異なって然るべきだからです。

　例えば、正社員用の就業規則のみ作成しており、パートタイマー用の就業規則を作成していない場合、パートタイマーの労働条件は、正社員用の就業規則によって規律されると主張される可能性もあります。そのため、パートタイマー用の就業規則を正社員用のものとは別に作成することは有益でしょう。

　雇用形態が異なれば、就業規則で定めるべき労働条件も異なりますので、雇用形態に応じた就業規則を作成することが重要です。

労働者の雇用形態や定めるべき内容に応じて複数の就業規則を作成するべきである。

正社員就業規則の適用範囲

　上の例でパートタイマー用の就業規則を別に作成しない場合については、正社員用の就業規則がパートタイマーに適用されないよう、正社員用の就業規則の適用範囲を明確にしておくことが重要です。

　好ましくない例としては、正社員用の就業規則の適用範囲が「期間の定めのない社員」となっている場合が挙げられます。この場合、期間の定めのない時給制のパートタイマーにも正社員用の就業規則が適用される余地が出てきてしまいます。

　また、本書第12-1章で述べる有期契約労働者が無期転換した場合にも問題があります。つまり、正社員用の就業規則の適用範囲が「期間の定めのない社員」となっている場合には、無期転換者が正社員用の就業規則の適用を受ける可能性があります。

　そこで、正社員用の就業規則の適用範囲は、「正社員として採用された者」、「本規則に定める手続きによって採用された者」などとしておくことにより、正社員以外に適用されないことが明確になります。

3．過半数代表者の選出について

(1) 過半数代表者の資格

　前述のとおり、企業は、就業規則を作成・変更する際には、過半数組合、過半数組合がない場合には過半数代表者の意見を聴取しなければなりま

せん。

　ここでいう意見聴取の意義は、就業規則の内容について、労働者の意向を反映する点にありますので、過半数代表者は、企業から独立した地位にあるものでなければなりません。そのため、過半数代表者は、原則として、「監督若しくは管理の地位にある者」（労基法41条2号・いわゆる「管理監督者」）であってはならないとされています（労基法施行規則6条の2第1項1号・例外は同2項）。他方、事業場で働く全ての労働者の意向を反映するべく、管理監督者であっても、「過半数」を算定する場合の母数には含まれます。

　なお、「監督若しくは管理の地位にある者」の意義については、本書第4章をご参照下さい。

> 過半数代表者は、原則として管理監督者であってはならないが、管理監督者であっても「過半数」を算定する場合の母数には含まれる。

(2) 過半数代表者の選出方法
① 労基法及び通達の定め等

　過半数代表者の選出は、その選出の目的（選出された過半数代表者が何をするのか）を明らかにした上で、投票、挙手等の方法による手続で行い、使用者の意向に基づき選出されたものでないことが必要です（労基法施行規則6条の2第1項2号）。また、選出方法は投票、挙手以外の方法による場合でも、労働者の話合いあるいは持ち回り決議といった、労働者の過半数が過半数代表者の候補者の選任を支持していることが明確になる民主的な手続による必要があります（平11.3.31基発169号）。そのため、回覧やメールによる選出も可能ですが、企業が過半数代表者を指名することはできません。

　判例においては、親睦会の会長が、過半数代表者に選出されるための特段の信任手続を経ることなく過半数代表者として**36協定**（さぶろくきょうてい）を締結した事案において、その会長は過半数代表者には該当せず、36協定が無効であると判断されたものがあります（トーコロ事

件・最判平 13. 6. 22）。

　ここにいう「労働者の過半数」とは、当該事業場で働く全ての労働者の過半数を意味します（パートタイマーや出向社員も含み、前述のように、いわゆる管理監督者も含みます。）。そのため、実務上は、選出手続を円滑に進めるべく、ある程度の規模の事業場では、メールを含めた投票や回覧による選出方法が採られていることが多く見受けられます。

　なお、「反対の人は挙手して下さい」という消極的意思確認の方法は認めないという見解もありますので、「賛成か反対か」という積極的な意思確認を求めるのが無難です。

> 過半数代表者の選出は、その選出の目的を明らかにした上で、投票、挙手、労働者の話合い、持ち回り決議といった民主的な手続で行い、企業が過半数代表者を指名することはできない。

② 実務上の運用

　前述のとおり、労基法及び通達によれば、過半数代表者の選出は、労働者の過半数の意向を反映することができる民主的な手続によって行われるものとされていますが、その具体的な方法は、実務上の運用に任されています。

　以下では、投票（選挙）によって過半数代表者を選出する場合の流れについて解説します。ただし、これも選出方法の一つの例に過ぎない点には注意が必要です。

　まずは、選挙を行う旨の告示をし、過半数代表者の候補者を募ります。候補者が一名の場合には、候補者名を告示した上、当該候補者について信任投票を行う方法が一般的です。候補者が複数名の場合には、候補者名を告示した上、投票を行います。その結果、過半数代表者が決定した場合には、過半数代表者名を告示します。また、選出にあたっては、過半数代表者が締結を予定している協定を列挙しておきます。

　以上が一般的な過半数代表者の選出方法です。なお、候補者が一名の場合にまで積極的に投票を行う必要がないというのであれば、候補者名を告示した上、消極的に、当該候補者に異議のある者の意見のみを集約

し、これが労働者の過半数に達しない場合には、当該候補者が当選したものとみなす方法もありますが、労基署は、批判的見解を採ることが多いので注意が必要です。

> 過半数代表者の選出方法は、どのような方法を採るにしても、制度化しておくことが望ましい。

(3) 過半数代表者の任期制

　労基法上、過半数代表者の任期についての定めはありませんので、任期制を採用することができるか否かは解釈に委ねられます。

　一つの考え方として、過半数代表者は、就業規則の作成・変更時や36協定締結時などスポットで選出されるものだとして、任期について定めず、必要に応じてその都度選出されるべきという考え方もあります。

　しかしながら、一定規模の企業においては、必要に応じてその都度、過半数代表者を選出するというのは非現実的です。

　過半数代表者の選出の際に、あらかじめ、当該過半数代表者の職務内容及び合理的な期間の任期（一年程度が合理的と思われます。）が明示されていれば、過半数代表者の職務に過半数の労働者の意向を反映することができるのですから、そのような前提であれば、過半数代表者の任期制を採用して、その期間に過半数代表者として、様々な協定の締結当事者となることも可能でしょう。

> 過半数代表者の職務内容及び合理的な期間の任期が明示されていれば、過半数代表者の任期制を採用することも可能。

(4) 不利益取扱いの禁止

　企業は、労働者が過半数代表者であること、若しくは、過半数代表者になろうとしたこと、又は、過半数代表者として正当な行為をしたことを理由に、当該労働者に対して不利益な取扱いをすることは許されません（労基法施行規則6条の2第3項）。

> 労働者が過半数代表者であること、過半数代表者になろうとしたこと、過半数代表者として正当な行為をしたことを理由に、不利益な取扱いをすることは許されない。

4．就業規則の変更

　前記のように、就業規則で定めた労働条件は、合理的なものであれば労働契約の内容となるので（労契法7条）、就業規則の変更は、労働契約の内容の変更を意味します。

　契約内容の変更には、契約当事者の合意を要するというのが、民法や労働契約法の原則です。労契法8条には、労働契約の内容である労働条件を変更するには、労使間の合意が必要であると定められています。

　そして、労契法9条は、就業規則を労働者の不利益な内容に変更する場合には、労使間の合意を要するとし、原則として企業による一方的な就業規則の**不利益変更**はできないとしました。

　もっとも、賃金制度の変更など、企業が多くの労働者に関わる労働条件の変更を行おうとする場合、個別に労働者から同意を得るのは現実的ではありません。

　そこで、労契法上、就業規則の変更によって画一的に労働条件を変更すること（不利益変更）が一定の限度で認められています（労契法10条）。

　この就業規則の不利益変更が認められる要件は、
　　① 変更後の労働条件が合理的なものであること
　　② 変更後の就業規則が労働者に周知されていること
というものであり、これらを満たす場合、例外的に、企業が一方的に（労働者の同意なく）、就業規則を労働者に不利益な内容に変更することができるのです。

　なお、①どのような場合に変更後の労働条件が合理的なものといえるかは本書第3章で詳述します。

　この就業規則の変更の手続も、前述した就業規則の作成手続と同様、

就業規則案の作成、労働組合等からの意見聴取、労基署長への届出、労働者への周知が必要となります（労契法 11 条）。

> ①変更後の労働条件が合理的なものであり、②変更後の就業規則が労働者に周知されている場合には、労使間の合意がなくとも、企業は就業規則を労働者の不利益な内容に変更することができる。

コラム

オリジナル就業規則の作成を

　就業規則は、企業の職場規律と労働条件を定めるものですから、企業によって、対象となる労働者によって、その内容が異なって当然です。

　しかしながら、厚生労働省の HP に掲載されているモデル就業規則などネット上で入手できる就業規則のひな形をそのまま使用している企業が見受けられます。しかし、それでは、企業が本当に望む労務管理が実現できない可能性があるばかりか、かえって企業の意に反するケースもあります。

　就業規則を作成する場合はもちろん、変更する場合には弁護士や社労士などの専門家に相談し、企業の要望に応じてカスタマイズされたオリジナル就業規則の作成を目指す必要があります。

賃　金

第3章

1. 「賃金」とは

2. 「賃金」に関する規制

3. 平均賃金（労基法12条）

4. 基準内賃金（定期昇給とベースアップ）

5. 基準外賃金

6. その他の賃金

1.「賃金」とは

(1) 定義

　労基法上、「賃金」とは、「賃金、給与、手当、賞与、その他名称の如何を問わず、労働の対償として、使用者が労働者に支払うすべてのもの」（労基法11条）と定義されています。つまり、名称の如何にかかわらず、①労働の対償であること、②使用者が労働者に支払うものであること、の2つが要件です。「賃金」に該当すれば、下記2で述べる刑罰を伴う労基法の規制を受けることになり、例えば同法24条違反とされれば30万円以下の罰金に処せられますので（労基法120条1号）、「賃金」か否かの解釈は重要です。

(2) 労基法上の「賃金」該当性の判断

① 「労働の対償」でない場合「賃金」に該当しない

　行政実務上、「労働の対償」に関する判断基準として、

ⅰ．任意的恩恵的給付
ⅱ．福利厚生施設・給付
ⅲ．企業設備・業務費

　という概念を用いており、これらに該当するものは「労働の対償」ではないとされています。

　これらの一例を挙げると、任意的恩恵的給付には、労働者の個人的な吉凶禍福に際して使用者が任意に慶弔見舞金を与えること、福利厚生施設・給付には、福利厚生施設や食事の供与があります。ただし、就業規則、

労働契約、労働協約によって予め支給条件が明確にされており、それに従って使用者に支払義務のあるものは「労働の対償」と認められます（通達は、例えば、退職手当について同旨を述べて労基法上の「賃金」に当たるとしています〔昭和22年9月13日発基17号〕。）。

また、企業設備・業務費とは、企業が業務遂行のために負担すべきものであり労働者が企業に変わって立替払をしているに過ぎないため賃金に該当しません。例えば、出張旅費、役職員交際費、作業着・作業用品代などがこれに該当します。これに対して、通勤手当は、本来、労働者が負担すべきものですから、就業規則等において支給条件が明確にされている限り、「賃金」に該当します。

② **「使用者が労働者に支払うもの」ではない場合「賃金」に該当しない**

典型的なものとして、ホテルやレストランで客が従業員に支払うチップがあります。

③ **名称の如何を問わず判断される**

上記のとおり、名称の如何を問いませんから、上記2要件を充たす限り、例えば、就業規則等で支給条件が明確に定められている「家族手当」や「住宅手当」も「賃金」に該当します。

> 労基法上の「賃金」に該当すれば、刑罰を伴う労基法の適用を受けるため、通達等に基づく行政実務を踏まえた解釈が重要になる。

(3) 一般的な賃金体系

賃金体系をどう定めるかについて、法令の規制はありません。したがって、使用者において、その業態を踏まえつつ、組織の根幹をなす「人」を最大限活用することができるように、適切な賃金の構成を決めれば良いことになります。

次の図表1【賃金の構成（一例）】は、今後の説明の便宜のため、良く見られる正社員の賃金体系の一例を示したものです。

図表1　賃金の構成（一例）

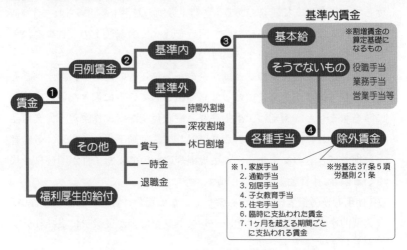

　主な点を補足します。まず、①毎月支給される「**月例賃金**」と、特別に支給される「その他の賃金」（**賞与**、一時金、**退職金**。本章第6項参照。）に分かれます。そして、②「月例賃金」は所定労働時間の勤務に対する対価としての「**基準内賃金**」（「所定内賃金」と称されることもある。）と、所定時間外労働に対する対価としての「**基準外賃金**」（時間外手当、休日手当、深夜手当。「所定外賃金」と称されることもある。）とに分かれます。

　③「基準内賃金」については、「基本給」と「各種手当」に分かれる例が多いと言えます。このうち④「各種手当」は、大別して、職務遂行の対価としての性格を有する手当（例えば、役職手当、職能手当、職務手当、特殊勤務手当・業務手当、営業手当）と、生活援助の趣旨で恩恵的に給付される手当（例えば、家族手当、通勤手当、別居手当、子女教育手当、住宅手当）に分かれます。そのうち、家族手当、通勤手当、別居手当、子女教育手当、住宅手当については、**割増賃金**の算定基礎から除外されることになります（労規則21条、詳細については、本章第5項参照。）。

年俸制～成果主義賃金としての活用と留意点～

◆年俸制と成果主義賃金としての活用

　「**年俸制**」とは、一般的には、賃金の全部又は相当部分を労働者の業績等に関する目標の達成度を評価して年単位に設定する制度のことと言われています。このように、年俸制は、成果主義賃金の一形態として活用することが可能です。特に、1年間の仕事の成果によって翌年度の賃金（年俸額）を決定する制度ですから、労働時間数に応じて賃金（時間外等の割増賃金）が変動するわけではない管理監督者（労基法41条2号）や裁量労働者（労基法38条の3及び38条の4）に適用しやすいと言えます。

◆年俸制導入・運用上の留意点

　もっとも、年俸額について、使用者が全く自由に決定できるわけではありません。例えば、就業規則等に定められた手続に基づき、使用者と労働者が面談等を行い、使用者が各年の成績（目標の達成度）に基づき提示した年俸額に労働者が合意して決定される場合には問題はありませんが、一方で、労働者の合意を得ることなく、使用者が一方的に大幅な減額する場合には、使用者による年俸額決定の効力が問題となります。この点について、

①年俸額決定のための成果・業績評価基準、年俸額決定手続、減額の限界の有無、不服申立手続等が制度化されて就業規則等に明示され、かつ、

②それらの内容が公正な場合に限り、

　使用者に評価決定権があるというべきとする裁判例があります。この裁判例では、これらの要件を充たさず、当該年度中に労働者との合意が成立しないのであれば、当該年度の年俸額を以て次年度の年俸額が確定するとされました。

　そして、年俸額が確定した場合には、使用者は、原則として、当該年度内に一方的に減額することはできませんので、この点にも留意が必要です。

　また、年俸制を採用したからといって、法定時間外労働等の割増賃金（労基法37条）の支払いを免れることはできないことに注意すべきです。年俸制であるからといって労基法の適用は通常の労働者と異なるところはないのです。

　ただし、上述した管理監督者（労基法41条2号）については、労基法上の労働時間、休日等の規定の適用を受けないため、法定時間外労働等の割増賃金は発生しません（後述する第4章 P177(5)参照）。また、裁量労働制（労基法38条の3、38条の4）の「みなし労働時間」が法定労働時間の範囲内であれば、時間外労働の割増賃金は発生しません（後述する第4章 P173(4)参照）。

出来高払制〜完全出来高払いの禁止〜
「**出来高払制**」とは、労働者の製造した物の量・価格や売上額に応じた一定比率で額が決まる賃金制度です。この制度を使用する場合には、「使用者は、労働時間に応じて一定額の賃金を保障しなくてはいけない」（労基法 27 条）とされており、一定の保障給を支給する必要があります。この保障給は、平均賃金の 6 割程度かつ最低賃金を上回っている必要があります。

2．「賃金」に関する規制

(1) 労基法 24 条の規制

労基法上の「賃金」に該当する場合、同法 24 条の規制、つまり、①通貨払いの原則、②直接払いの原則、③全額払いの原則、④毎月 1 回以上払いの原則、⑤一定期日払いという 5 つの原則の適用を受けます。詳細は次のとおりですが、上述のとおり、本条違反は刑罰を伴います（労基法 120 条 1 号）。

① 通貨払いの原則

「賃金」は、通貨、すなわち現金で支払わなくてはなりません（「**通貨払いの原則**」、労基法 24 条 1 項）。現金以外のもので支払うことは、労働協約の定めによる場合や、労基法施行規則で定めるものによる場合以外は、本条違反になります。労働者が指定する金融機関の自己名義の預金口座・貯金口座への振込払いは、労働者の同意がある場合に認められています（同 7 条の 2）。

② 直接払いの原則

「賃金」は、直接労働者本人に支払わなければなりません（「**直接払いの原則**」、労基法 24 条 1 項）。代理人はもちろん、未成年の労働者の親権者への支払いも本条違反になります（同法 59 条も参照）。そのため、消費者金融や離婚調停中の妻などへの直接の支払は二重払いのリスクがあります。

③ 全額払いの原則

　「賃金」は、その全額を支払わなければなりません（「**全額払いの原則**」、労基法24条1項）。

　ただし「法令に別段の定めがある場合」、例えば、税金や社会保険料等については控除して支払っても本条違反にはなりません（同条1項ただし書）。

　また、「法令に別段の定め」がなくても、従業員の過半数組合や過半数代表者と賃金の一部を控除する協定を書面で締結したうえで控除した場合には、本条違反にはなりません（同条1項ただし書）。例えば、社宅、寮その他の福利厚生施設の費用、社内預金、組合費等が考えられます。

④ 毎月1回以上払いの原則

　「賃金」は、毎月（毎月1日から月末までの間）1回以上支払われなくてはなりません（「**毎月1回以上払いの原則**」、労基法24条2項）。

　ただし、「賞与」や「臨時に支払われる賃金」に関しては、この原則は適用されません（同項ただし書）。

⑤ 一定期日払いの原則

　「賃金」は、毎月一定の期日に支払わなければなりません（「**一定期日払いの原則**」、労基法24条2項）。例えば、月給制の場合に「月の末日」としても本条違反にはなりませんが、「毎月15日から20日までの間」などの不特定の日や、「毎月第2土曜日」のように変動する日にすることは許されません。もっとも、上記④と同様、「賞与」や「臨時に支払われる賃金」に関しては、この原則は適用されません（同項ただし書）。

(2) 男女同一賃金の原則（労基法4条）

　労基法4条は、「使用者は、労働者が女性であることを理由として、賃金について、男性と差別的取扱いをしてはならない」と定めています（「**男女同一賃金の原則**」）。本条違反は刑罰（6か月以下の懲役又は30万円以下の罰金）を伴います（労基法119条1号）。

> 労基法上の「賃金」に該当する場合、刑罰を伴う条項（労基法24条、4条）の適用を受け、違反の場合、労働基準監督署の指導、勧告、送検などのリスクがある。

(3) 不利益変更に対する規制

賃金の「不利益変更」とは、労働契約において一度定めた賃金を就業規則、労働協約等により減額させることであり、使用者の一方的な対応につき法的規制を受けます。なお「不利益変更」は、賃金のみならず休日・労働時間・福利厚生など広く労働条件の変更一般にあてはまる議論ですが、以下では賃金について述べていきます。

賃金の「不利益変更」が問題になる場合として、

① 賃金制度の基本設計を変えずに賃金テーブルを一律に引き下げる場合
② 賃金制度自体を変更することによって、賃金の原資の配分方法を変更させる場合（例えば、職務給を中心とする年俸制や、成果主義型や役割型賃金への変更等）

があります。そして「不利益変更」の方法として、

> ① 個別合意による方法
> ② 就業規則の変更による方法
> ③ 労働協約による方法

がありますので、以下、それぞれについて説明します。

(4) 個別合意による方法（労契法8条による場合）

賃金の不利益変更の対象となる労働者と個別に合意する方法です（労契法8条）。企業の規模や不利益変更の内容等にもよりますが、数百人規模までの会社であれば合意による変更を行うのも珍しくありません。同意による労働条件変更の場合、減額対象となる労働者への説明会や面談を行ない、十分な検討の時間を付与したうえで、当該不利益変更に同

意する旨の書面を提出してもらうことになります。

　労働契約も契約ですから、当事者間の合意により変更することができるのは当然ですが、不利益変更においては留意すべき点があります。つまり、就業規則を下回る合意（労働契約）は無効ですので（労契法12条，就業規則の最低基準効）、個別合意で賃金を減額する場合であっても、当該個別合意による減額の結果、就業規則が定める賃金の水準を下回ることになるときには、当該不利益変更の効力発生前に、個別合意の賃金が就業規則の賃金を下回ることにならないよう、就業規則を修正しておく必要があります。

　また、簡単・不正確な情報提供・説明を行ったうえで合意を求めたり、上司や人事担当者がその場で即答を求めるなど不同意が憚られるような場面で合意を取得した場合には、自由な意思に基づく合意ではなかったのではないかという問題も生じ得ます(平成28年最高裁判決を受けた【一歩前へ：就業規則不利益変更の同意について～合意の有用性と留意点～】も参照下さい)。

　十分説明を受けていないとされると、裁判所では、合意の成立や有効性が認められない可能性があります。そのため、個別合意による労働条件変更においては、具体的（個人毎の減額可能性など）かつ正確な情報提供・説明を行い、十分検討の時間を付与したうえで、後日書面を提出してもらう必要があります。

(5) 就業規則の変更による方法（労契法9条及び10条による場合）

　就業規則の変更により賃金を含む労働条件を不利益変更する場合、原則、労働者との合意が必要です（労契法9条）。

　ただし、常に合意を必要としたのでは、一律の労働条件を規律することが不可能になってしまいます。そこで、労働者との合意がなくとも不利益変更が可能である場合があり、その内容面の要件及び手続面の要件が定められていますので、以下、詳述します（労契法10条）。

① 内容面の要件

　内容面の要件として、

ⅰ．不利益の程度
ⅱ．労働条件の変更の必要性
ⅲ．変更後の内容の相当性
ⅳ．労働組合等との交渉の状況
ⅴ．その他の就業規則の変更に係る事情

　を総合考慮して、就業規則の変更が合理性を有していることを法は求めています（労契法10条）。以下、各項目について補足します。
　ⅰ．不利益の程度
　　　一般的には、変更される労働条件の内容から検討する必要があり、裁判例等から次の図表のように分類されます。

（不利益の程度）　　　　　　（労働条件の内容）
　　　　　　　　　a．福利厚生などの恩恵的給付
　　　　　　　　　b．労基法15条により明示を義務付けられた労働条件
　　　　　　　　　　（ただしc、dを除く）
　　　　　　　　　c．労働時間・休日・休暇
　　　　　　　　　d．賃金・退職金など

　ⅱ．労働条件変更の必要性
　　　当該不利益変更を行う必要性がどの程度かを検討する必要があります。
　　　この必要性について、Ⅰ（通常の）業務上の必要性で足りるのか、Ⅱ高度の業務上の必要性まで求められるのかは、上記ⅰとの相関関係によって決まります。
　　　例えば、賃金・退職金など労働者にとって重要な権利、労働条件に関し、実質的に不利益を及ぼす場合には、高度の必要性が要求されます（第四銀行事件（最判平9.2.28）など）。
　ⅲ．変更後の内容の相当性
　　　変更内容に関する上記ⅰ及びⅱとは異なり、変更後の就業規則の

内容自体について相当性の有無に関する要素です。この点に関しては、賃金原資総枠減少の有無・程度、同種事項に関する社会における一般的状況、代償措置の有無（例えば、退職金規程を不利益に変更する場合に、退職までの月例賃金・賞与を増加させる）、経過措置の有無（例えば、一定期間は賃金減額分を調整給によって補填する）についても、考慮されます。

　　ⅳ．労働組合等との交渉の状況

　　　　当該変更予定の就業規則につき過半数組合との合意があるか、過半数組合がない場合には、多数の労働者と合意しているか等が要素となります。

　　　　また、合意を得るために行った交渉の誠実性も考慮され、例えば、交渉のタイミングについては、少なくとも数か月前、できれば半年前くらいの余裕を持った提示が望ましいです。

　　ⅴ．その他の就業規則の変更に係る事情

　　　　上述した要素に含まれない事情、例えば、関連する他の労働条件の改善状況や就業規則変更に際しての意見聴取・届出の状況などがこれに該当するとされており、このような事情が包括的に「総合」考慮されます。

② 手続面の要件

　手続面の要件として、変更後の就業規則を周知させることも求めています（労契法10条）。変更内容を各労働者に個別に送付する必要はなく、変更内容を知り得る状態（イントラネット・クラウド上・棚・キャビネットなど、どこに変更後の就業規則があるか分かる状態）に置いておけば足ります。

就業規則不利益変更の同意について〜合意の有用性と留意点〜

◆合意の有用性

　就業規則の変更による方法では、仮に、対象社員全員から合意が得られなくても、合意が得られた社員については、労契法9条により賃金の不利益変更の効力が認められます。そして、合意が得られない対象社員についても、多数社員の合意が得られていることが、上記①ⅳの要件において有効性を肯定する方向に働きますので、可能な限り、合意を得るよう尽力すべきです。労働者の約90パーセントで組織されている多数労働組合と協議して決定されたことによって、合理性が一応推測されるとした最高裁の事案もあります。また、この際、立証を容易にするため、合意書面を取得した方が良いでしょう。

◆合意の留意点（労働者の自由意思によるものか？）

　就業規則の不利益変更に関する合意書面を得られれば常に変更が有効になる訳ではありません。具体的には、労働者の自由意思によるものか、という点からチェックを受けることになります。この点について参照すべき最高裁の判例があります（最判平28.2.19）。

　この事案は、山梨県民信用組合の元職員（もとは、当該信用組合に合併された信用組合の職員であった）が山梨県民信用組合に対し、合併された信用組合の職員退職給与規程（旧規程）に基づく退職金の支払いを求めた事案です。合併に際して、元職員らの退職金につき新規程の支給基準とすることとされ、元職員らは、これに同意しないと合併を実現することができないなどと告げられて同意書への署名押印を求められ、これに応じて署名押印しました。

　この同意書について、最高裁は、就業規則に定められた賃金や退職金に関する労働条件の変更に対する労働者の同意の有無については、当該変更を受け入れる旨の労働者の行為の有無だけでなく、当該変更により労働者にもたらされる不利益の内容および程度、労働者により当該行為がされるに至った経緯およびその態様、当該行為に先立つ労働者への情報提供または説明の内容等に照らして、当該行為が労働者の自由な意思に基づいてされたものと認めるに足りる合理的な理由が客観的に存在するか否かという観点からも、判断されるべきであるとしました。

　そのうえで、元職員らについて、自己都合退職の場合には支給される退職金額が0円となる可能性が高かったことや、当該信用組合の従前からの職員に係る支給基準との関係でも著しく均衡を欠く結果となることなど、変更により元職員らの退職金の支給につき生ずる具体的な不利益の内容や程度についても、情報提供や説明がされる必要であったのにそれをしていないと判断しました。

　この事案では、原審が行った事実認定によると、元職員らになされた

情報提供や説明が不十分であったことや、不正確な点もあったことから、最高裁は、元職員らが、変更内容を具体的かつ正確に認識したうえで同意していなかった可能性が高いと判断したのです。

この判例を踏まえると、会社は、賃金や退職金の不利益変更を行うにあたっては、社員に対し、減額がどの程度あり得るかなどに関する変更内容を具体的かつ正確に情報提供・説明する必要があります。

賃金制度の変更
～年功型賃金から成果主義賃金への制度変更は認められるか？～

　就業規則の変更によって、賃金制度を変更する場合、それが不利益変更になるときには、「高度の必要性」が求められると上述しました。それでは、裁判になると、**年功型賃金**から**成果主義賃金**への変更は認められないのでしょうか？

　この点について、参考になる裁判例として、ノイズ研究所事件（東京高判平18.6.22）を紹介します。裁判所は、市場構造の変動により収益が悪化して、税引き前損益が損失に転じたという経営状況の中で、組織や個人の実績に見合った報奨でインセンティブを与えて積極的に職務に取り組む従業員の活力を引き出すことにより労働生産性を高め、会社の業績を好転させようとして、就業規則の変更により、賃金制度を年功型から成果主義に変更した案件において、賃金原資総額が増額するとしても「不利益変更」であると認定したうえで、「高度の経営上の必要性」を認めています。この事件では、会社が、税引き前損益につき2年連続で損失を計上した事実は認定されていますが、バランスシートやキャッシュフローの状況は分かりません。一方、減額した社員に対する緩和措置について、1年目は全額であったものの、2年目は半額、3年目はゼロということで「いささか性急で柔軟性に欠ける嫌いがないとはいえない」と評価されているものの、不利益変更の効力が認められています（そのまま、最決平20.3.28により確定）。このようなことから、収益悪化の傾向が顕著かつ確実であれば「高度の必要性」が認められる可能性が十分あります。もっとも、本事件では、変更後に賃金原資総額が増額していることや、変更後の賃金制度の合理性及びその基礎となる人事評価制度の合理性も認定されている事案であることに留意すべきですし、また、会社の財務状況に応じて、手厚い緩和措置を講ずることも必要でしょう。

　これらをまとめると、年功型賃金から成果主義賃金への賃金体系の変更時には次の点がポイントとなります。

> ① 給与原資総額は減らさず、配分の仕方を改めるだけであること
> ② 自己研さんによる昇格・昇給の機会平等が保障されていること
> ③ 合理的な人事評価制度があり、手続が明示されていること
> ④ 減額制限があること
> ⑤ 不服申立手続があること
> ⑥ 激変緩和措置を検討していること
> ⑦ 制度変更適用後の運用が公正であること

(6) 労働協約による方法（労組法 16 条による場合）

　労働組合がある場合、当該組合と労働協約を締結又は締結し直すことによって、当該組合の組合員の労働条件の不利益変更を行うことができます（労組法 16 条）。

　この点について、労働協約の内容が労働組合員に不利益な場合に、当該労働協約の効力が全労働組合員に及ぶかという論点については議論がありましたが、最高裁（最判平 9.3.27）は、「特定または一部の組合員を殊更不利益に扱うことを目的とするなど労働組合の目的を逸脱して」いない場合には、当該労働協約の効力は不利益を受ける組合員を含め全組合員に及ぶと判断しています。

　つまり、一部の組合員に対する狙い撃ち等でなければ、労働協約による方法は安定した労働条件変更の方法であるといえます。

　ただし、労働組合があるが、労働協約を締結もしくは締結し直すことができない場合又は非組合員（管理職等）について不利益変更するには、②で上述した就業規則の変更による方法を検討してください。

> 賃金の不利益変更を行うためには、方法に応じた所要の手続を講じる必要があり、このうち就業規則により賃金の不利益変更を行う場合には、「高度の必要性」が求められるなど、必ずしも容易ではない。

(7) 最低賃金法の規制
① 適用範囲

　最低賃金法が定める**最低賃金**には、地域別最低賃金と特定最低賃金の2 種類があります。地域別最低賃金とは、都道府県内の事業場で働くす

べての労働者とその使用者に対して適用される最低賃金として、各都道府県に1つずつ、全部で47件の最低賃金を定めるものです。特定最低賃金とは、特定の産業について設定されている最低賃金であり、最低賃金審議会が地域別最低賃金よりも金額水準の高い最低賃金を定めることが必要と認めた産業について設定され、全国で229件（平成31年3月末現在）の最低賃金が定められています。

　ただし、最低賃金額以上であることを要求される賃金は、通常の労働時間または労働日の労働に対して支払われる賃金です。そのため、時間外手当（所定時間外労働に対して支払われる賃金）、休日手当（所定休日労働に対して支払われる賃金）、深夜手当のうち通常の労働時間の賃金の計算額を超える部分や、1か月を超える期間ごとの賞与、一時金、臨時に支払われる手当は規制の対象にはなりません（最賃法4条3項、最賃法施行規則1条）。

② 効力

　使用者は、最低賃金の適用を受ける労働者に対し、その最低賃金額以上の賃金を支払わなければいけません（最賃法4条1項）。そして、地域別最低賃金については、この規定に違反した者は、50万円以下の罰金に処せられます（最賃法40条）。そのため、毎年（10月に改訂されることが多い）定められる地域別最低賃金額には十分留意する必要があります。

> 最低賃金額を下回る賃金を支払っている場合、労働者との合意があっても刑罰の適用や民事上の支払義務を負うことから、毎年定められる地域別最低賃金額には十分留意する必要がある。

3．平均賃金（労基法12条）

　平均賃金は「賃金」に関する規制そのものではありませんが、労基法上の種々の規制に関して基準となる概念です。すなわち、平均賃金は、労基法が定める①解雇予告手当（同法20条1項）、②休業手当（同法26条）、③年次有給休暇（同法39条7項）、④休業補償等の災害補償（同法76条1項）、⑤減給制裁の制限（同法91条）の基準となるものです。

(1) 平均賃金の算定方法

原則、算定すべき事由の発生した日以前3か月間にその労働者に対し支払われた賃金の総額を（支給総額）、その期間の総日数（歴日数）で除した金額をいいます（同条1項）。

【原則】

$$平均賃金 = \frac{算定すべき事由の発生した日以前3か月間の賃金総額（支給総額）}{算定すべき事由の発生した日以前3か月間の総日数（歴日数）}$$

分母は、総日数（暦日）であるため、労働日とは違うことに注意する必要があります。

なお、「算定すべき事由の発生した日」とは、例えば、解雇予告手当であれば、解雇予告する日をいいますが、賃金締切日がある場合においては、直前の賃金締切日から起算します（同条2項）。また、1円未満は四捨五入します。

(2) 平均賃金算定日数及び賃金総額からの控除

3か月の期間中に次のいずれかに該当する期間がある場合は、その日数及びその期間中の賃金は、平均賃金の算定において控除されます（同条3項）。

> ⅰ. 業務上負傷し、又は疾病にかかり療養のために休業した期間
> ⅱ. 産前産後の女性が労基法65条の規定によって休業した期間
> ⅲ. 使用者の責めに帰すべき事由によって休業した期間
> ⅳ. 育児・介護休業法に規定する**育児休業**又は**介護休業**をした期間
> ⅴ. 試用期間

また、賃金総額には、次のものは含まれません（同条4項）。

> ⅰ. 臨時に支払われた賃金（結婚手当など）
> ⅱ. 3か月を超える期間ごとに支払われる賃金（賞与など）

ⅲ．通貨以外のもので支払われた賃金で法令又は労働協約の定めに基づかないもの

平均賃金の最低保障

上述した原則によれば、例えば、賃金が日給・時給で定められている場合で所定労働日が少ない労働者や、賃金が月給で定められていても算定期間に欠勤期間を多く含む労働者は、平均賃金がかなり低額になることもあります。そのようなことから、最低保障額が定められています（同条1項ただし書）。

①賃金が日給・時給・出来高給で定められている場合

$$最低保障額① = \frac{算定すべき事由の発生した日以前3か月間の賃金総額（支給総額）}{算定すべき事由の発生した日以前3か月間の労働日数} \times 60\%$$

②賃金の一部が、月、週その他一定の期間によって定められた場合

$$最低保障額② = \frac{算定すべき事由の発生した日以前3か月間の月給等の賃金総額（支給総額）}{算定すべき事由の発生した日以前3か月間の総日数（暦日数）} \times 60\% + 最低保障額①$$

4．基準内賃金（定期昇給とベースアップ）

基準内賃金は、上述した賃金の構成（一例）では、基本給又は各種手当がこれに当たりますが、以下、このうち主として基本給について問題になる定期昇給とベースアップについて説明します。

(1) 定期昇給とは

「**定期昇給**」とは、一般的には、個々の労働者の年齢、勤続年数等に応じて決められる賃金について、毎年、あらかじめ定められている賃金テーブル等の賃金決定基準に従って増額する制度、ないしは、個々の労働者の職務遂行能力に応じて決められる賃金について、毎年の人事考課に基づく職能等級の上昇（勤続年数に伴い、職務遂行能力も向上するという前提）により増額する制度、つまりはランクアップです。

(2) ベースアップとは

　ベースアップとは、あらかじめ定められた賃金テーブル等の賃金決定基準そのものを増額させる改定を行い、賃金を上昇させることです。つまり「賃金テーブル」に記載されている数値を増額させることで、よく「ベア」と言われています（ランクアップではなく表の書き換え）。

　上記の定期昇給との違いでいえば、定期昇給は、例えば、2等級3号俸（月額20万円）から2等級4号俸（20万5000円）ないし3等級1号俸（21万円）にすることであり、他方、ベースアップは2等級3号俸自体の金額を上げる（20万円から20万5000円にする）ことになります。

5. 基準外賃金

　基準外賃金は、時間外勤務手当、深夜勤務手当、休日勤務手当等の割増賃金や、宿日直手当等の通常の職務外の勤務に対して支給される賃金のことを指しますが、本稿では、実務上よく問題になる割増賃金について解説します。

(1) 割増賃金と割増率
① 割増賃金とは

　「割増賃金」とは、労基法が定める1日8時間又は1週40時間を超えて労働させた場合、1週1日又は4週4日の休日に労働させた場合（休日労働）、午後10時から午前5時までの深夜に労働させた場合（深夜労働）に、その時間外勤務等の対価として所定内賃金に割増して支払われる賃金のことです。

　なお、ここでいう「労働させた場合」とは、労働するよう命令された時間のことではなく、あくまで実際に労務に服した**実労働時間**のことを指しています。

　また、割増賃金は、労基法に定められた**法定労働時間**を超えたときに発生するものであり、就業規則や雇用契約書に定められた**所定労働時間**を超えただけで直ちに発生するものではありません。例えば、所定労

働時間が1日7時間の場合、8時間までの1時間に関しては、法定労働時間である1日8時間を超えていないので割増賃金を支払う必要はなく、割増をしない通常の1時間分の賃金を支払うことで足ります。

② 割増率

　ⅰ．時間外労働（労基法37条）

　　　1か月の合計が60時間までの時間外労働の割増率は2割5分以上（労基法37条1項本文）、1か月の合計が60時間を超えた時間外労働が行われた場合の60時間を超える部分の割増率は5割以上の率とされています（労基法37条1項但書）。

　　　この1か月に60時間を超える場合の5割以上の割増率については、現在、中小企業への適用が猶予されていますが（労基法138条）、2023年4月1日から労基法138条は削除され、上記適用猶予措置は廃止されることとなりましたので、同条削除後は、全ての使用者に上記割増率が適用されることになります。

　　　また、1か月45時間、1年360時間を超える労働時間に関しては、36協定で2割5分を超える割増率を定めることが努力義務とされています（労基法36条、告示323号5条3項）。（時間外労働の上限規制については、本書第4章を参照してください。）

　ⅱ．休日労働（労基法37条1項、同2項、割増賃金率令）

　　　1週1日又は4週4日の法定休日の労働に対する割増率は、3割5分以上とされています。

　ⅲ．深夜労働（労基法37条4項）

　　　午後10時から午前5時までの間の深夜労働に対する割増率は、2割5分以上とされています。上記ⅰの時間外割増とは別個の規制ですので、1日8時間または1週40時間を超えていて、かつ、深夜労働となっている場合は、両割増率が合算され、5割以上の割増率となります。

　　　これらを表にまとめると次のようになります。

種　類	支払う条件	割増率
時　間　外 (時間外手当・残業手当)	法定労働時間（1日8時間・週40時間）を超えたとき	25%以上
	時間外労働が限度時間（1か月45時間・1年360時間）を超えたとき	25%以上 (※)
	時間外労働が1か月60時間を超えたとき （2023年3月31日まで中小企業は適用猶予）	50%以上
休　日 (休日手当)	法定休日（週1日）に勤務させたとき	35%以上
深　夜 (深夜手当)	22時から5時までの間に勤務させたとき	25%以上

(※) 但し、25%を超える率とする努力義務が課されています。

(2) 割増賃金未払いによるトラブル

　割増賃金も賃金である以上、賃金に関する規制（労基法24条等）の対象となります。そのため、発生した割増賃金を支払わない場合には、賃金全額払いの原則等の違反として、労基署から是正勧告をされたり、悪質な場合には送検されたりすることもあります。特に近時は労基署の監督が強化されていることから、企業に立入調査がなされ、賃金未払に対する是正勧告等が出されるケースが増えています（労基署対応の詳細については、本書第13章を参照してください。）。

　また、未払割増賃金の支払いを求めて労働者から**労働審判**の申立てや訴訟提起がなされることもあります。

　割増賃金の支払いを怠った場合の遅延利息は、商事債権と同様、年6%ですが、退職した労働者の賃金については、退職日から年14.6%の遅延利息が発生することとされています（賃金の支払の確保等に関する法律6条1項）。

　もっとも、会社側が合理的な理由に基づいて、割増賃金が発生していないことにつき、裁判所等で争っている場合には、同法1項は適用されず（同法6条2項、同法施行規則6条4項）、原則どおり、遅延利息率は年6%になります。

　さらに、未払賃金の請求においては、裁判所から未払賃金の支払義務とは別に**付加金**の支払義務が課せられることもあり（労基法114条）、

賃金未払いによる使用者のリスクは大きいといえるでしょう。

なお、現状割増賃金を含む賃金債権の消滅時効期間は2年ですが、民法の消滅時効期間が延長されたことを受けて、賃金債権の消滅時効期間を延長する議論がされています（労基法115条）。なお、退職金請求権の消滅時効期間は5年です。

> 割増賃金の未払は、労基署の調査や労働審判の申立等に発展する可能性が高いので、支給額が適正なものとなるよう留意する必要がある。

割増賃金の基礎賃金

　割増賃金は、「通常の労働時間又は労働日の賃金」（以下「通常の賃金」）を基礎として、これに2割5分等の割増率を乗じることによって算出されます（労基法37条1項）。この割増賃金計算の基礎となる賃金を基礎賃金と呼びますが、労働者に支給されている賃金のうち、どの部分が基礎賃金に入るのでしょうか。

　この点、「通常の賃金」とは、単純化していえば所定労働時間労働した場合に支給される賃金ですから、時間外手当等の割増賃金として支給される部分を除いた全ての賃金が基礎賃金に入るようにも思えます。しかし、法令上、以下の7つについては、基礎賃金から除外される旨が定められています（労基法37条5項、同法施行規則21条）。

　　①　家族手当
　　②　通勤手当
　　③　別居手当
　　④　子女教育手当
　　⑤　住宅手当
　　⑥　臨時に支払われた賃金
　　⑦　1箇月を超える期間ごとに支払われる賃金

　これらの賃金のうち①から⑤は、労働者の個人的事情に基づいて支払われる賃金であることから、同一職種で同一時間給が支給されている者同士の間で割増賃金額に差が出て不均衡になることを避けるために基礎賃金から除外されています。⑥は「通常の賃金」とはいえないため、⑦は計算技術上、基礎賃金への算入が困難であるために基礎賃金から除外されています。

　これらは、名称にとらわれず、労働の内容とは無関係に個人的事情に左右される賃金かどうかという観点から実態で判断されます。例えば、

「家族手当」という名称であっても、労働者の個人的事情にかかわらず一律の額で支給されている場合には、除外賃金にあたらず、基礎賃金に含まれることになります。

なお、上記①～⑦の除外賃金以外は、全て割増賃金の基礎賃金に入ることになりますが、定額残業代を含め、割増賃金の対価として支払われるものについては、そもそも「通常の賃金」ではありませんので、基礎賃金には含まれません（「通常の賃金」とは、厳密には「当該労働に対して通常支払われる賃金」と「時間外や深夜でない通常の労働時間に労働がなされた場合の賃金」の二つの意味がありますが、この意味に照らして「通常の賃金」に該当しないものは、基礎賃金には含まれません）。

歩合給の割増賃金

　日給制や月給制ではなく、歩合給制を取っていても、労働者である以上は労基法の適用があり、法定労働時間を超えた労働に対しては割増賃金が発生します。

　歩合給の割増賃金を計算するときは、日給制や月給制の場合のように基礎賃金を所定労働時間で除して時間単価を算出するのではなく、歩合給額を実際に働いた全労働時間数で除して時間単価を算出し、これに2割5分の割増率を乗じます（労基法施行規則19条1項6号）。

　例えば、ある労働者が当該月に残業30時間を含めて合計200時間労働し、10万円の歩合給を得たと仮定します。説明の便宜上、ここでは月の労働時間が170時間を超える部分については、2割5分の割増賃金が発生するとの前提です。

　この場合、当該歩合給に対する30時間分の割増賃金額は以下の計算により算出することになります。

　　10万円÷200時間×0.25×30時間＝3,750円

　日給制や月給制の場合の賃金は所定労働時間中の労働に対して支給されており、時間外労働に対しては支給されていないため、労働者が時間外労働をした場合には、1時間につき、基礎賃金の1.25倍の賃金を支払わなければなりません。（ここでは、説明の便宜上、所定労働時間を超えた労働に対して2割5分の割増賃金が支払われる前提としています。）

　しかし、歩合給制の場合には、上記の例でいえば、時間外労働を含む200時間の労働の成果として10万円が支給されていますので、1.25のうち、1.0については既に支給済みであり、残り0.25の割増部分のみを上乗せすればいいのです。（昭23.11.25基収3052号、昭63.3.14基発150号、平6.3.31基発181号、平11.3.31基発168号）

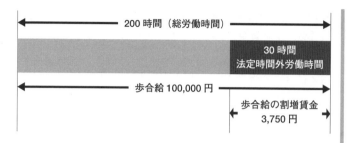

100,000円÷200時間＝500円 … 1時間あたりの歩合給(歩合給÷総労働時間)
500円×0.25＝125円 …………… 1時間あたりの歩合給の割増賃金
125円×30時間＝3,750円 ……… 歩合給の割増賃金額

　そのため、1時間当たりの割増賃金額はわずかな金額になりますが（上記の例でいえば、1時間当たり125円）、これを支払わなければ労基法違反になりますので、きちんと計算して割増賃金を支払うようにしましょう。

6．その他の賃金

(1) **賞与（一時金）**

① 賞与とは

　「賞与」とは、「定期又は臨時に、原則として労働者の勤務成績に応じて支給されるものであって、その支給額が予め確定されていないもの」をいいます（昭22.9.13発基17号）。

　実務上、賞与の支給は、夏季と冬季の年2回としている企業が多いです。

　賞与は、「1箇月を超える期間ごとに支払われる賃金」（労基法37条5項、同法施行規則21条5号）に該当するため、割増賃金の基礎賃金には含まれませんし、また、「3箇月を超える期間ごとに支払われる賃金」（労基法12条4項）に該当するため、平均賃金の基礎賃金にも含まれません。

　なお、賞与を含む確定年俸制の場合の賞与部分については、既に年俸全体の支給額が確定しており、その支払い方を操作している（賞与支給月だけ多額を割り振っている）だけであるため、「臨時に支払われた賃金」

にも「1か月を超える期間ごとに支払われる賃金」のいずれにも該当せず、割増賃金の基礎賃金に含まれると考えられています（平12.3.8基収78号）。

例えば、年俸額を1200万円と決定し、毎月80万円の支給に加えて、6月と12月にはさらに賞与として120万円ずつ支給する定めとなっている場合、賞与として支給されている金額も基礎賃金に含まれますので、決定された年俸額の12分の1である100万円を月の所定労働時間で除して基礎賃金を算出することになります。

また、この場合、同様に、平均賃金の基礎賃金にも含まれることになります。

② 支給義務

　ⅰ．就業規則等の定め

　　法律上、使用者に賞与の支給義務を課す条文は存在しませんので、賞与の支給義務の有無は、就業規則や労働契約の定め方によって決まります。

　　例えば、「賞与は、毎年6月と12月に支給することがある」という定めにとどまっている場合は、賞与を必ず支給することまでは約束されておらず、賞与の支給が労働契約の内容になっていませんので、労働者に法律上の賞与請求権が発生しません。そのため、この場合には、会社としては、会社の業績や当該労働者の勤務成績等を考慮して、賞与の支給の有無や金額を決定することに裁量を有することになります。

　　もっとも、賞与の不支給や低額の支給が組合差別を原因とするなど、会社による権利濫用に該当するような場合には、不法行為（民法709条）等が成立する可能性もありますので、留意してください。

　　一方、就業規則等において、賞与の支給条件や支給内容等が具体的に定められている場合には、会社は当該規定にしたがって賞与を支給する義務があることになります。

　　なお、賞与に関する就業規則の定めがあり、これを労働者に不利益な内容に変更すると労働条件の不利益変更の問題が生じます。

不利益変更の手続きや留意点については、本章P114の「不利益変更」の項目をご参照下さい。

ⅱ．労使慣行

上記ⅰのように、「賞与は、毎年6月と12月に支給することがある」との定めになっていても、毎年6月と12月に賞与を支給している事実が継続している場合には、これが**労使慣行**として労働契約の内容になっているといえるかが問題になることがあります。

この点、事実上、賞与の支給が継続しただけでは、具体的な賞与請求権が裏付けられるわけではありませんが、長年にわたって一定額の賞与を毎回支給してきた場合等には、労使慣行を根拠として賞与請求が認められることもあります。その際の賞与減額については、本章P114で述べた不利益変更と同様の議論となります。なお、労使慣行が成立するかについての要件は以下のとおりとなります（最判平7.3.9）。

ア 同種の行為または事実が一定の範囲において長期間反復継続して行われたこと

イ 労使双方がこれを明示的に排除していないこと

ウ 当該慣行が労使双方の規範意識（ルールを守ろうとする意識）によって支えられていること

---

③ 支給日在籍条項

賞与の支給に関し、就業規則等において、対象となる全期間及び支給日や一定の基準日に会社に在籍していることを条件とする定めが置かれていることが多くあります。

賞与は、労務の提供があれば必ず支払われる通常の賃金とは異なり、契約によって支給の有無や支給の条件が定められるものですので、原則として**支給日在籍条項**も有効と考えられます（大和銀行事件：最判昭57.10.7）。

もっとも、賞与算定対象となる全期間ないし大部分において在職し

ていたにもかかわらず、賞与支給日や基準日の直前に退職や**転籍**するなどの場合には、支給日在籍条項の有効性の問題はさておき、当該労働者とトラブルになる可能性はありますので、リスク軽減の観点から、対象期間に対する実労働日の割合に応じて賞与を支給する等の運用をすることも考えられます。

> 賞与の支給義務は法律上認められないが、就業規則や労使慣行次第では賞与支給が義務付けられる場合もある。

(2) 退職金
①退職金とは
ⅰ．退職金の法的性格

「退職金」とは、労働契約の終了に伴って、会社が労働者に支給する金員を指します。その法的性格は企業の設計により様々ですが、一般的には「賃金の後払的性格（退職までの勤務に対する賃金の後払いの性格）」や、「功労報償的性格（会社に対する功労への報償という性格）」等を併せ持っていると考えられています。

退職金の法的性格をどのように捉えるかで、退職金を不支給にしたり、減額したりする場合の解釈にも影響を与えることになります（詳細は第7章）。

ⅱ．支給義務

退職金については、労基法89条において、就業規則の相対的必要記載事項（制度を実施する場合は記載する必要がある事項）とされていることからも分かるように、退職金制度を設けること自体、当該会社の自由であり、法律上の支給義務はありません。また、退職金制度を設ける場合は、その制度内容についても会社が自由に設計することができます。

このように、退職金制度導入についての法的義務はないのですが、退職金は税制優遇されており、月例賃金よりも税率が低くなるため、退職金を賃金の後払的性格のものと位置付けて制度を導

入している会社も多いです。

　退職金制度を導入する際、労働協約や就業規則、労働契約等によって退職金の支給条件が明確に定められている場合には、退職金支給が労働契約の内容になっているため、当該就業規則等の定めに基づき、会社は労働者に退職金を支払う義務を有していることになります。

　また、明文の退職金の定めが存在していなくても、一定の基準に基づいて退職金が支払われてきた事実がある等、退職金支給の労使慣行が確立していると認められる場合には、会社は退職金支給の義務を負います。

　会社が一定の退職金支給義務を有している場合に、退職金制度を労働者にとって不利な内容に変更すると、労働条件の不利益変更の問題が生じます。

　なお、退職金支払請求権の消滅時効は5年です（労基法115条）。

②退職金の不支給・没収・減額条項
　ⅰ．同業他社への転職と退職金の没収・減額

　　退職金の支給に関し、同業他社への転職等、会社にとって望ましくない事由がある場合には退職金を没収したり減額したりする条項が設けられることがあります。

　　この問題は、主として退職後の競業避止の合意が有効かどうかによって結論が左右されますが、当該合意が有効である場合、上記の退職金の没収ないし減額の条項があると、同業他社への転職等の事由によって退職金請求権が全部ないし一部消滅することが予定されている（そもそも発生しない）ことになります。そのため、この場合は、退職金の没収や減額をしても、一旦発生した賃金請求権についての取扱いを定めた労基法24条には違反しません。

　　なお、退職後の競業避止の合意の有効性は、

❶ 競業禁止によって保護しようとする使用者の利益
❷ 退職時の労働者の地位

❸ 競業が制限される業務・期間・地域
❹ 退職後の競業行為を制限することに対する代償措置の有無

　　　等の事情を考慮し、当該競業禁止の内容が必要最小限にとどまっているか否かという観点で判断されます。
　ⅱ．懲戒処分と退職金の不支給・減額
　　　懲戒処分相当の事由がある場合に退職金を不支給としたり、減額したりする条項が設けられることがありますが、その詳細については、本書第7章をご参照下さい。

> 退職金制度を設ける法律上の義務はなく、どのような制度内容にするかについても、会社が自由に決めることができるが、就業規則上の根拠や労使慣行がある場合は退職金支給義務を負う。

第4章 労働時間

1. 労働時間について
2. 労働時間の管理（把握）
3. 時間外労働（残業）
4. 労働時間の例外的取扱い
5. 割増賃金（残業代）への実務対応

第4章 労働時間

1．労働時間について

(1) 労働時間とは

　企業は、原則として労働者を1日8時間、1週40時間（「法定労働時間」）を超えて労働させることはできません（労基法32条）。どのような時間が「労働時間」にあたるかですが、判例（三菱重工長崎造船所事件（最判平12.3.9））で「労働者が使用者の指揮命令下に置かれている時間」が労働時間であるとされ、実務上解釈が確立しています。

　より具体的には、①義務付け（強制）の程度、②業務性の有無（業務との関連性）、③時間的・場所的拘束性の有無などの要素を考慮して労働時間に該当するかが判断されます。

　労基法の労働時間に該当すると、①「36協定（さぶろくきょうてい）」を締結しなければ法定労働時間を超えて労働させることができなくなり、②法定労働時間を超えて労働した場合には割増賃金が発生します。また、③過重労働により健康障害が発生するかどうか（労災となるかどうか）についても、法定労働時間を超える労働時間がどの程度あるのかが目安となっています。

　なお、「所定労働時間」は就業規則等において契約上労働すべき時間として定められた時間をいいますので、必ずしも法定労働時間と一致するものではありません。また、「実労働時間」はその労働者が実際に働いた時間をいいます。

> 労働時間には、労基法が定める法定労働時間、契約上労働すべき時間である所定労働時間、実際に働いた時間である実労働時間などがある。法定労働時間は、36協定の締結や割増賃金の発生と結びつくものであり、過重労働による健康障害の目安にもなっている。

(2) 労働時間にあたるかどうかが問題となる場合（労働時間該当性）

　前述のとおり、労働時間該当性は①義務付け（強制）の有無、②業務性の有無（業務との関連性）、③時間的・場所的拘束性の有無などの要素を考慮して判断されますが、例えば、実務では、次のような場合に労働時間かどうかが問題となります。

① 通勤時間

　自宅から会社までの通勤時間は移動時間であり、労働時間ではありません。この点は間違えやすいので注意が必要です。

② 実作業前後の準備時間

　会社入門から職場で実作業開始するまでの時間も原則として労働時間ではありません。ただし、実作業までに社内で制服や安全靴保護具などの着用を義務づけている場合、あるいは実作業のため当然にそれらの着用をせざるをえない時には、それらの更衣時間及び更衣所から職場までの移動時間は労働時間となります。実作業終了後の掃除、点検、業務引継、更衣なども同様です。

③ 出張先への移動時間

　例えば、本社勤務の労働者が支店での始業時からの会議参加のため、早朝に出張に行く場合、このような出張に伴う移動時間は労働時間になるでしょうか。この点は、通勤時間と同じように考え、労基法上の労働時間ではありません。ただし、高価な物品の監視など特段の指示がある場合は労働時間に該当するので注意が必要です（昭23. 3. 17 基発461、昭33. 2. 13 基発90）。

　他方で、一旦出勤した後に顧客先へ移動し帰社するような場合は、顧客先への移動自体が業務遂行とみられるので使用者の指揮命令下にある労働時間となります。

④ 教育研修、朝礼等の時間

　教育研修時間は、参加の自由が保障されていれば労働時間となりません。例えば、就業時間後の語学研修などは、企業が施設や講師、カリキュラムを定めて参加の機会を提供しても、労働者に出席を強制しないものであれば、労働時間ではありません。

ただし、業務との関連で出席を義務づけたり、業務遂行上必要不可欠で出席を余儀なくされたりするような場合は労働時間となります。不参加により何らかの不利益が課される場合、例えば教育研修に欠席した場合に欠勤・早退と扱いあるいは就業規則上の制裁等の不利益を課すような場合も労働時間となるので注意が必要です。

　朝礼、ミーティング、準備体操なども教育研修の場合と同様で、参加が義務づけられまたは不参加について不利益が課される場合は、労働時間となります。

⑤ 電話当番、来客当番などの時間（待機時間・手待時間）

　顧客からの問い合わせや来客に備えて、昼の休憩時間に交替で当番を決めることがありますが、その場合は、職場で休みつつ、電話や来客があると対応しなければならないので、このような時間は休憩時間とはならず使用者の指揮命令下に置かれている時間として労働時間となります。

⑥ 仮眠時間（不活動時間）

　宿直者やマンション管理人等が所定の部屋で待機している時間や仮眠している時間（不活動時間）は労働時間にあたるでしょうか。一般的な感覚だと実作業をしていないので労働時間ではないだろうと思われるかもしれませんが、このような不活動時間も、労働からの解放が保障されていない場合には使用者の指揮命令下に置かれているとして労働時間とされてしまいます。実務上は、不活動時間中に作業に従事することが皆無に等しいというような事情がないと労働時間とされてしまうことが多いので注意が必要です。

⑦ 所定終業時刻後の在社時間

　いわゆるダラダラ残業のように、特に仕事が残っているわけではないのに所定の終業時刻を超えて会社に残っている場合も、会社に理由がなく残ることはないであろうという考えから、多くの場合、労働時間と認められてしまうのが実態です。これに対しては、例えば、明示的に残業を禁止する（残業禁止命令）、残業許可制を設けて就業規則に明記する、パソコンやメールでその時間に私的な活動をしていないかを確認する、といった対応をすることが有益です。

働き方改革関連法において、労働時間の上限規制が定められましたので、ここで述べる残業禁止命令は単に残業代の問題ではなく、上限規制対応という意味で重要になるでしょう。その際は、明示的に記録に残すことがポイントです。

⑧ 持ち帰り残業

自宅においてはテレビを見ながらでも酒を飲みながらでも自由なので原則として指揮命令下にあるとはいえず、労働時間ではありませんが、業務PCで実作業をしていた、成果物の作成があったなど客観的に作業量を確定できる場合には労働時間となりえます。

⑨ 健康診断の時間

労働安全衛生法上、使用者は労働者に対して一般健康診断を受けさせなければならないとされていますが（労安66条1項）、これは一般的な健康の確保を図ることを目的としているもので、業務遂行との関連において行われるものではありませんので、一般健康診断に要する時間は労働時間とはなりません。他方、有害業務の特殊健康診断（労安66条2項）は業務遂行と密接に関連するので労働時間になります（昭47.9.18基発602）。

> 実務上、労働時間に該当するかどうかが問題になることが多い。企業としてはケースに応じて対応を検討する必要がある。

2．労働時間の管理（把握）

労働時間の管理（把握）については、「労働時間の適正な把握のために使用者が講ずべき措置に関するガイドライン」（平成29年1月20日策定）が定められており、企業が講ずべき措置が示されています。なお、従前は、「労働時間の適正な把握のために使用者が講ずべき措置に関する基準」（平13.4.6基発339）が行政の内部通達として定められていましたが、ガイドラインの策定に伴い廃止されています。

ガイドラインによれば、原則として、①使用者が、自ら現認すること

により確認し、記録する方法、又は、②タイムカード、ICカード、パソコンの使用時間の記録等の客観的な記録を基礎として確認し、適正に記録する方法によるべきであり、③自己申告制はあくまで例外的な方法と位置付けられており、仮に自己申告制による場合には、申告の適正さを確保するために以下の措置を講ずべきこととされています。この中でも特にⅲが重要です。

【ガイドラインにおける自己申告制の場合の留意点】

> ⅰ．労働者に対する十分な説明
>   自己申告制の対象となる労働者に対して、本ガイドラインを踏まえ、労働時間の実態を正しく記録し、適正に自己申告を行うことなどについて十分な説明を行うこと。
> ⅱ．管理者に対する十分な説明
>   実際に労働時間を管理する者に対して、自己申告制の適正な運用を含め、本ガイドラインに従い講ずべき措置について十分な説明を行うこと。
> ⅲ．実態調査、特に在館時間との乖離に注意
>   自己申告により把握した労働時間が実際の労働時間と合致しているか否かについて、必要に応じて実態調査を実施し、所要の労働時間の補正をすること。特に、入退場記録やパソコンの使用時間の記録など、事業場内にいた時間の分かるデータを有している場合に、<u>労働者からの自己申告により把握した労働時間と当該データで分かった事業場内にいた時間との間に著しい乖離が生じているときには、実態調査を実施し、所要の労働時間の補正をすること。</u>
> ⅳ．在館理由の確認
>   自己申告した労働時間を超えて事業場内にいる時間について、その理由等を労働者に報告させる場合には、当該報告が適正に行われているかについて確認すること。その際、休憩や自主的な研修、教育訓練、学習等であるため労働時間ではないと報告されていても、実際には、使用者の指示により業務に従事しているなど使用者の指

揮命令下に置かれていたと認められる時間については、労働時間として扱わなければならないこと。
v．自己申告を阻害する措置の禁止
　自己申告制は、労働者による適正な申告を前提として成り立つものである。このため、使用者は、労働者が自己申告できる時間外労働の時間数に上限を設け、上限を超える申告を認めない等、労働者による労働時間の適正な申告を阻害する措置を講じてはならないこと。また、時間外労働時間の削減のための社内通達や時間外労働手当の定額払等労働時間に係る事業場の措置が、労働者の労働時間の適正な申告を阻害する要因となっていないかについて確認するとともに、当該要因となっている場合においては、改善のための措置を講ずること。さらに、労働基準法の定める法定労働時間や時間外労働に関する労使協定（いわゆる36協定）により延長することができる時間数を遵守することは当然であるが、実際には延長することができる時間数を超えて労働しているにもかかわらず、記録上これを守っているようにすることが、実際に労働時間を管理する者や労働者等において、慣習的に行われていないかについても確認すること。

　加えて、働き方改革に関連して労働安全衛生法（安衛法）が改正され、安衛法の規定による面接指導を実施するため、タイムカードによる記録、パーソナルコンピュータ等の電子計算機の使用時間（ログインからログアウトまでの時間）の記録等の客観的な方法その他の適切な方法（自己申告など）により、労働者の**労働時間の状況**（労基法上の「労働時間」とは意味が異なる）を把握しなければならないとされました。上記のとおり、これまではガイドラインに基づき企業が講ずべき措置が示されていましたが、今後はこれに加えて安衛法の規定に基づき労働時間の状況を把握しなければならないので注意が必要です。また、ガイドラインでは後述する管理監督者とみなし労働時間制が適用される労働者については労働時間の適正な把握を行うべき労働者とはされていませんが、安衛法ではこれらの労働者についても労働時間の状況を把握しなければなら

ないとされているので併せて注意して下さい。

> 企業には労働時間の状況を適切に管理する義務がある。

3．時間外労働（残業）

(1) 時間外労働（残業）とは

　一般に所定労働時間を超える労働が時間外労働あるいは残業と呼ばれていますが、残業には、①所定労働時間を超えて労働基準法で定める法定労働時間（1日8時間、1週40時間）以内の残業である**法内残業**と、②法定労働時間を超える残業である**法定外残業**があります。

　このうち、労働基準法の残業規制の対象となるのは法定外残業だけです。例えば、所定労働時間が1日7時間で、実際にその後2時間残業した場合では、7時間を超え8時間までの1時間の労働は法内残業であり、8時間を超える1時間の労働だけが法定外残業となります。

　法内残業については、就業規則（賃金規程）等で特段の定めをしない限り、割増の残業代を支払う必要はありません。

遅刻した時間分を所定終業時刻後に労働する場合に残業となるか
　例えば、所定労働時間が8時間のところ、始業時刻に30分遅刻したので、所定の終業時刻後30分労働させる場合などです。
　この場合には法定労働時間（1日8時間）を超えていないので法定外残業とはなりません。労基法の労働時間は、あくまで実際に働いた実労働時間をベースに考えるからです。ただし、深夜（午後10時から翌日午前5時）にわたる場合には、別に深夜労働の割増賃金（2割5分以上）が必要となるので注意が必要です。

　なお、休日についても、労基法上の定める休日は**法定休日**と呼ばれ、1週1日又は4週4日の休日をいいます。これ以外の休日は**所定休日**と呼ばれます。労基法での労働が規制されているのは法定休日の労働だけ

であり、所定休日の労働は労基法の規制する休日労働ではありません。

時間外労働と休日労働

　労基法上の法定休日の労働には後述の 36 協定及び 3 割 5 分以上の割増賃金の支払が必要です。

　他方、所定休日については、休日についての規制はかかりませんが、その日の労働により法定労働時間を超える場合には時間外労働の規制を受けますので注意が必要です。

　例えば、週休 2 日で就業規則において法定休日を日曜日としている場合に、土曜日に労働させても、この労働は労基法上の休日労働ではなく、所定休日の労働として、日又は週の法定労働時間を超える場合には通常の時間外労働として取り扱われます。ただし、この場合でも、就業規則（賃金規程）等で所定休日について 1.35 の割増賃金を支払う旨を定めている場合には 1.35 の割増賃金を支払う必要があります。

　なお、後に述べる労働時間の上限規制との関係では、時間外労働と法定休日労働は区別して取り扱われていますので、この区別は重要な意味を持ちます。

残業について①法内残業と②法定外残業、休日について①所定休日と②法定休日があり、それぞれ取扱いが異なるので注意が必要である。

(2) どのような場合に時間外労働を命じることができるか

　企業は、原則として、1 日 8 時間、1 週 40 時間を超えて労働者を労働させることはできません。例外として、災害等による臨時の必要がある場合（労基法 33）のほか、労働者の過半数で組織する労働組合又は労働者の過半数を代表する者との間で時間外労働協定（一般に「36 協定（さぶろくきょうてい）」と呼ばれています。）を締結して、これを労基署に届け出た場合に時間外労働（残業）が認められます。なお、通達によれば、災害等による臨時の必要がある場合（労働法 33）には、大規模なリコール対応やサーバー攻撃によるシステムダウンへの対応なども含まれます。

　ただし、36 協定は、企業が労働者を労働させても労働基準法違反にな

らないという効果があるだけで、実際に企業が労働者に残業を命じるためには就業規則等の根拠が必要です。この点は、就業規則に「業務上の都合によりやむを得ない事由のある場合は時間外労働に関する労使協定の範囲内で時間外労働を命じることがある。」のような規定が置かれているのが通常です。

以上をまとめると企業が労働者に対して残業を命じるための要件は次のとおりです（これは休日労働を命じる要件でもあります。）。

---

① 36協定を締結すること
② 36協定を労基署に届け出ること
③ 就業規則等に時間外労働の根拠があること
④ ③が定める具体的事由に基づき36協定の範囲内で残業を命じるものであること

労働者に対して法定残業及び法定休日労働を命じるためには36協定の締結及び届出に加えて就業規則等でその旨を定める必要がある。

(3) 残業時間の上限規制

これまでは、厚生労働省の告示で**限度時間**が定められていましたが、いわゆる**特別条項**により限度時間を超えて延長をすることができ、その場合の延長時間には上限がありませんでした。

しかし、長時間労働が労働者の健康を阻害し、仕事と家庭生活の両立を困難にしている等の事情を背景として、ワークライフバランスを改善し、労働参加率を向上させるため、労基法が改正されて時間外労働の上限が法律に規定されました。この上限規制違反には罰則も科されます。

上限規制の内容は次のとおりです。

①時間外労働の限度時間を1か月について45時間及び1年について360時間（ただし、対象期間が3か月を超える1年単位の変形労働時間制により労働させる場合は、1か月について42時間及び1年間について320時間）とし、臨時的な特別の事情がなければこれを

超えることができません。

② 臨時的な特別の事情があって労使が合意する場合（後述の特別条項による場合）でも、時間外労働について年間720時間以内、複数月（2～6か月）平均80時間以内（法定休日労働含む）、単月100時間未満（法定休日労働含む）としなければなりません（法定休日労働を含んで複数月平均80時間以内なので、時間外労働と法定休日労働を合計した上限時間の限度は年間960時間（80時間×12か月）以内ということになります。）。

③ 原則である月45時間の時間外労働を超えることができるのは年間6か月までとされています。

以上の時間外労働の上限規制につき、図示すると、次のとおりです。

【時間外労働の上限規制】

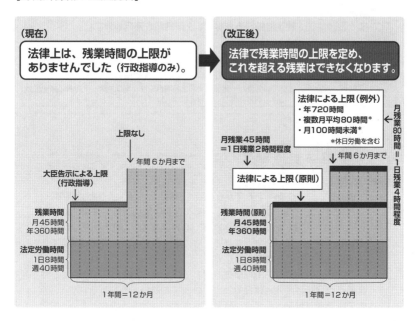

ただし、中小企業については、上限規制の適用が1年間猶予され2020年4月1日からとなります。また、次の事業・業務については、上限規

制の適用が5年間猶予されます（新技術・新商品等の研究開発業務については適用除外）。

※ただし、上限規制には適用を猶予・除外する事業・業務があります。	
【適用猶予・除外の事業・業務】	
自動車運転の業務	改正法施行5年後に、上限規制を適用します。 （ただし、**適用後の上限時間は、年960時間**とし、将来的な一般則の適用については引き続き検討します。）
建設事業	改正法施行5年後に、上限規制を適用します。 （ただし、災害時における復旧・復興の事業については、複数月平均80時間以内・1か月100時間未満の要件は適用しません。この点についても、将来的な一般則の適用について引き続き検討します。）
医師	改正法施行5年後に、上限規制を適用します。 （ただし、具体的な上限時間等については、医療界の参加による検討の場において、規制の具体的あり方、労働時間の短縮策等について検討し、結論を得ることとしています。）
鹿児島県及び沖縄県における砂糖製造業	改正法施行5年後に、上限規制を適用します。
新技術・新商品等の研究開発業務	医師の面接指導※、代替休暇の付与等の健康確保措置を設けた上で、**時間外労働の上限規制は適用しません**。 ※時間外労働が一定時間を超える場合には、事業主は、その者に必ず医師による面接指導を受けさせなければならないこととします。

転勤の場合

　例えば、同一企業内で東京から大阪へ転勤した場合に、①限度時間（1か月45時間、1年360時間）、②1年の延長時間の上限（年間720時間以内）、③平均80時間以内及び単月100時間未満（いずれも法定休日労働含む）の上限について、東京と大阪の事業場で時間外労働時間数を通算するのか、という問題があります。

　この点については、①の限度時間と②の1年の延長時間の上限は、事業場における時間外・休日労働協定の内容を規制するものですから、特定の労働者が転勤した場合は通算されません。他方、③の上限は、労働者個人の実労働時間を規制するものであり、特定の労働者が転勤した場合は労基法第38条第1項の規定が適用されるため、通算するという取扱いが行政の考え方です。

(4) 上限規制の実務対応

上限規制の概要は前述しましたが、基本的なポイントは次のとおりです。

① 「1日」「1か月」「1年」のそれぞれの時間外労働が、36協定で定めた時間を超えないこと。

② 法定休日労働の回数・時間が、36協定で定めた回数・時間を超えないこと。

③ 特別条項の回数（＝時間外労働が限度時間を超える回数）が、36協定で定めた回数を超えないこと。

④ 月の時間外労働と法定休日労働の合計が、毎月100時間以上にならないこと。

⑤ 月の時間外労働と法定休日労働の合計について、どの2～6か月の平均をとっても、1月当たり80時間を超えないこと。

⑥ 法定休日労働と時間外労働を区別して管理すること。

このため、労働時間管理を徹底した上で、毎月の時間外労働及び法定休日労働の時間数や年度における特別条項の回数及び時間外労働の累積時間数などを正確に把握し、上記のポイントを確実に遵守することが重要です。「自己申告で労働時間把握をしていたらサービス残業が後から発覚した」などという事態にならないよう、普段から適切な労働時間管理を意識しましょう。また、人力だとヒューマンエラーがありますので、改正法対応のクラウドサービスによる勤怠管理システムを導入するのも一考に値します。

(5) 36協定の作成及び届出

① 36協定の記載事項

労基法改正に伴い、新労基則において36協定の届け出様式が新しく定められましたので、当該様式に基づき36協定を作成し、届け出る必要があります。

協定すべき事項は以下のとおりです（労基法36条2項）。

ⅰ．対象労働者の範囲

36協定の対象となる「業務の種類」「労働者数」を協定する必要

があります。

ⅱ．対象期間

36協定により労働時間の延長や休日労働をさせることができる期間を協定しますが、期間は1年間に限ります。

ⅲ．時間外労働・休日労働をさせることができる場合

時間外・休日労働をさせる必要がある具体的事由について協定する必要があります。

ⅳ．対象期間における1日、1か月、1年の各期間について労働時間延長の時間数又は休日労働の日数

新たに時間外労働の上限規制が法定された趣旨を踏まえて、対象期間中の1日、1か月、1年のそれぞれの期間について、労働時間を延長して労働させることができる時間又は労働させることができる休日の日数について協定すべきこととされています。

ⅴ．労働時間の延長及び休日労働を適正なものとするために必要な事項として厚生労働省令で定める事項（新労基則17条1項）

具体的には次のとおりです。

ア　有効期間の定め

イ　起算日

ウ　単月100時間未満、複数月平均80時間以内（いずれも法定休日労働含む）の要件を満たすこと

エ　限度時間を超えて労働させることができる場合

オ　限度時間を超えて労働する労働者に対する健康及び福祉を確保するための措置

カ　限度時間を超えた労働に係る割増賃金の率

キ　限度時間を超えて労働させる場合における手続

36協定の様式は次のとおりです。限度時間内の時間外労働については1枚目だけを届け出れば足りますが、限度時間を超える時間外労働がある場合には1枚目と2枚目の2枚を届け出る必要があるので注意して下さい。

【平成31年4月改正労基法に基づく36協定書式】
（1枚目）

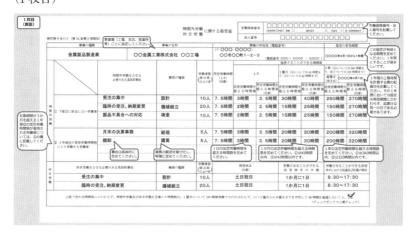

（2枚目）

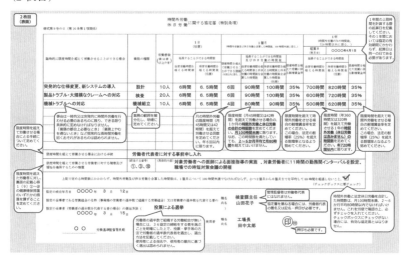

② 限度時間との関係

前述のとおり時間外労働の原則的上限として、「限度時間」が定められたので、36協定において定める時間外労働の時間数はこの限度時間内

とすべきこととなりますが、新労基法36条3項では、36協定で定める時間外労働の時間数を限度時間内にすべきことと共に、「当該事業場の業務量、時間外労働の動向その他の事情を考慮して通常予見される時間外労働の範囲内」で36協定の時間数を定めるべきことが規定されています。

③ 特別条項を設ける場合の延長時間等

上記②のとおり、原則的な上限として限度時間が定められていますが、当該事業場における通常予見することのできない業務量の大幅な増加等に伴い臨時的に限度時間を超えて労働させる必要がある場合には、限度時間を超えることができる旨の定めを置くことができます（新労基法36条5項）。この定めを特別条項といいます。

特別条項を定める場合においても、前述のとおり、時間外労働について年間720時間以内、複数月（2～6か月）平均80時間以内（法定休日労働含む）、単月100時間未満（法定休日労働含む）としなければなりません。

また、対象期間において、時間外労働の時間数が1か月について45時間（対象期間が3か月を超える1年単位の変形労働時間制により労働させる場合は42時間）を超えることができる月数は、1年の間に6か月以内の範囲で定める必要があります。

④ 健康福祉確保措置

また、36協定の新書式では、特別条項を発動する場合の健康福祉確保措置として、以下の措置を選択的に講ずる旨を記載する必要があります。

【健康福祉確保措置の具体的内容】

「限度時間を超えて労働させる労働者に対する健康及び福祉を確保するための措置」の欄には、以下の番号を「(該当する番号)」に選択して記入した上で、その具体的内容を「(具体的内容)」に記入すること。

(1) 医師による面接指導
(2) 深夜業（22時～5時）の回数制限
(3) 終業から始業までの休息時間の確保（勤務間インターバル）
(4) 代償休日・特別な休暇の付与

(5) 健康診断
(6) 連続休暇の取得
(7) 心とからだの相談窓口の設置
(8) 配置転換
(9) 産業医等による助言・指導や保健指導
(10) その他（例：職場での時短対策会議の開催、労組との協議、職場協議会の開催など）

36協定指針

　時間外労働及び休日労働を適正なものとすることを目的として、36協定締結に当たって留意すべき事項をまとめた指針が新たに策定されました。その概要は次のとおりです。

①時間外労働・休日労働を必要最小限にとどめること。
②36協定の範囲内であっても労働者に対する**安全配慮義務**を負うこと。また、労働時間が長くなるほど過労死との関連性が強まることに留意すること。
③時間外労働・休日労働を行う業務の区分を細分化し、業務の範囲を明確にすること。
④臨時的な特別の事情がなければ、限度時間（月45時間・年360時間）を超えることはできないこと。限度時間を超えて労働させる必要がある場合は、できる限り具体的に定め、また、限度時間にできる限り近づけるように努めること。
⑤1か月未満の期間で労働する労働者の時間外労働は目安時間（1週間：15時間、2週間：27時間、4週間：43時間）を超えないように努めること。
⑥休日労働の日数及び時間数をできる限り少なくするように努めること。
⑦限度時間を超えて労働させる労働者の健康・福祉を確保すること。
⑧限度時間が適用除外・猶予されている事業・業務についても、限度時間を勘案し、健康・福祉を確保するよう努めること。

　指針に適合しない36協定でも直ちに無効とはなるわけではありませんが、労基署からの助言及び指導の対象になりますので注意して下さい。

長時間労働防止策

　企業では、長時間労働を防止するため、様々な取組を行っていますが、どのような措置を講じるのが効果的なのかを考えてみましょう。

　近時、様々な形でノー残業デーを実施している会社があり、業務への支障を避けたり、ノー残業デーの実施率を上げたりするため、各会社の業務実態に応じた工夫が施されているようです。

　しかし、ノー残業デーは特定の日に残業をさせないというだけですので、従業員の業務量全体が減るわけではなく、ノー残業デーの日に積み残した業務を翌日以降に回す結果となるだけです。長時間労働の防止を考える際には、会社全体の生産性向上をセットで検討する必要がありますが、単にノー残業デーを設けるだけでは生産性は上がらず、根本的な解決とはなりません。

　そこで、会社としては、特定の人に業務が偏らないよう業務配分を工夫したり、不要な業務を洗い出して無駄なことをやめたりする等の業務効率化を検討すべきでしょう。また、コストはかかりますが、人員を増やしたり、業務を外注に出すなどして、個々の従業員が抱える業務量自体を減らす措置も考えられます。このように、業務内容や業務量自体の調整を行えば、長時間労働を防止するとともに、業務効率化によって生産性向上にもつなげられます。ただし、「生産性」とは何かについて、会社ごとに考えておいてください。単に「生産性を上げよ！」というのであれば「頑張れ！」と言っているに等しいのですから。

　さらに、従業員の人事評価を工夫して長時間労働の抑制と生産性向上を図ることも考えられます。

　例えば、人事評価項目に「時間当たり成果」を加えるという措置です。

　同じ業務量・業務内容なのに、時間をかけ、残業した従業員の方が結果的に残業代の分、賃金が高くなるのはおかしい、と感じる方は多いでしょう。

　そこで、各従業員の時間当たりの成果を人事評価項目に加え、「時間」ではなく、「効率性」で評価するように制度設計を行うのです。このような制度を設ければ、効率よく仕事をする人に対して正当な評価がなされますし、各従業員の意識・行動も変わって不必要な残業を減らすことができるでしょう。

勤務間インターバル

前日の終業時刻と翌日の始業時刻の間に一定時間の休息を取ることを一般に「**勤務間インターバル**」といいますが、労働時間設定改善法が改正され、会社はこの勤務間インターバルの確保に努めなければならないという努力義務が課されました。

主に従業員の健康確保を目的とした制度ですが、法改正以前から勤務間インターバル制度を導入していた会社もありますので、どのような内容の勤務間インターバル制度があるのかをご紹介します。

①インターバル時間

EUにおいては、24時間につき最低連続11時間の休息を確保することが会社に義務付けられていることから、この11時間というのを一つの目安にしながら自社業務の実態に則して制度設計している会社が多いようです。

例えば、A社では、最低限の義務としてはインターバル時間を8時間と設定し、努力義務を10時間としています。A社の場合、インターバル勤務の違反についての罰則はありませんが、最低8時間のインターバル時間については就業規則に規定しているため、就業規則違反にならないよう上長の管理責任の観点から指導を強化しています。

また、B社では、A社と同じく、最低限の義務として就業規則に8時間のインターバル時間を規定していますが、安全衛生管理規程に健康管理指標として11時間のインターバル時間を規定しています。B社では、8時間のインターバル時間が翌日の始業時刻以降にも及ぶ場合は、所定労働時間は変更せず、始業時刻と終業時刻を繰り下げてインターバル時間を確保させる運用をしています。安全衛生管理規程のインターバル時間については義務ではないものの、11時間のインターバル時間が月に11日以上確保できていない従業員は健康管理の対象者として対応することにしています。

②時間管理

時間管理については、パソコンのログにより確認している例が多いようです。従業員に自己申告をしてもらっていても、申告の正確性を担保するためにパソコンのログや入退館記録等も併用して時間管理を行った方がよいでしょう。

システム改修を行い、インターバル時間を設定して、パソコンのログ記録をもとに各従業員のインターバル時間が何時間だったかを本人や上司が確認できるようにし、違反している場合にはアラートを出すというような仕組みを導入している会社もあります。

以上のように、勤務間インターバル制度は、様々な形が考えられますが、労働組合がある場合には労働組合とも十分に協議したうえで制度設

> 計を行うべきです。また、制度導入にシフト変更を伴ったり、それまでと異なるサイクルで業務を行ったりすることになれば、従業員がとまどってしまうこともありますので、従業員への説明会やe-ラーニング等を使った研修を行う等して管理職、部下ともに制度を十分に理解してもらうことが必要になります。

4．労働時間の例外的取扱い

　前述のとおり、企業は、原則として、労働者を1日に8時間、1週間に40時間を超えて労働させることはできませんが、この例外的な取扱いを認める制度があります。

　具体的には、①**変形労働時間制**、②**フレックスタイム制**、③**事業場外労働**、④**裁量労働制**です。それぞれの概要は次のとおりです。

変形労働時間制	フレックスタイム制	事業場外労働	裁量労働制
労使協定または就業規則等において定めることにより、一定期間を平均し、1週間当たりの労働時間が法定の労働時間を超えない範囲において、特定の日又は週に法定労働時間を超えて労働させることができる制度です。①1か月単位、②1年単位、③1週間単位のものがあります。	就業規則等により制度を導入することを定めた上で、労使協定により、一定期間（1か月以内）を平均し1週間当たりの労働時間が法定の労働時間を超えない範囲において、その期間における総労働時間を定めた場合に、その範囲内で始業・終業時刻を労働者がそれぞれ自主的に決定することができる制度です。	事業場外で労働する場合であって、労働時間の算定が困難なときに、原則として所定労働時間労働したものとみなす制度です。	業務の遂行方法が大幅に労働者の裁量に委ねられる一定の業務に従事する労働者について、労働時間の計算を実労働時間ではなくみなし時間によって行うことを認める制度です。①専門業務型裁量労働制（デザイナーやシステムエンジニアなど）と②企画業務型裁量労働制（事業運営の企画、立案、調査及び分析の業務）があります。

　上記のような様々な労働時間制度について、企業の実情に応じて適切な制度を選択して運用することが重要です。例えば、変形労働時間制及びフレックスタイム制の採用に当たって参考となる主なポイントをまとめると以下のとおりです（パンフレット「働き方改革」（広島労働局 監督課版）26頁参照）。

第4章　労働時間

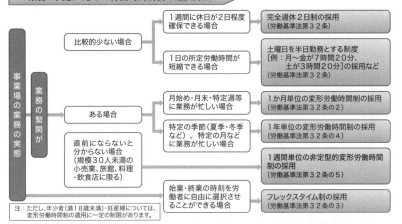

	1か月単位の変形労働時間制	1年単位の変形労働時間制	1週間単位の非定型的変形労働時間制	フレックスタイム制
変形労働時間制についての労使協定の締結	○※1	○	○	○
労使協定の監督署への届出	○※1	○	○	○※5
特定の事業・規模のみ			○（労働者30人未満の小売業、旅館、料理・飲食店）	
労働時間・時刻など　休日の付与日数	週1日又は4週4日の休日	週1日※2	週1日又は4週4日の休日	週1日又は4週4日の休日
1日の労働時間の上限		10時間	10時間	
1週の労働時間の上限		52時間※3		
1週平均の労働時間	40時間（特例措置対象事業44時間）	40時間	40時間	40時間（特例措置対象事業44時間）
時間・時刻は会社が指示	○	○	○	
出退勤時刻の個人選択制				○
あらかじめ就業規則などで時間・日を明記	○	○※4		
就業規則変更届の提出（規模10人以上）	○（10人未満の事業場でも就業規則に準ずる規程が必要）	○	○	○

※1　1か月単位の変形労働時間制は、就業規則への定め又は労使協定の締結のいずれかにより採用できます。労使協定締結による採用の場合でも、規模10人以上の事業場は就業規則の変更が必要になります。
※2　対象期間における連続労働日数の限度は、6日（特定期間については12日）です。
※3　対象期間が3か月を超える場合は、週48時間を超える週の回数等について制限があります。
※4　1か月以上の期間ごとに区分を設けて労働日、労働時間を特定する場合は、休日、始・終業時刻、その勤務の組み合わせに関する考え方、周知方法等の定めを行わなければなりません。
※5　清算期間が1か月を超え3か月以内の場合は、労使協定の締結及び届出が必要です。

労働時間の例外的取扱いとして、①変形労働時間制、②フレックスタイム制、③事業場外労働、④裁量労働制がある。その導入要件は様々であり、企業の実情に応じて、ニーズに合致する労働時間制度を設計するのがよい。

(1) 変形労働時間制

変形労働時間制とは、労使協定または就業規則等において定めることにより、一定期間を平均し、1週間当たりの労働時間が法定の労働時間を超えない範囲内において、特定の日又は週に法定労働時間を超えて労働させることができる制度です。

1日単位（8時間）、1週単位（40時間）の規制によらない弾力的な労働時間の配分を認める制度です。業務の性格上、繁忙期と閑散期がある場合や勤務割によるシフト勤務の場合などに利用されます。

変形労働時間制は、労基法の定める一定の要件のもとに認められるもので、具体的には次の制度があります。

① **1か月単位の変形労働時間制**（労基法32条の2）
② **1年単位の変形労働時間制**（労基法32条の4）
③ **1週間単位の非定型的変形労働時間制**（労基法32条の5）

これらの制度の概要は次のとおりです。

1か月単位の変形労働時間制	1年単位の変形労働時間制	1週間単位の非定型的変形労働時間制
1か月以内の一定の期間を平均し、1週間の労働時間が40時間以下の範囲内において、1日及び1週間の法定労働時間を超えて労働させることができる制度です。労使協定だけでなく就業規則で定めることによっても導入可能です。	1か月を超え1年以内の期間を平均して1週間当たりの労働時間が40時間を超えないことを条件として、業務の繁閑に応じ労働時間を配分することを認める制度です。繁忙期・閑散期が季節等によって生じるような場合に対応した長期の変形労働時間制であり、変形期間が長期にわたるので労使協定の締結が要件となっています。	規模30人未満の小売業、旅館、料理・飲食店の事業において、労使協定により、1週間単位で毎日の労働時間を弾力的に定めることができる制度です。

以下では、実務で利用されることが多い1か月単位の変形労働時間制と1年単位の変形労働時間制について説明します。

① 1か月単位の変形労働時間制

　ⅰ．定義

　　　1か月単位の変形労働時間制とは、1か月以内の一定の期間を平均し、1週間の労働時間が40時間以下の範囲内において、1日及び1週間の法定労働時間を超えて労働させることができる制度です。

1か月単位の変形労働時間制の総労働時間は、「1週間の法定労働時間×変形期間の暦日数÷7」で計算されます。

これによって計算すると、1か月の労働時間の総枠は次のとおりとなります。

1か月の暦日数	労働時間の総枠（小数点2以下切捨て）
31日	177.1時間
30日	171.4時間
29日	165.7時間
28日	160.0時間

ⅱ．要件

1か月単位の変形労働時間制の要件は次のとおりです。

1　変形期間を1か月以内とすること
2　就業規則又は労使協定で、変形期間を平均して1週間当たりの労働時間が週法定労働時間（40時間）以内となるよう、変形期間の起算日、各日・各週の所定労働時間を具体的に定めること
※就業規則の場合は、事業場の労働者の過半数代表者の意見書を添付して所轄労働基準監督署長に届け出ます。
※労使協定の場合は、有効期間を定めて、所轄の労働基準監督署長に届け出ます。

1か月単位の変形労働時間制の定め方

　変形期間の起算日及び各日各週の労働時間は労使協定でも定めることができますが、就業規則で定める方が簡便であり、実務では就業規則で定める場合が多いです。
　具体的な定め方ですが、実務では、年間カレンダーで定める方式や月間のシフト表で定める方式など一般的です。参考まで年間カレンダー方式の規定例及び労働時間チェックカレンダーの様式例は次のとおりです。
（※出典　東京労働局労働基準部・労働基準監督署「『1か月単位の変形

「企業労働法実務入門」
~はじめての人事労務担当者からエキスパートへ~

労働時間制」導入の手引き」及び静岡労働局HP「労働時間チェックカレンダー」）

（労働時間及び休憩時間）
第〇〇条　所定労働時間は、毎月1日を起算日とする1箇月単位の変形労働時間制とし、1箇月を平均して1週間40時間以内とする。
　2　各日の始業時刻、終業時刻及び休憩時間は、次のとおりとする。

始業時刻	終業時刻	休憩時間
午前9時	午後6時	正午から午後1時まで

（休日）
第〇〇条　休日は、前条の1箇月につき最低9日（ただし、1箇月の暦日数が28日の場合は8日とする。）とし、暦年毎に作成する年間休日カレンダーのとおりとする。
　2　以下の日は前項の休日とする。
　　①毎週日曜日　②第2・第4土曜日
　3　年間休日カレンダーは毎年12月中に各従業員に明示する。

〈平成30年〉　平成30年1月～平成30年12月＜記入例＞（週40時間以下とする場合）
1か月単位の変形労働時間制による労働時間チェックカレンダー
1日 7時間30分

各月の所定労働時間

月	暦日	休日日数	労働日数	所定労働時間	適・否
1月	31	8	23	172:30	OK
2月	28	7	21	157:30	OK
3月	31	8	23	172:30	OK
4月	30	8	22	165:00	OK
5月	31	8	23	172:30	OK
6月	30	8	22	165:00	OK
7月	31	8	23	172:30	OK
8月	31	8	23	172:30	OK
9月	30	8	22	165:00	OK
10月	31	8	23	172:30	OK
11月	30	8	22	165:00	OK
12月	31	9	22	165:00	OK

※この祝日は平成29年12月現在のものであり、祝日法などの改正により、祝日・休日が一部変更になることがあります。

1か月単位の変形労働時間制における限度時間

週法定労働時間	変形の期間			
	31日	30日	29日	28日
週44時間	194:51	188:34	182:17	176:00
週40時間	177:08	171:25	165:42	160:00

比較し所定労働時間が限度時間の範囲内であれば「OK」です。

158

ⅲ．効果

　変形労働時間制は、変形期間を平均して週法定労働時間以内であれば、各日・各週の所定労働時間は時間外労働となりません。1か月単位の変形労働時間制の時間外労働は各日・各週及び変形期間を各単位として次のように計算します。

---

①各日＝所定労働時間が8時間（1日の法定労働時間）を超える日は、所定労働時間を超える時間

　　　　所定労働時間が8時間を超えない日は、8時間を超える時間

②各週＝①の時間外労働とされた時間を除き、週所定労働時間が40時間（週法定労働時間）を超える週は、週所定労働時間を超える時間

　　　　週所定労働時間が40時間を超えない週は、40時間を超える時間

③変形期間＝①、②の時間外労働とされた時間を除き、変形期間の法定時間（週法定労働時間×変形期間の日数／7日）を超える時間

　参考まで1か月単位の変形労働時間制における時間外労働の考え方を図解すると次のとおりです。（※出典　東京労働局労働基準部・労働基準監督署「『1か月単位の変形労働時間制』導入の手引き」　なお、次の図表の説明部分「②」は正確には法定労働時間だけでなく所定労働時間も超えていることから残業となります。）

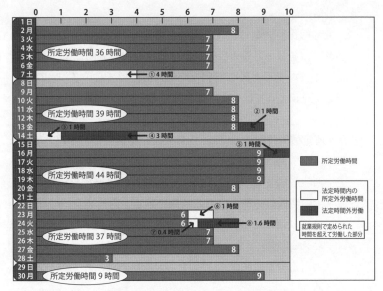

①は、1日についてみれば、8時間以内であり、1週間でも法定の40時間を超えておらず、1か月でみても1か月の法定時間の総枠171.4時間を超えていないので、この週の所定労働時間を超えていても、法定時間外労働とはなりません。

②は、1日の法定労働時間の8時間を超えているので、法定時間外労働となります。

③は、②の部分を除いて1日8時間、1週40時間、1か月171.4時間を超えていないので、法定時間外労働とはなりません。

④は、1日8時間を超えていませんが、1週40時間を超えているため、法定時間外労働となります。

⑤は、所定労働時間（9時間）を超えるため、法定時間外労働となります。

⑥は、1日8時間、1週40時間、1か月171.4時間を超えていないので、法定時間外労働とはなりません。

⑦は、次の⑧と合わせて2時間の労働を所定外に行っていますが、この2時間は1日8時間、1週40時間を超えていないものの、1か月171.4時間を超えています。1か月の実労働時間は、165時間に①から⑧までの労働を加えた178時間ですが、法定時間外労働となる②、④、⑤の5時間をこれから差し引き、173時間と171.4時間を比較し、その差1.6時間が法定時間外労働となります。⑧はこの1.6時間を指します。2時間から⑧の1.6時間を引いた0.4時間は1か月171.4時間の範囲内となっており法定時間外労働にはなりません。この部分が⑦となります。

② 1年単位の変形労働時間制

　ⅰ．定義

　　1年単位の変形労働時間制は、1か月を超え1年以内の期間を平均して1週間当たりの労働時間が40時間を超えないことを条件として、業務の繁閑に応じ労働時間を配分することを認める制度です。

　　繁忙期・閑散期が季節等によって生じるような場合に対応した長期の変形労働時間制であり、変形期間が長期にわたるので労使協定が要件となっています。

1年単位の変形労働時間制の総枠は「40時間×（対象期間の暦日数÷7）」で計算されます。

これによって計算すると、総枠の上限は次のとおりとなります。

対象期間	総枠の上限
1年（365日）	2085.7時間
6か月（183日）	1045.7時間
3か月（90日）	514.2時間

ⅱ．要件

1年単位の変形労働時間制の要件は次のとおりです。

1 労使協定で次の事項を定めること。
 (1) 対象労働者の範囲
　　※変形期間の途中に採用され、又は退職する労働者も対象者にすることは可能です。その場合は当該労働者の変形制による労働時間を平均して1週当たり40時間を超えた場合に法定の割増賃金を支払う必要があります（労基法32条の4の2）。
 (2) 対象期間（1か月を超え1年以内の範囲）及び起算日
 (3) 特定期間
　　※対象期間中の特に業務の繁忙な期間を特定期間として定めることができます。
 (4) 変形期間の労働日及び各労働日の労働時間
　　※変形期間を平均して1週当たりの労働時間が40時間以内となるよう定めます。

　　　ただし、変形期間を1か月以上の期間に区分するときはその定めをして、最初の区分期間の労働日及び各労働日の労働時間のみを定め、その後の区分期間については、期間毎の労働日数及び総労働時間を定めておけば足ります。その後の区分期間の労働日及び労働時間は、区分期間の始まる30日前までに、労使協定の労働側当事者の同意を得て定める必要があります。

※労働日と各労働日の労働時間設定については①労働日数の限度（1年当たり280日）、②1日及び1週間の労働時間の限度（1日について10時間、1週間について52時間）、③連続労働日数の限度（対象期間について6日、特定期間について1週間に1日の休日が確保できる日数）があります。

(5) 有効期間

2　労使協定を労働基準監督署長に届け出ること

3　就業規則で1年単位の変形労働時間制を定めること

1年単位の変形労働時間制の導入にあたっての留意点

　1年単位の変形労働時間制では、労働日、労働時間は労使協定において具体的に定めることを要します。したがって、企業の都合により任意に労働時間を変更するような制度は1年単位の変形労働時間制に該当せず、頻繁に労働時間の変更が発生する場合にはこの制度を導入するべきではありません。

　また、1年単位の変形労働時間制は、業務の繁閑を見込んで労働時間を配分する制度であり、原則として恒常的な時間外労働がないことを前提としています。したがって、恒常的に時間外労働が発生する業務についても1年単位の変形労働時間制を導入すべきではありません。

ⅲ．効果

　　変形労働時間制は、変形期間を平均して週法定労働時間以内であれば、各日・各週の所定労働時間は時間外労働となりません。時間外労働となるのは前述した1か月単位の変形労働時間制の時間外労働と同様であり、各日・各週及び変形期間を各単位として次のように計算します。

①各日＝所定労働時間が8時間（1日の法定労働時間）を超える日は、所定労働時間を超える時間

　　　　所定労働時間が8時間を超えない日は、8時間を超える時間

②各週＝①の時間外労働とされた時間を除き、週所定労働時間が40時間（週法定労働時間）を超える週は、週所定労働時間を超える時間
週所定労働時間が40時間を超えない週は、40時間を超える時間
③変形期間＝①、②の時間外労働とされた時間を除き、変形期間の法定時間（週法定労働時間×変形期間の日数／7日）を超える時間

(2) フレックスタイム制
① 定義
　フレックスタイム制とは、就業規則等により制度を導入することを定めた上で、労使協定により、一定期間（3か月以内）を平均し1週間当たりの労働時間が法定の労働時間を超えない範囲内において、その期間における総労働時間を定めた場合に、その範囲内で始業・終業時刻を労働者がそれぞれ自主的に決定することができる制度です（労基法32条の3）。いわゆる働き方改革法によって、清算期間の上限が1か月以内から3か月以内に延長されました。

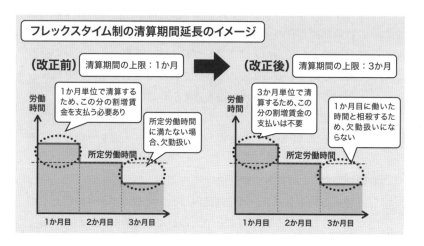

【厚生労働省「フレックスタイム制のわかりやすい解説＆導入の手引き」より引用】
※ただし、後述のように、週50時間を越える部分については3か月単位ではなく、当月での清算が必要

② 要件
フレックスタイム制の要件は次のとおりです。

> 1 就業規則で、始業・終業時刻を労働者の決定に委ねる旨を定めること
> 2 労使協定で次の事項を定めること
> ① 対象となる労働者の範囲
> ※フレックスタイム制を適用する労働者の範囲を明確に定めることが必要です。この場合、対象となる労働者の範囲を「全労働者」あるいは「特定の職種の労働者」と定めることができます。個人ごと、課ごと、グループごと等様々な範囲も考えられます。
> ② 清算期間
> ※清算期間は、労働契約上労働者が労働すべき時間を定める期間で、3か月以内とされています。1か月単位、2か月単位、3か月単位のほかにも、1週間単位等も可能です。これまでは賃金計算期間と合わせて1か月とする場合が一般的でしたが、3か月単位として、例えば7月～9月の清算期間のうち8月の労働時間を短くすることで、夏休み中の子供と過ごす時間を確保しやすくするという活用方法も考えられます。
> ※清算期間については、その長さと起算日を定めることが必要です。単に「1か月」とせず、毎月1日から月末までなどと定めることが必要です。
> ③ 清算期間における総労働時間
> ※労働契約上労働者が清算期間内において労働すべき時間として定められている時間のことで、いわゆる清算期間における所定

労働時間のことです。
　　＊この時間は清算期間を平均し1週間の労働時間が法定労働時間の範囲内となるように定める必要があります。具体的には次のとおりです。

「清算期間における法定労働時間の総枠＝40時間×清算期間の暦日数÷7」
　＜例：1か月の清算期間における法定労働時間の総枠＞

		週の法定労働時間数	
		40時間の場合	44時間の場合
清算期間の暦日数	31日の場合	177.1時間	194.8時間
	30日の場合	171.4時間	188.5時間
	29日の場合	165.7時間	182.2時間
	28日の場合	160.0時間	176.0時間

　　＊完全週休2日制の下で働く労働者（1週間の所定労働日数が5日の労働者）については、曜日のめぐり次第で、1日8時間相当の労働でも清算期間における法定労働時間の総枠を超え得るため、完全週休2日制の事業場において、労使協定により、所定労働日数に8時間を乗じた時間数を清算期間における法定労働時間の総枠とすることができます。この場合において、次の式で計算した時間数を1週間当たりの労働時間の限度とすることができます。

$$8 \times 清算期間における所定労働日数 \div \frac{清算期間における暦日数}{7}$$

④ 標準となる1日の労働時間
　　※標準となる1日の労働時間とは、清算期間内における総労働時間を、その期間における所定労働日数で除したものです。フレックスタイム制を採用している労働者がその清算期間内において、有給休暇を取得したときには、その取得した日については、標準となる労働時間を労働したものとして取り扱うこととなります。
⑤ コアタイム、フレキシブルタイムの開始及び終了の時刻
　　※**コアタイム**とは、労働者が必ず労働しなければならない時間帯

で、**フレキシブルタイム**とは、出退勤が労働者に委ねられている時間帯をいいます。

※コアタイム、フレキシブルタイム等を設ける場合は労使協定でその開始及び終了時刻を定める必要があります。

※なお、柔軟な働き方を実現するためにコアタイムを設けない例（いわゆるスーパーフレックス）も増えています。

⑥ 清算期間が1か月を超える場合の取扱い

※清算期間が1か月を超える場合（最大3か月）には上記に加えて次の点に留意が必要です。

（ⅰ）有効期間の定めが必要となる。

（ⅱ）3か月の清算期間の総枠を超えるものに加えて、清算期間をその開始の日以後1か月ごとに区分した各期間（最後に1か月未満の期間があるときは、その期間）ごとに当該各期間を平均し1週間当たりの労働時間が50時間を超える部分が時間外労働となる。

（ⅲ）労使協定の届出が必要となる。

フレキシブルタイムとコアタイム

　前述のとおり、コアタイムは必ず出勤しなければならない時間であり、労働者は、フレキシブルタイムの時間帯において出退勤の自由を有することになります。フレキシブルタイム、コアタイムを設ける場合には、それらも始業時刻・終業時刻に関する事項ですので、就業規則に記載が必要です。なお、コアタイムは必ず設けなければならないものではありませんから、全部をフレキシブルタイムとすることもできます（俗に、「スーパーフレックス」と呼ばれます）。

　フレックスタイム制では、企業はコアタイムを除き労働者に特定の時間に出社するよう業務命令を出すことはできません。そのため、業務との調整については労働者のモラルに負うところも大きく、フレキシブルタイムとコアタイムを適切に設定する必要がありますので注意が必要です。

　なお、フレキシブルタイムとコアタイムのモデル例は次のとおりです（※出典　厚生労働省HP）。

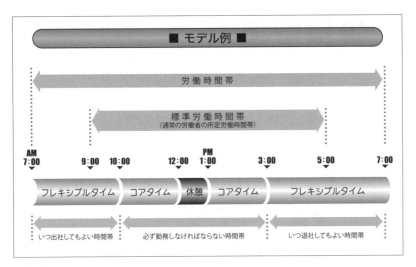

③ 効果

　清算期間における法定労働時間の総枠を超えた時間が時間外労働となります。清算期間を1か月とした場合の時間外労働の具体的な取扱いは次のとおりです（※出典　厚生労働省 HP）。

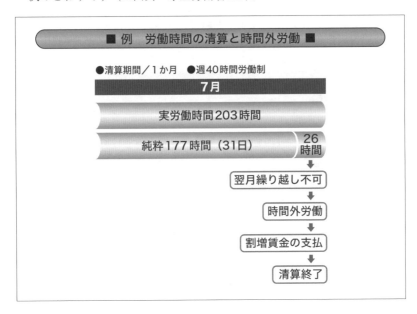

清算期間が1か月を超える場合の注意点 〜「多様で柔軟な働き方」実現できる?〜

　清算期間が1か月を超え3か月以内である場合は、次の①及び②を合計した時間が時間外労働となるので注意が必要です。また、大企業(2023年4月以降は全企業)の場合は、月60時間を超える時間外労働に対して5割以上の率で計算した割増賃金の支払も必要です。

①清算期間を1か月ごとに区分した各期間(最後に1か月未満の期間を生じたときには、当該期間)における実労働時間のうち、各期間を平均し1週間当たり50時間を超えて労働させた時間。具体的な計算方法は、次の式による。

　　清算期間を1か月ごとに区分した期間における実労働時間数
　　　－50×清算期間を1か月ごとに区分した期間における暦日数÷7

②清算期間における総労働時間のうち、当該清算期間の法定労働時間の総枠を超えて労働させた時間(ただし、上記①で算定された時間外労働時間を除く)

　このように、清算期間が1か月を超えた場合は、労働時間の管理と割増賃金の算定がかなり複雑になります。本来は、対象労働者の業務の特性に応じた多様で柔軟な働き方の実現を目的としたものですが、労使協定の届出等も必要になるため、企業にとって使いづらい制度であることは否めず、結果として、本来の目的の実現は容易ではなくなるかも知れません。

(3) 事業場外労働

① 定義

　事業場外労働は、労働者が事業場外で労働する場合であって、労働時間の算定が困難なときに、原則として所定労働時間労働したものとみなす制度です(労基法38条の2)。

　例えば、営業社員が会社に寄らずに直接取引先を訪問してそのまま帰宅する場合、企業はどのように勤務しているのかを把握できないことがあり、このような場合に、事業場外労働として労働時間を一定の時間とみなすことができる制度です。

　後述のとおり、事業場外労働の場合の労働時間としては、①所定労働

時間、②通常必要とされる時間、③「②」について労使協定で定めた時間の3種類があります。

② 要件

事業場外労働の要件は次のとおりです。

1 労働者が労働時間の全部または一部について事業場の外で労働に従事したこと
2 使用者が労働時間を算定し難いこと

上記2の要件の「労働時間を算定し難いこと」とは、事業場の外で働く労働者について労働時間を管理する者がいないため、企業において、具体的な労働時間数を把握できないという意味です。したがって、事業場の外で業務に従事する労働者であっても、企業が具体的に労働時間数を把握することが可能な場合には、「労働時間を算定し難いこと」という要件には該当しません。行政通達（昭63.1.1基発1）では、次のような場合は具体的な労働時間の把握が可能であるとされています。

　　ⅰ．何人かのグループで事業場外労働に従事する場合で、そのメンバーの中に労働時間の管理をする者がいる場合
　　ⅱ．事業場外で業務に従事するが、無線やポケットベル等によって随時使用者の指示を受けながら労働している場合
　　ⅲ．事業場において、訪問先、帰宅時刻等当日の業務の具体的指示を受けた後、事業場外で指示通りに業務に従事し、その後事業場に戻る場合

携帯電話を持たせると事業場外労働とならないのか

上記通達のⅱは「事業場外で業務に従事するが、無線やポケットベル等によって随時使用者の指示を受けながら労働している場合」には労働時間の把握が可能であり、事業場外労働とはならないというものです。それでは、例えば営業社員に携帯電話を持たせた場合には事業場外労働

の制度を利用できないのでしょうか。この点については、携帯電話により企業がその日の業務を具体的に指示し、事業場で業務の指示をしているのと同様にみられる場合にはⅱにあたるでしょう。しかし、単に営業社員に業務用の携帯電話を持たせているに過ぎない場合には企業は具体的な労働時間を把握することはできませんので、ⅱに当たらないものと考えられます。

内勤業務がある場合（一部事業場内労働の取扱い）

　事業場外労働に加えて内勤業務がある場合に、事業場外での業務の遂行に通常必要とされるみなし労働時間と、内勤の実労働時間が別に算定され、それらの合計が労働時間になるのか、それとも、事業場内・外の労働を一括してみなし労働時間が適用されるのかということが問題となります。

　この点について、行政は、「所定労働時間≧通常必要時間＋事業場内の労働時間」の場合は所定労働時間を労働したものとみなし、「所定労働時間＜通常必要時間＋事業場内の労働時間」の場合は、通常必要時間に事業場内の労働時間を加えた時間がその日の労働時間になるという取扱いです。

　有力な学説は、一部事業場内での業務（内勤業務）がある場合の取扱いについて、「事業場外労働が1日の所定労働時間帯の一部を用いて（ないしは一部にくいこんで）なされるかぎりは、このみなしの結果、所定労働時間帯における事業場内労働を含めて、1日の所定労働時間だけ（または事業場内労働の時間と、事業場外労働に通常必要とされる時間との合計だけ）労働したこととなる」が「常態的な事業場外労働に付随してそれと一体的に事業場内労働が行われるという場合には、それら労働は全体として事業場外労働と把握」するべきとしています（菅野和夫「労働法第11版補正版」517頁）。

　以上のような状況で、実務対応が非常に難しいところですが、できる限りの対応として、例えば、労使協定で「事業場内の勤務も含めて、営業業務遂行のために通常必要な労働時間を10時間とする」と規定したり、「一部事業場内での勤務があった場合には、みなし時間から事業場内での労働時間を差し引いた時間を労働したものとする」と規定したりする例もあります（ただし、行政の考え方とは異なるので有効性が争われる可能性があります）。

③ 効果（労働時間を何時間とみなすか）

　事業場外労働の効果は労働時間を「みなす」ことにあります。「みなす」の法的意味は「反証を許さない」、つまり実際には10時間働いたことを労働者が証明したとしても、みなし時間労働したものとみなされます。これが「推定する」とは異なる「みなす」の意味です。

　さて、そのみなし時間には①所定時間みなし、②通常必要とされる時間のみなし、③協定みなしの3種類があります。

　基本的には①所定労働時間労働したものとみなされるのが原則ですが、②当該業務を遂行するために通常所定労働時間を超えて労働することが必要となる場合には、当該業務遂行に通常必要とされる時間労働したものとみなされます。

　ここでいう「通常必要とされる時間」とは通常の状態でその業務を遂行するために客観的に必要とされる時間であり、例えば、8.5時間で済むこともあれば、9.5時間要することもあるが、平均すれば9時間かかるのであれば、9時間とみなすことになります。

　しかし、通常必要とされる労働時間がどの程度かを算定することは困難であるため、③みなし時間については労使が合意してあらかじめ労使協定で定めることができるととされています。この労使協定はみなし時間が1日8時間を超える場合には労働基準監督署長へ届け出る必要があります。

> 事業場外労働の場合の労働時間には、①所定労働時間、②通常必要とされる時間、③②について労使協定で定めた時間の3種類がある。

テレワークの留意点

　テレワークには、「雇用型」と「自営型」があり、それぞれについてガイドラインが定められています。詳細はガイドラインを参照していただきたいと思いますが、ここでは、労働関係法令の適用がある「雇用型テレワーク」について、実務上の主な留意点についてご説明します。

1 「雇用型テレワーク」とは

「雇用型テレワーク」とは、従業員が情報通信技術を利用して行う事業場外勤務のことで、在宅勤務やサテライトオフィス勤務等を想定しています。このテレワークは、時間や場所を有効に活用できるため、子育て、介護と仕事の両立手段となるとともに、ワークライフバランスの確保や多様な人材の能力発揮が可能となる働き方ですが、一方で、管理者等が労働時間管理を行うことは必ずしも容易ではなく、労働時間管理の方法や長時間労働対策などには工夫が必要となります。

2 「中抜け時間」の処理

テレワーク特有の問題の一例として、「中抜け時間」の処理の問題があります。在宅勤務等の場合、一定程度従業員が業務から離れる時間が生じやすいと考えられるため、このいわゆる「中抜け時間」をどう処理するかを考える必要があるのです。

これにはいくつかの処理方法が考えられますが、中抜け時間には会社は業務指示を出さず、従業員に中抜けの開始と終了時刻を報告させること等によって休憩時間として取り扱うことや、中抜け時間を休憩時間ではなく、時間単位の年次有給休暇として取り扱うこと等が考えられます。なお、始業時刻や終業時刻の変更が行われることがある場合には、その旨を就業規則に記載しておく必要がありますし、時間単位の年次有給休暇を与える場合には労使協定の締結が必要となります。

3 長時間労働対策

テレワークは、業務効率化が期待される一方で、会社の従業員に対する管理が十分行き届かなくなるおそれがあることから、長時間労働を招きやすい面もあります。

このため、会社として、長時間労働対策として、テレワークを行う場合には時間外・休日・深夜労働を原則禁止とする措置を取り、併せて、テレワークを行う従業員に対する時間外・休日・深夜労働の原則禁止や使用者による許可制とすること等を就業規則に明記して対応することなどが考えられます。

4 事業場外みなし労働時間制の適用について

テレワークにより、当該従業員に対して「使用者の具体的な指揮監督が及ばず、労働時間を把握することが困難なとき」は事業場外労働のみなし労働時間制（労基法38条の2）が適用されます。但し、使用者の具体的な指揮監督が及ばず、労働時間を把握することが困難であるというためには、情報通信機器を通じた使用者の指示に即応する義務がない状態であることが必要とされています。

「即応する義務」とは、読んで字のごとく、会社からの指示にすぐに対応する義務のことを指しており、使用者からの具体的な指示に備えて待機しつつ実作業を行っている状態等の場合、即応義務が課されていると判断されることになります。

つまり、会社からすると、当該従業員に対し、上司の指示にすぐ対応できる状態を維持するように義務づけている場合は、事業場外みなし労働時間制が適用されない可能性が高いことに留意する必要があります。

(4) 裁量労働制

　裁量労働制とは、業務の遂行方法が大幅に労働者の裁量に委ねられる一定の業務に従事する労働者について、労働時間の計算を実労働時間ではなくみなし時間によって行うことを認める制度です。

　裁量労働制には**専門業務型裁量労働制**と**企画業務型裁量労働制**の2種類があり、近時の技術革新に伴う情報化やサービス化に対応した制度です。ただし、以下で述べるとおり導入の要件が厳しく、実務では積極的には利用されていません（平成30年の就労条件総合調査結果では、専門業務型裁量労働制は全企業の1.8％、企画業務型裁量労働制は全企業の0.8％しか利用されていません。）。

　専門業務型裁量労働制と企画業務型裁量労働制を図表で対比すると次のとおりです。

	専門業務型裁量労働制	企画業務型裁量労働制
対象業務	① 新商品または新技術の研究開発等の業務 ② 情報処理システムの分析または設計の業務 ③ 記事の取材または編集の業務 ④ デザイナーの業務 ⑤ プロデューサーまたはディレクターの業務 ⑥ コピーライターの業務 ⑦ システムコンサルタントの業務 ⑧ インテリアコーディネーターの業務 ⑨ ゲーム用ソフトウェア ⑩ 証券アナリストの業務 ⑪ 金融工学等の知識を用いて行う金融商品の開発業務 ⑫ 大学教授・研究の業務 ⑬ 公認会計士の業務 ⑭ 弁護士の業務 ⑮ 建築士の業務 ⑯ 不動産鑑定士の業務	事業運営に関する企画、立案、調査、分析の業務

	⑰ 弁理士の業務 ⑱ 税理士の業務 ⑲ 中小企業診断士の業務	
導入要件	① 就業規則の定め ② 労使協定の締結と届出	① 就業規則の定め ② 労使委員会の5分の4以上の多数による決議と届出 ③ 労働者本人の同意
報告義務	なし	決議が行われた日から起算して6か月以内ごとに1回、所轄労働基準監督署長へ定期報告を行う
みなし時間	労使協定で定めたみなし時間	労使委員会の決議で定めたみなし時間

以下それぞれについて説明をします。

① 専門業務型裁量労働制

ⅰ．定義

専門業務型裁量労働制は、デザイナーやシステムエンジニアなど、業務遂行の手段や時間配分などに関して企業が具体的な指示をしない19の業務について、実際の労働時間数とはかかわりなく、労使協定で定めた労働時間数を働いたものとみなす制度です（労基法38条の3）。

ⅱ．要件

専門業務型裁量労働制の要件は次のとおりです。

1　労使協定で次の事項を定めて労働基準監督署長に届け出ること
(1) 対象業務（上記の19業務）
　※対象業務は限定列挙であり、19業務のいずれかに該当しなければ専門業務型裁量労働制を導入することはできません。また、労働者の裁量性に着目して対象業務が列挙されているので付随業務や補助業務は対象となりません。例えば、チーフの管理の下に業務遂行を行っている労働者、プロジェクト内で業務に付随する雑用を行う労働者などは専門業務型裁量労働制の対象と

はなりません(昭63.3.14基発150、平12.1.1基発1)。
(2) 対象となる業務遂行の手段や方法、時間配分等に関し労働者に具体的な指示をしないこと
(3) 労働時間としてみなす時間
(4) 対象となる労働者の労働時間の状況に応じて実施する健康・福祉を確保するための措置の具体的内容
(5) 対象となる労働者からの苦情の処理のため実施する措置の具体的内容
(6) 協定の有効期間(※3年以内とすることが望ましいとされています)
(7) (4)及び(5)に関し労働者ごとに講じた措置の記録を協定の有効期間及びその期間満了後3年間保存すること
2 就業規則に専門業務型裁量労働の定めをすること

ⅲ. 効果

　労働時間については、労使協定で定めた労働時間を労働したものとみなされます。例えば、労使協定でみなし時間を10時間と定めれば、裁量労働者の労働時間は1日10時間として取り扱うことになります。ただし、休日や深夜の規制も及びますので、法定休日や深夜に労働した場合は休日割増賃金や深夜割増賃金を支払わなければならないので注意が必要です。

名ばかり裁量労働

　専門業務型裁量労働制は、業務の性質上その遂行方法を労働者の裁量に委ねる必要があるものについて、労使協定で定めた労働時間数を働いたものとみなす制度であり、裁量性の高い業務にのみ適用されます。
　例えば、上記で述べた19種類の対象業務の中に「情報処理システムの分析または設計の業務」がありますが、これは、①ニーズの把握、ユーザーの業務分析等に基づいた最適な業務処理方法の決定及びその方法に適合する機種の選定、②入出力設計、処理手順の設計等アプリケーショ

ン・システムの設計、機械構成の細部の決定、ソフトウェアの決定等、③システム稼働後のシステムの評価、問題点の発見、その解決のための改善等の業務をいい、プログラムの設計又は作成を行うプログラマーは含みません。

　実務では具体的な指示を受けながら業務に従事するなど裁量性が乏しい労働者について専門業務型裁量労働制を採用している例（名ばかり裁量労働）も見受けられますが、そのようなケースでは専門業務型裁量労働制の適用が否定され、実労働時間に基づき労働時間が算定されて高額の割増賃金の支払を命じられる可能性がありますので注意して下さい。加えて、入社間もない労働者に裁量労働制を適用することもリスクが大きいので併せて注意して下さい（少なくとも入社3年程度の職務経験（若しくは業界経験）が必要でしょう。）。

② 企画業務型裁量労働制

　ⅰ．定義・趣旨

　　企画業務型裁量労働制は、事業運営の企画、立案、調査及び分析の業務であって、業務遂行の手段や時間配分などに関して企業が具体的な指示をしない業務について、実際の労働時間数とはかかわりなく、労使委員会で定めた労働時間数を働いたものとみなす制度です（労基法38条の4）。

　　ただし、労働者から同意を得なければならないこと、労使委員会での決議が行われた日から起算して6か月以内ごとに1回所轄労働基準監督署長へ定期報告を行う必要があることなどから、実務では積極的には利用されていません。

　ⅱ．要件

　　企画業務型裁量労働制の要件は次のとおりです。

1　労使委員会で次の事項を定めて労働基準監督署長に届け出ること
　(1) 対象となる業務の具体的な範囲
　　　※例えば「経営状態・経営環境等について調査及び分析を行い、経営に関する計画を策定する業務」などです。
　　　※例えば、経営企画、人事企画など、企業全体の事業戦略の策定を行う業務は対象業務に該当しますが、個別の営業活動を行う

業務は対象業務に該当しません。
(2) 対象労働者の具体的な範囲
※例えば「大学の学部を卒業して5年以上の職務経験」「主任（職能資格5級）以上の労働者」などです。
(3) 労働したものとみなす時間
(4) 使用者が対象となる労働者の勤務状況に応じて実施する健康及び福祉を確保するための措置の具体的内容
※例えば「代償休日又は特別な休暇を付与すること」などを定めます。
(5) 苦情処理の措置の具体的内容
※例えば「対象となる労働者からの苦情の申出の窓口及び担当者、取り扱う苦情の範囲」などを定めます。
(6) 制度の適用について労働者本人の同意を得なければならないこと及び不同意の労働者に対し不利益取扱いをしてはならないこと
(7) 決議の有効期間
※3年以内とすることが望ましいとされています。
(8) 企画業務型裁量労働制の実施状況に係る記録を保存すること
※決議の有効期間中及びその満了後3年間が保存期間となります。
2　対象労働者の同意を得ること
3　就業規則に企画業務型裁量労働制の定めをすること

ⅲ．効果

　労働時間については、労使委員会で定めた労働時間を労働したものとみなされます。ただし、専門業務型裁量労働制と同様、休日や深夜の規制も及びますので、法定休日や深夜に労働した場合は休日割増賃金や深夜割増賃金を支払わなければならないので注意が必要です。

(5) **適用除外**

　労基法41条は、法定労働時間や休憩・休日に関する規制条項の適用

除外者として、次の3種類の労働者を定めています。
❶農林、水産事業の労働者（労基法 41 条 1 号）
❷管理監督者の地位にある者又は機密の事務を取扱う者（労基法 41 条 2 号）
❸監視又は断続的労働の従事者で行政官庁の許可を受けた者（労基法 41 条 3 号）

❶の農林、水産事業の労働者はあまり問題となることはないので、以下では、❷及び❸について説明します。

① 管理監督者

労働時間、休憩及び休日に関する規定の適用除外者として実務上最も問題となるのは、**管理監督者**です。

管理監督者は事業主に代わって労務管理を行う地位にあり、労働者の労働時間を決定し、労働時間に従った労働者の作業を監督する者です。

管理監督者かどうかは、役職名等にとらわれず、労働条件の決定その他労務管理について経営者と一体的立場にあるかどうかにより判断されます。具体的には、①職務内容・責任と権限、②勤務態様、③賃金等の待遇等を踏まえて実態に即して判断されます。

行政実務や判例では管理監督者に該当するかどうかは限定的に解釈されており、管理監督者性が否定される例が散見されますので注意が必要です（ただし、最近の判例では、「経営者と一体的な立場にある」とは、担当する組織部分が企業にとって重要な組織単位であり、かつ、そうした組織部分に経営者の分身として経営者に代わって管理を行う立場にあれば足りるとして管理監督者の範囲を緩やかに解するものもあります。）。

管理監督者に該当するか否かの主な判断要素を具体的に挙げると次のとおりです。

①職務内容・責任と権限	②勤務態様	③賃金等の待遇
・採用権限の有無 ・人事考課権の有無 ・経営会議等への参加の有無 ・担当する組織部分に関する実質的権限の有無	・遅刻早退に伴う不利益取扱いの有無 ・労働時間に関する裁量の有無 ・部下の勤務態様との相違の有無	・基本給や役職手当等の優遇措置の有無 ・賃金総額や時間換算した賃金額の程度 ・非管理職の給与（残業代を含む）との逆転現象の有無

> **コラム**
>
> **管理職と管理監督者**
>
> 　管理職と管理監督者は意味が違います。一般に部下がいれば「管理職」と言えるでしょう。管理職という言葉は法律用語ではありません。
> 　一方で、「管理監督者」は労基法上の概念であり、上記の要素を満たす者だけが管理監督者となります。また、管理監督者の中には部下が居ないものの、相応の責任ある立場にあるため「スタッフ管理職」として管理監督者性が認められる場合があります。

> **コラム**
>
> **名ばかり管理職**
>
> 　ファーストフード店の店長の管理監督者性を否定した平成20年の日本マクドナルド事件はマスコミでも大きく取り上げられ、企業が管理監督者として扱っていた労働者が労基法上の管理監督者に該当しないという「名ばかり管理職」が社会的に問題となりました。
> 　上記で説明したとおり、管理監督者かどうかはあくまで就労の実態で判断されるので、就業規則等で管理監督者の範囲を具体的に定めても、その就労の実態から、労基法上の管理監督者に該当しない場合が多く、訴訟等で管理監督者性が否定されて割増賃金の支払義務を負うケースが後を絶ちません。
> 　「名ばかり管理職」か否かは上記のとおり3つの視点から判断されますが、「ある部門に責任を持っている立場といえるか」が重要でしょう。

② 機密事務取扱者、監視・断続的労働従事者

　機密事務取扱者とは、秘書その他職務が経営者又は管理監督者の活動と一体不可分であって、厳格な労働時間管理になじまない者です。企業の役員秘書などが典型例です。

　監視労働とは、一定部署にあって監視することを本来の業務とし、常態として身体又は精神的緊張の少ない労働をいいます。また、断続的労働とは、実作業が間欠的に行われて手待時間の多い労働です。守衛などが典型例です。

③ 効果

　法定労働時間や休憩・休日に関する規制条項の適用が除外され、時間外・休日の割増賃金の支払は不要となります。

　ただし、労働基準法上の年次有給休暇（労基法39条）及び深夜労働の割増賃金支払義務（労基法37条）、年少者、妊産婦の深夜業禁止規定（労基法61条、66条3項）は適用除外とはなりません。実務上、誤解されることが多いのが深夜労働の割増賃金支払義務です。適用除外がされるのは「労働時間、休憩及び休日に関する規定」だけであり、「深夜業」の規制に関する規定は適用除外となりません。つまり、管理監督者には深夜労働の割増賃金の支払が必要となりますので注意して下さい。

(6) 高度プロフェッショナル制度
① 定義・趣旨

　自律的で創造的な働き方を希望する労働者が、高い収入を確保しながら、メリハリのある働き方をできるよう、本人の希望に応じた自由な働き方の選択肢を用意する制度です。高度の専門的知識等を必要とし、その性質上従事した時間と従事して得た成果との関連性が通常高くないと認められる業務が対象です（労基法41条の2）。

② 要件

　高度プロフェッショナル制度の要件は次のとおりです。

1　労使委員会で次の事項を定めて労働基準監督署長に届け出ること
(1) 対象となる業務の具体的内容
　　＊金融商品の開発業務、金融商品のディーリング業務、アナリスト業務、コンサルタント業務、研究開発業務の5業務です。
(2) 対象労働者の具体的な範囲
　　＊次のいずれにも該当する労働者であることが必要です。
　　　a　同制度の適用を希望する労働者
　　　　＊使用者と労働者との間の書面その他の厚生労働省令で定める方法による合意に基づき職務が明確に定められていること

b　高所得者
　　　　＊労働契約により使用者から支払われると見込まれる賃金の額を1年間当たりの賃金の額に換算した額が厚生労働省において作成する毎月勤労統計における毎月きまって支給する給与の額を基礎として厚生労働省令で定めるところにより算定した労働者1人当たりの給与の平均額の3倍の額を相当程度上回る水準として厚生労働省令で定める額（1075万円）以上であること。
(3) 対象労働者の健康管理時間を把握する措置
　　＊「健康管理時間」とは、対象労働者が事業場内にいた時間と事業場外において労働した時間との合計の時間のことです。
(4) 休日の付与
　　＊1年間を通じ104日以上、かつ、4週間を通じ4日以上の休日を付与する必要があります。
(5) 労働者に対し、次のいずれかの健康確保措置を講ずること
　　　a　インターバル規制
　　　　＊始業から24時間を経過するまでに厚生労働省令で定める時間以上の継続した休息時間を確保し、かつ、深夜業の回数を1か月について厚生労働省令で定める回数以内とすること。
　　　b　在社時間等の上限の設定
　　　　＊健康管理時間を1か月又は3か月についてそれぞれ厚生労働省令で定める時間を超えない範囲内とすること。
　　　c　1年につき、2週間連続の休暇取得（労働者が請求した場合においては、1年に2回以上の継続した1週間の休暇取得）
　　　d　臨時の健康診断の実施
　　　　＊健康管理時間の状況その他の事項が労働者の健康の保持を考慮して厚生労働省令で定める要件に該当する労働者に健康診断を実施すること（厚生労働省令で定める項目を含むものに限る）。

(6) 健康管理時間の状況に応じた健康確保措置
　　＊例えば、対象労働者に対する有給休暇（年次有給休暇を除く。）の付与、健康診断の実施その他の厚生労働省令で定める措置を定めます。
(7) 同意の撤回に関する手続
(8) 苦情処理に関する措置
(9) 同制度の適用につき同意をしなかった対象労働者に対して解雇その他不利益な取扱いをしてはならないこと
(10) その他厚生労働省令で定める事項
2　対象労働者の同意を書面で得ること
3　対象労働者を対象業務に就かせること
4　上記1(3)～(5)の措置を講じること

　高度プロフェッショナル制度の導入ステップは、次のとおりです（厚労省「高度プロフェッショナル制度 わかりやすい解説」3頁参照）。

第4章 労働時間

▶ステップ1　労使委員会を設置する

●労使委員会の要件
・労働者代表委員が半数を占めていること
・委員会の議事録が作成され、保存されるとともに、事業場の労働者に周知が図られていること　等

▶ステップ2　労使委員会で決議をする

●決議の要件
・委員の5分4以上の多数による決議
●決議すべき事項
① 対象業務
② 対象労働者の範囲
③ 対象労働者の保健管理時間を把握すること及びその把握方法
④ 対象労働者に年間104日以上、かつ、4週間を通じ4日以上の休日を与えること
⑤ 対象労働者の選択的措置
⑥ 対象労働者の健康管理時間の状況に応じた健康・福祉確保措置
⑦ 対象労働者の同意の撤回に関する手続
⑧ 対象労働者の苦情処理措置を実施すること及びその具体的内容
⑨ 同意をしなかった労働者に不利益な取扱いをしてはならないこと
⑩ その他厚生労働省令で定める事項（決議の有効期間等）

（使用者による届出）

▶ステップ3　決議を労働基準監督署長に届け出る

決議

▶ステップ4　対象労働者の同意を書面で得る

●使用者は、次の①〜③の内容を明らかにした書面に労働者の署名を受けることにより、労働者の同意を得なければなりません。
①同意をした場合には労働基準法第4章の規定が適用されないこととなる旨

⚠ 高度プロフェッショナル制度の対象労働者には、労働基準法に定められた労働時間、休憩、休日及び深夜の割増賃金に関する規定が適用されません。

②同意の対象となる期間
③同意の対象となる期間中に支払われると見込まれる賃金の額

所轄の労働基準監督署長

▶ステップ5　対象労働者を対象業務に就かせる

●運用の過程で必要なこと
① 対象労働者の健康管理時間を把握すること
② 対象労働者に休日を与えること
③ 対象労働者の選択的措置及び健康・福祉確保措置を実施すること
④ 対象労働者の苦情処理措置を実施すること
⑤ 同意をしなかった労働者に不利益な取扱いをしないこと　等

⚠ 対象労働者は、同意の対象となる期間中に同意を撤回できます。

定期報告

（使用者による報告）

ステップ2 の決議から6か月以内ごとに

の状況を所轄の労働基準監督署長に報告する

▶ステップ6　決議の有効期間の満了

③ 効果

　法定労働時間、休憩・休日及び深夜の割増賃金に関する規制条項の適用が除外されます。上記の管理監督者は深夜労働の割増賃金の支払が必要でしたが、高度プロフェッショナル制度については深夜割増も適用除外となる点が特徴です。

5．割増賃金（残業代）の実務対応

　残業代請求については、裁判所に持ち込まれた段階で慌てて主張や証拠を整理して対応するというのでは手遅れという場合が多く、また、紛争を想定してあらかじめ準備を行い、適切なプロセスを踏んでおくことにより、本人も納得して労働審判や訴訟に進むことなく解決するケースも多いので、その意味で事前の対応が極めて重要です。

　例えば、就業規則に時間外労働等は所属長の許可等を要する点を明確に規定することが考えられます。具体的には、就業規則に「従業員が時間外労働又は休日労働を行う場合には、あらかじめ所属長の許可を受けなければならない。」と明記することです。ただし、このような許可制などを規定したからといって、運用がルーズでは意味がありません。事実上事後承認になってしまったり、業務量が過大であったり厳格な運用がされていなかったりした場合には、企業による黙示の指示があったと認定される可能性があるので注意が必要です。

　また、タイムカードによる労働時間管理を採用している企業では、タイムカード打刻のルールを明確化することも有益です。現在の裁判実務では、タイムカードの記載が実労働時間と異なることを示す特段の事情がない限りは、タイムカードの記載によって実労働時間が推定されるという傾向にあります。そのため、タイムカード打刻についての運用がルーズな場合には、タイムカード記載の時間に労働をしていなかったことを企業側で事実上立証しなければなりませんので、打刻後に速やかに退出するなどのルールを明確に定め、不正打刻等がないよう周知徹底するべきです。違反者には懲戒処分等も検討すべきでしょう。

> 残業代請求については、日頃から適切に労働時間管理を行っておくことが重要である。

定額残業代について

　残業時間数にかかわらず、一定額をあらかじめ残業代名目で支給する制度が定額残業代です。定額残業代を超える残業代が発生しない限り、いくら残業をしても給与が増加しないため、だらだら残業を抑止する効果や、定額分を既支給とすることで残業代請求のリスクを低下させる等といった効果のほか、給与の額面を高く見せることができるという印象面での効果などが期待できます。一方で、一定範囲では残業の有無・時間数にかかわらず給与が変わらないため、社員のモチベーションに悪影響を与える可能性があることや、本来支払うべき残業代より高額な人件費を固定で支出することになる（可能性がある）等といったデメリットも考えられます。

　これらのメリット・デメリットをどのように評価するかは経営に関わる判断となりますが、定額残業代については、そもそもどのような場合に適法な残業代の支払い方法と認められるのかという法的な側面の問題があります。法的側面での問題は大きく分けて２つあり、①明確区分性の問題（定額残業代部分を基本給と区別することができるかという問題であり、区分できなければ、そもそも法が定める以上の残業代を支払っているのか検証することができないため、残業代の支払方法としては不適法となります。）と、②対価性の問題（仮に明確に区分されていたとしても、時間外労働等の対価として支給されていると評価できるのかという問題）です。これら２つの問題について、裁判例の判断は錯綜していましたが、近時、最高裁がいずれについても一定の明確な判断を示したことで、従来からの解釈上の疑義が解消されました。以下、このうち対価性の問題について、従来の議論および最高裁の判断を解説します。

　対価性に関して裁判実務が錯綜した大きな原因の一つとして、テックジャパン事件最高裁判決（最一小判平24. 3. 8）における櫻井龍子裁判官の補足意見が挙げられます。同補足意見は、定額残業代が適法な残業代の支払い方法として認められるためには、定額残業代を超える残業代が発生した場合に別途上乗せして残業代を支給する旨があらかじめ明らかにされていなければならないとし、また、そのようなあらかじめの合意に沿った支給実態の有無も同合意の存在を推認する上で重要な事情になるかのような見解を示していました。そのため、下級審では、たんに定額残業代の合意があるのみではなく、これを超える残業代が発生した

場合の上乗せ支給に関する合意の有無や、同合意に沿った支給実態の有無を重視する裁判例が散見されました。

しかし、上乗せ部分を支払っていなかったとしても、それは割増不払いの事実を意味するのみであり、なぜそれによって定額残業代の全額についてまで対価性が否定されるのかということの理論的根拠は不明でした。

また、裁判例の中には、上乗せ支給の合意やそれに沿った支給実態といった事情のほか、あまりに高額の定額残業代を支給している場合など、基本給とのバランスを欠いていたり、長時間の残業に相当する手当が織り込まれていたりする場合には、不合理な合意内容であるとして定額残業代の対価性を否定する裁判例などもあり、定額残業代の対価性の判断基準に関する裁判実務は錯綜していました。

そのような状況の中、最高裁は、薬剤師に支給されていた固定残業代の有効性が争われた日本ケミカル事件（最一小判平30.7.19）において、定額残業代の対価性に関して一定の判断基準を示しました。同事件の高裁判決は、上記櫻井裁判官の補足意見を踏襲するような形で、「いわゆる定額残業代の支払を法定の時間外手当の全部又は一部の支払とみなすことができるのは、定額残業代を上回る金額の時間外手当が法律上発生した場合にその事実を労働者が認識して直ちに支払を請求することができる仕組み（発生していない場合にはそのことを労働者が認識することができる仕組み）が備わっており、これらの仕組みが雇用主により誠実に実行されているほか、基本給と定額残業代の金額のバランスが適切であり、その他法定の時間外手当の不払や長時間労働による健康状態の悪化など労働者の福祉を損なう出来事の温床となる要因がない場合に限られる。」と判示し、定額残業代について対価性を否定しました。

しかし、最高裁は、「雇用契約においてある手当が時間外労働等に対する対価として支払われるものとされているか否かは、雇用契約に係る契約書等の記載内容のほか、具体的事案に応じ、使用者の労働者に対する当該手当や割増賃金に関する説明の内容、労働者の実際の労働時間等の勤務状況などの事情を考慮して判断すべきである。しかし、労働基準法37条や他の労働関係法令が、当該手当の支払によって割増賃金の全部又は一部を支払ったものといえるために、前記3(1)のとおり原審が判示するような事情（筆者注：上記高裁判示部分のこと）が認められることを必須のものとしているとは解されない。」とし、定額残業代について対価性を認めました。

同最高裁判決により、定額残業代について対価性の有無を判断するにあたっては、契約解釈、すなわち当事者間の合意内容の解釈が問題になるのであり、第一義的には雇用契約に係る契約書等の記載内容が問題となることが明らかになりました。そして、定額残業代について対価性が認められるための要件として、定額残業代を超える残業代が発生した

場合の上乗せ支給に関する合意や、同合意に沿った支給実態、さらには、基本給と定額残業代の金額のバランスや労働者の福祉状況などの事情が必須のものとなるわけではないことが明確にされました。
　ただし、同最高裁判決は、対価性を判断する際に考慮すべき事情として、契約書の記載内容のほか、具体的な事案内容によっては、使用者からの説明内容や労働者の実際の労働時間等の勤務状況も考慮すべきと判示しています。対価性を判断するにあたって、労働者の実際の労働時間という事情が具体的にどのようにして考慮されるのかはまだ不明確ですが、少なくとも最高裁の判示によれば、契約書の記載内容や使用者からの説明内容のみでは対価性を認定するに足りない場合もあり得ることに留意し、会社としては、労働時間の実態からかけ離れた制度設計・運用となることがないよう注意する必要があるでしょう。

休憩・休日・休暇

1. 休憩時間

2. 休日

3. 有給休暇

第5章 休憩・休日・休暇

1．休憩時間

(1) 休憩時間とは

休憩時間とは、労働時間の途中に置かれた、労働者が労働から離れることができる時間をいいます。

法律上、企業は、労働時間が6時間を超える場合には少なくとも45分、労働時間が8時間を超える場合には少なくとも1時間の休憩を与えなくてはなりません（労基法34条1項）。なお、休憩は分割して休憩を与えること（例えば、1時間の休憩を与える場合に、30分の休憩を2回与えること）も可能です。

休憩時間の位置については、労働時間の途中に置かなければならないことは法定されていますが（労基法34条1項）、それ以上に具体的な定めはありません。

企業が休憩時間を与えなかった場合、労基法34条違反となり、6か月以下の懲役又は30万円以下の罰金を科せられる可能性があります（労基法119条1号）。

また、形式的には休憩時間を与えていても、例えば、昼休み中に電話当番を決めて応対を義務づけていたなど、命令を受けた労働者が仕事をしなければならないような状態では、実質的に休憩時間を与えたとはいえない場合があります。

なお、休憩時間を与えなかったことで法定労働時間（1日8時間、週40時間）を超えたときは、2割5分の割増賃金を支払う必要があります（労基法32条）。

> 休憩時間とは、労働時間の途中に置かれた、労働者が労働から離れることができる時間をいう。

(2) 一斉休憩の原則と例外

　企業は、原則として、労働者に一斉に休憩時間を与えなければなりません（**一斉休憩の原則**。労基法34条2項本文）。

　しかし、全労働者が一斉に休憩時間に入ってしまうと、業務が停滞する等の不都合が生じる場合があります。そこで、労働者の過半数で組織する労働組合（そのような労働組合がない場合は、労働者の過半数を代表する者）との書面による協定があるときは、例外的に、一斉に休憩を与えないことも可能です（労基法34条2項ただし書）。

> 企業は、原則として、労働者に一斉に休憩時間を与えなければならない。

(3) 休憩時間自由利用の原則と例外

　労働者は、原則として、休憩時間を自由に利用できます（**休憩時間自由利用の原則**。労基法34条3項）。

　しかし、この原則も無制約ではなく、施設管理や職場規律の維持のために制約を受けます。例えば、他の労働者の業務を妨害する行為、飲酒などを制限することが考えられます。また、客先との関係上最低限の指示をすること（休憩時間中は制服を脱ぐよう義務づけるなど）、施設管理上の必要性がある場合に、外出の範囲を制限することなどが考えられます。判例でも、休憩時間中の外出を許可制にすることを適法とした例があります（米空軍立川基地事件・最判昭49.11.29）。

> 労働者は、原則として、休憩時間を自由に利用できる。

2. 休日

(1) 休日とは

① 法定休日と所定休日

　休日とは、あらかじめ労働義務がない日として契約で定められた日をいいます。休日には、法定休日と所定休日という2種類の概念があります。

法定休日とは、労基法が定める最低限度の休日をいいます。労基法は、週1日又は4週4日の休日を与えるよう定めており、これが法定休日となります（労基法35条1項、2項）。

　そして、法定休日に労働した場合、3割5分の休日割増賃金を支払う必要があります（労基法37条1項）。

　なお、法律上、企業には法定休日を特定する義務はありませんが労働時間の上限規制との関係では休日労働と時間外労働は区別されているため、この区別は重要です。そのため、例えば、「法定休日は日曜日とする」との規定があれば、法定休日が特定されていることになるのですが、このような定めを置かずシフトで指定した休日を法定休日とすることも可能です。

　所定休日とは、労働契約によって付与される法定休日を超える休日をいい、週2日以上休みがある場合、2日目以降の休みがこれにあたります。所定休日に労働した場合、それだけでは、就業規則等の定めがない限り割増賃金は発生しませんが、一週間の労働時間に所定休日の労働時間を加算して週法定労働時間を超えて労働した場合には、2割5分の割増賃金を支払う必要があります。例えば、土日が休日の場合、上記の例でいえば日曜は法定休日労働、土曜は時間外労働となります。

　ただし、実務上は、所定休日に労働した場合にも法定休日と同様に3割5分の割増賃金を支払うという定めをしている企業も多いようです。

　本章では、法定休日を中心に解説します。

法定休日	労基法の定める最低限の休日 ＝ 週1の休日	割増賃金は3割5分
所定休日	法定休日を超える休日 ＝ 週2回目以降の休日	週法定労働時間を超えた場合、割増賃金は2割5分

> 休日とは、あらかじめ労働義務がない日として労働契約で定められた日をいう。

② 休日と休暇の違い

　休日と似た概念として休暇があります。**休暇**とは、もともと労働義務があったものの、一定の理由により労働義務が免除された日をいいます

（有給休暇、盆と正月の夏期・冬期休暇、慶弔休暇など）。

　休日に働いた場合、労働義務のない日に働いたものとして、前記のとおり割増賃金が発生しますが、休暇に働いた場合は、労働義務が免除されずに働いたものとして、休日労働の割増賃金は発生しません（もちろん、休暇に働いた場合に、休日割増賃金を支払うとする就業規則になっていればその定めに従います。）。

休　日	初めから労働義務がない日
休　暇	初めは労働義務があったが、労働義務が免除された日

> 休日に働いた場合、休日労働の割増賃金は発生するが、休暇に働いた場合、休日労働の割増賃金は発生しない。

(2) 休日の振替と代休

　企業としては、トラブルが発生した場合などの緊急事態には労働者に休日出勤をしてもらいたいと思うこともあるでしょう。このような場合に利用されるのが、休日の振替や代休です。

① 休日の振替とは

　休日の振替とは、あらかじめ休日と定められている日を労働日にし、その代わり、他の労働日を休日にするものです。あらかじめ休日と定められていた日は労働日になるので、その日に働いても3割5分の割増賃金は発生しません。

　休日の振替をするには、労働者から同意を得るか、就業規則に休日の振替ができる旨定めておく必要があります。なお、休日の振替後、週1日または4週4日の休日がなければなりません。

休日の振替の要件
- あらかじめ、振替先の休日を特定しておくこと
- 振替後、週1日または4週4日の休日があること
- 労働者の同意を得るか、就業規則の定めが存在すること

> **休日の振替の効果**
> - もともとの休日は労働日となり、同日の労働には休日割増賃金は発生しない
> - あらかじめ特定された振替先の労働日は休日となる

> 休日の振替とは、あらかじめ休日と定められている日を労働日にし、その代わり、他の労働日を休日にするものである。

② 代休

代休とは、振替先の休日を特定することなく、あらかじめ休日として定められている日を労働日にし、事後的に、代わりの休日を指定するものです。

休日の振替との違いは、下記図のとおり、振替先の休日（下記②）があらかじめ特定されているか否かです。休日の振替においては、休日（下記①）に労働をするに先立って、振替先の休日を特定しますが、代休においては、休日（下記①）に労働をした後に、事後的に代わりの休日を指定します。

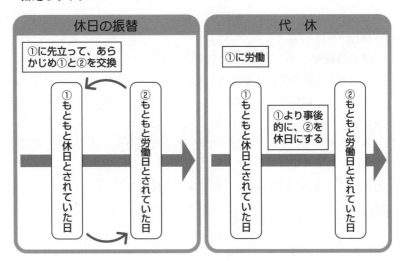

代休においては、前記①の休日の振替の要件を欠くため、休日の振替の効果が生じません。そのため、もともと休日とされていた日に労働する場合、3割5分の割増賃金が発生します（36協定も必要です。）。

これを、上表①に 8 時間働いた場合を例に計算式で表すと、次のようになります。

休日の振替の場合：8 時間 × 100％ ＝ 8 時間分の賃金
代休の場合：8 時間 × 135％ ＝ 10.8 時間分の賃金

> 代休とは、振替先の休日を特定することなく、あらかじめ休日として定められている日を労働日にし、事後的に代わりの休日を指定するものをいう。

3．有給休暇

(1) 有給休暇とは

有給休暇（年休ともいいます。）とは、一定の要件を満たした場合に認められる休暇です。その特徴は、労働義務は消滅するものの、賃金の支払を受けることができる点にあります。

有給休暇には、法定の有給休暇と法定外の有給休暇という 2 種類の概念があります。

法定の有給休暇は、労基法 39 条の要件を満たした場合に発生するものです。

法定外の有給休暇は、就業規則等を根拠に与えられる企業独自の有給休暇で、就業規則等の要件を満たした場合に、法定の有給休暇日数に加えて発生するものです。例えば、後記(2)①の場合、労基法上は 10 日間の有給休暇が発生しますが、これを超えて 15 日の有給休暇を付与している場合の 10 日を超える部分（5 日分）などです。

法定外の有給休暇の場合、例えば後記(6)のように**有給休暇の買上げ**が可能になる、2 年より短い時効期間を設けるなど、法定の有給休暇と異なる取扱いが可能となります。

本章では、法定の有給休暇を中心に解説します。

> 有給休暇とは、一定の要件を満たした場合に認められる休暇で、労働義務は消滅するものの、賃金の支払を受けることができるものをいう。

(2) 有給休暇の取得

① 有給休暇の成立要件～入社後最初の有給休暇～

入社後最初の有給休暇の成立要件は、以下の①及び②です（労基法39条1項）。

① 雇入れの日から起算して「6か月間」「継続」勤務したこと
② その間、「全労働日」の「8割以上」出勤したこと

この要件を満した労働者には、10日分の有給休暇が発生します。

> ①雇入れの日から起算して6か月間継続勤務し、②その間、全労働日の8割以上出勤した場合には、当該労働者には、10日分の有給休暇が発生する。

② 有給休暇の成立要件～勤続による有給休暇～

6か月間勤務した後の有給休暇については、発生する有給休暇日数が一年ごとに増加します。具体的には、下記表のように、6か月後から1年間は11日分の有給休暇が発生し、その後の1年間ではさらに12日分の有給休暇が発生します（労基法39条2項）。

また、入社後6か月経過後1年6か月目までの1年間で全労働日の8割以上出勤していなくても、1年6か月目から2年6か月目までの1年間で全労働日の8割以上出勤していれば、1年6か月目の時点では11日分の有給休暇は発生しませんが、2年6か月目の時点で12日分の有給休暇が発生します。

6か月経過日から起算した継続勤務年数	発生する有給休暇日数
1年	11日
2年	12日
3年	14日
4年	16日
5年	18日
6年以上	20日

> 入社から6か月経過日以降の有給休暇については、勤務年数に応じて取得日数が加算される。

年休の基準日

　年休の継続勤務要件は労働者ごとに要求されるので、雇入れの時期が異なれば、労働者ごとに年休を管理しなければならず、労務管理の負担が大きくなります。例えば、4月1日入社の労働者については、労基法上は、10月1日に10日分の年休が成立し、翌年の10月1日に11日分の年休が成立しますが、8月1日入社の労働者については、翌年の2月1日に10日分の年休が成立し、さらに翌年の2月1日に11日分の年休が成立することになります。

　そこで、実務上は、全労働者に共通する年休の基準日（毎年4月1日か10月1日など）を定めることが行われています。もっとも、この際に注意を要するのは、労基法が労働者に認めている年休を下回る制度にならないようにすることです。そのような制度は、労基法に反して無効となり、労基法の直律効を受けます（本書第2章参照）。

③ 有給休暇の取得手続

　前記①又は②の要件を満たしただけでは、具体的な有給休暇日がいつなのかは確定しません。具体的な有給休暇日を確定するには、労働者側で、有給休暇日を指定する必要があります。この労働者による有給休暇日の指定を**時季指定**といいます。

　時季指定に手続的な条件を定めることは、その条件が合理的であれば可能です。指定する有給休暇日の前々日までには時季指定をすべきとの条件を有効とした判例（電電公社此花電報電話局事件・最判昭57.3.18）もあります。

　有給休暇取得までの基本的な手続を図にすると次のとおりです。

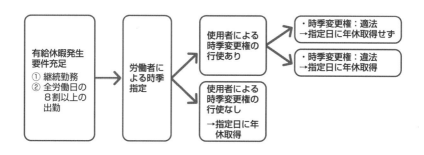

なお、有給休暇は、労働者の過半数で組織する労働組合（そのような労働組合がない場合は、労働者の過半数を代表する者）との書面による協定があるときは、「日」ではなく、午前中のみ有給休暇を取得するなど、「時間」を単位として取得することもできます（労基法39条4項）。

また、実務上行われている半日の有給休暇（いわゆる「半休」）は労基法上の制度ではありませんが、企業の側からこれを認めることは可能です。ただし、労働者が半休の取得を希望し、使用者が同意した場合であって、本来の取得方法による有給休暇取得の妨げとならない範囲で行う必要があります（平7.7.27 基監発33号）。

> 労働者が有給休暇の時季指定をした場合、原則として、有給休暇日の労働義務が消滅し、同日の賃金支払請求権が発生する。

欠勤後の年休への振替

　労働者が病気欠勤した後に、欠勤日を年休として取り扱って欲しいと申し出ることがあります。

　しかし、年休は事前に申請して行使することが前提ですので、労働者は、欠勤日を事後的に年休に振り替える権利を有するものではありません。そのため、就業規則に欠勤日を事後的に年休へ振り替えることを認める規定があるか、これを認めるような労使慣行が成立していない限りは、労働者の申し出は認められません。

　もっとも、企業が個別に労働者の申し出を承認することは可能ですので、個別の事情によって、労働者の申し出を認めることは問題ありません。

④ 有給休暇の効果

　労働者は、有給休暇を取得すると、時季指定した日（前記③のとおり「時間」であることもあります。）の労働義務が消滅し、同日に労働をしなくても賃金の支払いを受けることができます。

　有給休暇日の賃金については、主として次の3つのパターンがあります（労基法39条9項）。

　Ⓐ 平均賃金（第3章）

Ⓑ 所定労働時間労働した場合に支払われる通常の賃金
　Ⓒ 健康保険の標準報酬日額(標準報酬月額を30で割ったもの。なお、「標準報酬月額」とは、健康保険や厚生年金保険の保険料・保険給付の算定の基礎となる標準報酬の一つで、賃金額等に応じて決定される等級ごとに基準額が定められている。)

　企業は、有給休暇日の賃金についていずれかを選択し、就業規則等で定める必要があります（なお、これらを上回る賃金額、例えば単純に月給を月間労働日数で割った額とすることも可能です。）。

> 労働者が有給休暇を取得すると、時季指定した日・時間の労働義務が消滅し、労働をしなくても一定の賃金の支払いを受けることができる。

(3) 時季指定に対して企業の採るべき対応
① 時季変更権とは
　時季変更権とは、労働者に有給休暇を認めることで企業の事業の正常な運営を妨げる場合に、労働者の時季指定を認めないとする企業の権利です（労基法39条5項ただし書）。

　労働者が時季指定をしてきた場合でも、企業としては、繁忙期には業務への支障が大きい場合もあるでしょう。そこで、企業は、時季変更権を行使して、労働者が指定してきた時季に有給休暇を取ることを認めず、改めて時季指定をするよう求めることができます。

> 企業は、労働者が指定してきた時季に有給休暇を与えることで「事業の正常な運営を妨げる」場合には、時季変更権を行使することができる。

②「事業の正常な運営を妨げる」とは
　時季変更権は、労働者に有給休暇を与えることで「事業の正常な運営を妨げる」場合に行使することができます（労基法39条5項ただし書）。「事業の正常な運営を妨げる」かどうかは、その会社の事業内容、その労働者の担当業務の内容（特に、会社の業務への影響、業務内容の代替性等）、業務の繁閑、指定された有給休暇の日数、他の労働者との調整

の有無などを総合して判断します。そのため、単に仕事が忙しいというだけでは、時季変更権の行使は難しいでしょう。

　結局は、ケースバイケースで判断することになりますが、例えば、労働者が長期にわたる時季指定をしてきた場合には、時季変更権は認められやすいです。判例では、労働者が24日間連続での有給休暇を指定してきた場合に、その内12日間について時季変更権が認められた例があります（時事通信社事件・最判平 4.6.23）。

　また、企業には、労働者が指定してきた時季に有給休暇を取得できるように労働者に配慮することが求められます。この場合、特別な配慮までは必要ではなく、通常の配慮で足りますが、通常の配慮をすれば代替要員を確保することが可能な場合（要は、通常の努力の範囲内で代替要員を確保できる場合）には、勤務割を変更するなどして代替要員の手配等をする必要があります。

「事業の正常な運営を妨げる」かどうかは、その会社の事業内容、その労働者の担当業務の内容（特に、会社の業務への影響、業務内容の代替性等）、業務の繁閑、指定された有給休暇の日数、他の労働者との調整の有無などを総合して判断する。

③ 時季変更権の行使のタイミング

　時季変更権の行使のタイミングについては法律に規定はないものの、企業は、事業の正常な運営を妨げると判断したら、速やかに時季変更権を行使すべきです。有給休暇の直前になって時季変更権を行使すると、労働者にとって影響が大きくなるからです（例えば、有給休暇を取得する予定であった日に旅行に行く予定であった場合等。）。

　しかし、労働者が、有給休暇直前に時季指定をしてきた場合には、例外的に、有給休暇直前に時季変更権を行使することが認められることもあるでしょう。労働者が有給休暇直前に時季指定をしてきたところ、企業が有給休暇開始までに時季変更権を行使するかどうかの判断をすることが困難であったことから、有給休暇開始後に時季変更権を行使することを認めた判例もあります（前掲電電公社此花電報電話局事件）。

　なお、企業は、時季変更権を行使する際、労働者の指定してきた時季

に有給休暇を取得することを認めないとすればよく、代替日程を指定する必要はありません。つまり、時季変更権の行使とは、指定された日付の有給休暇取得拒否ということになります。

> 企業は、事業の正常な運営を妨げると判断したら、速やかに時季変更権を行使すべきである。

(4) 計画年休

計画年休とは、有給休暇のうち5日を超える部分（12日の有給休暇が発生していれば、7日分）について、労働者からの時季指定がなくとも、企業が有給休暇を強制的に付与できる制度です（労基法39条6項）。

5日を超える部分という制限が付されているのは、5日間の有給休暇については労働者の都合に応じた時季に取得できる余地を残したためです。

計画年休の要件は、労働者の過半数で組織する労働組合（そのような労働組合がない場合には、労働者の過半数を代表する者）と書面による協定で、有給休暇の時季を定めることです。

この計画年休は、後述する時季指定義務との関係で実務的に活用する例が増えています。

> 計画年休とは、労使間の合意により、有給休暇を強制的に与える制度をいう。

(5) 時季指定義務

① 概要

働き方改革関連法により年休についても改正がなされました（平成31年4月1日施行）。これまで低迷していた年休の取得率を改善するために、企業に対して、年休の時季を指定するよう義務づける改正です（本当は日本は祝日日数が世界的に見て多いのですが…）。企業の規模による違いはありませんので、中小企業であっても、時季指定義務を負うことになります。

そのため、企業は、年10日以上の年休が付与されている労働者（管

理監督者や非正規社員を含みます。）に対して、年休を付与した基準日から1年以内に、5日の年休について時季を指定して付与しなければなりません（労基法39条7項）。これにより、労働者が時季指定をしなくとも、労働者は、少なくとも年5日については年休を取得することができるようになります。

　ここでいう10日以上の年休とは、当年度の付与日数が10日以上である場合を意味し、繰越し分の年休と当年度の年休を合算してはじめて10日以上となる場合は、年休の時季指定義務の対象ではありません。

　企業は、時季指定義務に違反すると1人あたり30万円以下の刑事罰が科せられる可能性があります（労基法120条1号）ので実務対応は極めて重要です。

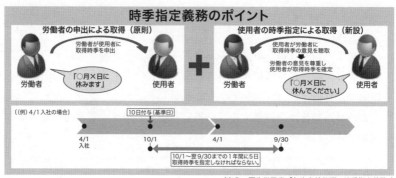

（出典：厚生労働省「年次有給休暇の時季指定義務」）

　もっとも、労働者が自ら時季指定して取得した年休日数及び計画年休によって指定された年休日数については、次の表のように、企業は時季指定義務を免除されます（労基法39条8項）。また、労働者が取得した年休は、当年度の基準日に付与されたものであっても、前年度からの繰越し分であっても、時季指定義務の免除の対象となります。

・労働者が自ら5日の年休を取得	→時季指定義務なし
・労働者が自ら3日の年休を取得＋計画年休2日	→時季指定義務なし
・労働者が自ら3日の年休を取得	→2日分の時季指定義務
・計画年休2日	→3日分の時季指定義務

なお、この5日の時季指定義務は、法定年休（あるいはこれと同質のもの）を消化させる必要があるので、企業が独自に定めている法定外の休暇（例えば、有給のリフレッシュ休暇やアニバーサリー休暇など）を労働者が取得した場合であっても、企業は、その日数分の時季指定義務を免除されるものではありません。例外として、例えば時効にかかった有給をそのまま使えるようにするなど「取得事由」と「取得時季」について制限がない場合（要は、単なる法定年休日数の上乗せである場合）には、5日の対象に含めるとするのが行政の立場です。

　また、年末年始休暇や夏期休暇を単純になくして、その日を労働日ということにした上で年休の時季指定をすることは、純然たる労働条件の不利益変更として合理性を否定されるリスクがありますので、避けるべきでしょう。

　一方で、法定外休暇をなくす分、法律上の年休に同日数の上乗せを行う対応をとる企業もあります。

> 企業は、年10日以上の年休が付与されている労働者に対しては、5日の年休について時季を指定する義務を負う。

②就業規則への記載

　休暇に関する事項は就業規則の絶対的必要記載事項ですので（労基法89条1号）、企業が時季指定を行うには、時季指定の対象となる労働者の範囲及び時季指定の方法等について、就業規則に記載する必要があります。例えば、次のような規定例が考えられます。

> 　第○○条の規定により年次有給休暇が10日以上与えられた労働者に対しては、付与日から1年以内に、当該労働者の有する年次有給休暇日数のうち5日について、会社が労働者の意見を聴取し、あらかじめ時季を指定して取得させることがある。ただし、労働者が自ら時季を指定して取得した年次有給休暇日数及び第○○条の計画的付与により付与された年次有給休暇日数については、5日から控除するものとする。

> 企業が時季指定を行うには、時季指定の対象となる労働者の範囲及び時季指定の方法等について、就業規則に記載する必要がある。

③企業による時季指定の手続

　企業は、労働者の年休の時季を指定するときは、あらかじめ、労働者に対して年休を与えることを明らかにして、その時季をいつにするかについて労働者の意見を聴かなければなりません（労基法施行規則24条の6第1項）。

　そして、企業は、労働者の意見を尊重して年休の時季を指定するよう努める必要があります（労基法施行規則24条の6第2項）。ただし、企業は、労働者の意見を尊重すれば足りるのであって、労働者の同意は不要ですので、最終的には、企業の判断で具体的な時季指定を行うことができます。実務的には、1年の期限直前に時季指定を行うと職場が混乱することがありますので、例えば半年前など余裕をもって年休の取得状況を確認すべきでしょう。

> 企業は、労働者の意見を聴かなければならず、これを尊重して、未取得の者に対して、時季指定をする必要がある。

④半日単位の年休の取扱い

　半日単位の年休の取扱い（労働者が半日単位の年休の取得を希望した場合に、企業がこれをみとめることが可能である点）については、法改正後も同様であるとされています（平30.9.7基発0907第1号）。

　そして、労働者が半日単位の年休を希望して時季指定をし、企業がこれに同意した場合は、労働者が自ら時季指定をして0.5日分の年休を取得したこととなり、企業は、0.5日分の年休について時季指定義務を免れます（労基法39条8項）。

　また、企業が労働者に前記③の意見聴取を行った際、労働者が半日単位の年休の取得を希望した場合には、企業は、半日単位（0.5日単位）の時季指定をすることもできます。この場合、0.5日分の年休について時季指定義務を履行したことになります。

他方で、企業は時間単位年休について時季指定をすることはできず、また、労働者が時間単位年休を取得しても、時季指定義務を免れるものではないので、注意が必要です。

> 半日単位の年休であっても、労働者が時季指定すれば企業は時季指定義務を免れ、企業が時季指定すれば時季指定義務の履行となる。

⑤年次有給休暇管理簿

　企業は、今般の改正前から労基法に規定されている通常の年休、計画年休及び今般の改正により定められた企業により付与される年休を労働者に与えたときは、その i 時季、ii 日数、iii 基準日を労働者ごとに明らかにした「**年次有給休暇管理簿**」を作成しなければなりません（労基法施行規則24条の7）。そして、企業は、作成した年次有給休暇管理簿を、年休を付与している期間中及びその期間の終了後3年間保存しなければなりません（同条）。

　なお、この年次有給休暇管理簿は、労働者名簿又は賃金台帳と併せて調整することができ（平30.9.7基発0907第1号）、厚労省は次の例を紹介しています。

(例) 労働者名簿または賃金台帳に以下のような必要事項を盛り込んだ表を追加する。

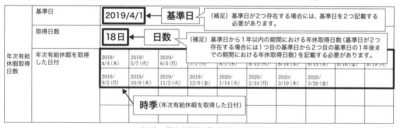

(出典：厚生労働省「年5日の年次有給休暇の確実な取得・わかりやすい解説」)

> 企業は、労働者に年休を与えたときは、年次有給休暇管理簿を作成し、これを3年間保存しなければならない。

(6) 未消化の有給休暇の処理

① 年休の買上げ

年休の買上げとは、企業が労働者に対価を支払って、未消化の有給休暇を消滅させることをいいます。

年休の買上げは、原則として労基法39条に反して違法となり、6か月以下の懲役又は30万円以下の罰金が科せられる可能性があります（労基法119条1号）ので注意が必要です。

ただし、以下の場合は、例外的に年休の買上げが認められます。実務上、退職勧奨をして労働者を退職させる場合などには、退職パッケージとして③の年休の買上げを行うケースもあります。

　① 法定外の有給休暇を買上げること
　② 時効によって消滅した有給休暇を買上げること
　③ 退職時に未消化の有給休暇を買上げること

> 年休の買上げとは、企業が労働者に対価を支払って、未消化の有給休暇を消滅させることをいうが、これは原則として、労基法39条に反して違法である。

② 有給休暇の繰り越しと時効

有給休暇は、要件を満たせば毎年発生し、その年度に未消化の有給休暇は、翌年に繰り越されます（翌年に取得可能です。）が、有給休暇発生から2年経過すると時効によって消滅します（労基法115条）。

例えば、ある年に12日分の有給休暇が発生し、これを取得しなかったとしても、その12日分の有給休暇は翌年に繰り越され、翌年にも有給休暇が発生する場合には、さらに14日分の有給休暇が発生し、合計26日分の有給休暇を取得可能です。しかし、12日分の有給休暇は、その翌年には繰り越されずに時効消滅し、14日分の有給休暇のみが翌年に繰り越されます。

> ある年度に未消化の有給休暇は翌年に繰り越されるが、その有給休暇は、有給休暇発生から2年経過すると時効によって消滅する。

③ 退職までの期間を指定した有給休暇取得

　退職予定者が、退職を申し出てから退職日までの期間に時季指定をしてくることがあります。この場合、企業としては引継ぎなどのために出社を求めるべく、時季変更権を行使することが考えられます。しかし、退職日までの期間全てを有給休暇とする時季指定の場合、他の労働日が存在しないので、実際には、時季変更権を行使することは難しいでしょう。

　このような場合、争いがあるところですが、実務上は、労働者と話し合い、時季指定の全部又は一部を取り下げてもらうか、有給休暇の一部を買い上げる方法により、出社してもらうことが多いです。

> 退職日までの期間全てを有給休暇とする時季指定の場合、他の労働日が存在しないので、時季変更権を行使することは難しい。

再雇用と継続勤務

　高齢者雇用安定法の雇用確保措置として、多くの企業は60歳で定年退職した者を再雇用する措置（継続雇用制度）を採っています。
　この場合、有給休暇の発生要件の「継続」勤務期間をどのように計算すべきでしょうか。すなわち、定年退職する前の勤務と再雇用後の勤務が継続しているといえるのでしょうか。
　この点に関しては、行政通達昭63.3.14基発150号があります。
　【昭63.3.14基発150号】
　　　継続勤務とは、労働契約の存続期間、すなわち在籍期間をいう。継続勤務か否かについては、勤務の実態に即し実質的に判断すべきものであり、次に掲げるような場合を含むこと。この場合、実質的に労働関係が継続している限り勤務年数を通算する。
　　イ　定年退職による退職者を引き続き嘱託等として再採用している場合（退職手当規程に基づき、所定の退職手当を支給した場合を含む。）。ただし、退職と再採用との間に相当期間が存し、客観的に労働関係が断続していると認められる場合はこの限りでない。
　　ロ　以下省略
　再雇用する場合は、形式的には定年退職前の労働契約とは別の労働契約を締結することになりますが、その場合でも、定年退職と再雇用との間にタイムラグがないのであれば、勤務は継続しているというべきです。

したがって、再雇用後の有給休暇日数は、定年退職前の勤務から通算して判断することになります。ただし、どの程度のタイムラグであれば「継続」といえるのかは、個別具体的に判断する必要があります。

上記のほかにも、前掲昭63.3.14基発150号では、休職者が復職した場合、在籍型の出向をした場合、パートタイム労働者を正社員に切り替えた場合などが継続勤務の例として挙げられています。

コラム

日本人は休めないのか？

「日本人は有給休暇の取得率が低く、働き過ぎだ」などという論調を見ることがありますが、そもそも日本人は休んでいないのでしょうか。

確かに、有給休暇取得率という点だけを見れば、フランスが100％、シンガポールが87％、アメリカが87％程度であるのに対し、日本は50％程度であるという実態はあります。

そのため、今回の有給休暇5日取得義務化は、日本が世界的に見て有給休暇取得率が低いという理由から、罰則付きで強い強制力を伴って導入されました。

しかし、日本は年間の祝日日数が多い国です。

フランス9日、シンガポール11日、アメリカ10日であるのに対し、日本は17日もあります。そのため、有給休暇取得日数だけではなく、祝日日数、さらにはお盆と年末年始の休暇も加味して考えると、日本はフランスには及ばないもののシンガポール、アメリカよりも休暇日数が多いのが現状です。

さらに今後、有給休暇5日取得義務により日本の休暇日数合計は世界トップ5に入るレベルとなるでしょう。

問題は、これが正しい方向性なのかどうかという点です。

これは、読者の皆様の判断に委ねたいと思いますが、少なくとも「日本人は休暇が少ない」説の根拠は有給休暇取得率のデータのみを見た議論である場合が多く、その前提を疑ってかかるべき場合が多いことは間違いありません。

人　事

第6章

1. 配転

　2. 出向

　　3. 転籍

　　　4. 昇進、昇格、昇給

　　　　5. 降格、降級

第6章 人事

1. 配転

(1) 配転の意義

配転とは、労働者の配置の変更であって、職務内容または勤務場所が相当の長期間に亘って変更されるものをいいます。このうち同一勤務地（事業所）内の職務内容の変更が「配置転換」、勤務地の変更が「転勤」と一般的に称されています。

労働者の能力・適性に応じた配置の調整や、多様な業務を担当させることによる能力開発、異動による組織の活性化などを目的に行われます。また、不況時に解雇を避けるための手段として、余剰人員を抱えた部門から他の部門に労働者を異動させることも多々見受けられます。特に、企業による解雇が大幅に制限されている現状からすれば、配転の雇用調整としての役割は極めて重要です（そのため、企業による配転命令は広く認められています。）。

> 配転とは、労働者の配置の変更であって、職務内容または勤務場所が相当の長期間に亘って変更されるものをいう。解雇が大幅に制限されている現状において、配転の雇用調整としての役割は極めて重要である。

(2) 企業の配転命令権の根拠

長期的な雇用を予定した正社員については、職種、職務内容や勤務地を限定せずに採用されていることが多く、広範囲な配転が行われていくのが通常です。このような長期雇用の労働契約関係において企業が、人事権の一内容として労働者の職務内容や勤務地を決定する権限（配転命令権）を有することが予定されています。

配転命令権の根拠については就業規則上、次のような規定が置かれているのが一般的です。

> **第○条（配転）**
> 会社は、業務上の必要性がある場合には、労働者に対して配転を命じることがある。労働者は、特段の事情のない限り、この命令を拒むことはできない。

このような就業規則上の規定があれば、配転命令権の根拠と考えることができます。

また、採用の際などに労働者から配転について包括的に同意を取り付けておけば、それで足ります。仮に、このような規定や明示の同意がなくても、本社採用の幹部候補生などのように、労働関係の類型から当然に企業に包括的な配転命令権が黙示の労働契約の内容として認められる場合もあります。

> 人事権の一内容として、企業が労働者の職務内容や勤務地を決定する権限（配転命令権）を有することが予定されている。

(3) 配転命令権の限界

上記のように、企業には広範な配転命令権が与えられているのが一般的です。

しかし、配転は労働者の生活やキャリアに影響を及ぼすこともあるため、配転命令権も無制約ではありません。次のとおり、① 法令による制約、② 契約による制約、③ 権利濫用法理による制約があります。

① 法令による制約

組合への加入や正当な組合活動を理由とする配転命令は、**不当労働行為**として無効になります。また、性別、国籍、社会的身分を理由とする差別的な配転命令も無効になります。

② 契約による制約

　労働契約において、明示的又は黙示的に職種や勤務地が限定されている場合には、企業に異なる職種や勤務地へ変更することができる権限が特に与えられていない限り、契約違反として無効になります。

　ⅰ．職種を限定する合意

　　医師、看護士、ボイラーマン、パイロット、税理士、弁護士などといった特殊の技術、技能、資格を有する者については職種を限定する合意があるのが通常です。

　　他方、特別な訓練や養成を経て一定の技能を習得し、長い間その職種に従事してきた者であっても、技術革新や経営の多角化などが著しい今日では職種の限定があったとはいえない場合も少なくありません（例えば、長年に亘って機械工として従事してきた労働者の組立現場への配転など）。

　ⅱ．勤務地を限定する合意

　　現地採用の工員や事務補助職として勤務している労働者については勤務地限定の合意が認められやすいでしょう。また、労働者が転勤できない旨を明示して雇用契約を申込み、これに対して何らの留保を付することなく企業が採用した場合などは勤務地限定の合意が認められやすいでしょう。

　　他方、大卒の本社採用者（総合職）は、転勤によるキャリアアップ、能力開発が予定されていることが多いので、勤務地の限定が認められにくいでしょう。

　　なお、海外勤務に関しては、商社の総合職など、それが職務上当然に予定されている場合を除いては、生活環境に大きな変化を与えるため、海外勤務の可能性がある旨を就業規則に記載し、これに対する包括的な同意を予め得ておくことが好ましいでしょう。

採用時の労働条件明示と勤務地限定合意

　労基法15条では、採用時の労働条件について、就業の場所及び従事すべき業務に関する事項も書面の交付により明示しなければならないとされています（詳細は第1章を参照）。この関係で、労働条件明示書に就業の場所として「神奈川支店」などと記載した場合、常に勤務地限定の合意が認められてしまうのではないのか、という疑問が生じます。

　この点に関して通達は、「雇入れ直後の就業の場所及び従事すべき業務を明示すれば足りるものであるが、将来の就業場所や従事させる業務を併せ網羅的に明示することは差し支えないこと」としており、労働条件明示書の記載は、入社後の当面の就業場所や従事する業務内容に過ぎないとの前提に立っています。したがって、就業規則に転勤の根拠規定があり、且つ、実際に転勤している労働者がいるのであれば、採用時における就業場所の明示については、単に入社後の当面の配属場所を記載したものに過ぎないと考えるのが一般的です。

　しかし、訴訟等で勤務地限定合意の有無が争われる場合には、労働条件明示書の記載が取り沙汰されることがあり、勤務地限定合意が存在したことを伺わせる事情の一つとして考慮されかねません。そこで、無用なトラブルを避けるためには、労働条件明示書に、「将来、勤務場所、担当職務、職種を変更することがあります」ということを付記しておく方がよいでしょう。

限定正社員と人事権

　近年、「**限定正社員**」という職種を導入する企業が増えてきました。元々、職種限定契約や勤務地限定契約という概念はありましたが、これらを改めて「限定正社員」としてカテゴライズし、「正社員」でも「非正規社員」でもなく、いわばその中間的な存在として位置づけています。これは、従前正社員と非正規社員に二極化していた働き方ではなく、労働者にとってのワークライフバランス（近年、「地元志向」の労働者が増加傾向にあります）と、企業による優秀な人材の確保や定着を同時に可能にするような、労使双方にとって望ましい多元的な働き方を実現させるものであるとされ、近時、導入する企業が増えているようです。

　一般的には、「限定正社員」とは、契約期間の定めはないものの、勤務地、職種、勤務時間のいずれかが限定されている労働者のことを指します。勤務地等が限定されている点で、通常の「正社員」とは異なります。

この限定正社員という雇用形態を導入することについては、労使双方にとって一定のメリットがあると言われています。すなわち、「限定正社員」というタイプの雇用形態は、有期雇用ゆえに生活の不安定さが付きまとう「非正規社員」とは一線を画する安定的な雇用形態であり、なおかつ、仕事と育児・介護等を両立させることのできる雇用形態であることから、労働者にとってのニーズは相当程度高いと思われる一方（労働者側のニーズ）、企業にとっても、少子高齢化が進む中において、特に女性や高齢者の労働力化を図ることが重要とされている昨今、限定正社員というタイプの雇用形態を設けることによって、人材の確保や定着を図ることができ、また、安定的な雇用の下で技能の安定的な継承を図ることもできるため、企業にとってもニーズが高いといえます（企業側のニーズ）。さらに、企業にとっては、「正社員」でありながらも、通常の正社員よりも低い賃金で雇用する雇用形態を生み出すことによって一定のコスト削減を図ることや、また、「正社員」でありながらも雇用条件に一定の限定を設けることによって、特に解雇の場面における雇用責任の軽減を図ること、といったメリットも考えられます。
　このような限定正社員に対しては、企業の異動に関する人事権行使が制約されることがあり、労働者と合意した勤務地、職種、勤務時間を一方的に変更するような異動命令を出すことはできません。具体的には、勤務地限定正社員に対する勤務地が変更になる転勤命令、職種限定正社員に対する職種が変更になる配置転換命令、勤務時間限定正社員に対する勤務時間が変更になる異動命令を出すことはできません。
　ただし、労働者から個別に同意を得れば、限定を超えて異動させることは可能ですので、実務的には、限定を超えて異動させる場合には、同意を取得するようにしましょう。
　発展系として、原則として異動の無い限定正社員を基本とするものの、転勤を行う労働者については手当や基本給増額などのインセンティブを支給する企業も増えてきましたので、勤務地変更についてどのようなあり方が適切か、企業ごとの考え方が問われていると言えるでしょう。

コラム

職種限定合意はなぜ認められにくいのか

　裁判において、職種限定合意が認められることはそう多くありません。職種限定合意が認められると、配転に制約が課され、労働者が配転を拒否すれば配転ができない場合が生じてしまいます。ではこの場合、企業は配転命令に従わない労働者を解雇できるのか、というと、必ずしもそうはなりません。つまり、職種限定合意が認められてしまうと、配転も

> 解雇もできなくなってしまう事態となる可能性があるのです。
> 　このような事態になることを回避することも考慮した上で、裁判所は職種限定合意をなかなか認めていないのだと考えられます。

③ 権利濫用による制約
　ⅰ．どのような場合に権利濫用となるか
　　企業が配転命令権を有していたとしても、その行使が権利濫用法理により制約を受ける場合があります。権利濫用になるか否かは、業務上の必要性と労働者の不利益を比較衡量することになります。具体的に配転命令が濫用となるのは次のケースです（東亜ペイント事件　最判昭61.7.14）。

> ㋐ 業務上の必要がない場合
> ㋑ 配転が不当な動機・目的によるものである場合
> ㋒ 労働者の被る不利益が通常甘受すべき程度を著しく超える場合

　　まず、業務上の必要性がない配転命令や、嫌がらせ目的、退職に追い込むことを目的とした配転命令は無効になります。
　　また、業務上の必要性があっても、重篤な病気の家族を介護しなければならない場合など、配転による労働者の不利益が著しいときも、配転命令は無効になります。
　　他方、労働者の不利益が転勤に伴い通常甘受すべき程度にとどまるときには、業務上の必要性は余人をもって代えがたいといった高度のものであることは必要なく、人材の適正配置、業務の能率増進、労働者の能力開発、労働意欲の高揚、業務運営の円滑化といった程度のものでよいとされています。
　　なお、判例は、不当な動機目的や著しい不利益など「特段の事情」がある場合に限って権利濫用となると判示しているので、権利濫用になるのはあくまで例外的場面であり、原則として有効であるという立場をとっています。

ⅱ．遠距離通勤や単身赴任は

　　配転により遠距離通勤になるという事情があっても、判例は通勤時間が2時間程度であれば著しい不利益とはいえないとしています。また、配転に応じると家庭の事情により単身赴任（夫婦別居）をせざるを得ない場合でも、それだけの事情ではその不利益は通常甘受すべき程度にとどまるものと判断される可能性が高いです。子供のいる女性の転勤についても配転命令を有効とした判例があります（ただし、後述の「一歩前へ」に詳述しているとおり、育児介護休業法の改正により育児・介護の事情を抱えた労働者について転勤の配慮義務が定められましたので、今後は判例の傾向が変わってくる可能性もあります。）。

配転には、①法令、②契約、③権利濫用法理による制約がある。

育児や介護を理由とする転勤拒否

　　育児・介護休業法では、「労働者の配置に関する配慮」として「事業主は、その雇用する労働者の配置の変更で就業の場所の変更を伴うものをしようとする場合において、その就業の場所の変更により就業しつつその子の養育又は家族の介護を行うことが困難となることとなる労働者がいるときは、当該労働者の子の養育又は家族の介護の状況に配慮しなければならない。」とされています（育児・介護休業法第26条）。

　　この点に関連して、判例の中には、育児・介護休業法第26条は「労働者の子の養育や家族の介護の状況に対する配慮を事業主の義務としているところ、事業者の義務は『配慮しなければならない』義務であって、配転を行ってはならない義務を定めてはいないと解するのが相当である。しかしながら、改正育休法の制定経緯に照らすと、同条の『配慮』については、『配置の変更をしないといった配置そのものについての結果や労働者の育児や介護の負担を軽減するための積極的な措置を講ずることを事業主に求めるものではない』けれども、育児の負担がどの程度のものであるのか、これを回避するための方策はどのようなものがあるのかを、少なくとも当該労働者が配置転換を拒む態度を示しているときは、真摯に対応することを求めているものであり、既に配転命令を所与のものとして労働者に押しつけるような態度を一貫してとるような場合は、同条

の趣旨に反し、その配転命令が権利の濫用として無効になることがあると解するのが相当である。」と判断しているものがあります（明治図書出版事件　東京地決平成 14 年 12 月 27 日労判 861 号 69 頁）。

　この他にも、通達（育児休業、介護休業等育児又は家族介護を行う労働者の福祉に関する法律の施行について（平成 29 年 9 月 29 日雇均発 0929 第 3 号）、平成 16 年 12 月 28 日厚労告示 460 号など）があり、育児や介護をしている労働者の配転を行う場合は、以上のような法律、判例、通達等を十分に理解し、レピュテーションが今後の採用活動に与える影響などを総合的に検討した上で、慎重に実施する必要があります。

コラム

配転に際して、家庭の事情は配慮すべきではない！？

　配転に際して、労働者の育児・介護等の家庭状況に配慮する必要はあるのか。簡単そうで実はなかなか難しい問題です。

　労働者の育児・介護等の家庭状況は極めてプライベートな事情であり、これらを考慮してしまっては、子供や要介護者がいない労働者を優先的に配転させなければならないことになりかねません。結局、子供がいない労働者や要介護者がいない労働者との間で不公平な結論になってしまいます。人事の公平性の観点からは、家庭の事情を一切考慮しないという考えも成り立ち得ます。

　他方で、急速に少子化・高齢化が進む中で、育児・介護は単に個々人の問題ではなく、社会全体で取り組むべき問題となっているともいえます。企業も社会の一員としてこの問題に取り組むべき責任があり、このような観点からは、企業に対して労働者の育児・介護等の家庭状況に配慮すべきという考えも成り立ちます。

　どちらの考えも一応の説得力がある考えであるため悩ましい問題ですが、近時の裁判例や通達等を検討すると、後者の見解、つまり企業に対して、労働者の育児・介護等の家庭状況に配慮することを求めています。そのため、実務上は、家庭状況に配慮しつつ実際に転勤する者に不公平とならない様、処遇上のインセンティブ策などを講じるという難しい対応を迫られる問題となっています。

2．出向

⑴ 出向の意義

出向とは、労働者が自己の雇用先の企業に在籍のまま、他の企業の事業所において相当長期間に亘って当該他企業の業務に従事することをいいます（在籍出向とも呼ばれています）。出向中は、出向元では休職扱いとすることが多いです。

配転と出向の違いをまとめると次の通りとなります。

	法的性格	在籍企業	労務提供の相手方・指揮命令の帰属者
配　転	企業内での人事異動	変更なし	変更なし
出　向	企業間での人事異動	変更なし（二重の雇用契約）	出向先企業

なお、労働者が自己の雇用先の企業から他の企業へ籍を移して当該他企業の業務に従事することを転籍（移籍出向）といいますが、転籍については、後述「3」で説明します。

出向は、子会社、関連会社への経営・技術指導を目的とする場合、出向先で経験を積ませて能力開発や教育訓練を図る場合、雇用調整の手段として余剰人員を関連企業に異動させる場合、中高年層のポスト不足対応として労働者を関連企業に異動させる場合などがあります。

> 出向とは、労働者が自己の雇用先の企業に在籍のまま、他の企業の事業所において相当長期間に亘って当該他企業の業務に従事することをいう。労務提供の相手方が出向先企業へ変更となる点で、配転と異なる。

⑵ 出向、派遣、労働者供給事業、請負・業務委託、転籍の形態の違い

出向と同じように2社間で労働者の雇用関係や指揮命令関係等が問題になるものとして、派遣、労働者供給事業、請負・業務委託、転籍が挙げられます。これらの違いを図示すると次のとおりになります。

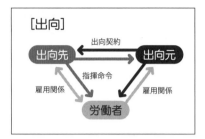
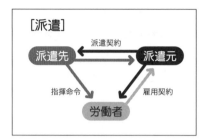
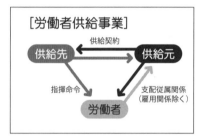
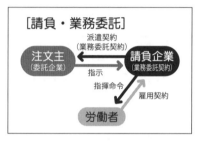
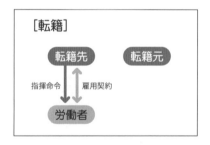

(3) **出向命令権の根拠**

　前述したとおり、企業内の人事異動である配転については、就業規則に配転命令権の包括的根拠規定を置いたり、採用の際などに労働者の包括的な同意を取り付けておいたりすれば、企業には原則として配転命令権が認められます。また、仮にこのような規定や明示の同意がなくても、労働関係の類型として企業の包括的配転命令権が黙示の契約内容として認められる場合もあります。

　他方、企業間の人事異動である出向の場合には、労務提供の相手方企

業が変更されるので、黙示の契約内容になっているというだけでは足りず、次のような就業規則や労働協約上の根拠規定や採用の際における同意（包括的同意）など明示の根拠がない限りは出向命令権が労働契約の内容になっているということは難しく、出向は認められません。

第○条（出向）
　会社は、業務上の必要性がある場合には、労働者に対して、関連会社へ出向を命じることがある。

さらに、就業規則・労働協約や入社の際等において出向命令権の包括的な規定ないし同意があれば十分かといえば、そうではありません。出向においては、勤務先の変更に伴って賃金等の労働条件、キャリア等で不利益が生じうるため、この点に対する配慮が必要になります。すなわち、出向を命じるには、出向先での労働条件、出向期間、復帰条件（復帰時の労働条件や退職金の計算などにあたっての勤続年数の通算など）などが出向規定等によって労働条件に配慮する形で整備されていることも必要です。

> 企業が出向を命じるためには、就業規則や労働協約上の根拠規定や採用の際における同意が存在することに加えて、出向規定等によって労働条件に配慮する形で整備されていることが必要である。

コラム

片道切符の出向

　「銀行内でエリート街道を突き進んできたAさんが、上司にミスの責任を押し付けられて関連会社に出向になった。もう銀行には戻れない片道切符だ」とテレビドラマなどでよく聞くセリフですが、実際にも復帰を予定しない出向は散見されるところです。
　このような片道切符の出向については、従業員から個別同意を得なければ無効になるのでしょうか。答えは「No」です。復帰を予定していない出向については、従業員に不利益がないか、出向に関する規定もその点に十分配慮しているかといったことが厳格にチェックされることにな

りますが、復帰を予定していないというだけで、直ちに出向について個別同意を取らなければ無効となるものではありません。
　日本型雇用システムにおいては企業による解雇が大幅に制限ささされている現状からすれば、配転の雇用調整としての役割は極めて重要であって、この片道切符の出向も雇用調整として重要な役割を担っているのです。

(4) 出向命令への制約

　配転と同様に、①法令、②契約、③権利濫用法理による制約があります。
　なお、③権利濫用法理について、労働契約法は「使用者が労働者に出向を命ずることができる場合において、当該出向の命令が、その必要性、対象労働者の選定に係る事情その他の事情に照らして、その権利を濫用したものと認められる場合には、当該命令は、無効とする。」と明文化しています（労契法14条）。
　そして、出向の場合には、労働提供の相手方の変更を生ぜしめるので、その点において著しい不利益を生ぜしめないかどうかの判断が配転の場合の権利濫用の判断に付加されます。具体的には、出向命令の業務上の必要性と出向者の労働条件上及び生活上の不利益とが比較衡量されます。労働条件が大幅に下がる出向や復帰が予定されていない出向は、整理解雇の回避や管理職ポストの不足など、経営上の事情がない限り権利濫用になる可能性が高いといえます。

出向には、配転と同様に、①法令、②契約、③権利濫用法理による制約がある。

親子会社当企業グループ内の出向
　出向元と出向先が、同一の企業グループ構成会社や、いわゆる親子会社にあり、人事、労務、業務関係上密接な関係にある場合には、出向の要件が緩和され、原則として企業内の人事異動（配転・転勤）と同じように扱われます。
　特に近年では、持ち株会社が傘下の各事業会社の総合職の労働者を雇用して、統一的な指揮の下に各事業会社に配置して人材を活用しており、

> 傘下の企業グループ内人事異動を出向によって日常的に行っている企業が多くなっています。

(5) 出向中の労働関係
① 労基法の適用関係

　出向者に対して、労基法はどのように適用されるのかについては、通達において「在籍型出向の出向労働者については、出向元及び出向先の双方とそれぞれ労働契約関係があるので、出向元及び出向先に対しては、それぞれ労働契約関係が存する限度で労働基準法等の適用がある。すなわち、出向元、出向先及び出向労働者三者間の取決めによって定められた権限と責任に応じて出向元の使用者又は出向先の使用者が出向労働者について労働基準法等における使用者としての責任を負うものである。」とされています。具体的には次のようになります。

労基法の条文	出向者への適用 出向先	出向者への適用 出向元
労働条件の決定（1条、2条）	○	○
均等待遇（3条）	○	○
男女同一賃金の原則（4条）	○	○
強制労働の禁止（5条）	○	○
中間搾取の排除（6条）	○	○
公民権の保障（7条）	○	○
労働契約（2章）	○	○
解雇（19～21条）		○
退職時等の証明（22条）	○	
金品の返還（23条）	○	○
賃金（3章）	○（支払義務者）	○（支払義務者）
労働時間（32条）	○	
変形労働時間（32条の2、32条の4、32条の5）	○	
フレックスタイム制（32条の3）	○	

時間外、休日労働（33条、36条）	○	
休憩（34条）	○	
休日（35条）	○	
割増賃金（37条）	○	
事業場外みなし時間（38条の2）	○	
裁量労働制（38条の3、38条の4）	○	
年次有給休暇（39条）	○	
管理職等適用除外（41条）	○	
安全衛生（5章）	○	
最低年齢（56条）	○	○
年少者の証明書（57条）	○	○
未成年者の労働契約（58条、59条）		○
女性・年少者の労働時間及び休日（60条、60条の4）	○	
深夜業（61条）	○	
就業制限（62条、64条の2）	○	
坑内労働禁止（63条、64条）	○	
帰郷費用（64条）		○
産前産後の休業（65条）	○	
妊産婦の時間外、休日労働、深夜業（66条）	○	
育児時間（67条）	○	
生理日の措置（68条）	○	
徒弟の弊害排除（69条）	○	○
職業訓練の特例（70～72条）	○	○
災害補償（8章）	○	
就業規則（9章）	○	○
寄宿舎（10章）	○	○
監督機関（11章）	○	○
法令の周知義務（106条）	○	○
労働者名簿（107条）	○	○
賃金台帳（108条）	○	○
記録の保存（109条）	○	○
報告義務（110条）	○	○

② 就業規制の適用関係

　ⅰ　出向労働者の労働契約関係は、出向元と出向先の双方との間において成立します。そのため、出向労働者に対して、出向元と出向先のどちらの就業規則が適用されるかが問題になります。

　ⅱ　この点については、出向元と出向先と出向労働者の三者間で合意することもありますが、労働者の労働条件を切り下げるものでない限り、出向元と出向先において一方的に適用関係を定めることも可能です。

　ⅲ　では、就業規則の適用関係を決定せずに出向させた場合はどうなるでしょうか。

出向元就業規則	出向先就業規則
⑦ 賃金に関する事項 ④ 退職に関する事項	⑨ 労務提供に関する事項 ④ 服務規律に関する事項
⑦ 懲戒に関する事項 ⑦ 休職関係	

　この場合は出向規定、出向契約の解釈が問題となりますが、一般的には、上記表のとおり、⑦賃金に関する事項及び④退職に関する事項については出向元の就業規則が適用され、⑨労働時間等を含む労務提供に関する事項及び④服務規律に関する事項については出向先の就業規則が適用されると解されます。

　さらに、⑦懲戒処分に関する事項については、懲戒解雇権のように契約関係を終了させる措置に関しては出向元の就業規則が適用され、出勤停止など就労を前提とする措置に関しては出向先の就業規則が適用されると解されます。

　また、⑦休職関係に関する事項については出向元・出向元双方の就業規則適用の余地があります。

3. 転籍

(1) 転籍の意義

転籍とは、転籍労働者が自己の雇用先の企業から他の企業へ籍を移して当該他企業の業務に従事することをいい、移籍出向とも呼ばれています。

転籍の場合には、移籍元との労働契約関係が終了する一方で、移籍先の企業との労働契約が開始します。

出向と転籍の違いをまとめると次の通りとなります。

	法的性格	在籍企業	労務提供の相手方・指揮命令の帰属者
出　向	企業間での人事異動	変更なし	出向先企業
転　籍	企業間での人事異動	変更あり	移籍先企業

> 転籍とは、転籍労働者が自己の雇用先の企業から他の企業へ籍を移して当該他企業の業務に従事することをいう。在籍企業及び労務提供の相手方が変更となる点で出向と異なる。

(2) 転籍の要件

転籍の法的性格は、①移籍元と移籍先との協定などに基づき、労働者が移籍元との労働契約を合意解約して、移籍先と新たな労働契約を締結する場合と、②労働契約上の使用者の地位が、移籍元から移籍先に譲渡される場合とに類型化できます。

いずれの場合も労働者の同意が必要です。そして、転籍の場合には、移籍元との雇用契約の終了という効果を生じさせるものであるため、転籍時に労働者の個別具体的な同意が必要です。

労働者からの個別同意の取り方

　上記の同意についての労働者がなす意思表示には、瑕疵がないことが前提となります。しかし、実務上、労働者から転籍の意思表示に錯誤（民法95条）、詐欺・脅迫（同法96条）があったと主張されることが少なくありません（例えば、大塚製薬事件（東京地判平成16年9月28日労働判例885号49頁など）。それゆえ、労働者から転籍の同意を得る場合には、予め転籍の条件を具体的に示すとともに、労働者に当該条件を検討する時間を十分に与えることが必要です。さらに、転籍について労働者が自由な意思決定により同意したといえることが重要であるため、転籍か退職の二者択一を迫るのではなく、整理解雇の対象になる可能性があるものの企業に残るという選択肢もあると伝えることも肝要です。

期限を定めた転籍にも労働者の個別同意は必要か

　様々な事情から、出向元をいったん退職し、出向先に転籍させるということがあります。このようなケースで、例えば転籍期間を3年と定めておけば、実質的に出向と変わらないため、労働者からの個別同意は不要となるとも思えます。しかし、出向元との雇用契約が終了するという形をとる以上は、労働者からの個別同意を得ることなく企業が一方的に転籍を命じることはできません。文書で期間を限定したり、復帰を明言したりしても同様です。

転籍同意書

平成〇〇年〇〇月〇〇日

株式会社●●●●
　代表取締役　△△△△△殿
株式会社××××
　代表取締役　□□□□□殿

転籍同意書

私は、下記の条件により、株式会社●●●●から転籍することに同意します。
　1，転籍先　　株式会社××××
　2，所在地　　東京都千代田区・・・
　3，転籍日　　平成〇〇年〇〇月〇〇日
　4，その他の労働条件　別紙記載のとおり

　　　　　　　　　　　　住所　_____
　　　　　　　　　　　　氏名　_____

4．昇進、昇格、昇級

(1) 昇進の意義

　昇進とは、企業組織における管理監督権限や指揮命令権限の上下系統（ライン）における役職（管理監督職）の上昇を意味する場合と、役職をも含めた企業内の職務遂行上の地位（職位）の上昇を意味する場合とがあります。

　また、職能資格制度とは、企業における職務遂行能力を職掌として大くくりに分類したうえ、各職掌における職務遂行能力を資格とその中のランク（級）に序列化したものです。そして、この職能資格制度における資格の上昇を**昇格**といい、級の上昇を**昇級**といいます。

(2) 昇進、昇格、昇級に関する法規制

　昇進、昇格、昇級については人事考課に基づき決定されるため、基本的には企業の裁量が広く認められています。そのため、法はあまり介入すべきではないと考えられており、昇進、昇格、昇級人事における一定

事由による差別についてのみ法規制を設けています（例えば、国籍、社会的身分、信条、労働組合員であることなどを理由とする差別については法規制を設けています）。

なお、上記のような昇進、昇格、昇級差別が行われたとしても、当該労働者が企業に対して昇進、昇格、昇級を強制するための権利までは原則として認められておらず、労働者としては企業に対して、不法行為に基づく損害賠償を請求できるだけです。

5．降格・降級

(1) 降格の意義

降格には、職位や役職を引き下げるもの（昇進の反対）、職能資格制度上の資格や職務等級制度上の等級を低下させるもの（昇級、昇格の反対）があります。

ここでいう降格とは、人事権の行使としての降格であり、懲戒処分としての降格とは別物です（なお、懲戒処分としての降格については第7章参照）。

(2) 要件

① 一定の役職を解く又は低下させる降格（降職）

例えば、勤務成績不良を理由として部長を一般職に降格する場合や特定の店舗の成績不振を理由として店長を副店長降格する場合のように、一定の役職を解く又は低下させる降格については、労働者の適性や成績を評価して行われる労働力の配置の問題ですから、企業は成績不良や職務不適合その他業務上の必要性があれば、権利濫用に当たらない限り、就業規則などに根拠がなくても、その裁量により行うことができます。

では、どのような場合に権利濫用になるのでしょうか。判例は次のような要素を示しています。

> ・使用者側における業務上、組織上の降職の必要性の有無、程度
> ・能力、適正の欠如など、労働者側における有責性の有無、程度
> ・労働者の受ける不利益の性質及びその程度
> ・当該企業体における昇進・降格の運用状況

　例えば、人事考課が決して悪い評価ではなかったものの、経営のトップが変わって合理化策が打ち出され、それに対して非協力的な立場をとった管理職を降職したような場合であっても、降職を有効と判断する判例があります。このように、誰を管理職にするかという点について企業は広範な裁量を有しており、より能力のある者を管理職にするために現在管理職についている者を降職することも可能です。

　一方、相当な理由のない降職で、賃金が相当程度下がるなど本人の不利益が大きいという場合には、権利濫用になり得ます。例えば、退職勧奨に応じない管理職を退職に誘導するためになされる賃金が大幅に低下する降職などです。

　なお、職務を限定して採用された労働者の場合には降格も制約されますが（例えばバイヤーからアシスタントバイヤーへの降格は無効とした判例があります）、その反面、成績不良を理由として解雇が認められやすくなります。

② 職能資格等級を低下させる降格

　職能資格等級を低下させる降格は、基本給の低下をもたらす契約上の地位の変更ですから、労働者の同意や就業規則等労働契約上の明確な根拠がなければ行うことができません。

　また、労働契約や就業規則に根拠があり、契約上の根拠がある場合であっても、著しく不合理な評価によって大きな不利益を与える降格は人事権の濫用として無効になる可能性があります。

③ 職務等級制度における等級の引下げ（降級）

　職務等級制度とは、企業内の職務を職責の内容・重さに応じて等級（グレード）に分類・序列化し、等級ごとに賃金額の最高値、中間値、最低値による給与範囲（レンジ）を設定する制度です（詳細は序章2を参照）。

この職務等級制における等級（グレード）の引下げは、当該制度の枠組み（規程）の中で人事評価の手続きと決定権に基づき行われる限り、原則として企業の裁量的判断に委ねられるものとされています。

ただし、当該降級につきそれを正当化する勤務成績の不良が認められず、退職誘導など他の動機が認められるような場合には、人事評価権を濫用したものとして降級は無効となる場合があります。

人事考課権とその濫用

　　降格や昇給等の判断の前提として行われる人事考課については、企業に広い裁量が認められています。

　　しかし、全く無制約ではなく、①法律及び②権利濫用による制約があります。

　　①法律による制約については、均等待遇（労基法3条）、男女同一賃金（同4条）、性差別禁止（均等法6条）、通常労働者と同視されるパート差別禁止（パートタイム労働法8条）、不当労働行為禁止（労組法7条）などの規定に違反することは許されません。

　　②権利濫用による制約については、(1)評価前提事実の誤認に基づく査定、(2)不当な動機・目的による査定、(3)重視すべき事項を殊更無視し、重要でない事項を強調する査定、(4)所定の考慮要素以外の要素や評価対象期間外の事実を考慮した査定などを行った場合には、権利濫用と判断される可能性があります。

懲戒処分

1. 懲戒処分の概説
2. 懲戒制度の運用
3. 懲戒処分と退職金の不支給、減額

第7章 懲戒処分

1．懲戒処分の概説

(1) 懲戒処分の意義と種類

① 懲戒処分とは

　懲戒処分とは、労働者の企業秩序維持違反行為に対する制裁罰であることが明確な、労働関係上の不利益措置をいいます。つまり、労働者が企業秩序を乱す行為（非違行為（非行行為＋違法行為を略す言葉））をした場合に、それに対して制裁として行われる不利益な措置をいいます。

② 懲戒処分の種類

　一般的に、以下の懲戒処分の種類を、以下の程度の重さの順序で定める企業が多いです。

（重）懲戒解雇＞諭旨解雇＞降格＞出勤停止（停職）＞減給＞譴責＞戒告（軽）

　ただし、各処分の重さの位置付け（順位）については、各企業によって異なり、結局は企業の「決めの問題」となります（例えば、降格より出勤停止を重い処分とする企業もあります。）。

　以下では上記の例に従って、処分としての程度の軽い懲戒処分から説明します。

　　ⅰ．譴責、戒告

　　　譴責（けんせき） とは、始末書を提出させて将来を戒める処分をいいます。また、譴責に代えて、又は、譴責と併存する形で**戒告**（将来を戒めるのみで始末書の提出を伴わない処分）を規定する企業も多いです。これらは通常、労働者に直接不利益を与えるものではありませんが、人事考課の際に考慮したり、一時金（賞与）の額や昇給・昇格に影響を与えたりすることがあります。

ⅱ．減給

　減給とは、労働者が受け取ることができるはずの賃金を減額する処分をいいます。減給には上限が設けられており、無制限に減給できるというわけではありません。すなわち、労基法91条に「1回の額が平均賃金の1日分の半額を超え、総額が一賃金支払期における賃金の総額の十分の一を超えてはならない」という制限があります（平均賃金の意義については第3章参照）。この制限について簡単な例で説明しますと、非違行為を行った労働者の平均賃金を1万円（月給30万円）と仮定した場合、1回の非違行為に対して減給処分を科す場合には、当該違反行為がどれだけ重大なものであったとしても、減給額は5,000円（平均賃金の1日分1万円の半額）以下でなければなりません。つまり、1つの非違行為に対して平均賃金の半額以内の制裁を何回かに分けること（例えば5,000円の減給を3か月間継続すること）は労基法に違反するということになります。また、例えば10回の非違行為があった場合、総額5万円（1万円×0.5×10回）の減給が可能ですが、3万円（月給30万円の10分の1）を超える部分（2万円）について減給するのは、次期の賃金支払期に延ばさなければなりません。

　なお、欠勤や早退といった労務の不提供を理由とする賃金カットは、原則としては懲戒処分としての減給には該当しません。

ⅲ．出勤停止（停職）

　出勤停止（停職）とは、労働契約を存続させつつ、労働者の労働義務の履行を停止する処分をいいます。出勤停止期間中は賃金が支払われないことになるのが一般的です（なお、この場合には就業規則に賃金が支払われない旨を記載しておくことが必要です。）。

　出勤停止期間の上限等について、法律上の制限はありませんが、一般的には、7日から30日程度を定める企業が多いものと思われます。

ⅳ．降格

　（懲戒処分としての）降格とは、制裁を目的として労働者の役職

や職能資格を低下させることをいいます。例えば、部長職にあった労働者を課長職にすることなどです。降格によっても契約の基本的内容を変更することは出来ない点に注意が必要です（例えば、期間の定めのない常勤教諭を任期1年の非常勤講師に降職させる降職処分は無効となります。）。なお、降格の代わりに、昇給停止を定める企業もあります。

ⅴ．諭旨（ゆし）解雇（諭旨退職）

諭旨解雇（諭旨退職）とは、勧告に応じない場合には懲戒解雇をすることを前提として即時退職を勧告して、本人の願い出による形式をとって退職させることをいいます。後述の懲戒解雇と異なり、諭旨解雇の場合には退職金が支給されるのが通常です。

ⅵ．懲戒解雇

懲戒解雇とは、懲戒処分としての解雇をいいます。懲戒解雇が科される場合には、退職金を支給しないという規定を設ける企業が多いこともあり（詳細は後述の「3」参照）、労働者にとって最も重い処分となっています。

③ 懲戒処分を科すためには就業規則上の根拠規定が必要

企業が労働者に対して懲戒処分を科すには、就業規則上の根拠規定が必要です。仮に懲戒処分に関する規定が就業規則で定められていないにもかかわらず、企業が労働者に対して懲戒処分を科した場合には当該懲戒処分は無効になります。

また、企業が懲戒処分を科すためには、就業規則上の懲戒事由に該当しなければなりませんし、科すことができる懲戒処分の種類は就業規則に定めたもののみということになります。例えば、懲戒処分として出勤停止が定められていないにもかかわらず、企業が労働者に対して出勤停止処分を科した場合には当該出勤停止処分は無効になります。

そして、企業がその就業規則に基づいて懲戒処分を科すためには、その就業規則の内容を、適用を受ける事業場の労働者に周知させるための手続が採られていることが必要です（就業規則の周知については第2章参照）。

> 懲戒処分とは、労働者の企業秩序維持違反行為に対する制裁罰であることが明確な、労働関係上の不利益措置をいい、懲戒処分を科すためには就業規則上の根拠規定が必要である。

労働者 10 人未満の企業でも、就業規則上の根拠は必要か

懲戒処分を科すためには就業規則上の根拠が必要であるということについては、就業規則の作成義務が課せられていない労働者が 10 人未満の企業においても同様であり、就業規則に根拠規定がなく懲戒処分を科した場合には無効となります。そのため、作成義務の有無を問わずに、懲戒処分の根拠規定を含む就業規則を作成し、労働者に周知することが必要になります。

(2) 懲戒処分規定の内容

就業規則に懲戒処分に関する規定を設けるためには、その種類及び程度に関する事項を就業規則に定めなければならないとされています。そのため、懲戒処分の種類及び程度に関して具体的に定めなければなりません。

他方、懲戒処分の量定(軽重をはかって決定すること)・基準については労基法上、就業規則に定めておくことは求められていません。この懲戒処分の量定・基準については、具体的に就業規則で定めてしまうと懲戒制度の運用を硬直化させてしまい、結果として企業の裁量の幅を狭めてしまいかねないので、就業規則には定めない方が無難です。但し、懲戒処分の妥当性を確保する観点からは、就業規則という形ではなく、例えば内規やガイドライン等で量定や基準を定めておくことをお勧めします。

また、労働者の非違行為は多種多様であるから、これらを懲戒事由として網羅することは極めて困難です。そこで、「包括条項(キャッチオール条項やバスケット条項とも呼びます。)」として、「その他前各号

に準ずる行為があったとき」というような規定を設けることが必須となります。このような包括条項を設けておけば、たとえそれ以外の懲戒事由に該当しない非違行為に対しても懲戒処分が可能になり得ます。

> 就業規則に懲戒処分に関する規定は、懲戒処分の種類及び程度に関する事項を定めなければならないが、さらに包括条項も設けるべきである。

就業規則（懲戒処分の種類）

（懲戒処分の種類）
第○条　懲戒は、その情状に応じて、以下の区分に従って行う。
　①譴　　責　始末書を提出させて将来を戒める。
　②減　　給　始末書を提出させるとともに、賃金を減額する。但し、減給の額は、1つの事案に対して平均賃金の1日分の半額とし、複数の事案に対しては減給総額が1賃金支払期における賃金総額の10分の1を超えないものとする。
　③出勤停止　始末書を提出させるとともに、30日以内の期間を定めて出勤を停止し、その期間は無給とする。
　④降　　格　始末書を提出させるとともに、職位若しくは資格等級の一方又は双方の引き下げを行う。
　⑤諭旨解雇　退職届を提出するように勧告する。但し、勧告から10日以内に退職届を提出しない場合には、懲戒解雇とする。
　⑥懲戒解雇　予告期間を設けることなく、即時解雇する。所轄労働基準監督署長の認定を受けたときは、第○条所定の解雇予告手当を支給しないものとする。

【解説】

　②減給、③出勤停止及び④降格に関して、「始末書を提出させるとともに、」と記載していますが、始末書の提出を求めない企業も少なくありません。その場合は、規定例の「始末書を提出させるとともに、」という部分をカットすることになります（始末書不提出を理由とする懲戒処分については後述します。）。

懲戒事由はどの程度細かく記載すればいいのか

　前述のとおり、労働者の非違行為は多種多様であることに対応するために包括条項を設けることは必須といえます。但し、包括条項があればどのような非違行為に対しても懲戒処分を科すことが可能となるわけではなく、具体的に懲戒事由として掲げている非違行為と同程度かそれ以上に企業秩序を乱す行為についてのみ適用できると考えるべきです。そのため、包括条項のみで懲戒処分を科すような事態はできるだけ避けるべきであり、具体的な懲戒事由については、できる限り多種多様な非違行為を対象とするような規定ぶりにすることが適切であると考えます。

　また、企業毎に特に懲戒処分の対象としたい事由を入れることも可能であり、実際に多くの企業が懲戒事由として規定しているケースが少なくありません（例えば、運送会社における飲酒、女性の顧客が多い業態におけるセクシュアルハラスメントなど）。

　なお、懲戒事由や懲戒処分の程度については、人事院の公務員に関する「懲戒処分の指針について」と題する通知が参考になります。

2．懲戒制度の運用

(1) 処分の相当性

① 総論

　懲戒処分は、就業規則上の懲戒事由に該当すれば直ちに有効となるものではありません。懲戒処分が、非違行為の性質及び態様その他の事情に照らして、客観的に合理的な理由を欠き、社会通念上相当であると認められない場合は、その権利を濫用したものとして、無効となります（処分の相当性。労契法15条）。この他にも懲戒処分を科す際に考慮すべき点があります。（下表を参照）

①	一事不再理の法理 （二重処罰禁止の原則）	刑事罰の場合と同様に、同一の非違行為に対して再度懲戒処分を科すことは許されない。
②	不遡及の原則	懲戒処分の根拠規定を作成した後の非違行為に対してのみ適用する。
③	平等原則	明らかに不平等な懲戒処分は無効となる可能性がある。

> 懲戒処分を科す際には、相当性の原則、一事不再理の法理（二重処罰禁止の原則）、不遡及の原則、平等原則といった法理を考慮しなければならない。

先例に囚われずに今後は重く処罰したい

　平等原則の観点からは、懲戒処分を科す際には、当該企業における同等の懲戒処分事例について先例を調べた上で、これを踏まえてどのような懲戒処分を科すかを検討することが必要です。これに備えて、懲戒処分を科した場合にはそれを記録として保管し照会できるようにすべきですが、個別事情によって懲戒処分の程度は異なってくることから、その個別事情をも記録しておくことをお勧めします。

　このように先例を踏まえて懲戒処分の可否及び程度を検討することが要求されていますが、非違行為を特定した上で、今後はその非違行為については厳罰に処する旨を労働者に告知し、周知徹底していれば、先例に囚われずに重い処分を科すことも不可能ではないものと考えます（例えば、従前は飲酒運転について黙認してきたものの、今後は厳罰に処するように告知した上で、重い懲戒処分を科す場合などです）。従来黙認してきた非違行為を懲戒処分の対象とする場合にも、労働者に対して事前に十分な告知や警告をすることが適切であると考えます。

② 懲戒事由毎の考慮要素及び重視要素を見極めることが重要

　前述したとおり、懲戒処分は、懲戒事由に該当するだけで直ちに有効となるのではなく、処分として社会通念上相当なものでなければなりません。その判断は、行為の内容、結果の重大性、頻度、期間、業務内容、過去の処分歴、行為者の反省の有無などを総合してなされますが、懲戒事由毎に考慮する要素や重視する要素が異なりますので、懲戒処分をする場合にはその見極めが重要になります。

　そして、懲戒処分の有効性に関する裁判所の判断は事案により区々であるため画一的な基準を見いだすことは難しいですが、裁判例を俯瞰すると、概ね、以下のような要素が重視されています。

　　ⅰ．セクシュアルハラスメント

　　　労働者がセクシュアルハラスメント行為を行ったことを理由と

する懲戒処分に関する判例を概観すると、まず、強制わいせつ罪に当たるような行為であるか否かという要素が最重視されています。強制わいせつ罪に当たるような行為であれば、原則として懲戒解雇は有効になる可能性が極めて高くなります。

　また、強制わいせつ罪に当たらない程度のものでも、身体的接触があれば懲戒解雇は有効になる可能性が高くなります。但し、身体的接触があったとしても、具体的事案によっては懲戒解雇を無効とする判例もあるので、行為態様、セクシュアルハラスメント行為が行われた状況、当該行為者の地位・立場、当該行使者と被害者の関係、被害者側の落ち度の有無、セクシュアルハラスメントに対する企業の方針・態度、当該行為者の反省の有無、当該行為者の企業への貢献度、セクシュアルハラスメント行為についての指導や注意の有無などを総合的に勘案して、懲戒解雇を科すか否かを検討する必要があります。

　他方、過去の判例の傾向に照らすと、性的な発言など身体的接触を伴わないセクシュアルハラスメント行為については、懲戒解雇が有効になる可能性は高くありません（ただし、軽い懲戒処分であれば科すことは可能です。）。

ⅱ．パワーハラスメント

　労働者がパワーハラスメントを行ったことを理由とした懲戒処分については、パワーハラスメントを行った者とされた者の人間関係、当該行為の動機・目的、時間・場所、態様等を考慮要素として、懲戒処分の有効性を判断する傾向にあります。ただし、パワーハラスメントについては、（暴力等を伴わない限り）業務上の指導・注意の延長の場合が多く、適切な業務上の指導・注意とパワーハラスメントの線引きが曖昧です。そのため、懲戒処分の対象にするか否か、懲戒処分の対象にする場合にはその程度について、慎重に判断する必要があります。

ⅲ．勤怠不良（遅刻・欠勤・私用外出）

　労働者が無断で遅刻・欠席・私的外出を行ったことを理由とし

た懲戒処分については、欠席等の頻度、その継続性、その理由、企業の注意・指導の有無、それに対する労働者の対応、平素の勤務状況、業務に与えた影響、企業における従来の取り扱い等を考慮要素として、懲戒処分の有効性を判断する傾向にあります。なお、企業が注意・指導を行わない場合には、労働者の勤怠不良を企業が許容ないし黙認したと認定されてしまう可能性があります。そのため、勤怠不良の労働者に対しては、指導書等の証拠として残る書面等にて、勤怠不良を改善するように注意する必要があります。

　　ただし、通常は遅刻欠勤に対する注意指導などほとんど行っていないにもかかわらず、「この人を解雇しよう」という理由から、その人だけを厳しく注意指導を重ねて処分することは、前述の平等原則に違反し有効性が疑われることになりかねませんので留意して下さい。

ⅳ．不正受給

　　労働者が交通費や出張旅費などを不正に受給したことを理由とする懲戒処分については、不正受給を受けた金額、不正受給を受けた期間、当該行為者の地位・役職、動機、企業への返金の有無（又は返金の準備の有無）、使途（遊興費に使ったか等）、態様の悪質さ、反省の有無等を考慮要素として、懲戒処分の有効性を判断する傾向にあります。なお、交通費に関して、不正受給した金額が約35万円であった事案で企業に生じた損害が大きいとはいえないと判断した判例（懲戒解雇無効と判断）があります。

ⅴ．横領・着服

　　労働者が金品を横領・着服したことを理由とする懲戒処分については、当該行為者の職務内容、横領・着服した金額、回数、期間、企業への返金の有無、使途、事後の対応、企業に与える影響等を考慮要素として、懲戒処分の有効性を判断する傾向にあります。特に、当該労働者が金銭を取り扱うことを職務内容とする労働者（バスやタクシーの運転手、レジ係等）が金品を横領・着服した場合には、金額の多寡にかかわらず懲戒解雇を含む懲戒処分を有効と判断す

る傾向にあります（100円を横領した事案で懲戒解雇を有効とした判例もあります。）。

ⅵ．暴行・暴言

　労働者が社内で暴行を行ったり、暴言を吐いたりしたことを理由とする懲戒処分については、被害の重大さ、行為態様の悪質さ、偶発性の有無、当該行為者の地位・役職、被害者側の落ち度、反省の有無等を考慮要素として、懲戒処分の有効性を判断する傾向にあります。特に、暴行については重い懲戒処分も有効と判断されるケースが多くなっていますので、企業としても暴行については厳罰をもって臨むというスタンスで構わないでしょう。

ⅶ．取引先からの接待等

　労働者が、取引先から接待を受けること（事実上のキックバックに該当するような場合も含む）を禁止されていたにもかかわらず接待を受けたことを理由とする懲戒処分については、当該行為者の地位・職務権限、接待により受けた利益の大小、接待を受けた回数、期間、態様、接待と当該行為者による業務上の判断の関連性の有無等を考慮要素として、懲戒処分の有効性を判断する傾向にあります。

ⅷ．兼業（兼職）

　労働者が兼業していたことを理由とした懲戒処分については、労務の提供、事業運営、又は企業の信用・評価に支障が生ずるおそれの有無等を考慮要素として、懲戒処分の有効性を判断する傾向にあります。例えば、平日勤務の企業で、休日にコンビニエンスストアで数時間アルバイトする程度であれば、労務提供に支障はないものとして懲戒処分は無効になる可能性が高いといえます。他方、平日の夜にいわゆるキャバクラなどで夜遅くまでアルバイトしているような場合ですと、労務の提供に支障が生じるおそれがありますので、懲戒処分が有効になる可能性が高いでしょう。

　なお、企業が兼業を知りながら黙認していたにもかかわらず、懲戒処分を行った場合には、その懲戒処分は無効と判断される場

合があります。このような事態を避けるために、兼業をしている労働者に対しては黙認していたと評価されないような対応（注意・指導等）を随時とることが肝要です。近時、副業を検討する企業は多いですが、競合会社や風紀を乱す職種、長時間労働となるような副業は認めるべきではないでしょう。

ix．電子メール・インターネットの私的利用

　労働者が企業から貸与されたパーソナルコンピューターを使用して、電子メールやインターネットを私的に利用したことを理由とした懲戒処分については、当該労働者の地位・役職、回数、時間、期間、勤務時間内か否か、企業のメールアドレスの利用の有無、電子メールや閲覧したサイトの内容、企業に生じた損害の有無等を考慮要素として、懲戒処分の有効性を判断する傾向にあります。特にわいせつな内容の電子メールを送受信したり、アダルトサイト、出会い系サイトの閲覧をしたりした場合など企業の信用を損なうものについては、懲戒処分が有効になる可能性が高くなります。

x．私生活上の非行

　労働者が私生活上（勤務時間外で業務と関係なく）犯罪行為などを犯した場合に、「不名誉な行為をして会社の名誉、信用を棄損したとき」「犯罪行為を犯したとき」などといった懲戒事由に該当するものとして、懲戒処分を科すことがあります。

　しかし、労働者は企業がその事業活動を円滑に遂行するために必要な限りで企業秩序を遵守する義務を負うのであるから、職場外の業務に関係ない行為については、原則として企業による規制を受けません。つまり、労働者の勤務時間外の行動は企業が関知すべきではないということが大前提にあります。したがって、私生活上の非行が当然に懲戒処分の対象になるわけではありません。

　しかし、私生活上の行為であっても、企業の円滑な運営に支障をきたすおそれがある場合もあるため、当該行為が業務の運営や企業の信用・評価に影響を及ぼすものである場合に限って懲戒処分の対象になるとされています。そして、当該行為の性質、情状

のほか、企業の事業の種類・態様・規模、企業の経済界に占める地位、経営方針及びその労働者の企業における地位・職種等諸般の事情から、業務の運営や企業の信用・評価に影響を及ぼすものか否かを厳格に判断する傾向にあります。

例えば、痴漢で逮捕されたものの、欠勤することも無く、また、逮捕されたことに関する報道等も全くない場合のように、業務の運営や企業の信用・評価に影響を与えていないような事案では、懲戒処分を科すことは難しいでしょう。他方、バスの運転手が業務外の飲酒運転を行って有罪判決をうけ、それが報道されたようなケースでは、企業の信用や評価に多大な悪影響を与えるため、懲戒処分が有効になる可能性が高いでしょう。

> 懲戒処分は、処分として社会通念上相当なものでなければならないが、懲戒事由毎に考慮する要素や重視する要素が異なりますので、懲戒処分をする場合にはその見極めが重要になる。

セクシュアルハラスメント及びパワーハラスメントについて

セクシュアルハラスメントやパワーハラスメントがなされると、加害者本人の不法行為に基づく損害賠償責任（民法709条）だけでなく、企業も不法行為責任（民法709条）使用者責任（民法715条）及び安全配慮義務違反として債務不履行責任（民法415条）を負い、被害者に対して損害賠償義務を負う場合があることを認識しなければなりません。

また、被害者から被害の申告があったにもかかわらず、企業がそれを放置したり、怠慢な調査を行ったりするなどの不適切な対応をしてしまうと、それ自体も安全配慮義務違反として損害賠償責任を負うことになりかねません。そのため、被害者から申告があった場合には、虚偽申告であることが一見明白である場合を除いて、可及的速やかに調査・処遇の決定を行うことが必要です。

このように、セクシュアルハラスメントもパワーハラスメントも法的責任については似たような側面を有していますが、両者には決定的な違いが存在します。すなわち、セクシュアルハラスメントに該当するような性的な言動は、本来職場には持ち込むべき類のものではなく、企業としてはセクシュアルハラスメントに対しては厳罰で臨むべきといえま

す。他方、パワーハラスメントについては、（暴力等を伴わない場合には）業務上の注意や指導の延長（行き過ぎ）というケースが非常に多くなっており、懲戒処分の対象になるか否かの判断が非常に難しくなっています。そして、近年では、上司の指導・注意に対して、何でもかんでもパワーハラスメントだと主張してくる労働者も散見されるところです（特に勤務成績や勤務態度の悪い労働者に多いように思われます）。このような労働者の主張を受けて上司を懲戒処分の対象にしてしまっては、他の上司も含めて部下を指導・注意することに萎縮してしまい、適切な業務上の指導・注意ができなくなってしまいます。このような事態を避けるためにも、パワーハラスメントに該当するか否かについては、当該言動がなされた背景等について慎重な調査及び判断が必要となります。

　なお、パワーハラスメントについては、平成24年3月15日に厚生労働省の「職場のいじめ・嫌がらせ問題に関する円卓会議」が「職場のパワーハラスメントの予防・解決に向けた提言」を公表しているので、対応例等の一つの参考になるでしょう。

③ 事前の注意・警告、軽い懲戒処分の重要性

　初回の非違行為に対して懲戒解雇や諭旨解雇といった重い懲戒処分を科すのではなく、まずは注意・警告を行ったり、戒告、譴責などの懲戒解雇や諭旨解雇に比べて軽い懲戒処分を科したりして、再度同じような非違行為を行った場合に重い懲戒処分を科す方が懲戒処分の有効性は高まるといえます（重い懲戒処分を科す前に注意・警告、軽い懲戒処分を科さなかったことを、懲戒処分を無効とする理由とした判例も多々あります。）。

　ただし、軽い懲戒処分を科した後に重い懲戒処分を科す場合、前述した一事不再理の法理（二重処罰禁止の原則）の観点から、最初の軽い懲戒処分の対象とした非違行為は後の重い懲戒処分の対象にはできないので、その点の注意が必要となります。他方、懲戒処分ではない注意や警告であれば、それの対象となった非違行為をも含めて重い懲戒処分の理由とすることができます。

> 重い懲戒処分を科す前に、まずは注意・警告を行ったり、戒告、譴責などの懲戒解雇や諭旨解雇に比べて軽い懲戒処分を科したりすることにより懲戒処分の有効性が高まる。

警告書

平成○○年○○月○○日

○○○○　殿

○○株式会社
人事部長　　○○○○

警告書

1. 貴殿は、平成○年○月○日及び同年○月○日に、貴殿の上司である○○○○から口頭の注意を受けているにも拘わらず、以下の行為を行いました。
　　日時：平成○年○月○日の午後○時頃
　　場所：本社ビル3階の営業部の執務フロアー
　　行為内容：貴殿は上司である○○○○対して、・・・。

2. 上記の行為は、職場の秩序を乱すものであるとともに、当社の就業規則第○条第○号に違反するものです。今後、貴殿がこのような行為を行わないよう本書面をもって警告します。
　　なお、この警告を受けたにも拘わらず、貴殿に改善が見られない場合は、当社は貴殿に対して、上記行為も含めて厳重な処分を行う方針であることを、予めお伝えします。

以上

【解説】

　警告書や注意書は、注意喚起をすることによって非違行為を行った労働者に改善を求めるという目的の他に、前述のとおり、懲戒処分の有効性を高める目的があります。後に行う懲戒処分と同一又は類似の非違行為であることを示すために、警告書や注意書には、非違行為が行われた日時・場所・非違行為の内容等を、出来る限り明確に記載すべきです。

　また、当該労働者が、警告や注意を受けていたにも拘わらず同様の行為を繰り返す場合には、企業が当該労働者の非違行為に対して厳格な態度で臨む方針であることを認識しながら敢えて再び非違行為を行ったものとして当該労働者の非違行為の悪質性が増すものと

考えます。したがって、懲戒処分の有効性を高めるために、上記書式のなお書きの部分（最終段落）の記載も入れておくべきです。同様に、懲戒処分の有効性を高める観点から、口頭の注意が以前にもなされたことがあればその旨も記載すべきです（具体的には、上記警告書の「平成〇年〇月〇日及び同年〇月〇日に、貴殿の上司である〇〇〇〇から口頭の注意を受けているにも拘わらず」という箇所です。）。

　　前述したとおり、重い懲戒処分を科す前に、警告等や軽い懲戒処分を経ることによって、重い懲戒処分の有効性が高まります。そのため、（特に今後も非違行為が継続されることが予想される事案であれば、）警告等や軽い懲戒処分を行ってから、再度同じような非違行為があった際に重い懲戒処分を行う方が無難です。
　　ただし、非違行為の内容が極めて悪質性の高い事案（例えば、1回だけ横領したが金額が莫大な場合、セクシュアルハラスメントの域を超え強制わいせつ罪に該当する行為を行った場合等）では、警告等や軽い懲戒処分を経なくとも重い懲戒処分は有効と考えます。このような非違行為を行った労働者が企業に留まっていること自体が職場秩序を乱すものといえるからです。

(2) 手続の相当性
① 懲戒手続

　懲戒処分の手続に関しては、何も定めない企業が多いですが、処分の適正さを確保する観点から、就業規則や労働協約で定める企業もあります。そして、就業規則や労働協約において、懲戒手続を定めている場合には、当該手続を経ず、又は形式的には手続を経たとしても誠実に手続を踏まずに科した懲戒処分については、無効になる可能性が高いです。
　他方、例外的に手続的要件を緩和する条項や手続を不要とする条項を設けておくことによって、懲戒手続を経なくても懲戒処分が有効になる

可能性があります（例えば、懲戒委員会規程において、懲戒処分を科す際には、「委員会の決定は、全員一致による。」と規定するだけでなく、「ただし、やむをえない事情がある場合、委員長は出席者の過半数をもって決議することができる」という例外規定を定めておく。）。そのため、可能であるならば、懲戒手続に例外規定を設けることをお勧めします。

さらに、あらゆる懲戒処分について懲戒手続を経なければならないとすると、煩雑ですし懲戒制度が硬直化してしまいます。そこで、出勤停止、降格、諭旨解雇、懲戒解雇のように比較的重い懲戒処分についてのみ懲戒手続を要するという規定にしておく方が無難です。

> 就業規則や労働協約において、懲戒手続を定めている場合には、当該手続を誠実に経なければならない。

② 弁明の機会の付与

就業規則に弁明の機会の付与（弁解の機会を与えること）といった手続が規定されている場合に、弁明の機会を付与せずに科した懲戒処分は無効となる可能性が高いです。

他方、そのような手続が就業規則に規定されていない場合にまで同手続を付与することが求められるわけではなく、弁明の機会を付与しなかったことをもって直ちに当該懲戒処分が無効になるわけではありません。但し、一般論としては、適正手続保障の見地からみて、懲戒処分に際し、被懲戒者に対し弁明の機会を与えることが望ましいため、重い懲戒処分や、懲戒処分の対象となる労働者が事実関係を争っている場合には、弁明の機会を付与することをお勧めします。弁明の機会を与えておけば、懲戒処分の有効性を基礎付ける一要素となるからです。

> 就業規則に弁明の機会の付与といった手続が規定されている場合には、弁明の機会を付与せずに科した懲戒処分は無効となる可能性が高い。

③ 長期間経過後の懲戒処分の可否

企業は懲戒処分の選択及び懲戒権の行使時期について裁量を有しているため、非違行為から長期間が経過しているからといって、このこ

とから直ちに懲戒処分が無効になるわけではありません。

しかし、非違行為を行った労働者は、長期間に亘って懲戒権の行使がなされていない場合には、懲戒処分は行われないであろうと期待を持ちますが、突如として懲戒権を行使した場合にはその期待を侵害し、その法的地位を著しく不安定にします。また、懲戒処分は労働者の非違行為によって乱された企業秩序を回復させるために実施されるという側面があることから、対象となった非違行為から相当期間が経過すれば、企業秩序は回復されたり、懲戒処分を科してまで回復する必要がなくなったりする状況になることもあり得ます。そのため、非違行為から相当期間が経過した後に懲戒処分を科した場合には、その懲戒処分が無効になる場合があります（判例では懲戒事由が発生した後7年以上経過したケースで、懲戒処分が無効になったケースもあります。）。

したがって、懲戒事由が発覚した場合には、速やかに懲戒処分を科すべきです。

> 非違行為から相当期間が経過した後に懲戒処分を科した場合には、その懲戒処分が無効になる場合がある。

前述したとおり、懲戒事由が発覚した場合には、速やかに懲戒処分を科すべきです。

但し、懲戒処分の前提となる非違行為に関する事実関係を十分に調査せずに処分するのは、後に労働者と懲戒処分の有効性が争いになったときに、企業に不利な事情が後から発見されてしまいかねず妥当ではありません。そのため、十分な事実関係の調査を行った上で懲戒処分を科すべきですが、事実関係の調査は場合によっては多大な時間を要してしまうことがあります。この点については、懲戒事由が発生してから多少時間が経過した後に行った懲戒処分が直ちに無効になるわけではなく、相当な期間内に行われていれば有効であると考えられています。

さらに、懲戒事由が発覚した後、処分までに時間を要している場合には、企業は、労働者に非違行為は不問に付されたとの期待を抱かせないように、社内手続において非違行為を不問に付さないで懲戒処分をする

旨を決議したり、当該労働者に対して、懲戒処分に関する調査や審議が継続している旨を通告したりしておくべきです。

なお、懲戒処分を科すか否かを決定するまでは、職場の秩序維持の観点から、非違行為を行った労働者を自宅待機させることがあります。これは、懲戒処分としての出勤停止ではなく、企業の業務命令権に基づく自宅待機命令です。自宅待機命令中は、当該労働者を就労させないことにつき、不正行為の再発、証拠湮滅のおそれなどの緊急かつ合理的な理由が存する場合を除き、企業は労働者に対して賃金を支払わなければなりません。

自宅待機命令書

平成〇〇年〇〇月〇〇日

〇〇〇〇　殿

〇〇株式会社
人事部長　〇〇〇〇

自宅待機命令書

　当社は、貴殿に対して、貴殿の〇という行為に対して調査の必要があるため、就業規則第〇条に基づき、平成〇年〇月〇日から正式な処分が決定する日までの自宅待機を命じます。
　今後は当社の指示がない限り、出社や就労を禁止します。

以上

【解説】

　本書式では、自宅待機期間を「正式な処分が決定する日まで」としていますが、具体的に、「平成〇年〇月〇日まで」と記載することもあります。なお、自宅待機が不当に長期間に亘る場合には、違法とされる場合があるので、正当な理由もなく長期間に亘る自宅待機を命じることは避けるべきです。

④ 辞職後や解雇後の懲戒解雇の可否
　ⅰ．辞職後の懲戒解雇
　　非違行為を行ったと疑われる労働者から退職届が提出された場合に、企業はどのような対応を取ることが適切でしょうか。
　　退職には、㋐一方的な労働契約の解約（辞職）と㋑**合意退職**の申出の２つがあります。㋐辞職については、退職届が提出され、その効力が発生した後(退職の意思表示の後に民法627条に定める期間（原則２週間）を経過した後）だと、労働契約は解消されているので、懲戒解雇を科すことはできません。但し、この２週間内であるならば懲戒解雇を科すことができるので、非違行為を行った疑いのある労働者から退職届が提出された場合には、企業は即座に事実関係を調査した上で懲戒解雇すべきです。もっとも、企業が懲戒解雇を科そうとする理由の多くは退職金の支払いを拒絶したいというものですが、これについては、退職金不支給条項で対処することができるので、そちらの文言を適切にすれば余り問題になりません（これについては本章「３」で説明します）。
　　これに対して、㋑合意退職については、企業がその申出を承諾しない限り合意退職は成立しないので、その申出を断った後又は保留している間に懲戒処分をすることに問題はありません。

　非違行為を行ったと疑われる労働者から退職届が提出された場合には、それが合意退職の申出か辞職の意思表示かをまずは確認すべきです。そして、前者であれば、退職の合意が成立したとされないために、承諾しないことを明確に伝えることが必要になります。
　他方、後者であれば、その効力が生じる２週間(就業規則等で１カ月と定めていれば、その期間、以下同じです）の間に懲戒事由の調査や懲戒解雇を科すか否かの決定などをしなければなりません。しかし、就業規則や労働協約で懲戒委員会での審議や労働組合との事前協議が必要とされている場合には、２週間の内に懲戒解雇を科すことができない場合があることは十分に予想されるところです。このようなことに対応する

ために、退職金を不支給にできる退職金規程の整備が必要になってきます（この点は後述「3」で説明します）。

ⅱ．普通解雇後の懲戒解雇

　　普通解雇後に懲戒解雇することは、原則としてできません。なぜなら、懲戒事由がないものと考えて普通解雇の意思表示をしたことは、動機の錯誤にすぎないからです。

コラム

迷ったら普通解雇！？

　懲戒処分を科した後に、懲戒処分を科した当時に企業が認識していなかった非違行為が発覚しました。このような場合、企業はこの非違行為についても懲戒事由として、懲戒処分の相当性を補強すべく、懲戒事由として追加したいと考えることが多いかと思われます。

　しかし、懲戒処分当時に企業が認識していなかった非違行為は、特段の事情がない限り、その存在をもって当該懲戒処分の有効性を根拠づけることはできないこととされています。

　企業としては、非違行為を行った労働者をいち早くクビにすることを第一の目的とするケースも多いですが、上記のように懲戒事由を追加で主張することが原則としてできないため、当初認識していた懲戒事由だけでは懲戒処分が無効になりかねないケースが存在します。

　とにかく当該労働者をクビにすることを第一の目的と考えるならば、追加で解雇事由を主張できる普通解雇をするという選択肢も十分に合理性があります。

懲戒処分通知書（諭旨解雇）

平成〇〇年〇〇月〇〇日

〇〇〇〇 殿

〇〇株式会社
代表取締役　〇〇〇〇

懲戒処分通知書

　当社は、貴殿に対して、下記の懲戒処分に処することが決定しましたので、通知致します。

記

1．懲戒処分の理由
　　　貴殿は、平成〇年〇月〇日に・・・。

2．懲戒処分の内容
　　　貴殿の上記1記載の行為は、就業規則第〇条第〇号に該当するので、同第〇条〇号に基づき、平成〇年〇月〇日付けで貴殿を諭旨解雇と致します。
　　　よって、同日までに退職届を提出することを勧告致します。なお、上記期限までに退職届が提出されない場合には、貴殿は同年〇月〇日付けで懲戒解雇となることを、念のため申し添えます。

以上

懲戒処分通知書（懲戒解雇）

平成〇〇年〇〇月〇〇日

〇〇〇〇　殿

〇〇株式会社
代表取締役　〇〇〇〇

懲戒解雇通知書

　当社は、貴殿に対して、下記の懲戒処分に処することが決定しましたので、通知致します。

記

1．懲戒処分の理由
　　貴殿は、平成〇年〇月〇日に・・・。

2．懲戒処分の内容
　　貴殿の上記1記載の行為は、就業規則第〇条第〇号に該当するので、同第〇条〇号に基づき、平成〇年〇月〇日付けで貴殿を懲戒解雇と致します。

以上

【解説】

　前述のとおり、懲戒当時に企業が認識していなかった非違行為は、特段の事情がない限り、その存在をもって当該懲戒処分の有効性を根拠付けることはできず、原則として懲戒処分通知書に記載した懲戒事由を後から追加することはできません。したがって、懲戒処分通知書の「処分の理由」には、懲戒事由を具体的且つ網羅的に記載する必要があります。

　なお、上記では、懲戒解雇と諭旨解雇の書式を示しましたが、その他の懲戒処分でも基本的には同様の書式を用いることができます。例えば、降格処分であれば、懲戒処分通知書（懲戒解雇）の「貴殿を懲戒解雇と致します。」という箇所を、「貴殿を降格処分とし、〇〇の職を解き、〇〇の職を命じます。」というように変更します。

⑤ 始末書不提出と懲戒処分

　企業から労働者に対して、譴責並びに始末書の提出を伴う減給、出勤停止及び降格のいずれかの処分が科されたにも拘わらず、労働者が始末書の提出を拒絶した場合、企業はこの不提出を理由として新たに懲戒処分を科すことを検討することが珍しくありません。このような始末書の不提出を理由とする懲戒処分が有効か否かは、始末書の記載内容によります。すなわち、始末書が、㋐事実経過についての報告を内容とするものと、㋑事実経過についての報告に加え、本人の反省や謝罪を内容とするものがありますが、㋐については、事実経過についての報告は業務命令として提出を求めることは可能なので、これを拒絶することは業務命令違反として懲戒処分の対象とすることができます。他方、㋑については、反省や謝罪を強制することになりますが、これは労働者の良心の自由や個人の意思決定の自由を侵害しかねないものです。反省や謝罪を内容とする始末書の不提出を理由に新たに科した懲戒処分を有効とする判例もありますが、無効とする判例も多々あります。そのため、㋑の始末書の提出を命令し、それに従わない場合に新たに懲戒処分を科した場合には、その懲戒処分は無効になる可能性が高いと考えます。したがって、紛争予防の観点からは、新たな懲戒処分を科すことは控えるべきです。

　なお、反省や謝罪を始末書の内容に入れたとしても、訴訟においてその記載がそれ程、重要ではありません。むしろ重要なのは、何時、誰が、どのような非違行為を行ったかという点を始末書に詳細に記載させることです。このように事実経過を詳細に記載させることにより、後に紛争に発展した場合に、労働者が非違行為を行ったことを示す有力な証拠となります。そのため、反省や謝罪を始末書に入れることに固執せずに、事実経過を詳細に記載させることに力を入れるべきです。

> 始末書を提出させる際に重要なのは、何時、誰が、どのような非違行為を行ったかという点を詳細に記載させることであるので、反省や謝罪を入れることに躍起になるべきではない。

始末書

```
                              平成○○年○○月○○日
○○株式会社
代表取締役　○○○○　殿
                              ○部○課○（役職）
                              ○○○○（氏名）


                  始末書


　私は、下記のとおり、就業規則に違反する非違行為を行い、貴社に多大なご迷惑
をおかけしたことを、心からお詫び申し上げます。
　今回の事態を深く反省し、今後は、二度と同じ過ちを繰り返さないことを誓い
ます。


                    記


日時：平成○年○月○日の午前○時頃
場所：本社ビル10階の企画部の執務フロアー
行為内容：私は上司である○○○○に対して、・・・。
                                              以上
```

【解説】
　この書式は、事実経過についての報告に加え、本人の反省や謝罪を内容とするものです。企業としては反省・謝罪まで記載した始末書を求めたくなるでしょうが、無用な紛争を惹起しかねませんし、訴訟において反省・謝罪が記載されていることがそれ程意味を持つものではないので、前述のとおり、事実経過を詳細に書かせるべきです。

懲戒処分の公表
　企業が労働者に対して懲戒処分を課した場合、懲戒処分を受けた者の氏名や所属部署、対象行為、処分内容を社内公表することがあります。これは、同種の非違行為の再発を防ぐ目的でなされるため、一応の合理

> 性が認められますので、公表をすることが直ちに違法となるわけではありません。ただし、懲戒処分を受ける者のプライバシーなどの問題がありますので、公表には一定の配慮が求められます。
> 　懲戒対象行為と処分内容のみ公表すれば、同種の非違行為の再発を防ぐという目的を達成できるのであれば、被懲戒者の氏名や所属まで公表する必要性があるかという点については、慎重に検討すべきです。
> 　例えば、痴漢等の犯罪行為により逮捕され、マスコミ報道によって企業名が報道されたケースにおいて、当該労働者を懲戒解雇したようなケースでは、懲戒解雇したことを公表することが、企業の名誉の保持ないし回復に資することになるでしょうから、このような公表行為は許容される可能性が高いです。
> 　他方、軽微な手続き違反行為につき譴責や減給といった比較的軽い処分を実施した場合であれば、処分対象となった行為と処分内容を社内にのみ公表しておけば目的は達し得るのであって、被処分者の氏名や所属を公表することは許容されない可能性が高いでしょう。また、ハラスメントのケースなど、重大事案の場合、再発防止の必要性が高いものの、加害者が特定されることにより、被害者のプライバシーが問題になり得るケースもありますので、公表に際しては被害者のプライバシーも踏まえた検討を行う必要があります。
> 　なお、社内公表の可否については賛否が分かれるところであり、トラブル防止の観点から、社内公表について、上記のように抽象化するか否かも含めて、就業規則や懲戒規程で言及したほうが無難でしょう。

3．懲戒処分と退職金の不支給、減額

　懲戒解雇処分となった労働者に対しては、退職金を支給しない又は支給する退職金を減額するという取扱いにしている企業が大半を占めています。このように不支給としたり減額したりするためには、その旨を就業規則に定めておかなければなりません。

　ただし、懲戒解雇処分になったからといって、直ちに退職金の不支給・減額が認められるわけではありません。第3章で説明したとおり、退職金には功労報償的な性格だけでなく賃金後払的な性格をも有するため、退職金の不支給・減額規定を適用できるのは、労働者のそれまでの勤続の功労を抹消してしまうほどの背信行為があった場合に限られます。

また、前述したように、退職後に懲戒解雇事由が発覚した場合には、既に労働契約は解消されているので、改めて当該労働者に対して懲戒解雇を科すことはできません。もっとも、企業が懲戒解雇を科したい理由の多くは退職金の支払いを拒絶したいというものですので、退職金不支給条項を工夫することによって対処することができます。具体的には、退職金不支給条項を「懲戒解雇の場合には」とするだけではなく、その規定に追加するか、それに代えて、「懲戒解雇相当事由が存在する場合には」とすることで、退職金の支払いを拒絶することが可能になります。

> 懲戒解雇処分になったからといって、直ちに退職金の不支給・減額が認められるわけではなく、退職金を不支給とするのはハードルは高い。

退職金規程（退職金の不支給・減額）

```
（退職金の不支給・減額）
第A条　懲戒解雇された者または懲戒解雇事由に相当する背信行為を行った者には、退職金を全額支給しない。ただし、情状により一部減額して支給することができる。

（退職金の返還）
第B条　労働者が解雇され又は退職した後に、在職期間中に第A条に該当する事由があったことが判明した場合には、会社は当該労働者に対して支給した退職金の返還を求めることができる。
```

【解説】
　退職金の不支給事由を規定するだけでなく、事情により減額して支給することができる旨の規定を設けておいた方が、企業にとっては柔軟な運用が可能になります。そのため、第A条のように「ただし、情状により一部減額して支給することができる。」という規定を設けた方がよいでしょう。

> **コラム**
>
> **非違行為が会社にバレそうだから辞職してしまえ**
>
> 　「新しい経理のスタッフが入ったため、会社のお金を使い込んでいたことが見抜かれてしまいそうだ！バレる前に退職してしまえば、とりあえず退職金はもらえるので、それから今後のことを考えよう」。非違行為を行った労働者の中にはこのように考える者は少なくありません。
>
> 　このような労働者に対抗するために、企業は、非違行為への関与の疑いがある労働者への退職金支給を遅らせて、その後に懲戒解雇相当事由が発覚したときに退職金を減額したり不支給にしたりしようと考えます。
>
> 　しかし、懲戒解雇が有効であるような場合であっても、必ずしも退職金の減額や不支給が認められるわけではありません。上記のように不支給や減額のハードルが高いため、結果的に非違行為を行った労働者が多額の退職金を得てしまうことが少なくありません。
>
> 　結局、退職届を出した者勝ちという状況になりかねません。いくら退職金に賃金の後払的性格があるからといって、懲戒解雇相当の場合にまで労働者を保護する必要があるのかという点については疑問を感じざるを得ません。

第8章 ハラスメント
（セクシュアルハラスメント、パワーハラスメント、マタニティハラスメント）

1. ハラスメント
2. ハラスメント対応の重要性
3. セクシュアルハラスメント
4. パワーハラスメント
5. マタニティハラスメント
6. 企業に求められる取り組み
7. ハラスメント事故が発生した場合の対応

第8章 ハラスメント

セクシュアルハラスメント、パワーハラスメント、マタニティハラスメント

1. ハラスメント

　最近は、アルコールハラスメント（通称「アルハラ」）のように「○○ハラ」と略される形で、様々なハラスメントが登場しています。この中で、法律に規定のあるものは、セクシュアルハラスメントとマタニティハラスメントだけでしたが、令和元年5月、職場におけるパワーハラスメントの防止措置を企業に義務付ける、いわゆるパワハラ防止法（労働施策総合推進法）が成立したため、法律上に規定があるハラスメントは3つになりました。

　そこで、この章では、この3つのハラスメントを中心に解説していきます。以下、単に「ハラスメント」と表記する場合には、この3つのハラスメントを意味します。

2. ハラスメント対応の重要性

　セクシュアルハラスメント、パワーハラスメント、及びマタニティハラスメントについては、後述するように、法律や厚生労働省の指針によって、ハラスメント防止措置が企業に義務付けられています。

　しかし、法律等によって義務付けられているからハラスメントに対応しなければいけない、というわけではありません。

　ハラスメントが企業・労働者（被害者・加害者）に与える影響・リスクは、次の表のとおり、広範かつ甚大です。ハラスメントが発生した場合、企業は、被害者からの損害賠償請求といった法的責任を追及されるおそれがあるだけではなく、労働者の勤労意欲の低下、レピュテーション被害による企業のイメージダウンに加えて、最近はインターネット、SNS利

用の増大により、レピュテーション（＝信用）の問題に留まらず新規契約の停止や既存契約の解除、銀行融資の凍結、新卒採用への悪影響など本業に関して直接的な営業損害となる例も多く見られます。

被害者	・勤労意欲の低下 ・生産性の低下 ・心身の健康不調→長期欠勤、休職等
加害者	・懲戒処分 ・民事責任（不法行為に基づく損害賠償責任） ・刑事責任（強制わいせつ罪、暴行罪、名誉毀損罪、侮辱罪等）等
企業	・民事責任（不法行為、使用者責任、債務不履行（安全配慮義務違反）に基づく損害賠償責任） ・労災申請リスク ・企業のイメージダウン、採用力の低下 ・職場環境の悪化に伴う生産性の低下 ・問題解決に至るまでの時間・労力・コスト ・社会的信用ダウンによる営業損害等

そのため、企業にとって、ハラスメントが何であるかを正しく理解し、ハラスメントを起こさせないための就業規則等の規程の整備、ハラスメントが起こってしまった後の事後対応の準備等をしておくことが、極めて重要になります。それでは、このことを念頭に、個別に、見ていきます。

> ハラスメントが原因でメンタルヘルス不調を発症した場合には、労災申請につながる可能性もある。ハラスメントによるリスク・影響は甚大なものがあり、企業は、ハラスメントの未然防止に注力すべきである。

3．セクシュアルハラスメント

(1) セクシュアルハラスメントの定義

セクシュアルハラスメントとは、簡潔に定義付けをすれば、「職場における労働者の意に反する性的言動」です。

異性だけではなく、男性⇒男性、女性⇒女性、女性⇒男性といったセクハラも成立します。また、被害を受ける者の性的指向や性自認にか

かわらず、「性的な言動」であれば、セクシュアルハラスメントに該当します（いわゆる**LGBT**の問題）。

　セクシュアルハラスメントについては、均等法11条及び「事業主が職場における性的な言動に起因する問題に関して雇用管理上講ずべき措置についての指針」（以下「セクハラ指針」）（平成18年厚生労働省告示第615号）において、具体的に規定されていますが、「職場における労働者の意に反する性的言動」を、分解すると、次のとおりになります。但し、定義にあてはまらなければ、許されるというものではありません。

セクシュアルハラスメント	「職場」における	企業が雇用する労働者が業務を遂行する場所（取引先の事務所、取引先と打合せをするための飲食店、顧客の自宅等であっても「職場」に含まれます。）	
	「労働者」の	企業が雇用する労働者のすべて（正社員、パートタイム労働者、契約社員等も含まれます） ※女性に限りません ※同性であっても対象になり得ます ※性的指向又は性自認にかかわらず対象となりますのでいわゆる「LGBT」の問題も含みます。	
	「意に反する」	平均的な労働者の感じ方を基準にして考えますが、仮にその基準に達していなくても、拒絶の意思表示を示された場合には、「意に反する」と評価されます。 また、明確に、明示的に拒絶の意思表示がなかったとしても、被害者の内心の感情に反していれば、「意に反する」と評価されます。	
	「性的言動」	性的な内容の発言	・性的な事実関係を尋ねること、 ・性的な内容の情報を意図的に流布すること等
		性的な行動	・性的な関係を強要すること、 ・必要なく身体に触ること、 ・わいせつな図画を配布すること等

※後述のように、「男のくせに」、「女らしく」など、性別役割分担意識に基づく言動が背景となってセクハラが生ずることがあるとされる点も留意する必要があります。

　セクハラ指針は、職場におけるセクシュアルハラスメントを、「**対価型セクシュアルハラスメント**」と「**環境型セクシュアルハラスメント**」の2つに分けて考えています。

① 対価型セクシュアルハラスメント

　職場において行われる性的な言動に対する労働者の対応により、当該労働者が解雇、降格、減給等の不利益を受けること、をいいます。
　その態様は多様ですが、典型的な例として、次のようなものがあります。

【対価型セクハラの典型例】

> ① 事務所内において経営者が労働者に対して性的な関係を要求したが、拒否されたため、その労働者を解雇すること。
> ② 出張中の車中において、上司が労働者の腰、胸等に触ったが、抵抗されたため、その労働者にとって不利益な配置転換をすること。
> ③ 営業所内において経営者が日頃から労働者にかかわる性的な事柄について公然と発言していたが、抗議されたため、その労働者を降格すること。

② 環境型セクシュアルハラスメント

　職場において行われる性的な言動により、労働者の就業環境が不快なものとなったため、能力の発揮に重大な悪影響が生じる等当該労働者が就業する上で看過できない程度の支障が生じること、をいいます。
　その態様は多様ですが、典型的な例として、次のようなものがあります。

【環境型セクハラの典型例】

> ① 事務所内において上司が労働者の腰、胸等に度々触ったため、その労働者が苦痛に感じてその就業意欲が低下していること。
> ② 同僚が取引先において労働者にかかわる性的な内容の情報を意図的かつ継続的に流布したため、その労働者が苦痛に感じて仕事が手につかないこと。
> ③ 労働者が抗議をしているにもかかわらず、事務所内にヌードポスターを掲示しているため、その労働者が苦痛に感じて業務に専念できないこと。

(2) セクシュアルハラスメントにおける判断基準

　実際に、セクシュアルハラスメントの申告があった場合に、セクシュアルハラスメントに該当するか否かの判断が難しい場合もあります。判断にあたっては、労働者の主観を重視しつつも、一定の客観性が必要になります。

　また、判断にあたっては、被害を受けた労働者が女性である場合には「平均的な女性労働者の感じ方」を基準とし、被害を受けた労働者が男性である場合には「平均的な男性労働者の感じ方」を基準とします。

① 身体的接触を伴う場合

　意に反する身体的接触によって精神的苦痛を被った場合において、一回であっても、就業環境が害されているといえ、セクシュアルハラスメントに該当すると考えるのが通常です。

② 身体的接触を伴わない場合

　継続されているか繰り返されているかが重要な要素になるものの、回数や継続性のみを判断材料とはせず、「明確に抗議しているにもかかわらず放置された状態」または「心身に重大な影響を受けていることが明らかな場合」には、就業環境が害されているといえ、セクハラに該当すると考えるのが通常です。ただし、最高裁判決（平27.2.26）によれば、被害者が内心でセクハラに著しい不快感や嫌悪感等を抱きながらも、職場の人間関係の悪化等を懸念して、加害者に対する抗議ないし企業に対する被害の申告を差し控えたりちゅうちょしたりすることが少なくないと考えられるため、明白な拒否の姿勢を示していないことなどを加害者有利な事情として斟酌することは相当でないとされている点は留意が必要です。つまり、「嫌がっていなかった」という1点を持ってセクハラが免責されるわけではありません。

(3) セクシュアルハラスメントの背景になりうる言動について

　セクハラ指針では、職場におけるセクシュアルハラスメントの防止の効果を高めるため、セクシュアルハラスメント発生の原因や背景となっていると考えられる「性別役割分担意識に基づく言動」についても、労

働者の理解を深めることが重要とされています。

「性別役割分担意識に基づいた言動」は、「男らしい」「女らしい」などの固定的な従来型の考え方に基づき、無意識のうちに言葉や行動に表れてしまうことがあるので、注意が必要です。具体的には、次のような言動があてはまります。

①「男のくせにだらしない」「家族を養うのは男の役目」
②「この仕事は女性には無理」
③「子供が小さいうちは、母親は子育てに専念すべき」

(4) 企業に求められる取り組み

平成11年の均等法改正により、企業に対してセクシュアルハラスメント防止のための配慮義務が課され、さらに、平成19年の改正により、これが措置義務となりました（同法11条）。措置義務の具体的内容については、マタニティハラスメントの措置義務と一緒に、後記6で解説します。尚、企業がセクシュアルハラスメントの防止に取り組むにあたって有用な書式は、【書式編第8章】にありますので、ご確認ください。

> セクシュアルハラスメントについては、リスクマネジメントの観点からも、被害者に寄り添い、早期に解決できるよう対応していくことが肝要である。これまで以上に一歩踏み込んだ対応が求められる時代である。

4．パワーハラスメント

(1) パワーハラスメントの定義

パワーハラスメントは、職場において行われる優越的な関係を背景とした言動であって、業務上必要かつ相当な範囲を超えたものによりその雇用する労働者の就業環境を害すること、と定義されました（労働施策総合推進法30条の2第1項参照）。

パワーハラスメントの態様は多様ですが、類型として、次のようなものがあります。

①	身体的な攻撃	・物を投げつけられ、身体に当たった ・蹴られたり、殴られたりした ・いきなり胸ぐらをつかまれて、説教された
②	精神的な攻撃	・同僚の前で、上司から無能扱いする言葉を受けた ・皆の前で、ささいなミスを大きな声で叱責された ・必要以上に長時間にわたり、繰り返し執拗に叱られた
③	人間関係からの切り離し	・利用もなく他の社員との接触や協力依頼を禁じられた ・先輩・上司に挨拶しても、無視され、挨拶してくれない ・根拠ない悪い噂を流され、会話してくれない
④	過大な要求	・終業間際なのに、過大な仕事を毎回押しつけられる ・1人ではできない量の仕事を押しつけられる ・達成不可能な営業ノルマを常に与えられる
⑤	過小な要求	・営業職なのに、倉庫の掃除を必要以上に強要される ・事務職で採用されたのに、仕事は草むしりだけ ・他の部署に異動させられ、仕事を何も与えられない
⑥	個の侵害	・個人所有のスマホを勝手にのぞかれる ・不在時に、机の中を勝手に物色される ・休みの理由を根掘り葉掘りしつこく聞かれる

　上記類型のうち、①については、いかなる理由があろうとも、「業務の適正な範囲」には含まれません。次に、②③についても、原則として「業務の適正な範囲」には含まれません。一方、④⑤⑥については、何が「業務の適正な範囲」を超えるかは業種や企業文化の影響を受け、具体的な判断も、行為が行われた状況、前後の経緯や行為が継続的であるかどうかによって左右される部分があるため、各企業・職場で認識をそろえ、その範囲を明確にすることが望ましいといえます。

(2) セクシュアルハラスメントとの相違点

　セクシュアルハラスメントもパワーハラスメントも、「ハラスメント」という点で共通していますが、両者には決定的な違いが存在します。

　それは、セクシュアルハラスメントに該当するような性的な言動は、本来職場に持ち込むべき類いのものではなく、かつ、決してあってはならないものです。他方で、パワーハラスメントについては、暴力等を伴う場合は別として、業務上の注意や指導の延長（行き過ぎか否かというのは多分に評価を含む概念です）というケースが非常に多く、注意指導とハラスメントの区別が必ずしも明確ではないということです。

企業としては、セクシュアルハラスメントに対しては例外なく厳罰で臨むべきといえますが、パワーハラスメントについては、一般的な民法上の不法行為（民法709条）が問題となり、社会通念上の相当性を逸脱した行為という基準で判断されますので、その違法性の線引きが難しいといえます。

　特に、近時、上司からの注意指導について、すぐに「パワーハラスメントだ！」と主張してくる労働者も少なからず存在します。このような労働者の主張を受けて、企業が一方的に上司を注意したり、懲戒処分の対象にしてしまったりしては、他の上司も含めて部下を注意指導することに対して萎縮的効果が生じ、適切な業務上の指導・注意ができなくなってしまいます。

　個人の受け取り方によっては、業務上必要な指示や注意・指導を不満に感じたりする場合もあり得ますが、セクシュアルハラスメントと異なり、パワーハラスメントにおいては、「業務上の適正な範囲」か否かは受け手の主観ではなく客観的に判断され、客観的にみて「業務の適正な範囲」と認められる場合には、パワーハラスメントには該当しません。

　そこで、パワーハラスメントに該当するか否かについては、当該言動がなされた背景・前後の経緯・当事者の普段からの関係性等について慎重な調査及び判断が必要となります。

(3) 企業に求められる取り組み

　従前は、パワーハラスメントに関しては、セクシュアルハラスメントと異なり、企業にハラスメントを防止するための措置義務は課せられていませんでした。しかし、本章の冒頭で言及したパワハラ防止法（労働施策総合推進法）により、パワーハラスメントに関しても、企業に防止するための措置義務が課せられました。具体的には、労働者からの相談に応じ、適切に対応するために必要な体制の整備、その他の雇用管理上必要な措置を講じることが必要となります（同法30条の2第1項）。具体的な措置の内容については指針で定められることになっていますが、セクシュアルハラスメントと同様に、大枠としては、事業主の方針

の明確化・周知啓発、相談体制の整備、事後の迅速かつ適切な対応といったことが内容になると思われます（なお、セクシュアルハラスメントに関する措置義務の具体的内容については、後記6参照）。

　なお、パワーハラスメントについては、2015年に厚生労働省委託事業の一環として策定された「職場のパワーハラスメント対策ハンドブック」（以下「ハンドブック」）が公表されました。このハンドブックにも記載されていますが、職場でのパワーハラスメントの予防と解決のために、次の点が重要になります。

【パワーハラスメントを防止するために】
　① パワーハラスメント防止についての「トップのメッセージ」
　② パワーハラスメントについての「ルールを決める」
　③ パワーハラスメントの「実態を把握する」
　④ パワーハラスメントをしないように「教育する」
　⑤ パワーハラスメントの正しい知識や相談窓口等について「周知する」
【パワーハラスメントを解決するために】
　① パワーハラスメントに関する「相談や解決の場を提供する」
　② パワーハラスメントの「再発防止のための取組み」

パワーハラスメントは、セクシュアルハラスメントと異なり、企業側の認識とハラスメントを申告する労働者の認識がずれることが多い。企業としては、丁寧な事実調査により、「業務の適正な範囲」を超えている否かについて、認定していくことが求められる。

5．マタニティハラスメント

(1) 定義

　マタニティハラスメントとは、妊娠・出産、育児休業等を理由として解雇、不利益な異動、減給、降格等の不利益な取扱い（均等法9条3項、育児・介護休業法10条等）及び妊娠や出産に関する嫌がらせ行為（均

等法11条の2、育児・介護休業法25条）です。

大きく、「制度等の利用への嫌がらせ型」と「状態への嫌がらせ型」に分類されます。図にすると、次のとおりです。尚、この「制度」には、後述するとおり、介護休暇等介護に関する制度も含みます。

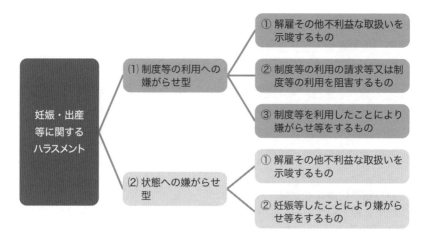

イメージしやすいように、典型的なマタハラも例示します。次の例にあるように、マタハラは、女性労働者に限らず、男性労働者にも成立します。上司から部下だけではなく、同僚同士でも成立する点には注意が必要です。

① 制度等の利用への嫌がらせ型のマタハラの具体例
　・妊婦検診のための休暇を申請した女性労働者に、「病院は休みの日に行けるだろう」
　・時間外労働の免除について相談してきた女性労働者に、「そういうことであれば、賞与は減額する」
　・育児休業を申請した男性労働者に、「こんな申請をするようであれば、昇進できなくなるぞ」
　・育児短時間勤務を利用している同僚に、「早く帰れる人は、気楽でいいよね」

> 【対象となる制度又は措置】
> ■ 男女雇用機会均等法が対象とする制度又は措置
> 　①産前産後休業、②妊娠中及び出産後の健康管理に関する措置（母性健康管理措置）、③軽易業務への転換、④変形労働時間制での法定労働時間を超える労働時間の制限、時間外労働及び休日労働の制限並びに深夜業の制限、⑤育児時間、⑥坑内業務の就業制限及び危険有害業務の就業制限
> ■ 育児・介護休業法が対象とする制度又は措置
> 　①育児休業、②介護休業、③子の看護休暇、④介護休暇、⑤所定外労働の制限、⑥時間外労働の制限、⑦深夜業の制限、⑧育児のための所定労働時間の短縮措置、⑨始業時刻変更等の措置、⑩介護のための所定労働時間の短縮等の措置

② 状態への嫌がらせ型のマタハラ
・妊娠を報告した女性労働者に、「寿退社か、いつ辞めるの？」
・3人目を妊娠した女性労働者について同僚間、「周りの負担を考えずに、妊娠ばかりして」と陰口
・同僚が妊娠した女性労働者に、「なんでこの忙しい時期に妊娠したのか」と冗談

> 【対象となる事由】
> ①妊娠したこと、②出産したこと、③産後の就業制限の規定により就業できず、又は産後休業をしたこと、④妊娠又は出産に起因する症状（※）により労務の提供ができないこと若しくはできなかったこと又は労働能率が低下したこと、⑤坑内業務の就業制限若しくは危険有害業務の就業制限の規定により業務に就くことができないこと又はこれらの業務に従事しなかったこと
> ※「妊娠又は出産に起因する症状」とは、つわり（妊娠悪阻）、切迫流産、出産後の回復不全等、妊娠又は出産したことに起因して妊産婦に生じる症状、をいいます。

(2) 業務上の必要性に基づく言動はマタニティハラスメントに該当しない

マタニティハラスメントに該当する言動についてみてきましたが、上司等が、業務分担や安全配慮等の観点から、妊娠や出産等に関連した発言をすることもありうるでしょう。このような場合、業務分担や安全配慮等の観点から、客観的にみて、業務上の必要性に基づく言動によるものについては、マタニティハラスメントには該当しません。

例えば、妊婦検診等ある程度調整可能なものについては、業務上の必要性からその時期をずらすことが可能か、労働者に依頼や相談をすることまでが、マタニティハラスメントとして禁止されているわけではありません。但し、一方的な通告や実質的に強要にあたる言い方等は、マタニティハラスメントになる可能性があるので、注意が必要です。

厚生労働省も、「職場におけるハラスメント対策マニュアル」において、次の言動は、業務上の必要性に基づく言動としています。

① 「制度等の利用」に関する言動の例

- 業務体制を見直すため、上司が育児休業をいつからいつまで取得するのか確認すること
- 業務状況を考えて、上司が「次の妊婦検診はこの日は避けてほしいが調整できるか」と確認すること
- 同僚が自分の休暇との調整をする目的で休業の期間を尋ね、変更を相談すること

② 「状態」に関する言動の例

- 上司が、長時間労働をしている妊婦に対して、「妊婦には長時間労働は負担が大きいだろうから、業務分担のみなしを行い、あなたの残業量を減らそうと思うがどうか」と配慮する
- 上司・同僚が「妊婦には負担が大きいだろうから、もう少し楽な業務にかわってはどうか」と配慮する
- 上司・同僚が「つわりで体調が悪そうだが、少し休んだ方が良いのではないか」と配慮する

※例示した前記3つの配慮については、妊婦本人にこれまで通り勤務を続けたいという意欲がある場合であっても、客観的に見て、妊婦の体調が悪い場合は、業務上の必要性に基づく言動といえます。

(3) 妊娠等を「理由として」の不利益取扱い

上記(1)で見てきたように、均等法9条3項や育児休業、育児・介護休業法10条等では、妊娠・出産、育児休業等を「理由として」解雇等の不利益取扱いを行うことを禁止しています。この点は、ハラスメントか否かとは別の問題として、明確に法律で規定されている禁止事項になります。

そのため重要ですので、さらに解説していきます。これらの不利益取り扱いの対象者や具体例は、次のとおりです。

対象者	不利益取り扱いの理由となった行為	不利益取り扱いの例
妊娠中・産後の女性労働者	・妊娠、出産 ・妊婦健診などの母性健康管理措置 ・産前・産後休業 ・軽易な業務への転換 ・つわり、切迫流産などで仕事ができない、労働能率が低下 ・育児時間 ・時間外労働、休日労働、深夜業をしない等	・解雇 ・雇い止め ・契約更新回数の引き下げ ・退職や正社員を非正規社員とするような契約内容変更の強要 ・降格 ・減給 ・賞与等における不利益な算定 ・不利益な配置変更 ・不利益な自宅待機命令
子どもや要介護者を持つ労働者	・育児休業 ・介護休業 ・短時間勤務 ・子の看護休暇 ・時間外労働、深夜業をしない ・始業時刻変更等の措置等	・昇進・昇格の人事考課で不利益な評価を行う ・仕事をさせない、もっぱら雑務をさせるなど就業環境を害する行為をする ・派遣労働者として就業する者について、派遣先が当該派遣労働者に係る労働者派遣の役務の提供を拒む

女性の社会進出が進むとともに、平成26年10月23日に、最高裁が、軽易業務への転換を契機としてなされた降格は違法であるとの判断を

行ったこともあり（広島中央保健生活協同組合事件・最判平 26.10.23）、近時、マタニティハラスメントが社会の耳目を集めています。

この最高裁の判例を受けて、厚生労働省は、平成 27 年 1 月 23 日に、「『改正雇用の分野における男女の均等な機会及び待遇の確保等に関する法律の施行について』及び『育児休業・介護休業等育児又は家族介護を行う労働者の福祉に関する法律の施行について』の一部改正について」というマタニティハラスメントに関する解釈通達を発表しました。

この解釈通達では、妊娠・出産、育児休業等の事由を「契機として」不利益取り扱いを行った場合には、下記の例外①②に該当しない限り、原則として違法である、としています。

この「契機として」とは、原則として、妊娠・出産・育休等の事由の終了から 1 年以内を指すとされています。ただし、事由の終了から 1 年を超えている場合であっても、実施時期が事前に決まっている、又は、ある程度定期的になされる措置（人事異動、人事考課、雇止めなど）については、事由の終了後の最初の当該措置の実施までの間に不利益取扱いがなされた場合は「契機として」いると判断されることになります。

> **例外①：業務上の必要性が不利益取扱いの影響を上回る特段の事情がある**
> 　⇒経営状況の悪化等が理由である場合
> 　　：不利益取扱いをしなければ業務運営に支障が生じる状況にあった上で、不利益取扱いを回避する合理的な努力がなされ、人員選定が妥当である等
> 　⇒本人の能力不足等が理由である場合
> 　　：妊娠等の事由の発生前から能力不足等が問題とされており、不利益取扱いの内容・程度が能力不足等の状況と比較して妥当で、改善の機会を相当程度与えたが改善の見込みがない等
>
> **例外②：本人が同意し、一般的労働者が同意する合理的理由が客観的に存在**

⇒契機となった事由や取扱いによる有利な影響（労働者の求めに応じて業務量が軽減されるなど）があって、それが不利な影響を上回り、不利益取扱いによる影響について事業主から適切な説明があり、労働者が十分理解した上で応じるかどうかを決められた等

これを、わかりやすく図にすると、次のとおりです。

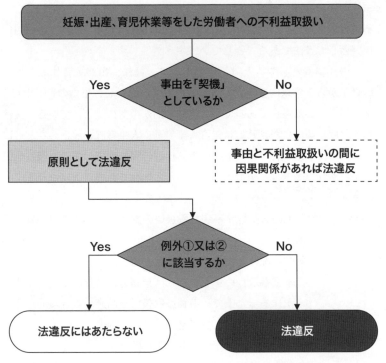

（厚生労働省パンフレットから抜粋）

(4) 企業に求められる取り組み

　企業が妊娠・出産、育児休業等の事由を「契機として」不利益取り扱いを行うことが許されないのは勿論ですが，職場において、妊娠していること、出産したこと及び育児をしていること等を理由に嫌がらせ等

の言動がなされることなどがあります。

そこで、厚生労働省は、平成29年1月1日からは、妊娠・出産・育児休業等を理由とする不利益取扱いに加えて、上司・同僚からのマタニティハラスメントの防止措置についても、その対応を企業に義務付けました（均等法11条の2、育児・介護休業法25条）。措置義務の具体的内容については、セクシュアルハラスメントの措置義務と一緒に、後記6で解説します。

また、企業がマタニティハラスメントの防止に取り組むにあたって有用な書式は、【書式編第8章】にありますので、ご確認ください。特に、上述した例外②に該当させるためには、単に労働者が承諾したという事実だけでは足りません。承諾をするにあたって、当該労働者が、どのような説明を企業から受けていたかという点がポイントになります。そのためには、書面をもって労働者に丁寧かつわかりやすく説明し、そのうえで承諾を得ていることが重要となります。

6．企業に求められる取り組み

上述してきたように、厚生労働省は、セクシュアルハラスメントとマタニティハラスメントについて、行政指針をもって、ハラスメントを防止するために企業が講ずべき措置の内容を具体的に定めています（次頁図参照）。なお、ここで企業が講ずべき措置の大枠は以下の3点となります。

① 事業主の方針の明確化・周知啓発
② 相談体制の整備
③ 事後の迅速かつ適切な対応

マタニティハラスメントは、セクシュアルハラスメントと異なり、いまだ正しい理解が浸透しておらず、セクシュアルハラスメント以上に世代間のギャップが大きい。そのため、企業は、積極的な周知・啓蒙活動を行う必要ある。

「企業労働法実務入門」
～はじめての人事労務担当者からエキスパートへ～

指針に定められている事業主が講ずべき措置のポイント

	妊娠・出産・育児休業等に関するハラスメントを防止するために講ずべき事項	セクシュアルハラスメントを防止するための講ずべき事項
	●事業主の方針の明確化及びその周知・啓発	
1	・妊娠・出産・育児休業等に関するハラスメントの内容 ・妊娠・出産等、育児休業等に関する否定的な言動が職場における妊娠・出産・育児休業等に関するハラスメントの発生の原因や背景となり得ること。 ・妊娠・出産・育児休業等に関するハラスメントがあってはならない旨の方針 ・制度等の利用ができることを明確化し、管理・監督者を含む労働者に周知・啓発すること。	・セクシュアルハラスメントの内容 ・セクシュアルハラスメントがあってはならない旨の方針を明確化し、管理・監督者を含む労働者に周知・啓発すること。
2	・妊娠・出産・育児休業等に関するハラスメントに係る言動を行った者については、厳正に対処する旨の方針・対処の内容を就業規則等の文書に規定し、管理・監督者を含む労働者に周知・啓発すること。	・セクシュアルハラスメントの行為者については、厳正に対処する旨の方針・対処の内容を就業規則等の文書に規定し、管理・監督者を含む労働者に周知・啓発すること。
	●相談（苦情を含む）に応じ、適切に対応するために必要な体制の整備	
3	相談窓口をあらかじめ定めること。	相談窓口をあらかじめ定めること。
4	相談窓口担当者が、内容や状況に応じ適切に対処できるようにすること。妊娠・出産・育児休業等に関するハラスメントが現実に生じている場合だけでなく、その発生のおそれがある場合や、妊娠・出産・育児休業等に関するハラスメントに該当するか否か微妙な場合であっても広く相談に対応すること。	相談窓口担当者が、内容や状況に応じ適切に対処できるようにすること。セクシュアルハラスメントが現実に生じている場合だけでなく、その発生のおそれがある場合や、セクシュアルハラスメントに該当するか否か微妙な場合であっても広く相談に対応すること。
	【望ましい取組】妊娠・出産・育児休業等に関するハラスメントやセクシュアルハラスメントはその他のハラスメント（パワーハラスメント等）と複合的に生じることも想定されることから、あらゆるハラスメントの相談を一元的に受け付ける体制を整備すること。	
	●職場におけるハラスメントへの事後の迅速かつ適切な対応	
5	事実関係を迅速かつ正確に確認すること。	事実関係を迅速かつ正確に確認すること。
6	事実確認ができた場合には、速やかに被害者に対する配慮の措置を適正に行うこと。	事実確認ができた場合には、速やかに被害者に対する配慮の措置を適正に行うこと。
7	事実確認ができた場合には、行為者に対する措置を適正に行うこと。	事実確認ができた場合には、行為者に対する措置を適正に行うこと。
8	再発防止に向けた措置を講ずること。	再発防止に向けた措置を講ずること。
	●職場における妊娠・出産等に関するハラスメントの原因や背景となる要因を解消するための措置	
9	業務体制の整備など、事業主や妊娠等した労働者その他の労働者の実情に応じ、必要な措置を講ずること。 【望ましい取組】妊娠等した労働者の側においても、制度等の利用ができるという知識を持つことや、周囲の円滑なコミュニケーションを図りながら自身の体調等に応じて適切に業務を遂行していくという意識を持つことを周知・啓発すること。	
	●併せて講ずべき措置	
10	相談者・行為者等のプライバシーを保護するために必要な措置を講じ、周知すること。	相談者・行為者等のプライバシーを保護するために必要な措置を講じ、周知すること。
11	相談したこと、事実関係の確認に協力したこと等を理由として不利益な取扱いを行ってはならない旨を定め、労働者に周知・啓発すること。	相談したこと、事実関係の確認に協力したこと等を理由として不利益な取扱いを行ってはならない旨を定め、労働者に周知・啓発すること。

（職場におけるハラスメント対策マニュアルより引用）

7．ハラスメント事故が発生した場合の対応

(1) はじめに

　ハラスメント防止に関する規程等を整備することはハラスメント防止にあたって非常に重要ですが、残念ながら、すべてのハラスメントを防止できるわけではありません。

　そこで、実際にハラスメント事案が生じてしまった場合の対応についてもきちんと準備しておくことが必要です。相談・苦情が発生した以降の基本的な対応の流れは、次のとおりです。

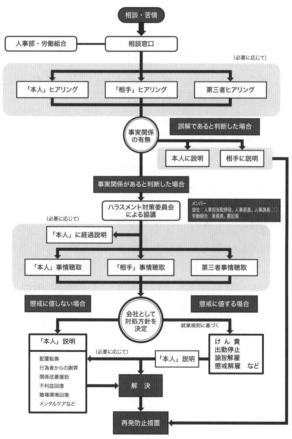

（厚生労働省「職場におけるハラスメント対策マニュアル」より引用）

(2) 事実関係の調査
① 初動・事後対応の重要性

　ハラスメント事案において、被害者から被害の申告があったにもかかわらず、企業が被害申告を放置したり、怠慢な調査を行ったりするなどの不適切な対応をしてしまうと、それ自体、安全配慮義務違反として企業が損害賠償責任を負うことになりかねません。

　そのため、被害者から申告があった場合には、虚偽申告であることが一見明白である場合を除いて、可及的速やかに調査を開始し、必要に応じて懲戒処分等の措置を講じたり、再発防止策を講じることが必要です。

② ヒアリングのポイント

　ハラスメントに関する事実関係の調査を行う場合には、前掲の図の通り、「本人（被害者）」、「相手（加害者）」からヒアリングを行い、必要に応じて「第三者」からもヒアリングを行います。これは基本的に、ハラスメントの調査に共通の流れです。

　但し、やみくもにヒアリングを行うことは、適切な事案の解決を阻害したり、二次被害を生じさせてしまいます。そこで、ヒアリングは、次のポイントを意識して、行ってください。

---

❶ まずは、被害者からヒアリング

　ハラスメントに関するヒアリングを行う際には、まず、被害申告内容の確認・特定も兼ねて、被害者から行うのが通常です。その上で、加害者からヒアリングを行い、両者の主張の相違点を明確にした上で裏付け調査を行ったり、第三者からヒアリングを行うなどして、事実を認定していきます。

❷ 被害者のヒアリングの際には、被害者の体調などに配慮が必要

　被害者からヒアリングを行う際には、事案の発覚時に、ハラスメントの被害者が既に大きな精神的ダメージを受けていることが少なくありません。

　このような場合には、ヒアリングを行うことによってさらに精神的負荷をかけることのないよう、社外においてヒアリングを行っ

たり、産業カウンセラー・産業医を同席させたりするなどの配慮が必要となる場合もあります。

❸ ヒアリングは、5W1H で、具体的に聴く

ヒアリングすべき内容についてですが、被害者から被害申告の内容をヒアリングする際には、その後に加害者にヒアリングを行ったり、裏付け調査を行うことになりますので、できる限り、被害内容を 5W1H で具体的にヒアリングすることが重要です。

日時等については、スケジュールや携帯電話の履歴等から確認できることもありますので、ヒアリングの際には対象者にそれらを持参してもらうことも有用です。

また、ハラスメントは、問題となる言動が具体的にどのようなものであったかが重要になりますので、具体的な言動の内容をできるだけ明確に確認する必要があります。参考に、ヒアリングのいい例と悪い例をあげておきます。

【パワーハラスメント事案】
　×「加害者が被害者を他の労働者の面前で怒鳴った」
　○「加害者が被害者を、(いつ)(どこで)(誰がいるところで)(何について)(具体的にどのような発言をして)(どれくらいの間)、怒鳴った」
　⇒　抽象的に聴取しただけでは、発言内容が特定できませんので、できる限り、具体的な発言内容(例えば「馬鹿やろう」など)を、ヒアリングしておくとよいでしょう。

【セクシュアルハラスメント事案】
　×「加害者が被害者の体を触ってきた」
　○「加害者が被害者を、(いつ)(どこで)(どの部位を)(どのように(着衣の上か否か))(どれくらいの間)、触ってきた」
　⇒　具体的に、どのような行動や発言を行ったのかが、その後の加害者の処分や再発防止策を検討する上で、非常に重要となります。

> 　例えば、加害者が被害者の体を触ったという事案でも、どこの部位を、どのような状況で触ったのか、それが着衣の上から触ったのか、それとも着衣の中に手を入れたのかによって、行為態様の悪質さが変わり、加害者の処分等にも影響します。
> 　こういったことは聞きにくく、また被害者の心情にも配慮する必要がありますが、同性の人事担当者からヒアリングを行うなどして、具体的に聴取する必要があります。

(3) 加害者に対する対応
① 調査中の加害者の取り扱い

　相談者からの申告・相談やヒアリングの結果、ハラスメントが重大である場合には、企業としての対応（懲戒処分、人事上の異動等）が決定するまでの間、企業秩序、職場環境を維持するために、加害者に対して、業務命令として、自宅待機を命じることがあります。この場合、あくまでも業務命令としての自宅待機ですので、賃金は全額支給することになります。

　一方で、時として、加害者が被害者に対して働きかけを行うなどして、被害者に二次被害が発生してしまうことがあります。そのような場合には、自宅待機を命じるにあたって、加害者に誓約書を書かせるなどして、二次被害の発生を防止する必要があります。尚、自宅待機については、相当期間に限り賃金不支給としたまま自宅待機をさせることが可能な場合もあります。ただし、賃金を不支給にできるのは、「当該労働者を就労させないことにつき、不正行為の再発、証拠湮滅のおそれなどの緊急かつ合理的な理由が存するか又はこれを実質的な出勤停止処分に転化させる懲戒規定上の根拠が存在することを要する」場合に限られるとの裁判例（日通名古屋製鉄作業事件（名古屋地判 平成3年7月22日））等もあるため、実務上は、上述したように賃金を全額支給することが多いといえます。

② 懲戒処分

　ヒアリングやその他の調査によって事実関係が明らかになり懲戒処分が相当である場合には、当該事実関係を踏まえて、加害者に対する懲戒処分を検討することになります。ハラスメント行為を理由とする懲戒処分の詳細な解説については、第7章をご参照ください。

③ その他の措置

　懲戒処分に相当するか否かに関係なく、何らかのハラスメント行為が確認された場合には、被害者と加害者が顔を合わせて仕事をすることがもはや困難である場合も少なくありません。

　そこで、職場環境の改善等のために、事案の内容や状況に応じ、加害者に対し、次の措置を講ずることが望ましいといえます。措置を講じる際の考え方は、「被害者側の負担で行わない」ということです。例えば、配置転換を行う場合には、加害者を異動させるのが大原則です。仮に、加害者がたとえ有能な上司であったとしても、被害者のみを異動させることは、被害者と企業との信頼関係及び再発防止の観点から適切ではありません。

---

① 被害者と加害者の間の関係改善に向けての援助
② 被害者と加害者を引き離すための配置転換
③ 加害者の被害者に対する謝罪、再発防止のため誓約
④ 加害者に対する教育研修の実施
⑤ その他、被害及び職場環境を回復するために必要な措置

---

(4) 被害者に対する対応

　ハラスメントが生じた事実が確認された場合には、被害者に対して、被害者の意向を踏まえながら、速やかに配慮のための措置を適正に行うことが求められます。具体的には、次のとおりです。

① 調査結果等の説明
② 被害者と加害者の間の関係改善に向けての援助
③ 被害者と加害者を引き離すための配置転換
④ 被害者が被った労働条件上の不利益の回復
⑤ 産業医や産業保健スタッフによるメンタルヘルスケア
⑥ その他、職場環境を回復するために必要な措置

(5) 紛争が生じた場合の対応

　ハラスメント事案では、被害者が加害者に対し損害賠償請求をする場合に、企業に対しても、一緒に請求をしてくることは少なくありません。そのような場合には、レピュテーションの点からも、訴訟等の司法手続に至る前に、早期に話し合いにより円満解決をするべきです。そして、話し合いがついた場合には、きちんと合意書を締結し、紛争が再燃しないようにするべきです。

(6) 再発防止について

　ハラスメント事案の問題解決後には、事案の当事者だけではなく、職場全体として再発防止に取り組むことが重要です。

　具体的には、ハラスメントに対する企業の基本方針の再確認、防止体制の必要な見直し、それらの従業員への周知を行うことが適切です。例えば、社内報や社内ホームページにて、職場におけるハラスメントがあってはならないこと、どのような行為がハラスメントに該当するのか、ハラスメントの行為者に対しては厳正に対処する旨の広報を行うなどの方法があります。また、加害者に対する懲戒処分の内容を公表することも再発防止の一環となり得ますが、当事者のプライバシーの観点から実名公表ではなく、ある程度抽象化した公表とすることが一般的です。

　これらの広報・啓発活動等に加えて、管理職及び一般従業員への研修の実施等により、職場環境の改善に努めることが再発防止につながります。

また、そもそもハラスメントが発生する職場は普段のコミュニケーションがうまくいっていない所が多いため、日常のコミュニケーション（特に雑談・相談できる雰囲気か否か）を改善するよう意識してみて下さい。

> ハラスメント事案では、企業の対応に不満があり、外部の組合や弁護士に駆け込むことも少なくない。申告者の望む結果にならないケースにおいては、より丁寧な調査を行うことで、申告者の納得感を高めるべきである。

自浄作用の重要性

　ハラスメント事案が生じた場合に、当該事案がマスコミやインターネットを通じて企業外に明るみになると、真実の如何にかかわらず、外部弁護士やユニオンなどと紛争になったり、企業のイメージダウンとなり、信用が低下するなどの被害が生じます。

　そのため、ハラスメント事案は、社内において、相談・被害申告を受けつけ、社内で解決することが何よりも重要になります。そのために重要になるのが、相談窓口です。

　相談窓口を設置している企業は少なくありませんが、実際には、相談窓口を利用することは敷居が高いと考えている労働者が多く、相談の件数は必ずしも多くないのが現状です。その大きな要因が、ハラスメントの被害者が、相談窓口から加害者に相談の事実が伝わってしまうのではないかと恐れることであったり、相談したことを理由に不利益な取扱いを受けたりすることを恐れることにあります。

　そこで、相談窓口を設置し、そのことを労働者に周知する場合には、相談者の懸念事項を払しょくすべく、「相談頂いた方のプライバシー・秘密は厳守いたします。また、相談したことや事実関係の調査に協力したこと等を理由に不利益な取扱いをすることはありません」という一文は必ず入れるようにし、労働者が気軽に相談できる体制まで構築することがポイントです。また、実際に相談があった際は、「こんなことで相談して…」などという態度に出ずに、どのような案件も真摯に対応しましょう。

労災・安全衛生

第9章

1. 労働災害

2. 業務災害の要件

3. 通勤災害の要件

4. 企業の民事責任（安全配慮義務）

5. 長時間労働対策

6. 人事担当者が知っておくべき安衛法の定め

第9章 労災・安全衛生

1. 労働災害

(1) 労働災害とは

労働災害（以下、労災といいます。）とは、労働者が労務に従事したことによって被った死亡、負傷、疾病のことをいい、広い意味では、業務上の災害（業務災害）と通勤中に生じた災害（通勤災害）を含みます。労働者が被災した災害が労災に該当すると認定された場合、労災保険制度に基づく保険給付の対象となります（労災保険制度の詳細は、第16章を参照してください）。

(2) 業務災害とは

業務災害とは、労働者の業務上の負傷、疾病、障害又は死亡のことを指します（労災保7条1項1号）。どのような場合に業務災害と認められるかは、疾病の種類によっても判断要素が異なります。

たとえば、業務中に工場の機械設備に手足を巻き込まれて負傷した場合の怪我は、原則として業務災害と認められます。これに対して、脳・心臓疾患や精神病などの場合は、発症者個人の既往症・気質等も発病に寄与することがあるため、業務災害といえるか否かの判断は難しくなります。

(3) 通勤災害とは

通勤災害とは、通勤による負傷、疾病、障害又は死亡のことを指します（労災保7条1項2号）。通勤は業務ではありません。したがって、通勤中に負傷等を負っても業務災害にはなりません。その点で業務災害とは区別されます。

ここでいう通勤とは、住居と就業の場所との間の移動時間の全てを意味するものではありません。通勤災害における通勤に該当するのは、①住居と就業の場所との間の往復、②就業の場所から他の就業の場所への移動、③ ①の往復に先行又は後続する住居間の移動のいずれかのうち、合理的な経路及び方法により行うものに限られます。

そして、これらの経路を途中で逸脱したり、又はそれらの移動を中断した場合には、逸脱や中断以降の移動は全て通勤には該当しないことになります。

業務災害とは、業務上の負傷等のことを、通勤災害とは、通勤中の負傷等のことを意味する。「業務上」あるいは「通勤中」に該当するか否かが問題になる。

2．業務災害の要件

(1) 業務起因性（「業務上」であること）

負傷等が業務災害に該当すると認められるためには、当該負傷等が「業務上」の災害でなければなりません。災害が業務上発生したものであることを、「業務起因性」と呼びます。

業務起因性は、負傷等の種類により判断方法が異なります。具体的には以下のとおりです。

① 職業病

特定の職業病については、原則として業務上の負傷等と認められます。職業病の例をいくつか挙げると次のとおりです。

- 災害性腰痛（業務遂行中に、腰部を負傷または腰部に突発的な力が作用して生じた腰痛）
- 暑熱な場所での業務中に生じた熱中症
- チェーンソー等の震動により生じた白ろう病（手足の血管が収縮することで起こる運動神経障害。慢性的な痺れや感覚の鈍麻、握力の低下などの症状が生じる）
- 粉じんの飛散している場所における業務により生じたじん肺症（粉じん等を長期間吸引し続けた結果生じる肺疾患の総称。原因となる例としては，トンネル掘削作業など）
- 患者の診療・看護の業務その他病原体を取り扱う業務に従事する者に発症した伝染性疾患

② 脳・心臓疾患

脳・心臓疾患は、いわゆる「過労」によって生じることがあります。過労によって生じているのであれば、業務起因性が認められ、業務災害に該当することになります。たとえば、毎日・毎月著しく長時間の残業を続けている人が、突然心筋梗塞や脳卒中で倒れたりするようなケースです。

もっとも、何をもって「過労」と評価すべきかは難しい問題です。業務の負荷の程度については、厚生労働省が判断指針（「脳血管疾患及び虚血性心疾患等（負傷に起因するものを除く。）の認定基準について」（平成13.12.12基発第1063号））を出しているため、同指針を参考に、「過労」の事実が認められるかどうか、すなわち負傷等が業務上のものかどうかを判断することになります。同指針の概要は次のとおりです。

出来事の類型	判断基準	具体的な判断要素等
異常な出来事	対象期間：発症直前〜前日 判断基準：右a〜cのいずれかに該当 →業務上認定	a 極度の緊張、興奮、恐怖、驚がく等の強度の精神的負荷を引き起こす突発性又は予測困難な事態 b 緊急に強度の身体的負荷を強いられる突発的又は予測困難な異常な事態 c 急激で著しい作業環境の変化
短期間の過重業務	対象期間：発症前おおむね1週間 判断基準：特に過重な業務に就労 →業務上認定 「特に過重な業務」かどうかは、右a〜gの各要因を考慮して具体的に判断する。	a 労働時間 b 不規則な勤務 c 拘束時間の長い勤務 d 出張の多い業務 e 交代制勤務・深夜勤務 f 作業環境（温度環境・騒音・時差） g 精神的緊張を伴う業務
長時間の過重業務	対象期間：発症前おおむね6か月 判断基準：著しい疲労の蓄積をもたらす特に過重な業務に就労 →業務上認定 「著しい疲労の蓄積をもたらす特に過重な業務」かどうかは、右a〜gの要因を考慮して具体的に判断する。	a 労働時間 b 不規則な勤務 c 拘束時間の長い勤務 d 出張の多い業務 e 交代制勤務・深夜勤務 f 作業環境（温度環境・騒音・時差） g 精神的緊張を伴う業務
長時間労働	右のとおり	①-1 対象期間：発症前1か月間〜6か月間 判断基準：時間外労働がおおむね月45時間以下 →業務と発症との関連性が弱い ①-2 対象期間：同上（発症前1か月間〜6か月間） 判断基準：時間外労働がおおむね月45時間を超える →45時間を超えるほど、業務と発症との関連性が徐々に強まる ②-1 対象期間：発症前1か月間 判断基準：おおむね100時間 →業務と発症との関連性が強い ②-2 対象期間：発症前2か月間〜6か月間 判断基準：1か月あたりの時間外労働がおおむね80時間を超える →業務と発症との関連性が強い

P289 表中の b～g について、負荷の程度を評価する際の視点は下記表のとおりです。

	就労態様	負荷の程度を評価する視点
b	不規則な勤務	予定された業務スケジュールの変更の頻度・程度、事前の通知状況、予測の度合、業務内容の変更の程度等
c	拘束時間の長い勤務	拘束時間数、実労働時間数、労働密度（実作業時間と手待時間との割合等）、業務内容、休憩・仮眠時間数、休憩・仮眠施設の状況（広さ、空調、騒音）等
d	出張の多い業務	出張中の業務内容、出張（特に時差のある海外出張）の頻度、交通手段、移動時間及び移動時間中の状況、宿泊の有無、宿泊施設の状況、出張中における睡眠を含む休憩・休息の状況、出張による疲労の回復状況等
e	交替制勤務・深夜勤務	勤務シフトの変更の度合、勤務と次の勤務までの時間、交替制勤務における深夜時間帯の頻度等
f	作業環境　温度環境	寒冷の程度、防寒衣類の着用の状況、一連続作業時間中の採暖の状況、暑熱と寒冷との交互ばく露の状況、激しい温度差がある場所への出入りの頻度等
f	作業環境　騒音	おおむね80dBを超える騒音の程度、そのばく露時間・期間、防音保護具の着用の状況等
f	作業環境　時差	5時間を超える時差の程度、時差を伴う移動の頻度等
g	精神的緊張を伴う業務	【日常的に精神的緊張を伴う業務】業務量、就労期間、経験、適応能力、会社の支援等 【発症に近接した時期における精神的緊張を伴う業務に関連する出来事】出来事（事故、事件等）の大きさ、損害の程度等

③ 精神疾患

　過労による業務上の疾病については、脳・心臓疾患以外に、精神疾患が考えられます。たとえば、著しい長時間残業やパワハラ・セクハラによりうつ病を発症するといったケースです。

　精神疾患は、プライベートの出来事や個々人の性格・気質なども複雑に絡み合って発症するものであるため、どのような場合に業務上の心理的負荷が原因となって精神疾患を発症したと評価すべきであるか、という判断基準については、一律には決められず、難しい問題であるといえます。

　業務上の心理的負荷と精神疾患との関連性の強弱を判断するにあたっては、厚生労働省の作成した基準である「心理的負荷による精神障害の認定基準について」（平23. 12. 26基発1226第1号）と題する通達が参考になります。

同通達の内容は次のとおりです。
・「発症前6か月間における業務による心理的負荷について」
　疾病の発症前おおむね6か月の間に、心理的負荷の程度について「強」に相当すると評価できるような具体的出来事が認められる場合は、原則として当該疾病は業務上の疾病として取り扱われます。
　心理的負荷の程度は「強」、「中」、「弱」の3段階に分類されており、その区別は次のように判断します。
　ⅰ．特別な出来事がある場合
　　発症前おおむね6か月の間に、同通達の別表1に記載された「特別な出来事」（下記表のとおり）に該当する具体的事実が認められる場合、当該出来事による心理的負荷の程度は「強」と判断されます。

特別な出来事の類型	心理的負荷の総合評価を「強」とするもの
心理的負荷が極度のもの	・生死にかかわる、極度の苦痛を伴う、又は永久労働不能となる後遺障害を残す業務上の病気やケガをした（業務上の傷病により6か月を超えて療養中に症状が急変し極度の苦痛を伴った場合を含む） ・業務に関連し、他人を死亡させ、又は生死にかかわる重大なケガを負わせた（故意によるものを除く） ・強姦や、本人の意思を抑圧して行われたわいせつ行為などのセクシュアルハラスメントを受けた ・その他、上記に準ずる程度の心理的負荷が極度と認められるもの
極度の長時間労働	・発病直前の1か月におおむね160時間を超えるような、又はこれに満たない期間にこれと同程度の（例えば3週間におおむね120時間以上の）時間外労働を行った（休憩時間は少ないが手待時間が多い場合等、労働密度が特に低い場合を除く）

　ⅱ．特別な出来事がない場合
　　上記ⅰで述べたような、極度の心理的負荷を伴う特別な出来事が存在しない場合は、問題となる具体的出来事について心理的負荷の強度を個別に判断することになります。

判断の手順ですが、まず、通達の別表1に「具体的出来事」が列挙されているので、問題となる出来事が、いずれの「具体的出来事」に該当するかを判断します。「具体的出来事」ごとに「Ⅰ」～「Ⅲ」（「Ⅰ」が最も弱く、「Ⅲ」が最も強い）の範囲で心理的負荷の強度があらかじめ設定されています。

ただし、これは標準的な負荷の程度を示しているものであるため、個別具体的な事情に応じて、負荷の強度を修正して評価する必要があります。負荷の強度を個別具体的に評価するときの考え方は、次のとおりです。

まず、各「具体的出来事」の欄に、それぞれ「心理的負荷の総合評価の視点」という項目と、「心理的負荷の強度を「弱」「中」「強」と判断する具体例」という項目があります。そこに示された内容を参考にして、適宜「Ⅰ」～「Ⅲ」の強度を修正し、具体的な事実関係ごとに、心理的負荷の強度を「弱」「中」「強」の範囲で最終的に個別評価することになります。

> 「業務上の災害」に該当するか否かの判断基準に関しては、脳・心臓疾患と精神障害のそれぞれについて、通達が詳細な基準を示している。

長時間労働による心理的負荷のパターン

精神疾患に関する労災認定基準において、長時間労働による精神的負荷の程度の判断基準は次のように分類されています。

① 特別な出来事
② 具体的な出来事
③ 他の具体的な出来事と合わさって精神的負荷の強度を強める要素

このうち、①特別な出来事は、発症前1か月における160時間以上の時間外労働または発症前3週間における120時間以上の時間外労働のこと等を指します。

②「具体的な出来事」とは、「特別な出来事」にまでは至らないものの、業務上の精神的負荷の一つとして評価できるような出来事のことを指します。たとえば、発症前2か月間にそれぞれ月120時間以上の時間外労働が行われていた場合、発症前3か月間にそれぞれ月100時間以上の時間外労働が行われていた場合には、業務による心理的負荷の強度が「強」

と評価されます。

③他の具体的な出来事と複合して精神的負荷の強度を強める場合とは、心理的負荷の強度が「中」程度の具体的な出来事の前あるいは後に、月100時間以上の時間外労働が行われていた場合、または心理的負荷の強度が「弱」程度の具体的な出来事の前および後に、月100時間以上の時間外労働が行われていた場合には、総合考慮により心理的負荷の強度が「強」と評価されます。

過労自殺に関する先例である電通事件（最判平12.3.24）では、「労働者が労働日に長時間にわたり業務に従事する状況が継続するなどして、疲労や心理的負荷等が過度に蓄積すると、労働者の心身の健康を損なう危険のあることは、周知のところである。」と判示されており、長時間労働が心身の健康にとって危険な影響を及ぼすことは当然の理とされています。そのため、労災の認定基準においても、長時間労働による心理的負荷の強度について、具体的な時間外労働時間数に応じた詳細な分類分けがなされています。

コラム

新労災認定基準の策定

精神障害の労災認定基準に関しては、平成23年12月26日付けで新基準が策定されています。従前からも、精神障害の労災認定に関する判断指針は存在していましたが、精神障害の労災請求件数の増加や審理の長期化が問題となったことから、審査の迅速化や効率化を図るために、新認定基準が策定されたものです。

厚生労働省によれば、新認定基準は、旧判断指針と比較して、一部字句の変更があるものの実質的な変更はなく、認定要件に関する基本的な考え方についても、変わりはないとしています。しかし、一方で、裁判例の中には、新認定基準について、「判断指針等の基本的考え方を維持しつつ、近時の医学的・心理学的知見を踏まえて作成されており、判断指針等を被災者側に有利に、かつ、柔軟に改訂」したものと判示している例があります。

裁判所が、新認定基準について、従来の判断指針と比較して被災者側に有利なものとなっているとの見解を示せば、行政の運用もこれに影響を受けるおそれがあります。そして、労災認定のハードルが下がれば、企業が民事損害賠償責任を負担させられるというケースが増えることが懸念されます。どのような点が被災者にとって有利に変更されているのか、ということを具体的に示すことなく、裁判所が上記のような一般論を判示することには疑問のあるところです。

> **コラム**
>
> **中＋中＝？**
> 　新認定基準では、心理的負荷の強度が「中」程度の出来事が複数存在する場合（「中」＋「中」の場合）、それらを総合した心理的負荷の強度について、「強」または「中」になるとしています。「中」＋「中」の具体例としては、たとえば、単身赴任（転勤による心理的負荷の強度は「中」）後に、新規プロジェクトに参加した（業務内容・量の変化による心理的負荷の強度は「中」）場合などが挙げられます。
> 　新認定基準は、どのような場合に「中」＋「中」＝「強」になるのか（それとも「中」になるのか）ということについて、具体的な判断基準を明らかにしていません。複数の「中」を合計することで、「強」になる、すなわち「業務起因性」を肯定できるということが、医学的知見に基づき認められるのか、それはどのような場合なのか、ということは、医学的専門家ではない者が容易に判断できるものではないでしょう。今後、さらなる議論を要するものと考えられます。

3．通勤災害の要件

(1) 要件

　通勤災害とは、通勤中に負傷等を負うことを指しますが、ここでいう「通勤」とは、住居と就業の場所との間の移動時間の全てを意味しているわけではありません。

　通勤災害における通勤とは、①住居と就業の場所との間の往復、②就業の場所から他の就業の場所への移動、③①の往復に先行又は後続する住居間の移動のいずれかのうち、合理的な経路及び方法により行うものに限られます（P287の図参照）。

　このうち、「合理的な経路」という要件の意味ですが、通勤のために通常利用する経路であれば、それが複数の経路であったとしても、いずれも合理的な経路となります。

　①〜③について具体的に説明すると、①は住居と会社間の移動、②は企業の工場や支社間の移動や複数の事業場を移動する場合など、③は要

介護の父母の家を経由する場合（介護する家族等がいない場合に限る）などを意味することになります。

(2) **経路の逸脱または中断**

　通勤の途中で、経路を逸脱したり、移動を中断したりした場合には、逸脱や中断以降の移動は全て通勤には該当しないことになります。

　逸脱や中断にあたる例としては、飲食を重ねてから帰宅するようなケースが考えられます。

　他方、通勤の途中で公衆便所を利用したり、コンビニエンスストアに寄ってタバコやジュースを購入するなど、些細な行為を行う場合は、逸脱や中断にはあたりません。

　また、逸脱・中断に該当する場合でも、その後の移動時間が通勤として扱われる例外的場合が省令で定められています。たとえば、日用品の購入や、病院で診察を受けるなどの行為は、逸脱や中断に該当するものの、その後の移動時間は通勤として扱われることになります。

> 通勤の途中で通勤経路を逸脱・中断すると、原則として残りの移動は通勤ではなくなる。

労災申請と事業主証明拒否

　労災保険の給付請求は労働者が行うものであり、療養補償などの給付請求を行う労働者は、所定の書式を労働基準監督署に提出することになります。

　労働者側から療養補償の給付請求を行いたいとの要望があった場合、企業は、「療養補償給付請求書」(書式参照)の「⑩負傷・発病年月日」、「⑰負傷・発病時刻」および「⑲災害の原因・発生状況」について、労働者が記載した内容を証明する趣旨で署名をすることになります。

　労働者による記載内容が企業の認識と合致していれば問題ありませんが、記載内容に異議がある場合には慎重に対応する必要があります。特に、業務中の事故による負傷に比べ、労働者の疾病については、疾病が業務に起因すると考える労働者側と、業務以外の原因があると考える企業の間に認識の相違が生じることがままあります。このような齟齬がある場合に、記載内容に異議があるにもかかわらず安易に署名をすると、のちに安全配慮義務違反に基づく損害賠償請求が提起されてしまったとき、署名をしたことが企業に不利に働いてしまうなどのリスクがあります。

　記載内容に異議がある場合には、企業の署名欄にある「⑫の者については、⑩、⑰、⑲に記載したとおりであることを証明します。」との記載のうち、異議がある事項の番号を二重線で消去したうえで署名をするなどの対応をすることになります(例えば、災害の原因・発生状況の記載内容に異議がある場合には、⑲を二重線で消去します)。さらに、証明拒否の理由について説明する文書を別紙として作成し、労働基準監督署に提出することも検討するべきでしょう。

　労災申請がされた場合の対応等については、企業労働法実務入門【書式編】258頁〜259頁もご参照ください。

第9章 労災・安全衛生

4．企業の民事責任（安全配慮義務）

(1) 企業の安全配慮義務と損害賠償責任

　企業は、労働者が生命・心身の安全を確保しつつ労働することができるよう必要な配慮をすべき義務を負っています。これを安全配慮義務といいます（労契法5条）。

　たとえば、労働者が負傷することのないように工場の機器をきちんと整備しておく義務や、長時間労働による業務負荷を過度に生じさせないように配慮する義務、セクハラやパワハラが原因となって労働者が心身の健康を害さないように職場環境に配慮すべき義務などが、企業の安全配慮義務の内容となります。

　安全配慮義務に違反した結果、労働者の生命身体を害するという損害が発生した場合、企業は、損害賠償責任を負担します。損害賠償の対象は、次の表のとおりです。

財産的損害	<積極損害（支出した費用等）> ①治療関係費（治療費、付添費、通院交通費等） ②葬儀費用 ③弁護士費用 ④遅延利息
	<消極損害（得られるはずだった利益）> ①休業損害（療養のために就労できない期間中の賃金相当額） ②逸失利益（後遺症または死亡により得ることができなくなった将来にわたる賃金相当額等）
精神的損害（慰謝料）	①死亡慰謝料 ②傷害慰謝料 ③後遺症慰謝料

使用者以外の第三者の安全配慮義務

　労働契約法5条は、「使用者は、労働契約に伴い、労働者がその生命、身体等の安全を確保しつつ労働することができるよう、必要な配慮をするものとする。」と定めています。この条文にあるように、労働契約法上の安全配慮義務は、労働契約に伴って生じるものですから、労働者と労働契約関係にある企業がその義務を負うのが通常です。

　しかし、企業は、直接の労働契約関係にない労働者に対しても安全配慮義務を負うことがあります。陸上自衛隊八戸車両整備工場事件（最判昭50.2.25）は、「安全配慮義務は、ある法律関係に基づいて特別な社会的接触の関係に入った当事者間において、当該法律関係の付随義務として当事者の一方又は双方が相手方に対して信義則上負う義務として一般的に認められる」と述べています。この最高裁判例が述べるとおり、企業は、「特別な社会的接触の関係」にある労働者に対しては、契約関係がなくとも安全配慮義務を負うと解されます。

　例えば、労働者派遣においては、派遣労働者と契約関係にあるのは派遣元であり、派遣先ではありません。しかし、派遣先は、派遣労働者に対して施設・設備を提供し指揮命令を行って作業を管理する立場にあり、労働契約に準じた「特別な社会的接触の関係」にあるとして、派遣先も派遣労働者に対する安全配慮義務を負う場合があります。

　また、請負に関しては、発注者から仕事を受注した元請企業から、下請企業、孫請企業と請負関係が重層的に作られる場合が多くあります。このような場合、末端の下請企業の労働者と、上層の請負企業は直接労働契約関係にありません。この点につき、元請企業が下請企業労働者に対して作業場所、設備、器具類を提供しており、その指揮監督のもとで作業を行わせているような場合には、元請企業も下請企業の労働者と「特別な社会的接触の関係」にあると評価される場合があります。このような場合には、元請企業も下請企業の労働者に対して安全配慮義務を負うと考えられており、判例も同様に解しています（三菱重工業事件・最判平3.4.11）。

(2) 労災との区別

　業務上の災害という点では、労災と安全配慮義務違反は共通している側面があります。

　しかし、労災に関しては、業務上の災害であれば、企業の故意・過失の有無とは関係なく成立したものと認定されることに対し、安全配慮義

務違反に基づく損害賠償責任は、企業の故意・過失がなければ成立しません。企業の故意・過失が必要か否かという点で大きく異なるといえます。

たとえば、二日酔いで注意散漫であった労働者の不注意により工場の機械に指を挟まれて負傷したような場合、仮に業務上の災害として労災に該当したとしても、機械に整備不良がなく、企業の安全対策（注意喚起や安全教育など）にも全く怠りがなかったような場合には、企業に過失が認められないため、安全配慮義務違反とはならないといった例が考えられます。

(3) 民事責任の要件

安全配慮義務違反に基づき、損害賠償責任を負担することになる要件は次のとおりです。

① 安全配慮義務違反の事実と故意・過失

企業が損害賠償責任を負担する要件として、まず、安全配慮義務に違反する事実が必要となります。

安全配慮義務とは、抽象的には、労働者の生命・身体が害されないように配慮する義務のことを意味しますが、その具体的な内容は、問題となる場面に応じて異なります。たとえば、機械により負傷したような場合であれば、機械を整備すること、安全装置を施すこと、使い方や禁止事項等に関する安全教育を行うことなどが安全配慮義務の内容となります。また、過労の事案であれば、長時間労働を防止することなどが安全配慮義務の内容になります。

次に、安全配慮義務に違反する事実が認められたとしても、そのことについて企業に故意または過失がなければ、企業は責任を負いません。

もっとも、安全配慮義務に違反する事実が認められるケースでは、義務違反の事態を回避すべきであったのに回避しなかったと評価できることが多いため、過失の存在が認められる可能性は高いといえます。

② 損害の発生

安全配慮義務に違反する事実が認められたとしても、労働者に損害が発生していなければ、そもそも損害賠償責任は発生しませんが、精神的

損害も含め、何らかの損害が発生していることが通常でしょう。

ただし、安全配慮義務違反後に発生したあらゆる損害が、損害賠償の対象となるわけではありません。

次に述べる、因果関係が認められない損害については、損害賠償の対象とはなりません。

③ 因果関係（**相当因果関係**）

因果関係とは、原因と結果、という関係性が認められることを意味します。具体的には、安全配慮義務違反の行為から、特定の損害が発生したという事実の流れが、通常あり得ると認められるような関係にあることです。

たとえば、機械の整備不良から事故が発生して負傷したという場合、整備不良から負傷の発生に至る事実の流れは、通常あり得るものですので、因果関係が認められることになります。

また、精神疾患に罹患した人が自殺する場合における、精神疾患と自殺との因果関係ですが、判例上、精神疾患に罹患した人が自殺に至ることは通常あり得るものとして、因果関係が認められています。したがって、業務が原因となって精神疾患を発症したと認められれば、その後の自殺についても因果関係が認められることになります。

一方で、たとえば、飛び降り自殺した人の落下点に自動車（当該自殺者の遺族の所有物）があり、自動車が破損したという場合、精神疾患の者が自殺したことにより自動車が破損するに至るという事実の流れは、通常あり得るとは必ずしもいえません。したがって、自動車の破損という損害については、因果関係が否定される可能性があります。

因果関係の具体的な判断基準ですが、労災認定における業務起因性の判断と類似性があるといわれています。業務起因性の判断基準は、本章P287以下「2」「(1)」を参照ください。

> **コラム**
>
> **労災における業務起因性と民事責任における相当因果関係**
>
> 　労災における業務起因性と、民事責任における相当因果関係は同一なのか、すなわち、労災認定がなされている事案では、当然に業務と災害との間の相当因果関係が認められることになるのかという問題があります。
>
> 　この点について、業務起因性とは、いわば相当因果関係のことであるとして、両者を同一のものと捉える考え方もあります。
>
> 　しかし、労災における業務起因性は、行政施策の一環としての保険給付の認定に関する基準であるため、その基準は、国の政策的配慮に基づき定められることになります。一方で、企業の民事責任は、不法行為ないし債務不履行に基づく損害賠償責任という法的責任の有無を問題としているものであるため、国の政策的配慮により定まるものではありません。
>
> 　このように、労災における業務起因性と、企業の民事責任における相当因果関係は、それぞれ依って立つ趣旨を異にしている概念であるため、これらの判断基準が各々に異なっているということもあり得るのではないかと考えられるところです。すなわち、保険給付に関しては、社会保障の観点から、企業の民事責任の範囲よりも適用範囲が広がっている一方、企業の民事責任に関わる相当因果関係は、業務起因性よりも狭い範囲で認められると解するということです。
>
> 　業務の負荷と、精神疾患等の発症との間の因果関係の問題は、単純なものではなく、様々な要因が絡み合って結果の発生へと至っています。医学的にも明確な結論が出ているものではありません。これを、行政施策の観点から、一定の基準をもって業務上・業務外に分け、保険給付の適用の有無を峻別することは一つの政策的配慮ですが、同様の基準を、当然のように企業の民事責任に対しても流用することには慎重であるべきではないでしょうか。

④ 立証責任について

　民事責任の要件である、安全配慮義務違反、故意・過失、損害、因果関係のいずれの事実についても、労働者側が主張・立証する必要があります。労働者側が、これらの事実について具体的に主張・立証できなければ、損害賠償請求は認められないことになります。

　証拠の収集に関してですが、企業側と労働者側では、手持ちの資料の量に大きな差があるため、労働者が企業に対して資料の提示を求めることがあります。裁判の場合、文書提出命令等といった、強制力を伴う手

段により資料の提示を求められることもあります。したがって、手持ち証拠がないからという理由だけで、直ちに請求が棄却されるわけではありません。企業から提示される証拠も踏まえ、労働者側が具体的に主張・立証できているかが判断されることになります。

(4) 損害賠償額の減額

企業の損害賠償責任が認められた場合でも、次のような事情により、損害額が減額されることがあります。

① 過失相殺

損害の発生について、労働者側に過失がある場合、または、厳密な意味では「過失」ではなくても、損害の発生について、労働者側の要因が寄与していると認められる場合には、その過失割合ないし寄与度割合に応じて、損害賠償額が減額されます。

これを、過失相殺といいます。

たとえば、機械の整備不良が原因となって負傷したものの、労働者側にも、安全確認を怠ったという過失があるような場合です。また、過労が原因となって心臓疾患に罹患したものの、労働者側にも、もともと基礎疾患があり、かつ、日常的に大量の喫煙・飲酒・夜更かし等をしていたといった事実が認められるような場合、このような事情が心臓疾患という損害の発生に寄与している面もあると考えられるため、過失相殺が認められる可能性が高いといえます。

長時間労働と過失相殺

　不法行為に基づく損害賠償責任に関しては、被害者の性格等の心因的要因を踏まえて、過失相殺（の類推適用）をすることが認められています。そこで、長時間労働が原因となって過労自殺等に至った事案において、企業側が、被害者の性格、すなわち、まじめで責任感が強く負けず嫌いである、感情を表さないで対人関係において敏感である、仕事の面においては内的にも外的にも能力を超えた目標を設定する傾向がある等といった、いわゆる「うつ病親和性」と呼ばれる性格を理由とした過失相殺を主張することがあります。しかし、判例上、個人の個性の多様さとして通常想定される範囲内であるこれらの性格傾向を理由に過失相殺を認めることはできないとされています。

　このように、長時間労働が原因となって過労自殺に至ったというケースでは、被害者の性格等の心因的要因を理由とした過失相殺は、なかなか認められない傾向にあります。

　しかし、長時間労働によって心臓疾患を発症したケースや、うつ病に罹患したものの自殺までは至っていないようなケースでは、性格以外の要因に基づく過失相殺の認められた裁判例もあります。たとえば、自ら業務量を調整することも可能であったのに、これをせず、企業に対して必要に応じて業務軽減の措置を講じるよう求めることもしなかったといった事情あるいは、昼夜逆転しているといった生活態度などが、過失相殺の要因として考慮されています。

　企業側としては、その者の性格以外に、職務上の地位、既往症、生活態度といった事情を総合して過失相殺の可否を検討すべきでしょう。

病気情報の不申告と過失相殺

　被災した労働者が企業に対して自らの病気情報を申告していなかったことは、過失相殺の理由となるでしょうか。東芝事件（最判平26. 3. 24）において、労働者は、神経科の医院へ通院し、神経症の診断を受けて薬剤の処方を受けるなどしていましたが、それらの情報を企業に申告したことはありませんでした。

　この点、最高裁は、「自らの精神的健康（いわゆるメンタルヘルス）に関する情報は、…労働者にとって、自己のプライバシーに属する情報であり、人事考課等に影響し得る事柄として通常は職場において知られることなく就労を継続しようとすることが想定される性質の情報であ

る」とした上で、「使用者は、必ずしも労働者からの申告がなくても…労働者にとって過重な業務が続く中でその体調の悪化が看取される場合には、上記のような情報については労働者本人からの積極的な申告が期待し難いことを前提とした上で、必要に応じてその業務を軽減するなど労働者の心身の健康への配慮に努める必要があるものというべきである。」と判示しました。そして、労働者は体調が不良であることを企業に伝えて相当の日数の欠勤を繰り返し、業務の軽減の申出をしていたことから、企業は労働者の不調が過重な業務によって生じていることを認識し得る状況にあったとして過失相殺を否定しました。

本件では、病気であることを隠していたような場合でも企業に責任があると判断されたかのように見えますが、重要なのは「その体調の悪化が看取される場合」という前提が付いていることです。要は、本件では、企業からしても「当然分かるだろう」とされるような欠勤状況、体調不良の伝達などがあったのであり、労働者が病気を申告していなかったとしても企業は業務軽減等の措置を取ることが可能であったという点がポイントです。もちろん、病気情報の不申告を理由とする過失相殺はいかなる場合でも否定されるものではなく、申告があれば適切な結果回避措置が講じられると十分期待できた場合など、病気情報の不申告が結果に強く寄与したといえる場合には、過失相殺が認められると考えられます（メンタルヘルスの病状等につき正確かつ十分な情報を提供しなかったことを理由とする過失相殺を認めた事案として、JFEスチールほか事件・東京地判平20.12.8）。

企業実務として、特に管理職においては、部下のメンタルヘルスに関する情報について、本人からの積極的申告がされにくいことを踏まえて体調変化に「気づく」ことが求められていると言えるでしょう。

② **損益相殺**

ⅰ．損害額から控除されるもの

・すでに支払われた保険

労災と認定されると、療養補償、休業補償等の給付がなされます。療養補償は、診察の実施、薬剤・治療材料の支給などです。休業補償給付は、賃金の概ね60％相当額が支払われます。そして、すでに支払われた保険給付に相当する金額は、企業の損害賠償責任の額から減額されます。

ⅱ．損害額から控除されないもの

　保険給付のうち、労災保険の労働福祉事業として支給される特別支給金については、企業の損害賠償責任の額から減額されません。特別支給金とは、休業補償給付や傷害補償給付の上積みとして支給される給付です。

ⅲ．損害額から控除されないが、損害賠償の履行の一部が猶予されるもの
・まだ支払われていない年金

　労災と認定され、障害が残った場合には、障害補償給付が年金として支給されます。また、労災により死亡した場合には、遺族補償給付が年金として支給されます。

　この年金に関して、現に受け取った部分は損害額から控除されますが、未だ受領していない分は、判例上、控除することができないとされています。

　もっとも、同年金は、一時金として一括して受け取ることも可能であり、企業は、前払い一時金の最高限度額に相当する金額分について、損害賠償責任の履行の猶予を受けることができます（労働者災害補償保険法64条）。

　なお、これは、損害の控除ではなく履行の猶予に過ぎないため、損害賠償責任の減額が認められているものではありませんが、その後年金が支払われれば、既支給分として損害賠償責任から減額されることになります。

> 労働者の負った業務上の負傷等に関する企業の民事損害賠償責任が認められるためには、労災と異なり、企業の故意・過失が要件となる。また、損害の発生について、労働者側にも過失が認められる場合、過失相殺により損害賠償額が減額されることになる。

上積補償

　労災に被災した労働者に対し、企業が法定の労災補償に上乗せして一定の補償を行うことを上積補償といいます。労働協約や就業規則において上積補償を制度として設ける企業も少なくありません。

　上積補償には、企業として労働者（あるいはその遺族）の生活保障をより厚くすることのほか、労基法84条2項により、上積補償をした限度で、同一の事由による民事上の損害賠償責任を免れるという意義があります。すなわち、上積補償を行った場合、民事上で損害賠償義務が発生しても、企業が支払うべき損害賠償の金額から上積補償として給付した価額が控除されます。

　上積補償制度を設ける場合の留意点として、労災保険とは別の給付であることを明記しておくべきことが挙げられます。労災保険法64条2項は、労働者らが保険給付を受けられる場合に、同一の事由で企業から損害賠償を受けたときは、政府はその価額の限度で保険給付をしないことができると定めていますから、上積補償を支払ったことにより労災保険による給付が減額される可能性があります。そのような調整がされることを防ぐため、上積補償が労災保険とは別の給付であることを制度上明示しておくべきなのです。

5．長時間労働対策

　長時間労働による過労が原因となって、心身の健康を害するという事例は多く、裁判上でも、企業が損害賠償の支払いを命じられている例が多数あります。

　長時間労働が心身の健康にとって良くない影響をもたらすことは周知の事実となっていますので、企業としては、長時間労働対策を行うことが重要です。

　長時間労働対策としては、次のことが考えられます。

⑴ **長時間労働を発生させないための対策**
① 時間管理
　当然ですが、企業は、労働者の労働時間を正確に把握する必要があり

ます。労働時間の実態を把握せず、サービス残業などを黙認しているような場合には、労働者の受けている業務上の負荷の程度が正確に判断できないため、十分な健康管理を行うことができません。労働時間把握ガイドラインや安衛法の客観的「労働時間の状況」把握義務のように、PCやICカードによる在社時間管理をして自己申告との齟齬の突き合わせが「隠れ労働時間」を発見するのに重要になります。その上で忙しい人・部署に応じた対策を講じます。

② 時差出勤

労働者の健康に対する配慮としては、遅くまで残業した日の翌日に出勤時間を遅らせることを認めるなど、時差出勤の制度を採用することも有用と考えられます。

遅くまで残業した日の翌日も定時に出勤するとなると、十分な睡眠時間が確保できなくなるおそれがあるため、時差出勤を認めることで、睡眠時間が確保できるようにするという配慮です。

③ 業務量や人員の調整

長時間労働を抑制するための根本的な対策としては、やはり業務量の調整や、人員の増員等が必要になります。企業としては、特定の人に仕事が集中しているのではないか、といったことに気を配り、労働者が一人で抱え込むことがないように配慮することが必要でしょう。

④ 経営トップの方針を出す

労働時間削減は「無駄なことをやめる」ところから始まります。無駄な会議、報告書作成、資料の作り込みなどを簡素化することをトップのメッセージとして出しましょう。また、労働時間の削減は最終的には「何かをやめる」ことにつながるため、正に経営判断となります（例えば、夜8時以降の顧客対応をやめるなど）。そのため、トップの方針決定が極めて重要です。

(2) 長時間労働が発生した場合の対策

① 医師の面接

労働安全衛生法では、月80時間を超える時間外労働を行っている労

働者から申し出があった場合に、産業医が当該労働者に対して面接指導を実施すべき旨が定められています。

　しかし、労働者からの積極的な申し出がない場合であっても、長時間労働の実態が認められる場合には、企業の方から産業医面談を勧めるなど、健康管理に配慮することが重要です。時間外労働が月80時間を超えていなくても、恒常的に長時間労働が続いているような場合には、積極的に産業医面談を勧めるべきでしょう。また、産業医に対して、作業環境や労働時間等に関する情報を提供して、助言指導を求めることも有用です。

　そして、企業は、産業医の意見を踏まえ、必要に応じて業務量を調整する、人員を増やす等の配慮を行うことになります。

② 残業禁止命令、帰社命令等

　既に長時間労働を行っている者に対しては、残業の禁止を命じるという方法が考えられます。

　その際、業務量がそれほど多くないにもかかわらず、不必要なだらだら残業を続けているのであれば、単純に残業禁止を命じることで問題ありません。一方で、業務量が多いために長時間労働せざるを得ないといった事情が認められる場合には、業務量の調整を行う必要があります。このような場合に、与えている業務量に変わりはなく、形式的に残業を禁止するのみでは、労働者としてもどのように業務を遂行すればよいか分からず、進退に窮することになり、最悪の場合、自宅や外で「隠れて」残業をすることになってしまいます。

　また、残業を禁止しているにもかかわらず、労働者が社内に居残っているような場合には、帰社を命じるという対応を取ることが考えられます。

違法な長時間労働に関する指導・企業名公表等の取り組み

　　長時間労働の是正及び過重労働による健康障害防止対策について、平成28年12月に「過労死等ゼロ」緊急対策が決定され、違法な長時間労働等を複数の事業場で行う企業に対する是正指導の実施や、是正指導段階での企業名公表制度の強化などの取り組みがされることになりました（平成29年1月20日付け基発0120第1号）。取り組みの概要は第13章を参照下さい。

コラム

だらだら残業と帰社命令・立入禁止命令

　　長時間労働対策のために、企業が、業務量の調整や要員の補充、帰宅できるときには帰宅するようにとの助言・指導等を行っていたものの、なお、企業には安全配慮義務違反があったと認定された裁判例があります。その事案では、恒常的に月100時間以上の時間外労働が発生していました。裁判所は、班長が労働者に対し、残業しないようにとの助言・指導をするだけでは足りず、より端的に、残業の禁止を命じ、それに応じない場合、企業構内への入館を禁じる、あるいは一定の時間が経過した後は帰宅を命じるなどすべきであったと判示しました。

　　同事案では、労働者が、当時交際中であった女性と一緒に退社したいからという理由で居残るなど、だらだら残業のような側面もありました。労働者の過失も考慮され、損害額のうち3分の1が減額されてはいますが、企業の責任は肯定されています。

　　客観的な時間外労働時間数が長時間となっているような場合には、この時間数自体を削減しなければ、いくら配慮を尽くしていたと主張しても、企業の責任が肯定されてしまうおそれがあります。このことに留意して、長時間労働対策を行う必要があるでしょう。

6．人事担当者が知っておくべき安衛法の定め

(1) 安全衛生管理体制の構築

　安衛法は、「職場における労働者の安全と健康の確保」を目的としており、そのために事業場の「安全衛生管理体制」の構築について定めています。安衛法の定めに基づき、企業は、事業場における労災事故等を防止するための体制づくり、そして労働者の健康に対する障害の防止、労働者の健康の保持・増進を図る体制づくりをする必要があります。

　人事担当者としては、まず社内の「安全衛生管理体制」がどのようになっているのかを把握するため、「安全衛生管理規程」等の内容を法律（安衛法等）に照らしながら確認する必要があります。労働災害防止の取り組みは労使が一体となって行う必要があり、「安全衛生管理体制」の構築は重要な業務です。

① 総括安全衛生管理者、安全管理者、衛生管理者

　常時100人以上を使用する建設業や運輸業など一定の規模・業種の事業場においては、事業場における安全衛生の最高責任者として**総括安全衛生管理者**を選任する必要があります（安衛法10条、安衛令2条）。総括安全衛生管理者は、安衛法10条1項各号に定める業務を統括管理するとともに、総括安全衛生管理者を補助する者として選任される**安全管理者、衛生管理者**を指揮します（安衛法11・12条、安衛令3条・4条）。安全管理者、衛生管理者については、一定の資格を有する者から選任する必要があります（安衛則5条、10条）。

　安全管理者及び衛生管理者の選任が義務付けられるのは一定の規模・業種の事業場に限定されていますが、それらの選任義務のない事業場でも、常時10人以上の労働者を使用する事業場においては、安全衛生の技術的事項を行う実務家として安全衛生推進者又は衛生推進者の選任が義務付けられます（安衛法12条の2）。

　総括安全衛生管理者、安全管理者、衛生管理者及び安全衛生推進者等について、選任が義務付けられる企業の業種・規模、資格要件及び職務をまとめると次のとおりです。

○総括安全衛生管理者

業種・規模	①常時 100 人以上の労働者を使用している建設業など屋外作業的業種 ②常時 300 人以上を使用している製造業、電気・ガス・熱供給業・水道・通信業、各種商品卸売・小売業、旅館業、自動車整備業、機械修理業など ③その他の業種で常時 1000 人以上を使用している事業場
資格要件	事業の実施を統括管理する者（工場長など）
職務	安全管理者、衛生管理者などに指揮するとともに、次の業務を統括管理する。 ①労働者の危険または健康障害を防止するための措置に関すること ②労働者の安全または衛生のための教育の実施に関すること ③健康診断の実施その他健康の保持増進のための措置に関すること ④労働災害の原因の調査及び再発防止対策に関すること ⑤その他労働災害を防止するため必要な業務

○安全管理者

業種・規模	業種：建設業など屋外作業的業種、製造業、電気・ガス・熱供給業・水道・通信業、各種商品卸売・小売業、旅館業、自動車整備業、機械修理業など（総括安全衛生管理者選任が義務付けられる①・②の業種） 規模：常時 50 人以上を使用する事業場
資格要件	(i) 以下の①・②のいずれかに該当するものであって厚生労働大臣が定める研修を修了した者 　①大学・高等専門学校における理科系統の正規の過程を修め、その後 2 年以上産業安全の実務に従事した経験を有する者 　②高等学校・中等教育学校において理科系統の正規の学科を修めて卒業し、その後 4 年以上産業安全の実務に従事した経験を有する者 (ii) 労働安全コンサルタント (iii) その他厚生労働大臣が定める者
職務	安全に関する技術的事項の管理 ①建設物、設備、作業場所・方法に危険がある場合における応急措置又は適当な防止の措置 ②安全装置、保護具その他危険防止のための設備・器具の定期的な点検及び整備

	③作業の安全についての教育訓練
	④発生した災害原因の調査及び対策の検討
	⑤消防及び避難の訓練
	⑥作業主任者その他安全に関する補助者の監督
	⑦安全に関する資料の作成、収集及び重要事項の記録
	⑧その事業の労働者と他の事業の労働者が同一の場所で作業する場合における安全に関し必要な措置
	など

○衛生管理者

規模	常時50人以上を使用する事業場（業種は問わない）
資格要件	①農林畜水産業、工業、建設業、製造業、電気・ガス・熱供給業・水道、運送業、自動車整備業、機械修理業、医療業および清掃業については、第一種衛生管理者免許若しくは衛生工学衛生管理者免許を有する者又は医師、歯科医師、労働衛生コンサルタントなど ②上記以外の業種は、①の者に加え第二種衛生管理者免許を持つ者
職務	衛生に関する技術的事項の管理 　①健康に異常のある者の発見 　②作業環境の衛生上の調査 　③作業条件、施設等の衛生上の改善 　④労働衛生保護具、救急用具等の点検及び整理 　⑤衛生教育、健康相談その他労働者の健康保持に必要な事項 　⑥労働者の負傷及び疾病、それによる死亡、欠勤及び移動に関する統計の作成 　⑦その事業の労働者と他の事業の労働者が同一の場所において行われる場合における衛生に関し必要な措置 　⑧衛生日誌の記載等職務上の記録の整備 　など

○安全衛生推進者・衛生推進者

業種・規模	業種：（安全衛生推進者）建設業など屋外作業的業種、製造業、電気・ガス・熱供給業・水道・通信業、各種商品卸売・小売業、旅館業、自動車整備業、機械修理業など（総括安全衛生管理者選任が義務付けられる①・②の業種） （衛生推進者）上記以外の業種 規模：常時10人以上50人未満を使用する事業場
資格要件	①大学又は高等専門学校を卒業した者で、その後1年以上の安全衛生の実務経験者 ②高校を卒業した者で、その後3年以上の安全衛生の実務経験者 ③5年以上の安全衛生の実務経験者 ④厚労省労働基準局長が定める講習を修了した者 ⑤その他厚労省労働基準局長が認めた者
職務	①施設・設備等の点検、使用状況の確認等 ②作業環境・作業方法の点検等 ③健康診断および健康の保持増進のための措置に関すること ④安全衛生教育に関すること ⑤異常な事態における応急措置に関すること ⑥労働災害の原因の調査及び再発防止対策に関すること ⑦安全衛生情報の収集、労災・疾病等の統計作成に関すること ⑧関係行政機関に対する安全衛生に係る各種報告、届出等に関することなど

② 安全委員会、衛生委員会

　一定の業種（製造業、建設業や化学工業など）・規模（業種により、常時 50 人以上もしくは 100 人以上を使用）の事業場では、安全に関する事項を審議する機関として**安全委員会**の設置が義務付けられています（安衛法 17 条、安衛令 8 条）。また、一定の規模の事業場（常時 50 人以上の労働者を使用する事業場）では、衛生に関する事項を審議する機関として**衛生委員会**を設置することが義務付けられています（同法 18 条、安衛令 9 条）。安全委員会と異なり、衛生委員会は業種に関係なく一定の規模がある事業場で設置することが義務付けられていることに注意が必要です。安全委員会・衛生委員会の両方の設置が必要となる事業場では、それぞれを別々に設置する代わりに**安全衛生委員会**を設置することができます（同法 19 条）。

　これらの委員会の構成ですが、総括安全衛生管理者（又はそれ以外の者で事業場の事業の実施を統括管理する者やそれに準じる者）を議長とするほか、議長以外の委員の半数は過半数組合又は過半数代表者の推薦に基づいて指名する者と定められています。

　これらの委員会は、毎月 1 回以上開催しなければならず（安衛則 23 条 1 項）、委員会の議事で重要なものに係る記録を作成して、これを 3 年間保存しなければなりません（同条 4 項）。また、企業は委員会の開催の都度、遅滞なく委員会における議事の概要を労働者に周知させなければなりません（同条 3 項）。安全衛生委員会では労働者の危険又は健康障害を防止するための基本となるべき対策（労働災害の原因及び再発防止対策等）等の重要事項について十分な調査審議を行う必要があります。安全管理が重要な大手製造業等では、安全衛生委員会は確実に開催されていると思いますが、衛生委員会のみ必要な業種、特にホワイトカラーが中心の企業では委員会の開催等が疎かになりがちで労基署から指導を受けることがありますので、法令違反とならないように注意しましょう。

③ 産業医

　常時50人以上の労働者を使用する事業場では、労働者の健康管理等の一定の職務を行わせるために**産業医**を選任する必要があります。常時1000人以上の労働者を使用する事業場については、専属の産業医を選任しなければならず、さらに常時3000人超の労働者を使用する事業場においては、2人以上の専属産業医を選任する必要があります（安衛法13条、安衛則13条及び安衛令5条）。産業医の選任が義務付けられない事業場においても、企業は、医師等に労働者の健康管理等の全部または一部を行わせるように努めるべき努力義務が課されています（安衛法13条の2）。

　産業医は労働者の健康管理等を行うものとされ、原則として「少なくとも毎月1回」の作業場訪問が義務づけられており（安衛則15条）、労働者の健康を確保するため必要があると認めるときは、企業に対して必要な勧告をすることができます（安衛法13条3項）。企業は、産業医からの勧告を尊重しなければなりません。

　産業医の選任義務は上記のとおりですが、昨今のメンタルヘルス不調者の増加等に対応するため、産業医を精神科医から選任したり、それが難しい場合には、産業医が精神科医と連携できる体制を構築するなど、メンタルヘルス対策を強化すべきでしょう。特に、主治医と産業医で意見が食い違う場合には、医師の専門性が問題となりますので、精神科医に対して相談できる体制を確立しておくことは重要です。

　さらに、働き方改革に関する安衛法改正のなかで、産業医機能の強化・産業保健機能の強化が図られています。この改正では、「産業医の独立性、中立性強化」や「産業医がより効果的に活動するために必要な情報が提供される仕組みの整備」などが図られていますが、産業医に関する改正内容のうち企業に関連するものを次にまとめます。

産業医の退任時の報告（安衛則13条4項）

企業は、産業医が辞任したとき又は産業医を解任したときは、遅滞なくその旨及び理由を衛生委員会又は安全衛生委員会に報告しなければならない。

産業医に対する情報提供（安衛法13条4項、安衛則14条の2）

企業は、以下の情報を産業医に提供しなければならない。
- 労働時間に関する情報
- 健康診断や面接指導後の就業上の措置の内容に関する情報（医師等からの意見聴取後速やかに提供）
- 週40時間（休憩時間を除く）を超えて労働した時間が月80時間を超えた労働者の氏名及び超えた時間に関する情報（当該超えた時間の算定後速やかに提供）
- その他労働者の業務に関する情報であって産業医が健康管理等を適切に行うために必要と認められるもの（産業医から当該情報の提供を求められた後速やかに提供）

産業医の勧告の尊重等（安衛法13条5項、6項、安衛則14条の3）

企業は産業医からの勧告を尊重しなければならず、その勧告の内容やそれを踏まえて講じた措置の内容等を衛生委員会又は安全衛生委員会に遅滞なく報告したうえ、記録を作成し3年間保存しなければならない。

産業医に対する権限付与（安衛則14条の4）

企業は、産業医に対して以下の権限を付与しなければならない。
- 事業者又は総括安全衛生管理者に対して意見を述べること
- 健康管理等を実施するために必要な情報を労働者から収集すること
- 労働者の健康確保のため緊急の必要がある場合に、労働者に対し必要な措置を取るべきことを指示すること

> **必要な体制の整備の努力義務（安衛法 13 条の 3）**
> 　企業は、産業医等による労働者の健康管理等の適切な実施を図るため、産業医等が労働者からの健康相談に応じ、適切に対応するために必要な体制の整備その他の必要な措置を講ずるように努めなければならない。

> **事業場への周知（安衛法 101 条 2 項、安衛則 98 条の 2）**
> （周知方法）
> ・各作業場の見やすい場所に掲示又は備え付け
> ・書面交付
> ・磁気テープ等に記録し、かつ各作業場にその記録内容を確認できる機器を設置
> （周知すべき内容）
> ・事業場における産業医の業務の具体的な内容
> ・産業医に対する健康相談の申出の方法
> ・産業医による労働者の心身の状態に関する情報の取り扱いの方法

> 安衛法は、企業の業種・規模に応じた安全衛生管理体制の構築を義務付けている。

(2) 安全衛生管理計画書

　労災の一層の防止並びに職場の安全衛生水準の向上を図るためには、職場の潜在的なリスクを見つけ出し、これを除去するための手法としてのリスクアセスメントを導入・実施するなど、効果的かつ計画的な自主的安全衛生活動を実施することが重要です。このため、各事業場では、安全衛生管理計画を策定すること及び策定した計画に基づき、継続的に活動することが不可欠です。

　所轄労働基準監督署から毎年「**安全衛生管理計画書**」の提出依頼がありますので、提出期限までに作成し、提出する必要があります。なお、計画書の様式や記入例は各労働局のホームページからダウンロードできるようになっています。

(3) 労働者の危険又は健康障害を防止するための措置（安衛法第4章）

　安衛法第4章は、企業に対して、様々な労働災害防止措置を講ずるよう義務付けています。ただし、企業が講じるべき措置の具体的内容は、技術的細部にわたることも多いため、大部分が厚生労働省令（安全衛生規則）に委ねられています。この委任に基づく省令の条文数が膨大であるため安衛法は分かりにくいというイメージを持つ方も多いかもしれません。

(4) 健康診断・ストレスチェック

　安衛法は、労働者の健康を管理するために健康診断及びストレスチェック（心理的な負担の程度を把握するための検査）を実施することを企業に義務付けています（安衛法66条以下、66条の10）。

① 健康診断

　企業が実施すべき**健康診断**には、定期的な一般健康診断（安衛法66条1項）と、特定の有害業務（屋内での有機溶剤業務など）に従事する労働者に対する医師ないし歯科医師による特殊健康診断（安衛法66条2項・3項）などがあります。一般健康診断の種類には、雇入れ時の健康診断、年1回の定期健康診断、深夜業などに従事する者に対する年2回の健康診断等があります。

　健康診断はただ実施すればよいというものではなく、企業は健康診断の結果についても種々の義務を負います（安衛法66条の3〜7等）。

　まず、企業は、健康診断の結果について労働者に通知しなければならないほか、個人票を作成し、一定の期間保存しなければなりません。保存すべき期間は健康診断の種類によって異なります。

　また、企業は、健康診断の項目に異常の所見のある労働者については、健康保持のために必要な措置について医師の意見を聴かなければならず、この意見を踏まえて必要があると認めるときは、就業場所の変更、作業の転換といった措置を講じることも義務付けられます。そのほか、特に健康の保持に努める必要がある労働者に対しては、医師等による保健指導を行うよう努めるべき努力義務や、定期健康診断結果を所轄労働基準

監督署へ遅滞なく報告する義務が課せられています。

② ストレスチェック

企業は、労働者のメンタルヘルス不調の未然防止のために、**ストレスチェック**を行うことが義務付けられています（安衛法66条の10、安衛則52条の9以下）。

(図表) ストレスチェック制度の流れ

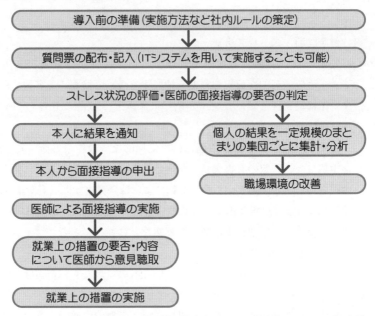

(厚生労働省作成「ストレスチェック制度導入マニュアル」を基に作成)

実施方法としては、常時使用する労働者に対し、1年以内ごとに1回、定期に、①職場における当該労働者の心理的な負担に関する項目、②当該労働者の心理的な負担による心身の自覚症状に関する項目、③職場における他の労働者による当該労働者への支援に関する項目について、医師・保健師その他厚生労働省令で定める者による検査をすることが求められます。参考として、厚生労働省のホームページで入手できる「職業性ストレス簡易調査票」を示します。

【職業性ストレス簡易調査票】

　ストレスチェックにおいても、企業は検査結果について健康診断と同様に種々の義務を負います。

　まず、企業は、検査結果について検査を行った医師等から労働者に通知されるようにしなければなりません。ここで、医師等は当該労働者の同意を得なければ検査結果を企業に提供してはならないものとされています。

　この検査結果の通知を受けた労働者であって、検査を実施した医師等が「心理的な負担の程度が高く医師による面接指導を受ける必要がある」と認めた労働者が面接指導を受けることを企業に申し出たときには、企業は遅滞なく面接指導を実施しなければなりません。労働者がこの申し出をしたことを理由として企業が不利益な取り扱いをすることは禁じられています。面接指導が行われた後、企業は遅滞なく当該労働者の健康保持のために必要な措置について医師の意見を聴かなければなりません。さらに、その意見を踏まえて必要があると認めたときは就業場所の変更

等の措置を講ずるほか、安全衛生委員会等への報告その他適切な措置を講ずることも求められます。

また、企業は、検査を行った医師等に検査結果の集団的な分析をさせるべき努力義務も課されており、この結果を勘案して必要があると認めるときは、その労働者らの心理的な負担を軽減するための適切な措置を講ずるよう努めるものとされています。

その他ストレスチェック制度の運用に関しては、厚労省ホームページで「労働安全衛生法に基づくストレスチェック制度実施マニュアル」が公開されていますので参照して下さい。

③ 健康情報の取り扱いルールの明確化、適正化

企業は、健康診断等の結果から必要な健康情報を取得し、労働者の健康・安全を確保することが求められますが、このような健康情報には労働者にとって他人に知られたくない情報が含まれています。そこで、企業は、労働者の健康確保に必要な範囲内で健康情報を収集し、その収集の目的の範囲内でその情報を保管・使用しなければなりません（安衛法104条1項）。ただし、労働者本人の同意がある場合など正当な事由がある場合はこの限りではありません。

(5) **過労対策**

安衛法は、集団的に実施される健康診断以外に、特定の労働者の過労防止のために医師の面接・指導を実施することを義務付けています（安衛法66条の8、安衛則52条の2ないし8）。

① 長時間労働者に対する面接指導

【(参考) 広島労働局HP「長時間労働者に対する医師による面接指導の流れ」より引用】

| 拡充 | 事業者が全ての労働者の労働時間の状況を把握《法律》 |

 ※ガイドラインから法律に格上げ

| 拡充 | 事業者が産業医に残業時間80h/月超の労働者の情報を提供《法律》 |

※省令から法律に格上げ
※面接指導の対象となる残業時間の基準を100h/月超から80h/月超に強化

産業医が情報を元に労働者に面接指導の申出を勧奨《省令》

| 拡充 | 残業時間80h/月超の労働者が事業者に面接指導の申出《省令》 |

※面接指導の対象となる残業時間の基準を100h/月超から80h/月超に強化

事業者が医師による面接指導を実施《法律》

事業者が医師から労働者の措置等に関する意見を聴く《法律》

事業者が医師の意見を踏まえて必要な措置を講じる《法律》

| 新規 | 事業者が産業医に措置内容を情報提供《法律》 |

| 新規 | 措置状況を確認した産業医が勧告を行う場合は事業者から意見を求める《法律》 |

措置状況を確認した産業医が労働者の健康確保に必要があると認める場合は事業者に勧告《法律》

| 新規 | 事業者が産業医の勧告内容を衛生委員会に報告 |

企業は、時間外・休日労働が月80時間を超えた労働者に対し、その超えた時間に関する情報を速やかに通知しなければなりません（安衛則52条の2第3項）。そして、当該労働者から申し出があった場合、企業は、産業医による面接指導を実施する必要があります。この面接指導の実施について、法律上は、労働者からの申出があったことを要件としていますが、労働者の性格や置かれている状況によっては、自ら申し出ることは難しいということもあり得ます。そのため、労働者から申し出がなかったとしても、企業は、長時間労働による体調悪化が危惧される労働者に対して積極的に産業医による面接指導を実施することが望ましいでしょう。

　企業は、面接指導の結果を記録しておかなければならず、当該労働者の健康保持のために必要な措置について医師の意見を聴かなければなりません。さらに、この意見を踏まえて、必要があると認められるときは、就業場所の変更などの措置を講ずるほか、安全衛生委員会等への報告その他適切な措置を講ずることも求められます。

② 新たな技術、商品又は役務の研究開発に係る業務に従事する労働者に対する面接指導（安衛法66条の8の2、安衛則52条の7の2）

　新たな技術、商品又は役務の研究開発に係る業務は、専門業務（労働基準法38条の3）として、労使協定等の要件を満たすことにより労働時間規制について例外的な取扱いをすることが認められています。しかし、過労対策の観点から、これらの業務に従事する労働者に対して、健康確保措置としての面接指導をすることが義務付けられました。企業は、これらの業務に従事する労働者で、1週間当たり40時間を超えた労働時間が月100時間を超えた労働者については面接指導を実施しなければならず、当該労働者も面接指導を受けることが義務付けられます。この面接指導については、労働者の申し出がなくとも実施する義務が生じることには注意が必要です。

　通常の労働者に対する面接指導については義務懈怠への罰則が設けられていませんが、研究開発業務にかかる面接指導の義務を怠った企業は刑罰の対象となり、50万円以下の罰金が科されるおそれがあります（安

衛法 120 条)。

③ 特定高度専門業務・成果型労働制の労働者に対する面接指導（安衛法 66 条の 8 の 4）

　特定高度専門業務・成果型労働制（いわゆる高度プロフェッショナル制度）は、一定の年収要件を満たし、職務の範囲が明確で高度な職業能力を有する労働者を対象として、時間外・休日労働協定の締結や時間外・休日・深夜の割増賃金の支払義務等の適用を除外する制度です。この制度の対象となる労働者については、割増賃金支払いのために労働時間を把握する必要がなくなりますが、過労対策として一定の要件のもと面接指導を行う義務が生じます。企業は、労働者の健康管理時間（「事業場内に所在していた時間」と「事業場外で業務に従事した場合における労働時間」との合計）を把握し、健康管理時間が1週間で40時間を超えた場合において、その超えた時間が1月当たり100時間を超えた労働者に対して面接指導を実施しなければなりません。

　この面接指導義務についても、②の研究開発業務にかかる義務と同様に、罰則の適用があります。各面接指導の要件をまとめると以下のとおりとなります。

【面接指導の要件】

	時間外・休日労働時間	申し出の要否	根拠条文（安衛法）
通常の労働者	80 時間超	必要	66 条の 8 第 1 項
研究開発業務従事者	100 時間超	不要	66 条の 8 の 2 第 1 項
	80 時間超	必要	66 条の 8 第 1 項
高プロ適用者	100 時間（健康管理時間）	不要	66 条の 8 の 4 第 1 項

④ 時間管理方法（安衛法 66 条の 8 の 3）

　面接指導に関し、企業は、特定高度専門業務・成果型労働制の労働者を除くすべての労働者について、厚生労働省令が定める方法により労働時間の状況を把握する必要があります。「労働時間の状況」とは、厚生

労働省の解釈通達によれば、「労働者がいかなる時間帯にどの程度の時間、労務を提供し得る状態にあったか」をいうものとされ、残業代などの計算基礎となる労基法上の労働時間概念とは全く別の概念です。

厚生労働省令では、労働時間の状況の把握方法について、タイムカードやパソコンによる記録といった客観的な方法その他の適切な方法によるものと定められています（安衛則52条の7の3）。平成29年1月20日に発出された「労働時間の適正な把握のために企業が講ずべき措置に関するガイドライン」によれば、ICカードによる記録も「客観的な方法」に当たるものと解されます。

また、労働者が出先の仕事に直行直帰する場合などであって客観的な方法による労働時間の状況の把握が困難な場合には、「その他の適切な方法」として労働者の自己申告により把握することが考えられます。ただし、厚生労働省の解釈通達では、自己申告による把握を行う場合には、「対象となる労働者に対して適正に自己申告を行うことなどについて十分な説明を行うこと」「実際に労働時間の状況を管理する者に対して、自己申告制の適正な運用などについて十分な説明を行うこと」「自己申告が実際の状況と合致しているか否か必要に応じて実態調査すること」などといった措置を全て講じる必要があるとされていますから、注意が必要です。

労働時間の把握については、「労働時間の適正な把握のために企業が講ずべき措置に関するガイドライン」においても、企業が講ずべき措置についての指針が示されていましたが、企業に法的義務までをも課すものではありませんでした。しかし、働き方改革に関連する法改正により、安衛法が定めている労働時間の状況の把握が法的義務として企業に課されるようになったことには十分注意するべきでしょう。

また、企業は、把握した労働時間の状況を記録し、3年間保存するための必要な措置を講じなければなりません。

> 過労対策として、労働者の労働時間の状況ないし健康管理時間を適切に管理・把握し、必要な場合には面接指導を行うことが義務付けられている。

(6) 健康の保持・増進

　安衛法は、上述した健康診断や面接指導のほかにも、労働者の健康の保持・増進のために企業がとるべき措置について定めています。企業がとるべき措置としては、有害業務などの一定の作業場における作業環境の測定や、労働者の作業管理などがあります。

　また、平成26年の改正により、企業は、労働者の受動喫煙を防止するため、当該企業及び企業の実情に応じ適切な措置を講ずるよう努めるものとされました（安衛法68条の2）。企業は、受動喫煙の現状把握と分析を行い、衛生委員会等で対策を検討して実行していくことが必要となります。具体的な対策としては、施設設備（ハード面）の対策と計画・教育（ソフト面）による対策を効果的に組み合わせて実施することが望まれます。この努力義務に関して、中小企業事業主については、受動喫煙防止のための施設設備の整備に対して国が助成を行う制度も設けられています。

メンタルヘルス

第10章

1. メンタルヘルスと人事労務上の問題

2. 休職命令発令までの対応

3. 休職期間中の対応

4. 休職期間満了時の対応

5. 復職後の対応

第10章 メンタルヘルス

1．メンタルヘルスと人事労務上の問題

　一言にメンタルヘルスといっても、様々な種類の病気があります。幻覚や幻聴にとらわれ、しかも本人には病識がないといったケース、朝起きられない・会社に出勤できないといったうつ病等のケース、うつ病の中でも、仕事をしているときだけ体調不良になるという新型うつ病のケース等々、病気の態様は様々です。

　特に、新型うつ病のケースでは、仮病との区別が難しいことも考えられます。しかし、仮病ではないかと疑って、療養の取得を認めなかったところ、後に本当に病気であったことが判明し、病状が悪化したというような場合には、安全配慮義務違反を問われるおそれもあり、人事労務担当者としては対応に苦慮する場面です。

　また、本人に病識がないというケースでは、本人が正常であると主張しているからといって、本人の異常行動・問題行動に対して、通常どおりの対応に従い懲戒処分を行うと、懲戒処分の効力が否定されるおそれも考えられます。裁判では、このような異常行動について、精神病の症状の影響によるものであるから、懲戒処分を行うのではなく、休職等といった療養の機会を与えるべきであったとして、懲戒処分の効力が否定されている例があります。

　このように、職場における近年のメンタルヘルス問題に関しては、どのような対応をすべきかということについて難しい選択を迫られることが多く、人事労務担当者にとって頭を悩まされることが多いものと思われます。

　本章では、次の図の段階ごとの対応のポイントについて解説します。

第10章 メンタルヘルス

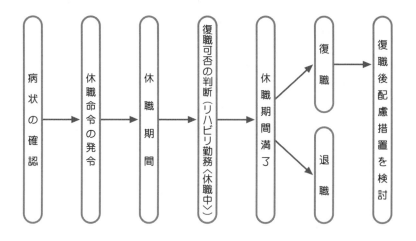

> 実際にメンタルヘルス疾患に罹患している者に対しては、いかにして健康の回復を図るか、そして、仮病が疑わしい者に対しては、いかにして厳正に対処するか、という2つの相反する要請を、事案に応じて使い分けなければならない。

2．休職命令発令までの対応

(1) メンタルヘルス疾患発症の段階（病状の確認）

① 診断書の提出

　労働者がメンタルヘルス疾患に罹患した場合、企業は、休職を命じて療養の機会を与えることになります。

　もっとも、本人の言い分だけではなく、医師の診断書の提出を求め、客観的な資料を踏まえた上で休職を命じる必要があります。また、仮病を疑うような事情がある場合には、産業医の面談を実施し、本人の提出した診断書以外にも様々な角度から資料を収集して、本人の病状を評価するべきでしょう。

　これは原則的な対応方法ですが、場合によっては、本人に病識はないものの、異常な言動により正常な労務提供に支障を来しているというケースもあります。このようなケースでは、本人に病識がないため、診断書の提出を拒まれることもあります。その場合でも、休職命令を発令

することができるように、休職命令に関する規定を整備しておく必要があります。規定の定め方に関しては、次の「(2)」で詳述します。

② 受診命令

本人が診断書を提出しない場合や、診断書を提出したものの、企業としては、さらに多角的な意見を収集することでより客観的な判断を行いたい場合などにおいて、企業が労働者に対して産業医面談を命じることができるかが問題となります。

企業は、労働者に対して安全配慮義務を負っていることから、その前提として、労働者の健康状態を正確に把握する必要があります。

したがって、根拠規定の有無にかかわらず、企業は受診命令を出すことができると考えられます。もっとも、紛争リスクを回避するためにも、受診命令に関する根拠規定を設けておくことが重要です。

> 診断書という医学的な客観的資料を踏まえて休職を命じる。

(2) 休職命令発令の段階(発令要件の検討)

① 一定の欠勤期間を経てから発令することが一般的

休職命令の要件に関しては、企業によって様々な定め方がなされていますが、一般的には、一定期間の欠勤が生じていることを要件としている例が多いといえます。

このような規定の定め方自体が直ちに問題になるものではありませんが、なかには、出勤することはできるが異常な言動が見受けられるといったケースや、断続的な欠勤を繰り返しているといったケースもあるため、これらのケースにも対応できるような規定の定め方をする必要があります。

具体的には、欠勤がない場合にも会社が相当と認めた場合に休職を命じることを可能にしたり、欠勤期間について通算規定を設けたりなどすることになります。規定例は、次の「②」、「③」を参照ください。

② 欠勤期間の通算規定

欠勤期間が一定以上に達していることを、休職命令の要件として定め

ていることが一般的です。しかし、メンタルヘルス疾患で欠勤する者は、断続的に欠勤するという場合もあります。その場合に、欠勤期間を通算してカウントしなければ、いつまでも休職を命じることができず、企業としては、労働者に対して十分な療養の機会を与えることができないまま不完全な労務提供を受け続けることになってしまいます。

そこで、欠勤期間について、次のような通算規定を設けることが有用です。

> 欠勤後いったん出勤した後に同一ないし類似の事由により再び欠勤するとき、あるいは、欠勤後いったん出勤した後、6か月以内に同一ないし類似の事由以外の事由により再び欠勤するときは、欠勤期間は中断せずに、その期間を前後通算する。

③ 欠勤していないケース

言動に明らかな異常が認められ、他の労働者にも迷惑を及ぼすなど、正常な労務提供に支障を来しているにもかかわらず、出勤すること自体は問題なく行えているというケースがあります。

本人に病識がなく、幻覚や幻聴にとらわれているような病気の場合にこのような例が見受けられます。また、このようなケースでは、本人に病識がないため、主治医の診断書の提出についても拒まれる可能性があります。

欠勤しておらず、診断書の提出がなされていなくても、本人が何らかのメンタルヘルス疾患に罹患していることは客観的な状況に照らして明らかであるならば、療養の機会を与えるためにも、休職を命じる必要があります。

そこで、休職命令を発令するための要件として、欠勤日数の要件とは別に、次のような定めを設けておくべきです。

> 従業員が正常な労務提供に支障を来している場合、会社は従業員に対して休職を命じることができる。

このような規定を設けていれば、欠勤しておらず、診断書の提出がなされていなくても、客観的に明らかに正常な労務提供に支障を来してい

れば、休職を命じることが可能となります。

> メンタルヘルス疾患には、欠勤しないケース、病識がないケース等々、色々なケースがある。それらに全て対応することができるよう、規定類を整備する。

病識がない者の問題行動と、それに対する処分の可否

　病識がない者への対応に関する留意点ですが、正常であるとの本人の言い分を前提に、休職を命じず、異常な言動について懲戒処分を行うような場合、当該懲戒処分について無効と判断されるおそれがあるため注意が必要です。

　このように、幻覚や幻聴にとらわれている場合は、いくら本人が病気であることを否定しているとしても、客観的に見れば、病気であることは明らかといえます。そして、この異常な言動は、病気の症状の一環と考えられるため、本人の責任を問うよりも、病気を治すことを勧めることが重要です。

　この点、判例でも、被害妄想にとらわれて約40日間にわたり無断欠勤した者に対して行った諭旨退職の効力について、会社としては精神科医による診断を実施し、その結果に応じて休職を命じるなどして経過を見るべきであったと判示し、結論として諭旨退職の効力が否定されています。本人が病気であることを否定していても、明らかに異常な言動が見受けられるようであれば、まずは療養の機会を与えるべきでしょう。

欠勤を前置しなかった場合

　一定の欠勤期間が存在することを、休職命令発令の要件として定めている例が多いことはすでに述べたとおりです。しかし、欠勤期間のカウントを誤り、一定の欠勤期間を経ていないのに休職を命じた場合、休職期間満了後の解雇・退職の効力はどうなるのかという問題があります。

　欠勤期間のカウントを誤っていたとしても、正常な労務提供ができない健康状態にあったことは変わりがないので、休職命令およびその後の休職期間扱いの全てが無効になると解すべきではないでしょう。裁判例の中には、このようなケースについて、仮に欠勤期間を正しくカウントして休職期間満了日が先に延びていれば、回復している可能性が認めら

れたとして、休職期間満了退職の効力が否定されている例もあります。

　この事案では、誤った休職期間満了日以降に、体調が回復傾向にあったという事情が認められており、判決は、そのことを前提とした事例判断を行ったものといえます。そのため、カウントを間違えた場合全てにおいて退職の効力が否定される訳ではないでしょう。

　むしろ、欠勤期間を正しくカウントした場合の本来の休職期間満了日までに回復していた可能性が認められないのであれば、やはり、休職期間満了解雇・退職の効力は肯定されるのではないかと考えられます。

　しかし、企業としては、紛争リスクを避けるためにも、欠勤期間のカウントを大幅に誤っていたことを認識したような場合、休職期間満了日を本来の日まで延長すべきでしょう。

(3) 休職制度の適用対象者

① 試用期間中の労働者

　入社して間もない試用期間のときに、新入社員がメンタルヘルス疾患に罹患するというケースがあります。仮に試用期間中の者に対しても休職制度の適用があるとすれば、休職期間が試用期間をまたぐといったケースが発生しますが、そのような場合、本人の適性を見極めるという、試用期間本来の目的を達成することが困難になってしまいます。本採用に至っていない者に対しても休職を認めるという必要があるわけではないので、試用期間中の労働者は、休職制度の適用対象者から除外する方が良いでしょう。

　勤続年数に応じて、休職期間の長さを定める制度が一般的ですので、まだ試用期間中であり本採用に至っていない者に対しては、休職を認めないという制度設計も十分合理性を持つものです。

② 有期契約労働者

　これまで、半年、1年などの有期の雇用期間を定められている労働者に対して、休職制度を設けているという例と、設けていないという例がありましたが、**同一労働同一賃金**の観点から通常の労働者と同様に病気休職の取得を認めるべきとされているところです。

　詳細は第12-2章の「同一労働同一賃金ガイドライン」の項を参照してください。

> **コラム**
>
> **本採用拒否や雇止め**
>
> 　試用期間中の者を休職制度の適用対象者から除外した場合、試用期間満了時に、本採用をすべきか、それとも本採用を拒否すべきかということが問題となります。試用期間の大半を療養に費やしていたような場合には、健康状態に関して著しい不安要素が認められ、業務に対する適性が乏しいものと考えられるため、本採用拒否もあり得るでしょう。我が国の労働法制においては、正社員の本採用拒否は容易には認められておらず、本採用拒否による紛争リスクはありますが、健康状態に関して著しい不安要素の認められる者を、終身雇用を前提とした正社員として本採用することによる労務コストの方が、紛争リスクを上回るのではないかと思われます。
>
> 　そのため、本採用拒否に踏み切るケースも多いでしょう。
>
> 　実務上は、より慎重を期して、まずは休職期間の延長を行い、それでも健康上の不安が残った場合に本採用拒否をするという対応も考えられます。
>
> 　また、試用期間中の者のほかに、有期契約労働者に関しても、メンタルヘルス疾患により休職中の場合、雇止めを行うべきか否かが問題となります。雇止めによる紛争リスクはありますが、健康状態に不安のある者を雇い続けることによる労務コスト、特に、労契法18条により通算勤続年数が5年を超えると有期労働契約が**無期労働契約に転換**することが認められており、容易には解雇できなくなる事態が予想されることも考慮すると、雇止めを行うのであれば、一般的にはできるだけ早い時期に行う方が良いものと考えられます。

3．休職期間中の対応

(1) 賃金支払いの要否

　休職期間中、労働者は働いていないので、**ノーワークノーペイ**の原則どおり、企業は賃金を支払う必要はありません。もっとも、会社の規定上、休職期間中に何らかの給付を行う旨を定めているのであれば、それらの給付がなされることになります。実務上は、健康保険組合から何らかの給付が行われるケースもあります。

(2) 休職期間中の年休

　休職期間中に労働者は働いていないので、賃金の給付を受けることはできませんが、そのような場合に、年休を取得して賃金を請求することができるかが問題となります。

　しかし、休職期間中は、そもそも就労義務が免除されているため、年休を取得する余地はありません。年休は、就労義務が存在する場合に、その免除を請求するものであるからです。

　したがって、休職期間中に年休を取得することはできません。なお、休職期間が長期に及んでいる場合は、8割以上出勤という年休取得要件を満たしておらず、そもそも年休権が発生していないといえるでしょう。

(3) 休職期間中の旅行や兼業（療養専念義務）

① 旅行等、プライベートな行動

　休職期間中に労働者が、旅行に出かけている等といったケースがあります。

　そもそも、休職期間とは、正常な労務提供を行えなくなった労働者に対して、療養の機会を提供するための制度です。休職期間中、労働者としては、本来履行すべき労務提供義務を一日でも早く行うことができるように、療養に専念すべき義務を負っていると考えられます。それにもかかわらず、療養に専念していなかったのであれば問題であり、そもそも、すでに復職できる健康状態にあるのではないかということも疑われます。

　しかし、一方で、近年問題となっている新型うつ病では、仕事のときだけ体調が悪く、遊んでいるときは元気ということもあり、また、旅行に行くことが気分転換であり、療養の一環であると主張されることも考えられます。

　休職期間中に旅行に出かけているといった事実を把握した会社としては、主治医の意見を聴取し、必要に応じて産業医面談も実施するなどし、いまだ復職可能な状態にないのか、それとも仮病であるのかについて医学的に慎重に判断すべきでしょう。

② 兼業

　旅行に出かけているというケース以外に、問題となる休職期間中の行動としては、兼業が挙げられます。休職期間中に別の仕事を行っている場合は、すでに復職可能な状態にあるのではないかと考えられ、兼業禁止の問題も生じるため、よりいっそう問題があるといえます。

　兼業の程度にもよりますが、リハビリの一環といったレベルではなく、普通に就労しているようであれば、すでに復職可能な状況にあることになり、兼業禁止にも抵触することになります。この場合は、懲戒処分も検討されます。しかし、リハビリの一環として、家族や友人の仕事の一部を手伝っているにすぎない等の場合は、懲戒処分ではなく、まずは注意・指導にとどめるという対応も考えられます。そして、企業に時短勤務・軽減勤務等のリハビリ勤務制度がある場合には、その制度を利用するよう命じるべきでしょう。

休職期間中のプライベート行動

　メンタルヘルス疾患の場合、家にこもっていることが必ずしも療養に資するとは限りません。むしろ、普段どおりの日常的な行動は、病前と同様に行うことが望ましいとされることもあります。

　一方で、労働者が、休職期間中にいわば休暇を満喫しているかのような態度を取っていた場合、企業の人事労務担当者の率直な感想としては、仕事を休んで遊んでいるということについて疑問を禁じ得ないということもあります。

　ここでは、医学的な見地から、プライベート行動について、療養のために差支えないと評価できるかどうかが問題となります。

　このような、休職期間中におけるプライベート行動に関しては、療養専念義務に違反するのではないかということが裁判においても争われることがあります。ある裁判例では、休職期間中における、オートバイで頻繁に外出していたこと、ゲームセンターや場外馬券売場に出かけていたこと、宿泊を伴う旅行をしていたこと、連日のように飲酒やＳＭプレイを行っていたことといった行動について、特段問題視することはできないとされています。このように、休職期間中の労働者には、かなり自由な行動が認められているといえます。

　一方で、裁判例において、休職期間中の行動としては問題があると

認定されたものとしては、企業に赴いて抗議行動・組合活動をしたこと、会社や組合のことを書き綴ったブログを日夜作成していたことといった行動が挙げられます。企業に対する抗議行動や組合活動については、医師から会社と関与する行動を控えるよう指示を受けていたことに反することが、日夜ブログを作成していた行為については、ブログ作成の後ベッドに直行する行動を繰り返していたものであり療養に支障を生じていることが、それぞれ療養専念義務に違反するものであったとされています。

いずれにしても、企業としては、不適切行動を確認した場合、本人に事情の説明を求めると共に、医学的意見に基づく指導を行うことが必要になるでしょう。

(4) 休職期間中の報告

　休職期間中、企業は、労働者の健康・治療の状況を把握し、労働者が職場復帰にあたって不安に感じていることはどのようなことなのか等といった点に関して情報交換をするなどのコミュニケーションを取ることで、早期の職場復帰を支援することが重要です。

　そのためにも、企業の規定上、健康・治療の状況に関する労働者の報告義務を定めておくと良いでしょう。また、企業の規定上、このような報告義務が定められていなかったとしても、企業は、労働者に対して健康・治療の状況に関して報告を求めるべきといえます。報告を求める間隔については、1〜2か月おき程度が妥当と考えます。

　休職期間中に、企業が労働者との間できちんとコミュニケーションを取っていなければ、労働者が職場復帰にあたって不安に感じていることがどのようなことであるか把握できず、職場復帰にあたってどのような配慮をすべきかといったことを検討する材料も不足気味になってしまいます。定期的なやり取りを行うことが重要です（ただし、主治医から会社との接触を控えるよう指示されている場合にはこれを控えるべきケースもあります。）。

休職期間中も労働者との間で十分なコミュニケーションを取り、早期の職場復帰を支援する。

4．休職期間満了時の対応

(1) 休職期間満了退職・解雇の要件

休職期間満了時に復職することができなければ、企業規定に従い退職あるいは解雇の扱いとなります。企業規定上、自動退職となっている例と、解雇となっている例があります。自動退職の例であれば、解雇の意思表示を通知する必要はありませんが、解雇の例であれば、解雇の意思表示を通知する必要があります。

休職期間満了時の退職・解雇の要件は次の①・②です。

① 休職期間が満了したこと
② 休職期間満了時に復職不可能であったこと

このうち、問題となるのは②休職期間満了時に復職不可能であったことという要件です。どの程度まで回復していれば復職可能といえるのか、復職可能か否かはどのような資料に基づきどのように判断すべきかといったことが問題となります。

なお、復職可能性が全く存在しない場合には、休職期間満了前に解雇することも可能ですが、メンタルヘルス疾患の場合、回復可能性が全く存在しないということを立証することは困難ですので、休職期間満了前に解雇できる事例は少ないと考えられます。

(2) 復職可能性の判断方法

① 診断書の提出

復職可能であるかどうかは、原則として、労働者の健康状態が従前の業務遂行に耐えられるかどうかという観点から判断されます。

そして、労働者の健康状態は労働者側の事情ですので、まずは労働者が、主治医から復職可能との診断を受け、企業に対して診断書を提出する必要があります。

しかし、復職可能との診断書が主治医から提出されたからといって、当然に復職が認められるわけではありません。ときに主治医は、患者に対して復職不可能との診断を出せば、患者の精神状態に良くない影響を

与えることを考慮し、患者からの要請に応じて、あえて復職可能との診断を出すことがあります。

そこで、企業としては、主治医からの意見聴取や産業医面談を実施するなどして、復職可能性をより多角的に、客観的に判断する必要があります。

② 産業医面談

主治医は、企業の業務について精通しているわけではないため、就業可能性について正確に判断できるものではありません。また、場合によって主治医は、患者からの要請に応じて、かならずしも事実とはいえなくても、あえて復職可能との診断を出すことがあり得ます。

そこで、企業は、労働者の復職可能性をより多角的な視点から客観的に判断するためにも、産業医面談を実施する必要があります。

産業医面談は業務命令として命じることが可能と考えられますが、業務命令の根拠を争われることがないように、規定上、産業医面談を命じることが可能である旨を明記しておくべきでしょう。

主治医と産業医で判断が分かれた場合

主治医は復職可、産業医は復職不可、というように判断が分かれた場合、どのような理由に基づき意見が分かれたのかを分析する必要があります。主治医の診断内容の信憑性に疑義があるなど、産業医の診断の方を信用すべき事情があれば、それを基に復職不可と判断して問題ありません。企業としては、産業医面談の内容を充実させ、産業医の診断内容の信用性を担保しておく必要があります。産業医面談の内容を充実させるためにも、労働者からの同意を得た上で、産業医から主治医に対して意見聴取を行うことが重要です。同意書の書式は厚生労働省HPにある「心の健康問題により休業した労働者の職場復帰支援の手引き」を参照して下さい。

③ 主治医からの意見聴取

企業としては、労働者から診断書の提出を受けた場合、より詳細に労働者の健康状態について検討するため、主治医に対して意見聴取することが重要です。個人情報に関する意見聴取であるため、事前に労働者から同意を得る必要があります。

主治医から意見聴取した結果も踏まえて、企業及び産業医は、労働者の健康状態、復職可能性について判断することになります。

裁判例の中には、主治医に対する意見聴取（労働者の同意を得た上での意見聴取）を行わなかったことについて、メンタルヘルス対策に不備があったと認定されている例もあります。企業としては、積極的に主治医と連携した上で、復職可能性について判断すべきでしょう。

> 主治医の診断書だけではなく、主治医からの意見聴取および産業医面談の内容を踏まえた上で、復職の可否を判断する。

(3) 復職可能の程度（どこまで体調が回復していれば良いか）

復職可能性を判断する場合、休職前に従事していた業務を行える程度まで回復している必要があるのか、それとも、より軽易な業務が存在する場合には、その業務を行える程度まで回復していれば良いのかが問題となります。

判例によれば、「現実的に配置可能な業務」がある場合、その業務を行える程度まで回復していれば良いとされています。

ここで注意すべきは、「現実的に」配置可能とされている点です。

企業内に軽易な業務が存在すれば、常にその業務を基準に復職可能性を判断すれば良いというわけではなく、また、新たに軽易な業務を作る必要があるわけでもありません。当該業務について、現実的な配置可能性が存在するかどうかが問題となります。

なにをもって「現実的」と評価できるかは個々の事案に応じて異なりますが、判例によれば、能力、経験、地位、企業の規模、業種、企業における労働者の配置・異動の実情及び難易等に照らして、「現実的」に

配置可能か否かが判断されるものとされています。
　このほかに注意すべき点として、現実的に配置可能な業務には、リハビリ出勤は原則として含まれていないということが挙げられます。リハビリ出勤は治療の一環であり、正常な労務提供とは評価できないからです。もっとも、リハビリ出勤制度を設けている場合には、復職前にまず、当該リハビリ出勤制度に基づいてリハビリ出勤を実施することになります。

(4) 復職可能であることを証明するのは労働者

　復職可能な健康状態にあるか否かは労働者側の事情であり、企業がよく知り得るところではありません。休職命令を発令した時点で、正常な労務提供が出来ないことが明らかとなっているため、休職期間の満了により労働契約が終了することが原則です。
　したがって、労働者としては、自ら積極的に、復職可能であることを明らかにする必要があります。
　労働者としては、主治医の診断書を提出するほかに、企業が主治医に対して意見聴取することについて同意したり、産業医面談を受けることについて同意したりするなど、自らの健康状態を明らかにすることについて、企業に対して積極的に協力すべきといえます。

(5) リハビリ出勤

　企業によっては、復職前にリハビリ出勤を実施するという制度を設けていることがあります。
　リハビリ出勤とは、厚生労働省が作成した「心の健康問題により休業した労働者の職場復帰支援の手引き」によれば次の3種に分類されています。

> Ⅰ 模擬出勤…職場復帰前に、通常の勤務時間と同様な時間帯において、短時間又は通常の勤務時間で、デイケア等で模擬的な軽作業やグループミーティング等を行ったり、図書館などで時間を過ごす

343

Ⅱ 通勤訓練…職場復帰前に、労働者の自宅から職場の近くまで通常の出勤経路で移動を行い、そのまま又は職場付近で一定時間を過ごした後に帰宅する

Ⅲ 試し出勤…職場復帰前に、職場復帰の判断等を目的として、本来の職場などに試験的に一定期間継続して出勤する

Ⅳ 軽減勤務…「復職後」に通常の勤務から労働時間や業務内容等が配慮されて軽減されているもの

（なお、この「試し出勤」は、あくまで職場復帰前（休職期間中）に、試験的に出勤するものであり、職場復帰後の対応としてあげられる軽減勤務（下記「5」参照）とは別のものである点に注意が必要です。）

※留意点

リハビリ出勤は、通常勤務とは異なるので、リハビリ出勤中の人事上の取り扱いについて、規定上明確に定めておく必要があります。

定めておくべき事項は次のとおりです。

問題となる事項	規定方法・対応方法
賃金の扱い	・少なくともリハビリ当初は賃金の支払い不要。 →リハビリ当初の出勤訓練、パソコン操作訓練、継続通勤訓練の段階においては、賃金支払の対象となり得るだけの労務を提供していると評価できないので、賃金を支払う必要はないと考えられます。
休職期間の扱い	・休職期間は一時的に中断する。 ・復職できなければ再度休職期間が継続し、リハビリ前後の休職期間が通算される。 →リハビリ勤務中、休職期間は継続しているものとして扱うか否かについて、規定上明記するか、あるいはリハビリ勤務を始める際に当事者間で確認することが望ましいといえます。 　基本的に、復職後の軽減勤務という扱いではなく、休職期間継続中における復職可能性判定のための措置という扱いにすることが通常です。したがって、リハビリ出勤の期間中は、休職期間がいったん中断しているものとし、復職できなければ引き続き従前の休職期間が継続するものとして扱うべきでしょう。

労災の適用の有無	・労災の適用はない。 →リハビリ勤務中は復職しているわけではないため、このとき遂行している業務は、労災保険法上の業務災害の要件である「業務」（同法7条1項1号）には該当しません。したがって、労災の適用はありません。 　また、リハビリ出勤中に負傷等を負った場合、会社規定上の療養給付等が支払われるのか否かという点についても、規定上明確にしておく必要があります。基本的に、労災の適用がない以上、会社規定上の療養給付制度等の適用もないものとして扱うことが通常でしょう。
リハビリ勤務の中止等	・リハビリ勤務の中止に関する規定を設ける。 →リハビリ出勤中に就労が困難な状況になった場合に備え、労働者の体調配慮のためにも、会社規定上、「リハビリ出勤の継続が困難又は不適当と会社が認めるときは、その適用を中止し、休職措置を継続する」といった中止規定を設けておくことが有用です。
実施期間	・長期にならないよう注意する（厚生労働省が作成した「心の健康問題により休業した労働者の職場復帰支援の手引き」参照）。 →リハビリ勤務中、問題なく就労しているようであれば復職させるべきであり、そうではなく就労に支障を来しているようであれば休職扱いに戻すべきです。いたずらにリハビリ勤務を長期間継続することは、リハビリ出勤制度の目的にそぐわないため相応しくないでしょう。

> リハビリ出勤制度は必ず設けなければならないというわけではない。ただし、同制度を設ける場合には、リハビリ出勤期間中の人事的な取扱いについて、規定上明確にしておく必要がある。

リハビリ出勤の扱い

　リハビリ出勤期間における、賃金支払や労災適用の有無等といった人事労務上の取扱いについて、規定上明確にしておくべきであることはすでに述べたとおりです。休職が明けて復職したものだとの勘違いを生じさせないようにしておくことが重要です。
　リハビリ出勤期間中の取扱いのうち、特に賃金の支払いの要否に関しては問題となることがあります。リハビリ出勤といっても様々な内容があり、ただの治療の一環、社会復帰の一環であることが明らかな内容であれば、賃金の支払いは不要です。
　一方で、一日６時間など、時間のみ短縮して、正常な労務提供と差異がない業務に従事するのであれば、むしろ復職させる扱いとした方が良いでしょう。
　復職させず、賃金も支払わずに、時短勤務により労務を提供させ続けることは、扱いの正当性について争われるおそれがあり、紛争リスクを高めるため、避けた方が良いものと考えられます。

５．復職後の対応

　精神疾患により休職していた者が復職して就労可能な状態にあったとしても、病気自体が完治しているとは限りません。復職後に配置転換を行うにあたっては、体調面に対する相応の配慮が必要とされるケースがあることに留意すべきです。相応の配慮としては、時間外労働・深夜労働・休日労働の制限、対外折衝業務の制限、担当業務決定について本人の希望の考慮、所定労働時間中の通院の許可、所定労働時間の短縮などが考えられます。
　復職して間もないときに、慣れない業務への配置転換や、単身赴任となるような遠方の地域への配置転換、単身赴任でなくとも通勤時間が長くなるような地域への配置転換を行うことは、健康への配慮を欠くと判断されるおそれがあるため、注意する必要があります。

雇用契約の終了

1. 雇用契約の終了場面（総論）
2. 解雇に関する法的ルール
3. 退職
4. 定年制
5. 雇用契約終了後の法的ルール

第11章　雇用契約の終了

1. 雇用契約の終了場面（総論）

「解雇」も「退職」も、どちらも雇用契約の終了を意味する言葉ですが、その法的な意味は大きく異なります。法律上のルールや注意点について検討を行う上では、まずは、両者の法的な意味を正確に理解することが肝要です。

⑴ 「解雇」とは

「解雇」とは、使用者が一方的に雇用契約を終了させることをいいます。一般に「クビになる」とか「クビにする」などと表現されるのが解雇であり、後述する「退職」との違いは、労働者の意思を問わず、使用者が一方的に雇用契約を終了させるという点にあります。

解雇は、「普通解雇」と「懲戒解雇」に大別され、「普通解雇」はさらに「狭義の普通解雇」と「整理解雇」に分類されます。

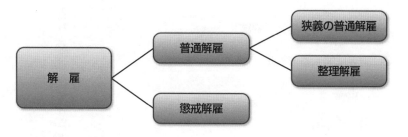

① 普通解雇

普通解雇とは、後述する「懲戒解雇」以外の解雇のことをいいます。普通解雇のうち、労働者に解雇の原因があるか否かによって、「（狭義の）普通解雇」（労働者に解雇の原因がある）と「整理解雇」（労働者には解

雇の原因がなく、経営的事情によるもの）に分けられます。

　ⅰ．（狭義の）普通解雇

　　解雇の原因が労働者にある場合の解雇を「**狭義の普通解雇**」といいます。たとえば、労働者の勤怠不良、能力不足、協調性欠如など、労働者側に何らかの落ち度があり、それを理由に行う解雇のことです。

　　実務において、単に「普通解雇」という場合には、通常はこの（狭義の）普通解雇のことを指します。

　ⅱ．整理解雇

　　労働者には特に落ち度はないものの、使用者側の経営上の都合で行う解雇のことを「**整理解雇**」といいます。

　　たとえば、不況によって企業の経営が悪化し、労働者を雇用し続けることが困難な状況に陥った場合に、人員整理を目的として行われる解雇のことをいいます。

　　（狭義の）普通解雇と異なり、労働者には特に落ち度がないにもかかわらず行われる解雇であることからして、有効とされるためにはかなり高いハードルを越えなければなりません。

② 懲戒解雇

　労働者に対する制裁（ペナルティ）として行われる解雇のことを、「懲戒解雇」といいます。懲戒処分の「極刑」とも表現される極めて厳しい処分です。

　たとえば、労働者が企業の金品を横領したり、企業に重大な名誉・信用毀損を与えたりしたような場合において、それに対する制裁（ペナルティ）として行う解雇が懲戒解雇です。企業秩序の維持を目的とする懲戒処分であり、労働者を企業外に排除するという最も重い処分です。

> 解雇には、「普通解雇」、「整理解雇」、「懲戒解雇」という種類があり、有効になるためのハードルはそれぞれ異なる。

(2)「退職」とは

　「**退職**」とは、一般に、「解雇」以外の雇用契約の終了事由の総称であり、大別すると、「合意退職」と「辞職」（一方的退職）に分けられます。

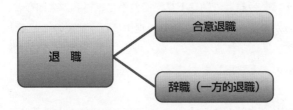

① 合意退職

　「合意退職」とは、使用者と労働者の合意によって雇用契約を終了させることをいいます。労働者が合意退職を申し込んで使用者が承諾する場合もあれば、使用者が合意退職を申し込んで労働者が承諾する場合もあります。

② 辞職（一方的退職）

　「**辞職**」（一方的退職）とは、労働者が、一方的に雇用契約を終了させることをいいます。使用者が一方的に雇用契約を終了させる「解雇」と対になる概念です。

> 退職には「合意退職」と「辞職」があり、それぞれ法的な意味が異なる。

(3) その他の雇用契約終了事由

　雇用契約が終了する場面としては、以下のように、有期雇用契約における期間満了（**雇止め**）、**休職期間**満了による自動退職または解雇、定年制による終了、労働者の死亡など、様々な場面が考えられます。

　いずれも、実務的に重要な場面ですので、それぞれが法的にどのような意味であり、どのような効力であるか、混乱しないように整理しておくことが必要です。

① 有期雇用契約における期間満了（雇止め）

　期間を定めた雇用契約は、原則として、その期間が満了したときは

当然に終了します。この場合には、労働者または使用者による特段の意思表示は必要ありません。このように有期雇用契約において期間満了によって雇用契約が終了し、その後の更新を行わないことを「雇止め」といいます。「解雇」と混同しないよう注意してください。

なお、雇止めの法規制については、非正規雇用の章（第 12-1 章）で詳述します。

② 休職期間満了による自動退職または解雇

仮に、就業規則において、休職事由が所定の期間が満了する時までに消滅しなかった場合は「退職」となる、または、「解雇」する旨を定めていた場合には、休職期間の満了によって雇用契約が終了します。

なお、具体的な休職事由の内容や休職期間の長短などは、就業規則においてどのように定めているかによりますので、その内容は企業によって様々です。

③ 定年制

定年制とは、就業規則においてあらかじめ定めた年齢に達したことによって雇用契約が終了する制度のことです。

定年制には、「定年退職」と「定年解雇」の2種類があります。就業規則において、「定年により退職とする」と定めていた場合には、使用者の意思表示を要せずに、当然に雇用契約が終了します。

④ 労働者の死亡

労働者が死亡した場合には、雇用契約は当然に終了します。雇用契約上の地位は一身専属的なものであり、相続の対象にはなりません。

> 雇用契約が終了する場面としては、雇止め、休職期間満了、定年、死亡など、様々な場面がある。

2．解雇に関する法的ルール

(1) どのようなルールがあるのか？

解雇に関しては、労基法や労働契約法などにおいて、様々なルールが

設けられています。解雇を行う際には、まずは、これらのルールに抵触しないかについて確認を行うことが重要です。

解雇に関する法令上のルールとしては、大別すると、以下のようなものが挙げられます。

① 解雇権濫用法理（労働契約法16条）
② 解雇が禁止されている場面（労基法19条、労働組合法7条等）
③ 30日前の解雇予告（労基法20条）

まず、解雇は、客観的に合理的な理由を欠き、社会通念上相当であると認められない場合は、解雇権を濫用したものとして無効となります（労働契約法16条）。これを「解雇権濫用法理」といい、解雇を考える上では、実務上最も重要なルールです。

また、産前産後休業中などの特定の時期に解雇を行うことや、差別的・報復的な解雇を行うことは、法令上禁止されており、様々な法令において解雇を禁止する規定が置かれています。これに反する解雇は無効となります。

さらに、解雇をする際には、30日前に予告をしなければならないという手続的なルールも設けられています（労基法20条）。

以下では、各ルールについてそれぞれ解説していきます。

> 解雇に関する法令上のルールとしては、①解雇権濫用法理、②法令による解雇の禁止、③30日前の解雇予告（労基法20条）がある。

(2) **解雇権濫用法理**

① 解雇権濫用法理とは？

解雇は、客観的に合理的な理由を欠き、社会通念上相当であると認められない場合は、解雇権を濫用したものとして無効となります（労働契約法16条）。

これを「解雇権濫用法理」といいます。解雇を検討する上で、もっと

も重要なのは、この解雇権濫用法理であり、解雇を有効に行うためには、このハードルを越えなければなりません。

そもそも、解雇権濫用法理のハードルの高さは、世間において一般的に考えられているよりも実務的にはかなり高いといえます。企業の労務担当者としては、まずはこの点を十分に押さえておく必要があります。

採用する場面では、企業にはかなり広範な裁量（採用の自由）があるのに対し、いったん採用した労働者を解雇する際には、企業にはそのような広範な裁量などありません。解雇が有効とされるための要件は、次の項目で述べるとおり、非常に厳格であり、解雇が許される場面は極めて限定的であるという点を認識する必要があります。

> 解雇するためには「解雇権濫用法理」というとても高いハードルを超える必要がある。

解雇権濫用法理の経緯

　もともとは、解雇権濫用法理について法令上これを直接に定めたものは特にありませんでしたが、判例では、昭和50年に最高裁が「使用者の解雇権の行使も、それが客観的に合理的な理由を欠き社会通念上相当として是認することができない場合には、権利の濫用として無効になる」（日本食塩製造事件　最判昭50.4.25）と述べた以降、解雇権濫用法理が確立していました。

　その後、平成15年の労基法改正に至って、はじめて同法において解雇権濫用法理が明確に規定されました（労基法旧18条の2）。この規定は、平成20年3月から施行された労働契約法に移され、同法16条において、「解雇は、客観的に合理的な理由を欠き、社会通念上相当であると認められない場合は、その権利を濫用したものとして、無効とする。」と定められています。労働契約法16条は、解雇の可否を検討する上で、もっとも重要な条文といえます。

解雇の金銭解決

　高度経済成長期における終身雇用を前提としていたわが国の雇用形態においては、判例によって形成された厳しい解雇規制のもとで、雇用が硬直化しているという問題点があります。欧米先進諸国の法規制と比較しても、わが国の解雇規制は厳しすぎるため、それによって、日本経済の成長に必要な外資導入、産業構造再編、事業再編、人材移動などを妨げているのではないかとの指摘もあるところです。

　もっとも、近年、時代の変化と共に、「雇用の流動性」が強く意識されるようになり、その1つの方策として、「解雇の金銭解決」の立法化に向けた検討が厚生労働省でも進められています。

　解雇の金銭解決制度とは、使用者と労働者との間で解雇を巡る紛争が発生した際に、使用者が労働者に一定の金銭を支払うことによって、その紛争を終了させることのできる制度のことです。現在も、解雇紛争では、解決金名目で金銭の支払いがなされる形で和解するケースが多いところですが、これを法律によって制度化するか否か、制度化するとしてどのような内容にするか、という点について継続して検討が進められています。今後の議論の進展が待たれるところです。

② 「客観的に合理的な理由があり、社会通念上相当である」とは？

　解雇が有効となるためには、客観的に合理的な理由があり、社会通念上相当であると認められることが必要です。

　以下では、典型的な普通解雇事由に沿って、どのような場合に「客観的に合理的な理由があり、社会通念上相当である」と認められるのかについて説明します。

　　ⅰ．勤怠不良

　　　労働者が欠勤・遅刻・早退という勤怠不良を繰り返していたとしても、そのことのみを理由とする解雇が許容されるのは、実務的には容易なことではありません。

　　　解雇するためには、労働者に対して何度も何度も繰り返し注意・指導をしたにもかかわらず、労働者が正当な理由なく勤怠不良を繰り返し、それによって業務への支障が生じ、労働者が反省の色も見せておらず、もはや解雇しか選択の余地がない、というレベ

ルに達している必要があります。

　反対に言えば、欠勤・遅刻・早退を繰り返したというのみで、さほどの注意・指導も行っていないとか、労働者側にも何かしらの理由があったとか、反省の態度を示していて改善の余地があるなどの場合には、一般的に解雇は困難です。

　判例では、私傷病による欠勤期間が長く（約5年5か月のうち約2年4か月を欠勤）、出勤した際も、上司からの度重なる注意にもかかわらず、正当な理由なく、度を超した遅刻や離席を繰り返し、反省の態度も示さず、他の従業員が仕事を肩代わりしなければならない状況となり、会社の業務に支障を与えたという事案において、解雇を有効と判断した例があります。

　「客観的に合理的な理由があり、社会通念上相当である」と認められるためには、この判例の事案のように、勤怠不良が明らかに度を超しており、その都度使用者が注意・指導を行っているにもかかわらず、改善の見込みがないといえる必要があるといえます。

　また、他のケースとのバランスにも注意が必要です。すなわち、他にも同じような勤怠不良の労働者がいる（または、過去にいた）にもかかわらず、一方のみを解雇にして、他方を不問にするのでは、明らかにバランスを欠いており、解雇は無効であると判断されるおそれがあります。他に同様のケースがあるか否か、そのケースとのバランスを欠いていないかどうかという点について留意しましょう。

　なお、裁判は、あくまで証拠に基づいて行われますので、主張を裏付ける証拠が不十分であれば、その主張は残念ながら認められません。したがって、たとえ、いかに労働者の非が大きく、解雇以外にはもはや選択肢はないというほどの事実関係があったとしても、その事実を証明できる証拠がなければ、裁判になった場合には、解雇は無効と判断されてしまいます。

　そのため、労働者がいつ、どこで、どのような言動をしたのか、それに対していつ、誰が、どのような注意・指導をしたのか等

ついて、何かしらの記録（メール、業務日誌等、形に残るものであればどのようなものでも構いませんが、メールであれば日時の記録などもできますので簡便です。）に残しておくということも実務的にはとても重要です。

> 勤怠不良を理由に解雇するためには、何度も繰り返し注意・指導をしたにもかかわらず、労働者が正当な理由なく勤怠不良を繰り返し、それによって業務に支障が生じ、労働者が反省の色も見せておらず、もはや解雇しか選択の余地がない、というレベルに達している必要がある。

ⅱ．能力不足

能力不足を理由に解雇できるのは、能力不足が著しく、業務への支障も生じており、指導・教育をしても向上の見込みがないというような場合です。前提として、能力不足であるという評価自体が公正なものであることが必要であることは言うまでもありません。

判例では、「労働能率が劣り、向上の見込みがないこと」という解雇事由に基づく解雇の有効性が争われた事件において、裁判所は、この解雇事由に基づいて解雇が許されるのは、著しく労働能率が劣り、向上の見込みがないときでなければならず、全体の下位10％未満の考課順位だったというだけではこれには該当しないとして、解雇を無効と判断した例があります。

また、成績不良という点についても、判例上は、単なる成績不良ではなく、「企業経営や運営に現に支障・損害を生じ又は重大な損害を生じる恐れがあり、企業から排除しなければならない程度に至っていることを要する」としたものもあり、そのハードルは想像以上に高いところにあります。

なお、即戦力を期待し、職種や地位を特定して雇用された中途採用者の場合には、新卒採用者と比較すると、解雇が認められる範囲はやや広いといえます。判例においても、人事本部長という地位を特定して中途採用された管理職につき、他の部署への配置

転換等を命じる義務はないと述べて、その者に対する解雇を有効と判断したものがあります。もっとも、職種や地位を特定して雇用された中途採用者であっても、無論、それ相応の注意・指導を行うべきであり、そのような注意・指導を何ら行わないまま漫然と解雇を行うことが許容されるわけではありません。

　さて、上記の判例からも明らかなように、単に就業規則に記載されている解雇事由に形式的に該当するというだけでは、解雇は認められません。

　たとえば、就業規則上の解雇事由として、「勤怠不良の場合」とか「能力不足の場合」という事由が定められており、企業が単に「勤怠不良」または「能力不足」と評価したとしても、裁判では、就業規則上の解雇事由を文言どおりとらえるのではなく、限定的に解釈し、解雇に値するほどの重大な程度に至っているのかどうかが問われます（ちなみに、このような解釈のことを「合理的限定解釈」といいます。）。

　したがって、解雇するか否かを検討する際には、単に就業規則上の解雇事由に該当するか否かを形式的に確認するだけでは甚だ不十分であり、過去の判例を参考に、当該事実関係に照らして、実質的にみて解雇に値するほどの重大なレベルに達しているか否かを具体的に検討する必要があるのです。

> 能力不足を理由に解雇するためには、能力不足が著しく、業務への支障も生じており、指導・教育をしても向上の見込みがないというレベルに達している必要がある。

ⅲ．協調性欠如

　協調性の欠如というのは、周囲への影響が大きい割には、裁判においてそのことを証明しにくい類型の1つです。

　裁判では、具体的に労働者がどのような言動に及んだのか、どのような事例が生じているのか、協調性欠如の程度はどの程度のものか、業務への支障はどの程度生じているのか、注意・指導をどの程度行ったのか、改善の見込みはないのか等の点に照らして

解雇の有効性が判断されます。

判例では、上司の当然の指示であっても、独自の理論を振りかざし、合理的理由もなくこれを無視し、上司を誹謗するような文書を本社に送付するなどした労働者を解雇したという事案において、この労働者の勤務成績が著しく低いこと（600名を超える全従業員の中で最低または最低から2人目）や、企業の業績悪化に伴って当該労働者が余剰人員となっていたこと等を総合的に考慮し、解雇を有効と判断した例があります。

また、他の例では、能力は平均的であったものの、自己のやり方に固執するあまり、企業の指示に従わなかったり、指示したスケジュールどおりに仕事を進行させなかったりするなど、業務上の混乱を招き、改善も見られなかったとして、解雇を有効と判断した例もあります。

一般的には、これらの判例のようなレベルでなければ、協調性不足を理由とした解雇を行うというのは困難であると考えておくべきでしょう。

なお、この類型に関しては、裁判になった場合に具体的な事実関係をどのように証明できるか、という観点を特に意識して、解雇の可否を慎重に検討する必要があるといえます。

> 協調性欠如を理由に解雇するためには、協調性欠如の程度が著しく、業務への支障を来しており、注意・指導を繰り返しても改善が見られないというレベルに達している必要がある。

ⅳ．業務命令違反

労働者が業務命令に違反した場合には、主に、懲戒処分の対象として検討されることが多いところですが、懲戒処分をするかわりに普通解雇をするということもあります。

「業務命令」には様々なものが考えられます。仕事に関して上司が日常的に行う指示・命令も「業務命令」の1つですし、残業命令、配転命令、出向命令なども「業務命令」です。

それでは、どのような業務命令違反があった場合に、解雇することができるのでしょうか。

　このことを考える上では、まず、その業務命令が有効か否か、という点から考える必要があります。すなわち、たしかに企業には業務全般について命令する広範な権限があるものの、とはいえ、「企業の命令は絶対」とは限りません。その命令の内容が労働者にとって著しく不利益を与えるような場合や命令そのものが合理的ではない場合などには、権利の濫用にあたるとして、無効となる場合があります。したがって、業務命令違反を理由とする解雇を検討する際には、まずは業務命令の有効性について慎重に確認しておく必要があります。

　そして、業務命令が有効であるとしても、そう簡単に普通解雇という高いハードルは越えられません。命令違反がどの程度繰り返されたのか、どのような理由で違反したのか、その命令に従わないことによってどのような支障が生じたのか、命令違反に対して注意指導は行われたか等の事情を総合的に考慮し、もはや労働契約を継続し難い事情があるか否かが問われます。

　したがって、たとえ労働者が業務命令に違反したとしても、感情的に先走って「解雇」という手段を選択するのではなく、上記の点に留意して慎重に検討することが必要です。

> 業務命令違反を理由に解雇するためには、①その業務命令が有効であること、②もはや労働契約を継続し難いといえるような事情があること、が必要がある。

ⅴ．私傷病

　労働者が私傷病（業務に関係しない傷病）によって業務に従事することができないという状況に至った場合には、解雇事由の1つになりえます。

　ただし、企業において私傷病休職制度がある場合には、休職措置を講じないままに、直ちに解雇することは原則として認められません。

なぜならば、私傷病休職制度とは、労働者が私傷病によって労務の提供ができなくなった場合に、直ちに解雇するのではなく、一定期間療養の機会を与えて復職するチャンスを認める制度であり、「解雇を猶予する」という点に制度の目的があります。そのため、解雇を猶予する制度を一方で設けておきながら、その制度を利用させないまま解雇することは原則として認められないとされているのです（休職制度の詳細については第10章参照）。

もっとも、例外的に、休職措置を講じたとしても復職の見込みがないことが医学的に明らかであるような場合には、休職措置を講じずに解雇することも可能です。

> 私傷病休職制度がある場合には、休職措置を講じないまま直ちに私傷病を理由に解雇することは原則として認められない。

(3) 法令上、解雇が禁止されている場面
① 解雇が禁止される期間

|原則| 次の❶や❷に該当する期間において解雇することは、労基法で禁止されています（労基法19条）。これに違反した解雇は無効であり、罰則（6か月以下の懲役または30万円以下の罰金。労基法119条1号）もあります。

> ❶ 業務上傷病による療養のために休業する期間とその後の30日間
> ❷ 産前産後休業の期間とその後30日間

なお、上記❶において解雇が禁止されているのは、あくまで「業務上傷病」による療養のために休業している場合であり、「私傷病」（業務に関係しない傷病）の療養のために休業している期間については、労基法上は特に解雇は禁止されていません。

|例外| 前の例外として、次の場合には解雇は禁止されません。

> ❶ 使用者が業務上傷病のため療養中の労働者に対して打切補償（労基法81条）を支払った場合（労基法19条1項但書前段）
> ❷ 天災事変その他やむを得ない事由のために事業の継続が不可能となった場合（労基法19条1項但書後段。ただし、行政官庁の認定を受けることが必要です。）

❶業務上傷病による療養のために休業する期間とその後の30日間、❷産前産後休業の期間とその後30日間は、労基法において原則として解雇が禁止されている。

② 差別的・報復的解雇の禁止

　差別的な解雇や報復的な解雇を規制するために、様々な法律において、一定の理由に基づく解雇を禁止する規定が置かれています。
　主なものとしては、以下のような事由を理由とする解雇が禁止されており、これに違反した解雇は無効です。

> ① 国籍・信条・社会的身分（労基法3条）
> ② 労働組合の組合員であることや、労働組合への加入・結成をし、労働組合の正当な活動をしたこと（労働組合法7条1号）
> ③ 女性労働者が婚姻・妊娠・出産したこと（男女雇用機会均等法9条3項）
> ④ 企画業務型裁量労働制の適用を受けることに同意しないこと（労基法38条の4第1項6号）
> ⑤ 労働基準監督署等に労基法違反等の事実を申告したこと（同法104条2項）
> ⑥ 労働安全衛生法違反の事実を申告したこと（同法97条2項）
> ⑦ 賃金支払確保法違反の事実を都道府県労働局長等に申告したこと（同法14条2項）
> ⑧ 男女雇用機会均等法に関する紛争の解決につき都道府県労働局

　　　　　長に援助を求めたこと（同法 17 条 2 項）
　　⑨　女性労働者が産前産後休業をしたこと（男女雇用機会均等法 9 条 3 項）
　　⑩　育児介護休業法に基づき育児休業や介護休業の申出をしたり、実際に休業をしたこと（同法 10 条、16 条）
　　⑪　**労働委員会**に不当労働行為の救済申立てや再審査申立てをし、または労働争議の調整の申請をしたこと（労働組合法 7 条 4 号）
　　⑫　派遣労働者が厚生労働大臣に対して申告したこと（労働者派遣法 49 条の 3 第 2 項）
　　⑬　個別紛争解決法による援助・あっせんの申請をしたこと（同法 4 条 3 項、5 条 2 項）

> 差別的な解雇や報復的な解雇を規制するために、様々な法律において一定の理由に基づく解雇が禁止されている。

(4) 30 日前の解雇予告

|原則|　使用者は、労働者を解雇しようとする場合には、少なくとも 30 日前に解雇予告をしなければなりません。仮に 30 日前に予告をしない場合には、解雇予告手当として、30 日分以上の平均賃金を支払わなければなりません。なお、例えば 10 日分の平均賃金を解雇予告手当として支払った場合には、その日数分だけ予告日数を短縮することができますので、この場合の解雇予告は 20 日前に行えば足ります。

　　以上を整理すると、労働者を解雇する場合には、次の 3 つの方法が考えられます。

① 30日前に解雇予告をする

② 30日分の平均賃金（解雇予告手当）を支払う

③ 解雇予告日数と解雇予告手当の日数を合算して30日分にする

　これらの方法をとらずに解雇した場合には、罰則（6か月以下の懲役または30万円以下の罰金。労基法119条1号）があります。

　なお、解雇予告手続を行いさえすれば必ず解雇を有効に行うことができるというわけではありません。すなわち、解雇予告手続は、解雇を行う上での当然の前提としての手続的ルールとして行うものにすぎず、解雇を行う上でもっとも大きなハードルは後述する「解雇権濫用法理」ですので、この点には誤解のないよう留意が必要です。

　例外1　次のいずれかに該当する場合には、労働基準監督署長の認定を受けることによって即時に解雇することができます（労基法20条1項ただし書、3項）。この認定のことを一般に「**除外認定**」といいます。

① 天災事変その他やむを得ない事由のために事業の継続が不可能となった場合
② 労働者の責めに帰すべき事由による場合

例外2　以下の労働者については、解雇予告手続は不要です（労基法21条）。
① 日々雇い入れられる者（ただし、1か月を超えて使用されるに至った場合には解雇予告手続が必要）
② 2か月以内の期間を定めて使用される者（ただし、2か月を超えて使用されるに至った場合には解雇予告手続が必要）
③ 季節的業務に4か月以内の期間を定めて使用される者（ただし、4か月を超えて使用されるに至った場合には解雇予告手続が必要）
④ 試用期間中の者（ただし、14日を超えて使用されるに至った場合には解雇予告手続が必要）

解雇する際には、原則として、解雇予告手続をとらなければならない。

解雇予告を欠いた解雇の効力

　解雇予告手続を行わないまま解雇した場合の解雇の有効性に関しては、古くから様々な見解が示されていました。
　判例は、「相対的無効説」と呼ばれる見解に立っており、解雇を通知した後、30日間を経過するか、または通知の後に所定の解雇予告手当の支払をしたときは、そのいずれか早い時点から解雇の効力が生ずるという見解を示しています。
　これに対し、学説上有力な見解として「選択権説」という見解もあります。これは、労働者は、解雇の無効を主張するか、解雇は有効としつつ解雇予告手当の支払を請求するかを選択できるという見解です。
　いずれにしても、実務的に重要なのは、このように手続面において解雇の効力に疑義が生じることのないよう、解雇予告手続を適切に行うという点であるといえます。

どのような場合に除外認定を受けることができるか？

　解雇の原因が労働者にある場合の解雇のことを「狭義の普通解雇」ということについては既に上述しました。

　それでは、狭義の普通解雇の場合には、解雇予告が例外的に不要とされる「労働者の責めに帰すべき事由による場合」に必ずあたるかといえば、決してそうではありません。

　すなわち、解雇予告が不要とされる「労働者の責めに帰すべき事由による場合」とは、単に労働者に解雇の原因がある場合を広く含むものではなく、解雇予告の保護を与える必要のない程度に重大または悪質な事由がある場合に限られます。

　通達（昭和31．3．1基発第111号）では、労働者の責めに帰すべき事由に該当する場合として、事業場内における窃盗・横領・傷害等の刑法犯に該当する行為のあった場合、賭博等により職場秩序を乱し他の労働者に悪影響を及ぼす場合、重要な経歴詐称の場合、他の事業へ転職した場合、2週間以上の無断欠勤の場合、出勤不良で数回にわたって注意をうけても改善しない場合などの例が示されています。

　除外認定の申請にあたっては、当該通達において例示されている事由を参考にして、認定の見込みについてあらかじめ検討しておくことが適切です。

　なお、除外認定は、労働基準監督署に申請をすれば、その日のうちに直ちに受けられるというような性質のものではありません。書面の審査だけではなく、関係者からの事情聴取なども行われた上で判断されるため、一般的には早くても1～2週間程度はかかります。除外認定を受けるためには、このように時間も労力も要するため、解雇について即時に判断しなければならないような場合（除外認定を悠長に待っていられない場合）には、除外認定は不向きな制度です。このような場合には、解雇予告手当を支払って即時解雇するという方が適切です。除外認定を申請するのか、解雇予告手当を支払って即時解雇するのか、または、解雇予告をして30日後に解雇するのか、事案の性質に照らしてどの方法が適切か見極める必要があります。

(5) その他の論点

① 行方不明になった者を解雇できるか

　解雇が効力を生ずるためには、解雇の意思表示が労働者に到達する必要があります。この「到達」とは、解雇の通知書を労働者が受け取った

ような場合に限定されるものではなく、労働者が解雇の意思表示を知りうる状態にあれば足ります。

通常の場合であれば、労働者の自宅に解雇通知を投函したり、同居の家族が解雇通知を受け取ったりしたような場合には、一般的に、解雇の意思表示が労働者に到達したとみても差し支えないと思われます。しかし、労働者が行方不明になっているという特殊事情がある場合には、それをもって解雇の意思表示が労働者に到達したと解することは法的には困難であると考えられます。

このような場合に備え、法律には、「公示」という方法によって意思表示をすることができるという制度（民法98条1項）が置かれていますので、この制度によって解雇の意思表示をすることが可能です。具体的には、行方不明となっている労働者の最後の住所地を管轄する簡易裁判所に対し、公示の申立てを行い、それを受けて裁判所は裁判所の掲示板にその旨を掲示し、かつ、その掲示のあったことを官報に少なくとも1回掲載します。これにより、**官報**に掲載した日から2週間経過した時点でその労働者に解雇の意思表示が到達したものとみなされます。

法的に間違いのない形で解雇の意思表示を労働者に到達させるためには、このように公示の手続を経ることが適切です。

もっとも、このような手続には当然のことながら手間も時間も必要になってしまうため、企業において、必ずしも「解雇」という処分にこだわらないのであれば、「退職」扱いにするという方法も考えられます。例えば、寮から荷物をまとめて蒸発したというような場合には、もはや働く意思がないことが明らかであるといえますので、黙示の退職の意思表示があったものとみて、退職扱いにしても一般的には差し支えないでしょう。

行方不明の労働者に対する解雇は「公示」という方法で行うことが可能である。

② 裁判で解雇が無効と判断された場合はどうなるのか？

裁判において解雇が無効と判断された場合には、当然のことながら、

その労働者は企業に復帰することになります（ただし、労働者には、原則として、実際に就労することを請求する権利が認められているわけではありませんので、使用者は、賃金だけを支払い、労働者を就労させないという対応も可能です。）。

また、使用者は、解雇から復帰するまでの間の賃金をさかのぼって100％支払う必要があります。仮に、裁判で決着が付くまでに3年を費やしたということであれば、3年分の賃金を丸々支払う必要があるのです。

さらに、仮に労働者において解雇によって賃金以外にも損害（精神的損害など）が生じている場合には、その損害を賠償しなければならない場合もあります。

加えて、復帰によって、職場の雰囲気にも何かしらの影響が及ぶことも避けがたいところです。周囲の者からすれば、本人に落ち度があって解雇となったにもかかわらず、解雇期間中の賃金も全て支払われた上で復帰してくることに納得がいかないというケースもあると思います。

このように、仮に裁判で解雇が無効と判断された場合には、企業にとっては看過しがたい影響が及ぶのは必至です。だからこそ、解雇を行う時点で、解雇の可否（具体的には、裁判になっても解雇の有効性について説得的に主張・立証することができるか否か）について慎重に判断することが重要なのです。

> 裁判で解雇が無効と判断された場合には、その労働者を職場に復帰させた上で、解雇から復帰するまでの賃金をさかのぼって全額支払う必要がある。

解雇期間中に他の企業から収入を得ていた場合には？

上記のとおり、解雇が無効と判断された場合には、解雇から復帰するまでの間の賃金をさかのぼって100％支払う必要がありますが、仮に、解雇した労働者が、解雇期間中に他の企業で勤務して収入を得ていた場合には、その中間収入についてはどのように取り扱えばよいのでしょうか。

これは複雑な論点のため、ここでは結論の概要を説明するにとどめますが、判例は、その中間収入が副業的なものであって解雇がなくても当

> 然取得しうるなどの特段の事情がない限りは、労働者は民法536条2項に基づいてこれを使用者に償還する必要があるため、使用者はその中間収入を控除して解雇期間中の賃金を支払うことができるとの判断を示しています。
> 　もっとも、労基法26条によって、労働者には解雇期間中は平均賃金の6割以上の休業手当の支払が保障されていることとの関係から、控除の対象となるのは、平均賃金の6割を超える賃金部分に限られます。すなわち、いかに他社で収入を得ていたとしても、平均賃金の6割までの部分については、必ず労働者に支払われる形にしなければならないということです。
> 　なお、使用者が、解雇を撤回して復職を命じたにもかかわらず、労働者がこれに応じなかった場合には、いわば、労働者の都合によって欠勤しているのと同様の状況となりますので、その後の賃金請求権は発生しません。

③ 有期雇用契約の解雇は簡単？

　期間を定めて雇用しているパートやアルバイトについては、期間途中であっても比較的容易に解雇できるとのイメージが世間にはあるように思いますが、これは法的には大きな誤りであり、むしろ、正社員を解雇するよりも厳しい要件が課されています。

　すなわち、有期雇用契約を締結している労働者を期間途中に解雇する場合には、「やむを得ない事由」が必要であるとされており（労働契約法17条1項）、この「やむを得ない事由」とは、期間の満了まで雇用を継続することが不当であると認められるほどに重大な理由が生じたことをいいます。

　この要件は、その条文の文言から見て、期間の定めのない労働契約を締結している労働者（正社員など）を解雇する場合に必要とされる要件（客観的に合理的な理由があり、社会通念上相当であると認められること）よりも、厳しい要件と考えられます。

　要するに、一定期間雇用することをあらかじめ約束した以上、その期間満了を待てないほどの差し迫った事情がない限りは、期間途中で解雇することはできないとされているのです。

　判例では、4年間の期間を定めて雇用された高等学校の校長が期間途

中に解雇されたという事案において、この校長には、学校関係者への配慮を欠いた発言をしたり、やや乱暴で思慮を欠く行動をとるなど、校長としての見識が十分でない面があることは否定できないものの、校長として一定の成果を出していたことや、教職員からの一定の信頼を得ていたこと等を勘案すると、労働契約法17条1項にいう「やむを得ない事由」があったとは認められないとして、解雇を無効と判断した例があります。

有期雇用契約であるからといって、安易に期間途中で解雇をした場合には、無効と判断されるリスクが高いことに留意する必要があります。

> 有期雇用契約において期間途中で解雇するための要件は非常に厳しく、無効と判断されるリスクが高い。

(6) 整理解雇

① 整理解雇とは

整理解雇とは、労働者には特に落ち度はないものの、使用者側の経営上の都合で行う解雇のことです。狭義の普通解雇と異なり、労働者には特に落ち度がないにもかかわらず行われる解雇であることからして、有効とされるためにはかなり高いハードルを越えなければなりません。

② 整理解雇の4要件（要素）

整理解雇が有効とされるためには、具体的には、以下の4要件（要素）を充足することが必要であると解されています。

> ❶ 人員削減の必要性があること
> ❷ 解雇回避のための努力を尽くしたこと
> ❸ 被解雇者の選定が合理的であること
> ❹ 手続が妥当であること

なお、なぜ「要件（要素）」と記載しているかというと、この❶〜❹が、全て充足する必要のある「要件」なのか、それとも、必ずしも全て充足する必要まではない「要素」なのかについて議論があるからです。

近年の判例は、これらを4要素であると解し、4要素を総合的に考慮して解雇権濫用の有無を判断する傾向にあります。ただし、実務的には、これから整理解雇を行おうという段階においては、❶～❹をいずれも充足させるということを念頭においておくことが肝要です。

❶ 人員削減の必要性があること

人員削減の必要性に関しては、判例の傾向としては、企業の経営判断を尊重する傾向にあります。

すなわち、企業の維持存続が危機的状況にあるというほどの差し迫った状況までは必要とはされておらず、経営の合理化や競争力の強化のための人員整理であっても、必要性が認められる例が増えています。

❷ 解雇回避のための努力を尽くしたこと

整理解雇は、労働者に何ら責任がないにもかかわらず、使用者側の都合によって解雇するものです。そのため、整理解雇が有効となるためには、整理解雇に先立って、希望退職募集をしたり、新規採用を停止したりするなど、使用者において、整理解雇を回避するための努力を尽くしたことが必要とされています（**解雇回避努力義務**）。これは、4要件（要素）の中でも特に重要な要件（要素）であるといえます。

具体的にどのような措置を講じなければならないかについては、定まった基準があるわけではありませんが、一般的には、以下のような措置が挙げられます。

---

① 新規採用の停止
② 役員報酬の不支給・減給
③ 賞与や昇給の停止
④ 時間外労働や休日労働の削減
⑤ パート・アルバイト・契約社員等の雇止め

⑥ 配転・出向・転籍
⑦ 派遣・業務委託などの外部労働力の整理
⑧ 希望退職者の募集

　これらのうち、どの措置を必ず講じなければならない、というものがあるわけではありませんが、「希望退職者の募集」については、一般的に整理解雇に先立って行われるのが通常であり、これを行わないまま整理解雇を行った場合には、解雇回避努力義務を尽くしていないと判断されやすい傾向にありますので、注意が必要です。
　また、「役員報酬の不支給・減給」についても、これを何ら行わないまま労働者を解雇するというのは、労働者の理解を得ることが難しいこと容易に想像できますし、社会的にみても印象が悪く、相当ではありません。したがって、この措置についても、解雇に先立って行うことが適切です。
　いずれにしても、個別具体的ケースにおいて、企業規模、経営状態、従業員構成等に照らして、できる限りの努力を行うことが肝要といえます。

希望退職者募集の留意点
　希望退職者を募集する際には、①募集人数、②募集対象者、③募集期間、④退職条件などを設定して行われることが一般的です。企業においては、どのような人員削減を図ろうと考えているのか、そして、その後の経営再建についてどのような計画を考えているのかに応じて、適切な募集条件を定める必要があります。
　たとえば、募集対象者については、従業員であれば誰でも応募できるという方法でも構いませんし、その後の経営再建のために必要な人材が流出しないよう対象者を一定の者に限定して行うことも考えられます。「会社が承認する者に限る」旨の条件をつけて、応募してきた者の中から退職者を選定できるようにするという仕組みにしておくという方法も考えられるところです。
　また、退職条件については、退職金の上乗せや再就職の斡旋などの優遇措置を取ることが一般的ですが、このうち、特に、退職金をどの程度上乗せするかによって、応募してくる人数に大きく影響すると思われま

すので、経営状況等を踏まえて慎重に検討すべきです。
　いずれにしましても、募集条件の内容については、無用なトラブルを生まないように、わかりやすく明確にしておくことが肝要です。

❸ 被解雇者の選定が合理的であること

　使用者は、誰を整理解雇の対象にするかについて、客観的で合理的な基準をあらかじめ設定し、その基準を公平・公正に適用して選定しなければなりません。

　たとえば、労働組合員のみを狙い撃ちするかのごとき選定や、男性のみまたは女性のみをターゲットにしたような選定は明らかに不合理です。

　また、このような差別的な選定ではなかったとしても、使用者による恣意的な選定が可能になるような曖昧な基準に基づく選定では、この要件を満たさないと判断されるおそれがあります。判例では、「将来の活用可能性の有無」という基準を用いて選別したという事案において、使用者の裁量が入り込む余地が高いとして、整理解雇を無効と判断した例があります。

　他方、例えば、JAL（日本航空）における整理解雇の有効性が争われた事案では、病欠・休職基準（整理解雇実施の前々年度初頭以降の約2年5か月間の病気欠勤・休職の日数・期間が一定以上の者を被解雇者とする基準）、人事考課基準（直近3年間の人事考課が各年とも標準を下回る者を被解雇者とする基準）、年齢基準（前記各基準による被解雇者が必要人員削減数に達しない場合に、不足する人数について年齢の高い順に被解雇者とする基準）等をもとにして、誰を整理解雇の対象にするかを選定したことについて、合理的な基準であると判断されています。

　要は、使用者が恣意的に被解雇者を選定したかのような疑念を持たれないようにするということが必要です。

❹ 手続が妥当であること

　整理解雇を行うにあたっては、労働組合や労働者との間で、整理解雇の必要性や時期・方法・規模、被解雇者の選定基準等について、誠実に協議・説明しなければなりません。

　たとえば、協議や説明を全く行おうとしない場合、形式的に説明を行ったにすぎず抽象的な説明に終始した場合、労働者側の理解を得ることなく一方的に協議・説明を打ち切った場合、あえて整理解雇の直前に初めて説明を行い、協議のための時間的余裕を与えようとしない場合などは、妥当な手続を行っていないとして整理解雇が無効と評価されるおそれがあります。

　できれば、整理解雇を行う半年～1年ほど前から説明を開始し、何度も繰り返して協議・説明を行い、労働者側の理解が得られるように十分な手続を踏むことが適切です。

> 整理解雇を行うためには、❶人員削減の必要性、❷解雇回避努力、❸被解雇者選定の合理性、❹手続の妥当性という4要件（要素）が必要である。

コラム

更生手続における整理解雇　～JAL判決の当否～

　平成22年、JAL（日本航空）は、会社更生法の適用下において、パイロット等を整理解雇しました。この整理解雇の有効性が争われた訴訟において、裁判所は、通常の整理解雇の場合と同様、4要素を総合的に考慮して解雇権濫用の有無を判断するのが相当である旨の判断を示した上で、整理解雇が更生計画に従って行われたことを重視して、当該整理解雇を有効と判断しました。

　この判決に関しては、労使それぞれの立場から様々な意見が述べられているところですが、私見としては、この判決の結論は至極当然であると考えています。多額の負債を抱えて会社更生法の適用を受け、税金の投入まで受けた企業において、仮に整理解雇が認められないとなると、今後、整理解雇法理に与える事実上の影響は極めて甚大であったといえるでしょう。すなわち、このような事案ですら整理解雇が認められないとなれば、整理解雇のハードルは必要以上に高くなりすぎてしまい、整理解雇はもはや事実上不可能になるに等しくなっていたかもしれません。

> もちろん、労働者保護という観点をおろそかにしてはいけないことは言うまでもありませんが、かといって、経営悪化した企業が再建を図ろうとすることを必要以上に阻むことは、日本経済全体にとってもデメリットになりえます。その意味では、裁判所の判断は、整理解雇法理を適切に解釈・適用したものであり、バランスの取れた適切な判断であったといえるでしょう。

3．退職

(1) 退職とは

「退職」とは、一般に、「解雇」以外の雇用契約の終了事由の総称であり、大別すると、「合意退職」と「辞職」（一方的退職）に分けられます。

「合意退職」とは、使用者と労働者の合意によって雇用契約を終了させることをいいます。これに対し、「辞職」（一方的退職）とは、労働者が、一方的に雇用契約を終了させることをいいます。

(2) 辞職

期間の定めのない雇用契約の場合、労働者は、2週間の予告期間を置けば、いつでも辞職することができます（民法627条1項）。ただし、毎月1回払いの月給制の場合には、辞職は翌月以降にのみ行うことができ、その辞職の意思表示は当月の前半に行わなければなりません。

上述したように、解雇については、解雇権濫用法理によって大きく制限されているのに対し、労働者には退職の自由が保障されているというのが大きな違いです。

① 許可制にすることはできるか

就業規則において、「退職するにあたっては、会社の許可を得なければならない」というような定めを設けて、退職を許可制にすることはできるでしょうか。

このような定めは、2週間の予告期間を置けばいつでも辞職することができるという民法627条に抵触するものですので、無効です。

したがって、仮に就業規則にこのような定めを置いたとしても、労働

者は原則として2週間の予告期間を置けば退職することができます。企業において、退職されては困るという労働者から退職の意向が示された場合には、慰留するなどして説得を行うほかなく、退職自体を制限することはできません。

② 予告期間を長くすることができるか

就業規則において、「退職するにあたっては、3か月前に退職届を提出しなければならない」というように、民法よりも長い予告期間を設けておくことはできるでしょうか。

この点については議論のあるところですが、一般的には、2週間の予告期間を置けばいつでも辞職することができるという民法627条に抵触するものであり、無効であると考えられています。

③ どのような手続・方式で行わなければならないのか

就業規則において、「所定の様式による退職願を提出しなければならない」というように、辞職について一定の方式を定めていることは特に珍しくありません。

もっとも、法的には、口頭であってもメールであっても辞職の意思表示としては有効であり、企業が定めた一定の方式による申し出でなければ辞職できないというわけではありません。

したがって、企業においては、上記のような就業規則の定めは、労働者に手続的な協力を求めるという程度の意味であると理解しておくべきであるといえます。

④ プロジェクト途中で退職した労働者に対する損害賠償は

上記のとおり、労働者には退職の自由が保障されているため、たとえ、ある労働者に任せた重要なプロジェクトが途中であったとしても、その労働者が退職（辞職）の意思表示をした場合には、退職自体を制限することはできません。

それでは、プロジェクトの中断によって発生した損害や、後任者への引継ぎ等に要した費用につき、その労働者に対して損害賠償を求めることはできるでしょうか。

この点については、労働者には退職の自由が保障されている以上、単

にプロジェクト半ばで退職したということのみを理由にして損害賠償を求めることは原則として困難です。プロジェクト途中で、代替の効かない主要メンバーが何ら引き継ぎを行わないまま突然辞めた結果、企業に具体的な損害が発生したと言えるような事案であれば、例外的に損害賠償を求める余地も考えられますが、実際にこのような損害賠償が認められるのは、実務的には極めて限られたケースです。

なお、その労働者が、退職に際して、そのプロジェクトに係わっている従業員を一斉かつ大量に引き抜くなど、社会通念を逸脱する態様で、悪質な引き抜き行為をしていたような場合には、債務不履行または不法行為により損害賠償を求めることが可能となるケースもあります。判例では、営業本部長の地位にあった者が部下の従業員を多数引き連れて競業他社に移ったという事案につき、この営業本部長が、慰安旅行を装って事情を知らない従業員らをまとめて連れ出し、ホテルにおいて移籍の説得を行ったり移籍先の企業役員から移籍先の企業の説明をしてもらったりするなど、計画的かつ極めて背信的な引き抜きを行ったとして、この営業本部長に対し、企業が被った損害を賠償すべきであると判断した例があります。

> 労働者は、原則として2週間の予告期間を置けばいつでも辞職することができる。就業規則において、それを制限するような規定を置いたとしても、法的には強制できず、事実上労働者に協力を求めるという程度の意味にとどまる。

懲戒処分を検討中の労働者から退職届が提出された場合

　不正行為を行った労働者につき、懲戒解雇を見据えて調査を行っているさなか、かかる調査が終了する前に労働者から退職届が提出された場合、企業においてはどのような対応を取ることが可能なのでしょうか。

　この場合、企業としては、調査を終えて懲戒処分が決定するまでは、退職の効果は発生させないようにしたいと考えるところかと思います。

　しかし、法的には、たとえ企業が「退職届は受理しない」という対応を取ろうが、「退職は認めない」という対応を取ろうが、労働者が退職（辞職）の意思表示をした以上は、原則としてそれから2週間を経過したと

きに退職の効果が発生します。
　懲戒事由について調査中だから、という理由で退職を一方的に妨げることはできないのです。
　したがって、企業においては、退職の効果が発生する前にいち早く調査を終えて速やかに懲戒処分を行うか、または、労働者の同意を得て、退職日を先にずらしてもらう（もしくは退職届を撤回してもらう）などの対応を取るほかありません。
　また、このような場合に備えて、「懲戒解雇事由に相当する行為を行った場合」には退職金を支給しない旨の規定を就業規則（退職金規程）に置くのとあわせて、退職金の支給時期を例えば半年後にしておくという対策が考えられます。このような規程であれば、たとえ調査が間に合わずに労働者が退職してしまった場合であっても、退職金の支給時期が来るまでの半年間に十分な調査を行い、「懲戒解雇事由に相当する行為を行った場合」にあたるとして、その退職者には退職金を支給しないという措置を取ることが可能です。

(3) 合意退職

　企業と労働者が合意によって労働契約を終了させる場合、その手続や方式については法律上特に制約はありません。したがって、必ずしも書面を作成しなくとも、口頭やメールのやり取りでも構いません。
　ただし、いったんは退職に同意した労働者から、後日、「退職には同意していない」などと言われたり、退職の条件をめぐって紛争になるおそれもありますので、このようなトラブルを防止するべく、合意の内容（退職時期、退職条件等）については書面で残しておくことが適切です（なお、労働者が退職届を撤回することができるか否かについては、後記(5)を参照）。

> 合意退職の手続や方式には特に制約はないが、書面化しておくことが適切である。

(4) 退職勧奨

① 退職勧奨とは

　退職勧奨とは、使用者が労働者に対し、自発的に退職するように促す行為のことです。解雇とは違い、単に「労働者に退職を勧める」という

377

事実行為にしかすぎませんので、労働者が退職することに合意しない以上は、退職という効果が発生することはありません。

したがって、法的な意味での「要件」は特になく、退職勧奨を行うか否かは基本的に使用者の自由です。

ただし、退職勧奨を説得的に行うためには、どのようなタイミングで退職勧奨を行うことが効果的かについてあらかじめ吟味しておく必要がありますし、どのような理由で退職を勧奨するのかについて使用者としての考えを十分に説明できるようにしておく必要があるといえるでしょう。その意味では、退職勧奨を行うにあたって法的な意味での「要件」は特にありませんが、タイミングや理由については事前に十分に検討しておく必要があります。

実務的には、退職勧奨は重要な役割を担っており、実際にも多用されています。それは、上述したとおり、我が国においては「解雇」については解雇権濫用法理という非常に厳しい制約が課されていることに起因しているといえるでしょう。すなわち、たとえば、労働者に看過しえない問題があり、企業としては解雇することを選択肢の1つに入れているものの、仮に解雇の効力を争われてしまうと、判例の傾向に照らして無効とされるおそれが高いというような場合には、企業としては、解雇に踏み切ることによって大きなリスクを背負うことになります。そこで、ひとまずは労働者が任意に退職することに期待して、退職勧奨という手段が利用されるのです。

> 退職勧奨を行うための要件は特になく、退職勧奨を行うか否かは基本的に使用者の自由である。

② 退職勧奨の限界

上記のように、退職勧奨を行うか否かは基本的に使用者の自由ですが、一定の限界もあります。すなわち、退職勧奨の目的、手段、態様などによっては、「不法行為」であると評価され、民法709条に基づき、労働者に対して損害賠償責任を負うという場合も考えられます。

退職勧奨の限界を考える上で重要な判例が、下関商業高校事件（最判

昭55.7.10）です。これは、3〜4か月の間に、11回ないし13回にわたり、4〜6名の者が、退職するまで続けるとの言動のもとに、短い時で20分、長い時で2時間15分にも及ぶような退職勧奨を行ったという事案です。裁判所は、この退職勧奨はあまりにも執拗になされた感はまぬがれず、退職勧奨として許容される限界を越えており、労働者から退職しないという意思が明らかにされた場合には新たな条件を提示するなどの事情がない限り一旦勧奨を中断して時期を改めるべきであったなどと述べ、当該退職勧奨は違法であると判断しました。

なお、労働者が退職について消極的な意思を表明したからといって、その時点で必ず退職勧奨を中断すべきかといえば、必ずしもそうではありません。日本IBM事件では、退職勧奨の対象となった社員がこれに消極的な意思を表明した場合であっても、直ちに、退職勧奨を終了しなければならないものではなく、具体的かつ丁寧に説明・説得活動等を行って再検討を求めることは、社会通念上相当な態様である限り許容されると判断されています。労働者が退職について消極的な意思を表明したといっても、その意思表明の内容や意思の固さは様々かと思いますので、翻意の可能性を十分に見極めた上で、さらなる退職勧奨を行うか否か、行うとしてどのような条件を提示するかについて慎重に吟味することが肝要です。

以上を踏まえ、退職勧奨を行う上では、この判例に照らし、以下の点に留意する必要があるといえます。

> ❶ 退職勧奨の回数・期間
> ❷ 退職勧奨を行う時間
> ❸ 勧奨を行う者の人数
> ❹ 退職勧奨の場所
> ❺ 退職勧奨を行う際の具体的言動
> ❻ 提示する退職条件

具体的には、上記の判例のように、労働者1名に対して使用者が4〜

6名という大人数で面談に臨むというのは、圧迫面談と言われるおそれが高く、不適切です。また、面談時間は、一般的には数十分程度にとどめておいた方がよいと思われますし、当然のことながら、机を叩いたり大声を出したりするなど、労働者を圧迫するような威圧的言動を行ってはいけません。

いずれにしましても、退職を半強制的に迫るかのような態様にならないように十分に留意する必要があります。

> 社会的相当性を逸脱するような手段・態様による退職勧奨は違法。人数、回数、時間等に注意を払って実施すべきである。

(5)「退職届」は撤回できるか？

一口に「退職届」といっても、実は、それが法的にどのような意味を有するものであるかは一概には言えませんが、一般的には、合意退職の申込みと解釈される場合の方が多いでしょう。合意退職の申込みの場合、使用者が承諾するまでは、合意退職の効力が生じていませんので、労働者は撤回することが可能です。

そして、どの時点で使用者は「承諾」したことになるのかについては、このような承諾について誰に権限が付与されているかによります。

仮に、企業において退職の効力を確定的に生じさせたいのであれば、承諾する権限を有する者（企業によりますが、役員や人事部長など）から、承諾する旨の通知を速やかに行うことが肝要です。

> 退職届の提出が、合意退職の申込みである場合には、使用者が承諾するまでは労働者は撤回可能であるが、辞職の意思表示であった場合には撤回できない。

(6) 退職の意思表示が無効・取消となる場合

労働者が退職の意思表示を行った場合であっても、以下のような場合には、その意思表示が無効となったり、または、取り消されたりすることがあります。

① 心裡留保による無効

　労働者が、本当は退職する意思がないにもかかわらず、あえて「退職します」という真意とは異なることを言ったとしても、原則として有効です。もっとも、使用者が、労働者の真意を知っていた場合には、あえてそのような意思表示の効力を認める必要はありませんので、無効とされます（民法93条）。これを、心裡留保（しんりりゅうほ）による無効といいます。

　判例では、労働者が実際には退職する意思がないにもかかわらず、反省していることを強調する意味で退職願を提出し、使用者もその真意を知っていたという事案において、退職の意思表示は心裡留保により無効となると判断した例があります。

② 錯誤による無効

　意思表示は、その重要な部分に錯誤がある場合には無効となります（民法95条）。たとえば、契約書の代金欄に「10000円」（1万円）と書くつもりで「100000円」（10万円）と書いたような場合がこれにあたります。

　判例では、労働者が、実際には解雇理由がないのにもかかわらず、企業から解雇されることが確実で、これを避けるためには自己都合退職以外に方法がなく、退職願を提出しなければ解雇が有効になされると誤信して、退職の意思表示をしたという事案において、退職の合意は錯誤により無効であると判断したという例があります。

③ 詐欺・強迫による取消し

　詐欺または強迫による意思表示は、取り消すことができます（民法96条1項）。

　たとえば、労働者に懲戒事由がないにもかかわらず、使用者が懲戒解雇を行うことを示唆して労働者に退職届を提出させたような場合には、強迫によって退職の意思表示をさせたものとして、取消しが認められる場合があります。

> 退職の意思表示が、心裡留保、錯誤、詐欺・強迫により、無効または取り消される場合がある。

4．定年制

(1) 定年制とは

　定年制とは、就業規則においてあらかじめ定めた年齢に達したことによって労働契約が終了する制度のことです。

　我が国の民間企業においては、古くは55歳定年制が一般的でしたが、昭和50年代には徐々に60歳定年制が主流になり、昭和61年には、高年齢者雇用安定法において、定年が60歳を下回らないようにする努力義務が課されました。さらに、平成6年の法改正では、60歳を下回る定年が禁止されるに至りました。

　その後、平成16年の法改正では、65歳までの定年延長を含め、65歳までの雇用確保措置が義務付けられました。

(2) 定年年齢の下限

　高年齢者雇用安定法8条では、60歳を下回る定年が禁止されています。これに違反して、たとえば「定年を55歳とする」というように60歳を下回る定年の定めを就業規則に設けた場合、その定めは、同法8条違反により、無効になります。

> 高年齢者雇用安定法では、60歳を下回る定年制が禁止されている。

60歳を下回る定年制が無効となった場合には「定年制」自体がなくなる？

　60歳を下回る定年の定めが高年齢者雇用安定法8条違反によって無効になった場合、その企業では、定年は何歳になるのでしょうか。それとも、そもそも定年制自体がないことになるのでしょうか。この点については、以下の2つの見解に分かれています。

①定年の定めのない状態になるという見解

　これは、60歳を下回る定年の定めが無効になった以上、定年の定めのない状態になるという見解です。この見解は、高年齢者雇用安定法には、労働基準法13条のような補充的規定（「無効となった部分は、この法律

で定める基準による」）が置かれていないこと等を根拠に挙げています。

　この見解によれば、従業員がたとえ60歳になったとしても、その年齢のみを理由に直ちに当該従業員を定年退職させることはできないということになります。

② 60歳定年制を定めたものとみる見解

　これは、60歳を下回る定年の定めが無効になった場合には、60歳定年制を定めたものとみるべきであるという見解です。この見解は、年齢だけが変更されて定年制自体は存続するという方が労使双方の意思に合致すること等を根拠に挙げています。

　このように、この点についての見解は二分されており、学説・判例上定まった見解があるわけではありませんが、いずれにしても、万が一企業の就業規則に60歳を下回る定年が定められている場合には、就業規則をすぐに変更して、60歳以上の定年制に変更することが必要です。

(3) 高年齢者雇用安定法

① 雇用確保措置の内容

　高年齢者雇用安定法では、高年齢者の65歳までの安定した雇用を確保するために、65歳未満の定年制を設けている事業主に対し、以下のいずれかの措置を講じることを義務付けています。事業主は、❶〜❸のうち、どれか1つは必ず講じなければなりません。

> ❶ 定年の引上げ
> ❷ 継続雇用制度の導入
> ❸ 定年の廃止

② 継続雇用制度の具体的内容

ⅰ．平成24年の法改正

　上記❶〜❸の雇用確保措置のうち、実務上もっとも多く選択されているのは、「**❷継続雇用制度の導入**」です。

　この継続雇用制度に関しては、平成24年の法改正以前は、労使協定において継続雇用の対象者の選別基準を定めたときは、その基準に該当する者のみを継続雇用することができるという仕組み

が認められていました。

その後、平成24年改正において、この仕組みが廃止され、継続雇用を希望する者については原則として全員を継続雇用しなければならないことになりました。

この改正は、今後の高年齢者雇用を考える上で非常に重要な内容であり、企業にとって非常に影響が大きい改正でした。

ⅱ．経過措置

これまで労使協定によって一定の選別を行った上で継続雇用してきた企業に対し、突然希望者全員を継続雇用する義務を課すと混乱を招くことが容易に予想されることから、上記の改正点については経過措置が設けられ、次表のとおり、2025年（令和7年）3月31日までの間の12年間については、厚生年金の報酬比例部分の支給開始年齢以上の者を対象に、依然としてこの仕組みを利用することが可能とされました。

平成25年4月1日から平成28年3月31日まで	61歳
平成28年4月1日から平成31年3月31日まで	62歳
平成31年4月1日から令和4年3月31日まで	63歳
令和4年4月1日から令和7年3月31日まで	64歳

ただし、この経過措置によって労使協定による選別基準を適用できるのは、改正法が施行された平成25年4月1日時点において既に労使協定を締結している事業主に限られます。同日以降に新たに労使協定を締結したとしても、その事業主は労使協定による選別を行うことはできません。

他方、改正法施行時において既に労使協定を締結していた事業主については、改正法施行後も労使協定の内容を改定することができると考えられています。

ⅲ．継続雇用が不要な場合

　高年齢者雇用安定法では、継続雇用義務の唯一の例外として、心身の故障のため業務に堪えられないと認められること、勤務状況が著しく不良で引き続き従業員としての職責を果たし得ないこと等、就業規則に定める解雇事由または退職事由に該当する場合には継続雇用しないことができるとされています。

　この点につき、厚生労働省の指針では、「継続雇用しないことについては、客観的に合理的な理由があり、社会通念上相当であることが求められる」と述べられており、解雇権濫用法理と同様のハードルが課せられている点に留意が必要です。形式的に解雇事由に該当することをもって、直ちに継続雇用の対象にしないことが許容されるわけではなく、実質的にみて、継続雇用しないことが相当であるといえるような理由が必要とされているのです。

ⅳ．継続雇用制度の内容

　高年齢者雇用安定法は、継続雇用を希望する労働者を定年後も引き続き雇用することを求めるにとどまり、労働者が希望する労働条件で継続雇用しなければならないという義務を使用者に課しているわけではありません。

　継続雇用後の労働条件については、あくまで労使で合意した範囲で定まります。仮に、労働条件について労働者との間で折り合いがつかず、結果的に継続雇用することができなかったとしても、それをもって高年齢者雇用安定法違反となるわけではありません。

　どのような労働条件を提示するかについては、法律上の制約がありませんので、基本的には企業の合理的な裁量の範囲で定めれば足ります。詳細は、第15章を参照してください。

企業は、❶定年の引上げ、❷継続雇用制度の導入、❸定年の廃止のいずれかの措置を講じなければならない。継続雇用制度に関しては、継続雇用を希望する者については原則として全員を継続雇用しなければならない。

5．雇用契約終了後の法的ルール

(1) 退職時の証明

　労働者が退職する場合に、使用期間、業務の種類、その事業における地位、賃金、退職事由（解雇の場合には解雇理由）について、証明書を請求した場合には、使用者は遅滞なくこれを交付しなければなりません（労基法22条1項）。ここでの「退職する場合」というのは、労働者が辞職（一方的退職）または合意退職する場合に限られず、使用者から解雇された場合や、期間満了により労働契約が終了する場合なども広く含まれます。

　労働者が、解雇予告を受けてから実際に退職するまでの間に、解雇理由についての証明書を請求した場合も、同様に、使用者は遅滞なくこれを交付しなければなりません（同条2項）。解雇理由としては、単に就業規則に列挙されている解雇事由のどの条項に該当するのかを示すだけではなく、その条項に該当すると判断した具体的事実関係についても記載する必要があります。

　これらの証明書には、労働者が請求していない事項を記載してはいけません（同条3項）。

　解雇に関してトラブルになるケースでは、訴訟等の法的手段に先立ち、労働者からこの証明書（**解雇理由証明書**）の交付を求められることがほとんどです。のちの訴訟等における主張内容と齟齬することのないよう、解雇理由証明書は慎重に作成する必要があります。

> 労働者から退職時の証明書を請求された場合には、遅滞なく交付しなければならない。

(2) 金品の返還

　使用者は、労働者が死亡または退職した場合に、権利者（労働者本人や相続人）から請求があった場合には、7日以内に賃金を支払い、また、労働者の権利に属する金品（積立金、保証金、貯蓄金など、その名称が

どのようなものであるかは問いません。）を返還しなければなりません（労基法23条）。

　したがって、たとえ毎月の給与の支払期限が到来していなかったとしても、請求があれば7日以内に支払う必要があります。ただし、退職金については、通常の賃金とは異なる性質のものであることから、通達において、就業規則で定められている支払期日までに支払えば足りることとされています。

> 退職した労働者から請求があった場合には、7日以内に賃金を支払う必要がある。ただし、退職金は就業規則上の支払期日までに支払えば足りる。

(3) 労働保険・社会保険の諸手続

　まず、雇用保険との関係では、企業は、被保険者たる労働者が離職したときは、資格喪失届に離職証明書を添えて、労働者が離職した翌々日から10日以内にハローワークに提出しなければなりません。その際、離職理由について、会社都合とするか、自己都合とするかは失業給付との関係で揉めることがありますのでよく確認して下さい。

　労災保険との関係では、退職に際して特段の手続は必要ありません。

　健康保険や厚生年金保険との関係では、企業は、労働者の退職日の翌日から5日以内に、労働者から回収した健康保険被保険者証（いわゆる「健康保険証」）を添付して、資格喪失届を所轄の年金事務所または健康保険組合等に提出します。健康保険証は、本人分だけでなく、被扶養者の分も必要です。もし、健康保険証が回収できない場合は、回収不能・滅失届を提出しなければなりません。

> 労働者が退職した場合には、各種保険に関する資格喪失届の提出や、離職証明書の提出が必要となる。

非正規雇用管理

第12-1章

1. 有期雇用
2. 無期転換
3. パート・有期法
4. 労働者派遣法

第12-1章 非正規雇用管理

1．有期雇用

(1) 期間の定めのある労働契約の意義・留意点

　期間の定めのある労働契約（有期雇用契約）には、①一時的あるいは短期的な労働力の需要に対応できる、②経営状況が悪化してしまった場合に優先的に削減対象とするなどの方法により、雇用調整の手段とすることができる、③労使双方にとって一定期間の雇用が原則として保障されるというメリットがあります。

　一方で、有期雇用には、①労働契約法19条により、労働契約期間の満了により労働契約を終了させること（雇止め）が無効になる場合がある、②契約更新によって契約期間が通算で5年を超えた場合には無期転換権が発生するといったリスクがあるほか、有期雇用に特有の法規制もあります。また、近時では、非正規雇用の待遇改善の一環として、同一労働同一賃金など様々な法改正も行われていますから、法改正にも留意が必要です。

(2) 有期雇用に関する法規制

① 契約期間の長さ

　有期雇用の法規制として、契約期間の長さに関する規制があります。

　　ⅰ．上限

　　　契約期間の上限について、労働基準法14条1項は、「一定の事業の完了に必要な期間を定めるもの」以外の有期契約は、3年を超える期間について締結してはならないと定めています。

　　　ただし、

　　　　❶ 専門的知識等を必要とする業務に就く者（博士の学位を有する

者や公認会計士、弁護士など）

❷ 満60歳以上の労働者と締結する有期雇用契約

については、契約期間の上限は5年となります。

　これらの上限規制に違反した契約が締結された場合、労基法の強行的直律的効力（労働契約内容を強制的に修正する効力）によりその契約の契約期間は上限期間に修正されます。

　なお、「一定の事業の完了に必要な期間を定めるもの」に該当する労働契約については、労働契約期間の上限規制はありません。この例外に該当する事業は、その事業が有期的事業であることが客観的に明らかである場合であって、その事業の終期までの期間を定めて契約することが必要であると考えられています。

ⅱ．下限

　契約期間の下限について明確に制限する法規はありませんが、労働契約法17条2項は、「その労働契約により労働者を使用する目的に照らして、必要以上に短い期間を定めることにより、その労働契約を反復して更新することのないよう配慮しなければならない。」と定めています。この規定は訓示規定と解されていますが、短期の契約を多数回にわたり反復して更新し、更新の際に契約書の取り交わしもしていないような場合には、労働契約が自動的に更新されるものとなっていると評価されたり、有期とは名ばかりで実質的に無期契約となっていると評価されたりすることにより、雇止めが無効とされる恐れが生じます。

② 期間途中の解雇の制限（労契法17条1項）

　期間の定めのある雇用契約は、その期間中は雇用関係を継続することを特に約束して締結するものですから、期間途中の労働契約は強く保護されます。特に、企業側からの期間途中の労働契約の終了（解雇）は強く制限されており、労働契約法17条は、期間途中での解雇には「やむを得ない事由」がなければならないことを定めています。期間の定めのない労働契約の解雇は「客観的に合理的で、社会通念上相当と認められる事由」が必要とされていますが（労契法16条）、一般的に「やむを得

ない事由」はそれよりも厳格です。「やむを得ない事由」とは、期間満了まで雇用を継続することが不当・不公平とみられるほどに重大な事由をいうとされ、認められることは少ないと考えるべきでしょう。

③ 無期転換（労契法 18 条）

　有期雇用の契約期間が満了したとき、当事者の合意により契約が更新される場合があります。同じ企業と有期雇用契約の更新を繰り返し、通算契約期間が 5 年を超えた労働者には、労働契約の無期転換を申し込む権利が発生します。労働者が無期転換を申し込んだときは、企業はこれを承諾したものとみなされ、そのとき締結している有期雇用契約が終了すると、原則として労働条件はそのままに無期雇用契約に転換します。これは、有期労働契約の濫用的な利用を抑制し、労働者の雇用の安定を図る制度とされます。

　この無期転換に関しては、「2」で詳述します。

④ 雇止めの制限（労契法 19 条）

　一般に、期間の定めのある契約は、その期間が満了したときは当然に終了するものであり、契約の終了にあたって特段の意思表示は必要なく、格別の理由も要求されないのが原則です。

　もっとも、労働契約においては、有期雇用契約が反復して更新されることも少なくないため、期間満了により有期雇用契約を終了させる場合、企業は、期間満了前に次の更新をしない旨を労働者に通知するのが一般です。このことを「雇止め」といいます。雇止めが無制限になされた場合には、労働者の保護に反する結果になりうることから、労働契約法 19 条は、一定の場合において、雇止めを無効とすることを定めています。仮に、雇止めが無効とされた場合には、それまでの労働契約と同一の労働条件で契約が締結されたものとみなされます。

　雇止めに関する法的ルールについては、(5)で詳述します。

⑤ 期間の定めがあることによる不合理な労働条件の禁止

　労働契約法 20 条は、正社員と有期契約社員の労働条件が異なる場合、両者の差異が不合理なものではあってはならないとして、不合理な労働条件の禁止を規定していました。労働条件の相違が不合理なものかどう

かは、「職務の内容（業務の内容及び当該業務に伴う責任の程度）」「職務の内容及び配置の変更の範囲」「その他の事情」を考慮して判断することとされていました。

働き方改革に関連する法改正により、労働契約法20条は削除され、「短時間労働者及び有期雇用労働者の雇用管理の改善等に関する法律」で短時間労働者（パート労働者）と併せての規制がされることになりました。

> 期間の定めのある雇用契約には、期間の長さに関する制限や、期間途中の解雇の原則禁止などの規制がある。

> 企業が、期間満了前に更新しない旨を労働者に通知して有期雇用契約を終了させることを「雇止め」という。「雇止め」と「解雇」は法的に大きく異なっており、混同してはならない。

(3) 有期雇用契約の締結

有期雇用契約を締結する場合、契約期間の定めはもちろんのこと、契約の更新をする場合があるかどうかも労働者に明示する必要があります。さらに、更新の可能性があると明示した場合には、更新するか否かをどのような基準で決定するのかも労働者に明示しなければなりません。

実務的には、雇用契約書において「更新する場合があり得る」と明示したうえで、「次の事項に基づいて更新の有無を判断する。契約期間満了時の業務量、経営状況、勤務成績・勤務態度、職務能力、健康状態」というように複数の判断基準を広く掲げておくことが一般的です。臨時的な業務に従事させるために有期雇用契約を締結する場合には、その旨も契約書に明記しておくべきです。

有期雇用契約締結時の留意点として、必要以上に更新を期待させるような言動を行わないことが極めて重要です。契約を締結する際に、企業側の担当者が「雇用期間の定めはあるが形だけで、みんな更新している」などと述べると、労働者は契約更新を当然のものと期待してしまい、後に詳述する雇止め法理により雇止めが無効とされる可能性が生じてしまいます。

> 有期雇用契約の締結に当たっては、更新の有無・基準を明示することが不可欠。更新があり得る場合であっても、必要以上に更新を期待させるような言動を行うことは厳に慎むべき。

(4) 有期雇用契約の更新

　有期雇用は、契約期間が満了すれば終了するのが原則です。しかし、企業が引き続きその労働者を雇用することを望み、労働者もこれに応じた場合には、契約を更新することができます。更新の際に履践すべき手続としては、労働者と面談したうえでの更新意思の確認、雇用契約書の締結などがあります。

　更新手続に係る留意点としては、有期雇用契約の更新に関する手続を毎回厳格に行うことが重要です。例えば契約期間満了後も漫然と労働者を働かせたままにし、事後的に新しい契約期間の雇用契約書を締結するように更新手続が形骸化している状況では、労働者が「契約は当然に更新されるものだ」という期待を持ってしまい、雇止めをしたときには、後で詳述するとおり労働契約法19条により無効とされるリスクも著しく増大してしまいます。

　また、勤務態度や能力に問題がある労働者については、契約期間中に注意指導を行って改善を促し、改善がない場合には更新できない旨を警告しておくとともに、更新の可否を慎重に検討することが重要です。

> 有期雇用契約については、更新手続を毎回厳格に行い、疎かにしないことが極めて重要。

(5) 有期雇用契約の終了（雇止め）
① **雇止め法理**（労契法19条）

　前述のとおり、契約期間満了前に契約を更新しないことを労働者に通知して契約を打ち切ることを雇止めといいます。雇止めは解雇とは異なりますが、これが無限定に可能であるとすると解雇と同様の不利益が労働者に生じるおそれがあります。そこで、労働契約法19条は雇止めに

ついて法律上の制限をしています。

　労働契約法19条の内容は以下のとおりであり、一定の要件を満たした場合には、従前と同一の労働条件での契約が成立したものとみなされることになります。

|要件|

ⅰ．次の❶または❷に該当する有期雇用契約であること

> ❶　有期雇用契約が過去に反復して更新されたことがあり、雇止めにすることが、解雇と社会通念上同視できると認められること
> ❷　労働者において契約が更新されるものと期待することについて合理的な理由があるものであると認められること

　❶は、有期雇用契約が実質的に無期契約と同視できるような状態をいい、例えば最初の雇用契約以降更新手続が行われておらず労使ともに当然更新するものと認識しているような場合が該当します。

　❷は、労働者が「契約が更新される」と期待しても無理はないといえることを意味します。更新回数が相当程度多く、長期間にわたる場合や、企業側から長期雇用を期待させるような言動があった場合などが考えられます。また、有期雇用労働者の業務内容が臨時的なものではなく常用的なものであることも、契約更新への期待の合理性を強める事情となります。

　ここで注意しなければならないのは、いまだ1回も更新されていない有期雇用契約においても、更新の期待が認められて❷に該当するケースがあり得るということです。すなわち、上述したとおり、契約締結時や契約期間中において、上司が「契約期間の定めは形だけで、必ず更新するから安心して長く働いて欲しい」、「契約社員は試用期間みたいなものだ」などと述べてしまった場合には、いまだ更新されていない段階でも労働者の更新の期待が合理的であると認められるおそれがあります。

ⅱ．労働者が次の❶または❷の申込みをしたこと

> ❶　契約期間満了日までの間に更新の申込み
> ❷　当該契約期間の満了後遅滞なく有期雇用契約の締結の申込み

ⅲ．企業が ⅱ の申込みを拒絶することが、客観的に合理的な理由を欠き、社会通念上相当であると認められないとき
効果

　企業は、従前の有期雇用契約の内容である労働条件と同一の労働条件で当該申込みを承諾したものとみなされます。

　いかなる場合に「客観的に合理的な理由を欠き、社会通念上相当であると認められない」かについては、解雇権濫用法理の場合に準じて、個別具体的な事実関係を基に検討を行うことになります。

> ①実質的に無期契約とされ、雇止めをすることが、解雇と社会通念上同視できる場合、または、②労働者において更新を期待することに合理的な理由がある場合には、雇止めには「客観的に合理的な理由」があり、「社会通念上相当」であることが必要である。

② 雇止めに関する手続的ルール（厚生労働省告示第 357 号「有期労働契約の締結、更新及び雇止めに関する基準」）

　ⅰ．雇止めの予告

　　企業は、次の❶または❷の有期雇用契約（ただし、あらかじめ契約を更新しない旨明示されているものは除かれます。）を更新しないことにする場合には期間満了の 30 日前までにその予告をしなければなりません。

　❶ 3 回以上更新しているもの
　❷雇入れの日から 1 年を超えて継続勤務しているもの

　　なお、この❶❷の場合について雇止めの 30 日前予告が必要とされていることと、雇止めの可否とは全く次元の異なる問題ですので、これらを混同しないように注意してください。

例えば「3回以上更新したから雇止めはできない」という理解は誤りです。たとえ3回以上更新したからと言って雇止めが認められなくなるわけではなく、雇止めに合理的な理由があるか否かによってその可否が判断されます。

他方で、「まだ1回も更新してないから雇止めが可能である」という理解も誤りです。たとえ1回も更新していなくとも、契約更新に対する労働者の期待が合理的である場合には、相当な理由のない雇止めが制限されることもあります。

ⅱ．雇止め理由の明示

雇止めの予告がされた労働者あるいは雇止めされた労働者が雇止めの理由について証明書を請求したときは、企業は遅滞なくこれを交付しなければなりません。

> 厚生労働省の告示において、一定の場合における雇止めの 30 日前予告、雇止め理由の明示など、雇止めに関する手続的ルールが設けられている。

不更新や更新回数の上限の特約

有期雇用契約の雇止めを見越した方策として、契約を更新しない旨の条項（不更新条項）や更新回数・期間の上限を定める条項を設けることがあります。これらの特約の存在は、特約に反する契約更新への期待が不合理であることを強く推認させる事情となり、有効な雇止めをするためには企業にとって極めて大きな意義のある事実といえます。

①不更新条項

不更新条項を雇用契約書に盛り込む際には、その条項について真に労働者の理解を得ていなければ、労働者の同意がないため不更新条項は無効であると判断されるおそれがあります。したがって、不更新条項を設ける際には、不更新条項の意味・必要性を資料に基づき明確に説明して、労働者の真の納得を得ると共に、そのことを立証できるようにしておくことも肝要です。

判例では、説明会において「今回の更新が最後であり、それ以後の更新はしないので、残りの有給休暇を全部使ってほしい」旨を労働者に説明し、労働者が不更新条項の記載されている雇用契約書に署名押印したという事案において、労働者の有給休暇の消化率が前年は 60％前後で

あったのが最後の年は100％であったことなどを踏まえ、不更新の合意が成立していたと認定し、雇止めを有効と判断したものがあります。

雇止め後に、労働者から「不更新条項の存在を知らなかった」「条項の意味がわからなかった」などと言われないよう、不更新条項の意味を明確に説明し、契約書にもわかりやすく記載して署名・押印してもらうとともに、上記の例のように、有給消化などといった労働契約の終了を前提とした行動をとらせることが適切です。

②更新上限条項

「5回まで」、「5年まで」など、更新の回数や期間について上限を設ける場合には、その上限を厳格に適用して例外を作らないことが肝要です。一つでも例外があると、労働者が自分も例外に当たり得るという期待を持つことになりかねず、上限を設けた意義が著しく減殺されてしまいます。判例でも、更新上限について厳格な運用をしていなかったことなどを踏まえて、労働者の契約更新への期待に合理性があり雇止めが無効であると判断した例があります。

また、**更新上限条項**を設けた場合、その上限までは更新されると期待するのが合理的だと労働者が主張する場合があります。このような誤解がされないよう、あくまでも上限の定めにすぎず、それまでの更新を約束するものではないと明確に説明しておくべきです。

両者に共通する注意事項としては、不更新条項や更新上限条項があれば直ちに更新への期待が認められず雇止めが有効となるものではないということです。不更新条項や更新上限条項について労働者の真の納得・合意がない場合や、合意があっても企業がその条項と矛盾した言動（更新への期待を持たせるような言動）をしてしまった場合には、更新への期待が合理的であるとして雇止めが無効とされるリスクが生じます。不更新条項や更新上限条項を設ける場合には、労働者にしっかり説明して同意を得ること、同意がない場合でも最終更新の通知を行うこと、条項と矛盾した言動をしないことが極めて肝要です。また、雇止めを決定した後に直ちに当該契約において終了するのではなく、例えば1か月や3か月など、最終の雇用契約期間を設けることも有用です。

2．無期転換

(1) 無期転換権の発生要件

労働契約法18条に基づく**無期転換（申込）権**の要件は以下のとおりです。

> ①「同一の企業」との間で2以上の有期雇用契約を締結すること
> ②契約期間が通算して5年を超えること
> ③有期労働契約終了前に行使の意思表示を行うこと

①「同一の企業」との間で2以上の有期雇用契約を締結すること

　労働契約の相手方が「同一の企業」にあたるかどうかは、事業主単位で判断されます。事業主が同じであれば、事業場が異なっても「同一の企業」にあたります。また、会社分割や合併によって労働契約が包括的に承継された場合にも、承継前後の使用者は「同一の企業」にあたります。

　これに対し、派遣元に有期雇用されていた派遣労働者が派遣先に有期雇用される場合などは、雇用主が異なりますので「同一の企業」に当たりません。ただし、無期転換権の発生を妨げる意図をもって形式的に労働契約の主体を切り替えたにすぎないと認められる場合などには、「同一の企業」の要件を満たすものと判断されるおそれがあります。

② 契約期間が通算で5年を超えること

　無期転換権は、2つ以上の有期雇用契約を通算した契約期間が5年を超える場合に発生します。「超える」ことが必要ですから、5年ちょうどの場合は要件を満たしません。

　権利が発生するのは、通算契約期間が「5年＋1日」の時点ですから、例えば契約期間が1年間の契約を5年更新した場合、6年目の契約初日の時点で無期転換権が発生します。

　なお、契約期間に1か月に満たない端数がある場合、端数の合算については、30日を1か月としてカウントします。例えば、1回目の契約期間が5か月15日、2回目の契約期間が3か月25日だった場合、通算契約期間は

$$(5か月＋15日)＋(3か月＋25日) = 8か月＋40日$$
$$= 9か月＋10日$$

となります。

> 有期雇用契約の更新により通算契約期間が5年を超えた場合、無期転換権が発生する。

(2) 無期転換権の放棄

　無期転換権が発生する前に、無期転換権を行使しないよう労働者にあらかじめ約束させること（無期転換権の事前放棄）が可能であるかという問題があります。行政見解は、無期転換権の事前放棄は公序良俗に反して無効としていますが、真摯な同意があれば認められる場合もあり得るでしょう。

　これに対して、無期転換権が発生したあとに労働者がこれを放棄することは、その放棄が強制されたものでなく、労働者の本心によるものである限り可能であると解されます。

> 無期転換権の発生前にあらかじめ放棄を約束させることは原則としてできないが、無期転換権が発生した後に放棄させることは、労働者の本心によるものであれば可能。

(3) クーリング期間

　有期雇用契約の終了後、一定の長さの空白期間（労働契約が存在しない期間）が経過した場合、契約期間の通算がいったんリセットされ、また新たにゼロから契約期間の通算を行っていくことになります（労働契約法18条2項）。これをクーリングといい、クーリングが発生する空白期間のことを**クーリング期間**といいます。

　クーリング期間の長さは、原則として6か月ですが、1年に満たない場合には、それまで継続している有期雇用契約期間の2分の1がクーリング期間となります（ただし、端数は1か月単位で切り上げ）。

　なお、クーリング期間を経て、改めて雇用契約を再開する場合、無期転換のカウントはリセットされますが、雇止めの関係では更新の状況が当然にリセットされるわけではありませんので注意が必要です。

> 有期雇用契約の期間満了後にクーリング期間が経過した場合、無期転換との関係では通算契約期間はリセットされる。

(4) 無期転換権の行使（P392 ③）

　無期転換権は、更新によって無期転換権が発生した労働契約の期間中

はいつでも行使することができますが、逆に言えば行使しないと無期には転換しませんので5年経過後、自動的に無期になるわけではありません。無期転換権を行使せずに有期雇用契約の期間が満了した場合には無期転換権は消滅しますが、クーリング期間を置かずに再び契約更新がされれば、それにより無期転換権が改めて発生します。

　無期転換は、労働者の申込み（意思表示）が企業に到達することによって成立します（単独の意思表示によって法律効果を発生させる「形成権」の一種）。申込みは口頭で行うことも可能ですが、紛争防止の観点から書面により確実にやり取りを行うべきでしょう。

　無期転換権が行使されたとしても、その時点で直ちに無期雇用契約が開始するわけではありません。その時点で締結している有期雇用契約の期間が満了した翌日が無期雇用契約の就労開始日となり、それまではあたかも有期雇用契約・無期契約の内定状態の2つが併存する形になります。

(5) 無期転換後の労働条件

　無期雇用契約に転換した場合であっても当然に正社員になるわけではなく、労働条件は、別の定めがない限り期間の定め以外はそれまでの労働条件と同じものとなります（労働契約法18条1項）。この「別段の定め」としては、無期転換者用の就業規則や労働協約、個別合意などが考えられます。

　有期雇用契約の労働者に関しては定年が定められていないことが多く、期間の定め以外の労働条件を変えずに労働者が無期転換した場合、その労働者については定年がないなどと争いになり得ますので、無期転換が発生することが見込まれる企業では、事前に定年などを定めた無期転換者用の就業規則を作成すべきでしょう。

> 無期転換後の労働条件は別の定めがない限り従前同様となる。別の定め（就業規則等）を用意しておかなければ様々な問題が生じることが予想される。

(6) 無期転換に関する特例

　高度専門職や定年後に引き続いて雇用される労働者、大学の教員など、

有期契約の濫用により雇用の安定が損なわれる恐れが少ない労働者等については、労働局の認定など一定の手続を踏んだ場合に無期転換権が発生しなくなるなどの特例が定められています。

　一般の企業であれば、高年齢者の特例を用いることが多いでしょう。これは、定年に達した後引き続き雇用される労働者（特殊関係事業主による雇用を含む）については無期転換権が発生しないとするものです。なお、この特例利用には「定年」に達した者であることが必要ですので、グループ外の他社から60歳を過ぎて転職する労働者などには適用できないことに注意が必要です。詳しくは厚労省作成「高度専門職・継続雇用の高齢者に関する無期転換ルールの特例について」をご参照ください。

(7) **無期転換に関する対応**
① **無期転換権を発生させない場合の対応**
　まずは企業方針として、無期転換権を発生させるのか、させないのかを決定します。

　無期転換権を発生させない場合は、通算契約期間が5年間を超えないように更新の上限を5年間とする更新上限条項を設けたり、5年目となる有期雇用契約の更新の際に不更新条項を設けることが考えられます。これらの条項を設ける場合には、労働者の真の合意を得るために十分な説明を行うことや、条項と矛盾する言動を行わないことが重要です（P397 一歩前へ「不更新や更新回数の上限の特約」をご参照ください。）。ただし、無期転換を発生させないことを選択する場合、有期契約を開始して5年経過後は雇止めと採用を繰り返すことになりますので採用や育成などとの関係を十分に検討する必要があります。

　その際、有期雇用契約の労働者について5年を超えて働いてもらいたい場合には、正社員登用制度の導入などの方策を検討するべきでしょう。正社員登用試験の受験資格をどのように定めるかということは企業の合理的裁量に委ねられているので、通算契約期間が一定範囲の者に限定するなどの制度設計が考えられます。

② **無期転換権の発生を前提とした対応**

ⅰ．無期転換に関する手続の整備

　まずは、無期転換権を取得した労働者が無期転換権を行使する際の手続を整備することが必要です。無期転換権の行使は口頭でも可能ですが、後の紛争防止のために、統一した書式を策定し、その書式によって行使すべきことを労働者に周知するべきでしょう。

　無期転換を望まない労働者については、発生した無期転換権を放棄することを確定させるため、「当該契約期間中の無期転換権を放棄する」旨の無期転換権放棄書に署名・押印をしてもらうことも検討します。

ⅱ．無期転換した労働者に関する就業規則の整備・制度設計

　上述したとおり、無期転換した労働者の労働条件は、「別段の定め」がない限り、期間の定め以外はそれまでと同じものとなります。有期雇用契約においては、定年制や休職制度などの制度が設けられていないことが多く、「別段の定め」を整備しないまま無期転換をさせると様々な問題の発生が予想されます。無期転換権の発生を前提とする場合であっても、無期転換した労働者に適用される就業規則を整備し、定年制などを規定することが望ましいでしょう。また、有期雇用については、期間満了ごとに更新の可否や労働条件の改定を検討することができますが、無期転換によりそのような区切りがなくなります。そこで、無期転換者に適用する就業規則については、解雇事由や労働条件改定に関する規定を注意して整備することが重要です。

　無期転換した労働者に関する実務上の制度設計としては、

①単に無期社員とするだけで基本的な労働条件に変更を加えないパターン（いわゆる「ただ無期」）
②限定正社員（準社員）的に、有期雇用契約のときよりも労働負荷を増す分待遇も上昇させるパターン
③正社員として登用するパターン

という3パターン、あるいはこれらを選択的に併用するパターンなどがあり、それぞれのパターンを組み合わせて運用することも考えられます。

> 無期転換への対応としては、無期転換権を発生させないようにする対応と、無期転換権の発生を前提とした対応が考えられる。無期転換権を発生させないためには、通算契約期間が5年間を超えないようにすることが肝要である。無期転換権の発生を前提とした対応としては、無期転換に関する手続や無期転換者用の就業規則の整備などがある。

3．パート・有期法

(1) はじめに（パート労働法の改正からパート・有期法へ）

　正社員以外のいわゆる非正規雇用社員については、これまで、有期雇用契約に関する労働契約法の一部とパート労働法（正式には「短時間労働者の雇用管理の改善等に関する法律」）がありました。

　パート労働法は、パート労働者（正社員の1週間の所定労働時間より短い労働者）について、適正な労働条件の確保、雇用管理の改善、通常の労働者への転換の推進、職業能力の開発及び向上等に関する措置等を講ずることにより、通常の労働者との均衡がとれた待遇の確保等を図ることを通じて、パート労働者が有する能力を有効に発揮することができるようにし、もってその福祉の増進を図り、併せて経済及び社会の発展に寄与することを目的としていました（パート労働法1条）。

　働き方改革において、正規雇用労働者と非正規雇用労働者の間の不合理な待遇差の解消の取組を目指すという動きの中で、今回、パート労働法は、パート労働者だけではなく、有期雇用労働者（事業主と期間の定めのある労働契約を結んでいる労働者）も適用対象に含めることや、労働契約法20条を廃止して、同条で定めていた内容を盛り込むなどの大幅な改正がなされました。本章では、主な改正事項を簡単に確認しておきます。なお、改正でもっとも注目されるポイントは、いわゆる同一労働同一賃金に関わる均等・均衡待遇について定めた規定（パート・有期

法8条・9条）になりますが、これについては、【第12-2章】で詳しく説明します。

(2) 改正のポイント
① 法律名の変更
　パート労働法（「短時間労働者の雇用管理の改善等に関する法律」）から、パート・有期法（「短時間労働者及び有期雇用労働者の雇用管理の改善等に関する法律」）に法律名が変更となりました。
② 対象労働者の拡大
　パート労働法の適用対象者は、パート労働者に限られていましたが、パート・有期法の適用対象者は、これに加えて、有期雇用労働者も含まれます（パート・有期法では、「短時間・有期雇用労働者」と呼ばれます［パート・有期法2条］。）。

パート労働法	パート・有期法
・パート労働者（無期） ・パート労働者（有期）	・パート労働者（無期） ・パート労働者（有期） ・有期契約労働者 　Ex.有期雇用契約を結んだ契約社員 　　　有期雇用契約を結んだ定年後再雇用社員 　　　有期雇用契約を結んだ派遣労働者 　　　有期雇用契約を結んだフルタイムパート

③ 不合理な待遇の禁止（パート・有期法8条）
　【第12-2章】にて説明します。
④ 差別的取扱いの禁止（パート・有期法9条）
　【第12-2章】にて説明します。
⑤ 労働条件に関する文書の交付義務（パート・有期法6条）
　企業は、労働契約の締結に際し、賃金や労働時間などの労働条件を労働者に明示しなければならず、このうち重要事項については、書面交付が求められますが、短時間・有期雇用労働者については、通常の労働者

よりも明示すべき労働条件が追加されています。詳しくは、第1章を参照ください。

パート労働法では、対象がパート労働者のみでしたが、有期雇用労働者にも適用されます。

⑥ 待遇に関する規定（パート・有期法10条～12条）

短時間・有期雇用労働者の各種の待遇について、法律は、賃金（通勤手当、家族手当、住宅手当、別居手当、子女教育手当その他名称の如何を問わず支払われるもので、職務の内容と密接に関連して支払われるもの以外の賃金）について、通常の労働者との均衡を考慮して職務内容、成果等を勘案して決定するように努めるものとされます（パート・有期法10条。同法施行規則3条）。

また、教育訓練については、通常の労働者に実施するものを、通常の労働者と職務内容が同じ短時間・有期雇用労働者にも実施しなければなりません（パート・有期法11条）。

さらに、通常の労働者に利用の機会が与えられている福利厚生施設（給食施設・休憩室・更衣室）について、短時間・有期雇用労働者に対しても、利用する機会を与えなければなりません（パート・有期法12条）。

これにより、パート・有期雇用労働者に対して、実際に福利厚生施設の利用機会を与える必要があり、具体的には、通常の労働者と同じ利用規程を適用したり、利用時間帯に幅を持たせたりすることで、全ての短時間・有期雇用労働者が施設を利用できる機会を与えられるような措置を講じることが求められていると考えられていますが、定員数を増やすために施設を増築するなどして、利用を実現することまでは必要ありません。

⑦ 待遇に関する説明義務（パート・有期法14条）

企業は、短時間・有期雇用労働者と労働契約を締結する際、上で挙げた不合理な待遇の禁止等によって講ずべき措置とされている事項について、講ずることとしている措置の内容を、説明しなければなりません。

また、雇入れ後に短時間・有期雇用労働者から説明を求められた場合、企業は、当該短時間・有期雇用労働者と通常の労働者との間の待遇

の相違の内容及び理由並びに、待遇の決定にあたり考慮した事項について、説明する必要があります。

なお、この待遇の相違の内容や理由に関する説明をする際に比較の対象となる通常の労働者は、職務の内容、職務の内容及び配置の変更の範囲等に最も近いと企業が判断する通常の労働者でよいとするのが行政見解です。

さらに、短時間・有期雇用労働者が説明を求めたことに対して、解雇等の不利益な取扱いは許されません。

(3) まとめ

パート・有期法の下では、パート労働者だけではなく、有期雇用労働者も含めた非正規雇用社員について、正社員等の通常の労働者と比べて不合理な待遇差は禁止され、企業は、これに対応する措置を講じる必要があります。しかも、待遇の違いや講じる措置については、雇い入れ時や、短時間・有期雇用労働者自身からの求めに応じて説明できなければなりません。

企業としては、正社員と非正規雇用社員との間の待遇の違いの有無、違いの理由、対応措置について、説明義務を果たすためにも、事前に具体的に準備しておくことが必須となります。

> パートタイム・有期雇用労働者を含めた非正規雇用社員全体の待遇について、事前に正社員との相違や、その理由、講ずべき措置などを説明できる準備をしておく必要がある。

非正規雇用社員と比較される「通常の労働者」は誰か？

　パート・有期法8条は、企業に対して、雇用している短時間・有期雇用労働者の基本給、賞与その他の待遇のそれぞれについて、当該待遇に対応する「通常の労働者」の待遇とを比較し、不合理な違いを設けてはいけない、としています。

　では、この「通常の労働者」は、社内のどの労働者を指すのでしょうか。

　「通常の労働者」は、パート労働者と有期雇用労働者を含んだ非正規雇用社員に対する正規雇用労働者、つまり、正社員（無期雇用フルタイム労働者）を指すと考えられています。

　一つの企業の中で、無期雇用フルタイム労働者というと、総合職の正社員、一般職の正社員、職場限定正社員など様々なタイプに分かれていることも多いと思われますが、実務的にはそれら全ての「通常の労働者」との間で不合理な待遇差がないかチェックする必要があるとされていることに注意が必要です。更に進んで、正社員の中でも、「同じ仕事をしている正社員」、「同期入社の正社員」、「この部署の正社員」、「隣に座っているＡさん」など様々な比較方法が民事裁判では行われていますが、実務的には就業規則ごとの「社員区分」に応じて検討を行うところからのスタートとなるでしょう。

　一方で、パート・有期法14条では、雇入れ後に短時間・有期雇用労働者から説明を求められた場合、企業は、当該短時間・有期雇用労働者と「通常の労働者」との間の待遇の相違の内容及び理由並びに、待遇の決定にあたり考慮した事項について、説明しなければなりませんが、ここでいう「通常の労働者」は、職務の内容、職務の内容及び配置の変更の範囲等に最も近いと企業が判断する正社員でよいといわれています。

　同じ法律の中で同じ「通常の労働者」という単語が使われているにもかかわらず、その意味するところは各条項によって異なると考えられており、混乱しないように整理しておきたいところです。

4．労働者派遣法

　派遣法（正式名称は「労働者派遣事業の適正な運営の確保及び派遣労働者の保護等に関する法律」）は昭和60年に制定され、その後、何度か改正がありましたが、平成27年9月に派遣期間の制限について大きな改正があったほか、平成30年6月に派遣労働者の待遇についての改正がありました。

(1) 派遣法の成り立ち

　そもそも、労働者派遣制度は、専門的な知識や技術を必要とする業務や、特殊な雇用管理を必要とする業務分野が増加したことや、自らの希望する日時などにあわせて、専門的な知識、技術あるいは経験を活かして就業することを希望する方が増えたことなどに伴い、その変化に対応する労働力需給の調整システムとして、昭和60年に制定されました。

　その後、経済・産業構造の変化や価値観の多様化に伴う企業や労働者の多様な働き方に対するニーズに対応する一方、「日雇派遣」、「派遣切り」問題に象徴される派遣労働者の保護といった観点から改正が重ねられています。

(2) 労働者派遣とは

　労働者派遣とは「自己の雇用する労働者を、当該雇用関係の下に、かつ当該他人の指揮命令を受けて、当該他人のために労働に従事させることを業として行うこと」と定められており、これを図解すると、下図のような関係となります。

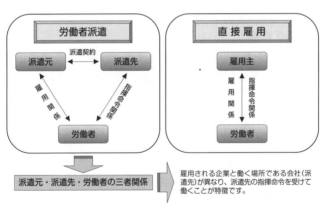

（出典：厚生労働省 政策レポート「労働者派遣制度について」）

このように、雇用契約は本来雇用する事業主から指揮命令を受けますが、派遣労働者は派遣元に雇用され、派遣先にて指揮命令を受けて労働する点に特徴があります。これを「雇用と使用の分離」といいます。

(3) 二つの期間制限

平成27年9月改正により、派遣元が派遣労働者を派遣することができる期間、裏返せば、派遣先が派遣労働者を受け入れることのできる期間については①**事業所単位の期間制限**と②**個人単位の期間制限**の二つの制限が設けられています。

以下で、それぞれの期間制限について解説します。

① 事業所単位の期間制限

この期間制限の内容は、派遣先は同一事業所において、派遣労働者が実際に就業を開始した最初の日（派遣開始日）から最長でも3年間を超えて、継続して、派遣労働者の就業を受け入れてはならないというものです（派遣法40条の2第1項及び第2項）。

これは、派遣労働者が派遣先の常用労働者（正社員が典型）に取って代わってしまい、常用労働者の雇用の安定が妨げられることの防止（これを「**常用代替防止**」といいます。）及び派遣労働者として働き続けることを希望しない者が派遣労働に固定され、キャリアアップの機会を得られなくなることの防止（これを「**固定化防止**」といいます。）という趣旨に基づきます。

この期間制限の適用単位となる派遣先の「事業所」は雇用保険法上の「事業所」と同概念だとされていますが、場所的な独立性、経営単位としての独立性、継続性という観点から実態に即して判断するために、36協定を締結したり、就業規則を作成する上での単位である労働基準法上の「事業場」にあたるものと、基本的に同一と見ることができます。

図表1 派遣先事業所単位の期間制限

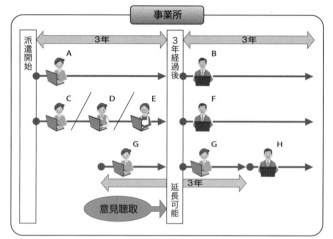

(出典：厚生労働省 平成27年 労働者派遣法改正法の概要)

　この派遣先事業所単位の期間制限について、前の図表1で見ると、最初に派遣労働者A及びCの派遣を受け、3年が経たないうちにGの派遣を同一事業所に受け入れていますが、この事業所において、A及びCのみならず、Gの派遣を受けられる期間（派遣可能期間）はA及びCの派遣開始日から起算して最長でも3年間です（Gの派遣開始日から改めて事業所単位の期間をカウントするものではありません。）。なお、GはAやCの派遣開始日から3年間が経過した後も同一事業所に派遣されていますが、これは後述のとおり意見聴取手続を経て、事業所単位での派遣可能期間が延長されていることを前提としています。

　また、派遣先は、同一事業所で3年間を超えて継続して派遣労働者を受け入れたい場合は、意見聴取手続を実施することで、最長3年間を上限に派遣可能期間を延長することができ、以後、再延長も同様の手続により可能です。意見聴取は、派遣可能期間を超えて派遣労働者を受け入れることとなる最初の日（「抵触日」）の1か月前（つまり、2年11か月）までに、派遣先の当該事業所の過半数労働組合等（当該事業所に労働者の過半数で組織する労働組合があればその労働組合、なければ労働者の過半数を代表する労働者）からすることとされています。

期間延長について賛成意見を得ることまでは求められませんが、異議が述べられた場合は派遣可能期間の延長理由等についての説明が必要となります（派遣法40条の2第3項〜第5項並びに派遣法規則33条の3及び33条の4）。以上の意見聴取手続の流れについては次の図表2を参照してください。

図表2　意見聴取の流れ

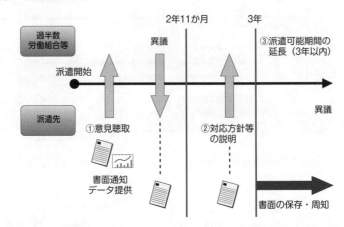

（出典：厚生労働省　平成27年　労働者派遣法改正法の概要）

② 個人単位の期間制限

　この期間制限は、派遣先は、当該事業所の課など、同一の「組織単位」に、同一の派遣労働者の派遣を最長でも3年間を超えて継続して受けてはならないというものです（派遣法40条の3）。

　これは先に述べた固定化防止の趣旨に基づきます。

　そして、ここでいう「組織単位」について、行政解釈では、基本的には「課」や「グループ」を想定しているとされています。

　この「組織単位」内では、たとえ具体的な業務内容が異なっても、同一の派遣労働者の派遣は最長でも3年間までしか受けられないことになります（なお、個人単位の期間制限については、先に見た事業所単位の期間制限のような派遣可能期間の延長制度はありません。）。

　この派遣労働者個人単位の期間制限について、次の図表3で見ると、派遣労働者Aの派遣を庶務課一係で3年間受けた場合、同じ庶務課では

Aの派遣を受けることはできなくなります（一係と二係からなる庶務課が「組織単位」に該当することが前提です。）。他方で、同一事業所内での別の「組織単位」である経営企画課であればAの派遣を受けることが可能です。また庶務課ではAとは別のBであればその派遣を受けることが可能です。

なお、Aが庶務課に3年間派遣された後に、上記のとおりA及びBの派遣を受ける前提としては、先に見た事業所単位の派遣可能期間の延長が行われていることが必要な点に留意が必要です。そもそもとして、事業所としての派遣可能期間は最長3年間であり、その3年間の経過後は延長手続をとっていない限り、就業先となる組織単位を変えようとも、また派遣労働者を変えようとも、事業所全体でもはや派遣を受けることはできません。

図表3　派遣労働者の個人単位の期間制限

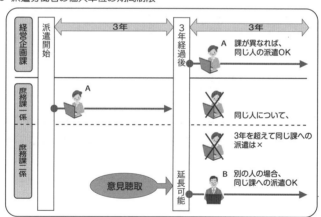

（出典：厚生労働省　平成27年　労働者派遣法改正法の概要）

③　派遣可能期間の例外

上記が一般的な派遣期間の制限ですが、以下6つの場合には期間制限が適用されません。特に❺の例外を裏返せば、期間制限は、派遣元と有期労働契約を結ぶ派遣労働者の派遣に及ぶものといえます。

❶　有期プロジェクト業務（事業の開始、縮小又は廃止等のための業務であって一定の期間内に完了するもの）

❷ 日数限定業務（1か月間の就業日数が、派遣先の通常の労働者の所定労働日数より相当程度少なく且つ10日以内のもの）
❸ 産前産後休業、育児休業等を取得する労働者の業務
❹ 介護休業等を取得する労働者の業務
❺ 派遣元で期間の定めなく雇用されている派遣労働者の派遣
❻ 60歳以上の派遣労働者の派遣

> 労働者派遣には二つの期間制限があるが、一部例外がある。また、事業所単位の期間制限については所定の手続を経て、期間を最長3年間延長できる。

(4) 派遣先の義務

① 中途解約の留意点

派遣先の都合により派遣契約（派遣元と派遣先の企業間の契約）を中途解約する場合、派遣先は新たな就業機会の確保を図ることや残契約期間の休業補償を支払うこと等が必要となります（派遣法29条の2）。継続への期待を持たせつつ、派遣契約を突如として終了させる場合はトラブルになりやすいので注意しましょう。

② 派遣労働者事前特定の禁止

派遣開始前に、「派遣労働者を特定」する行為は禁じられています（派遣法26条6項）ので、事前面接により採否を決定することはできませんが、ミスマッチを防ぐための職場見学の範囲であれば認められています。

③ 教育訓練

派遣先は派遣元からの求めに応じて、一定の場合、派遣労働者に対して、業務に必要な能力を身に付けられるように、派遣先労働者に対し行っているのと同じ教育訓練をする等の措置を講じなければなりません（派遣法40条2項）。

加えて、派遣先は派遣先労働者（派遣先に雇用されている労働者。以下同じ）に使用させている休憩室や更衣室等を利用する機会を派遣労働者に与えなければなりません（派遣法40条3項、同規則32条の3）。

④ 情報提供

派遣先には、派遣元が派遣労働者に対する待遇の設定や待遇につい

ての説明等を適切に行えるよう、派遣元の求めに応じて、派遣先労働者に関する情報や派遣労働者の業務遂行の状況の情報等を提供する等して、協力するよう配慮する義務も定められています（派遣法40条5項）。

なお、上記の派遣元による派遣労働者の待遇の設定については、第12-2章を参照してください。

⑤ 派遣先管理台帳（派遣法42条）

派遣先は、派遣就業に際し、派遣先管理台帳を作成し、派遣元事業主の名称、派遣労働者が従事した業務、苦情処理などを記載し、3年間保存する必要があります。

⑸ 労働契約の申込みみなし

違法派遣に対するペナルティーとして

① 派遣禁止業務への派遣
② 派遣元が無許可
③ 期間制限違反
④ 偽装請負

などが行われた場合で、派遣先がそのことを認識しながら派遣労働者を受け入れている場合には、派遣先が派遣労働者に対して労働契約を申し込んだものとみなされます（その時点における派遣元と派遣労働者間の労働契約における労働条件と同一条件で申し込んだものとみなされます。）。これに労働者が応じた場合には派遣先との間で直接雇用が成立することになります（**労働契約申込みみなし制度**。派遣法40条の6第1項）。派遣元や請負会社という別法人に雇用されていた者が労働条件はそのままに、突然自社の労働者になる事態となれば実務的に相当混乱しますので、上記違反の無いように対応しましょう。

⑹ 偽装請負

労働者派遣と似て非なる概念として、業務請負（又は業務委託）があり

ます。これは、請負事業主（又は受託者）が注文主（又は委託者）より業務請負契約（又は業務委託契約）に基づき請け負った業務（又は受託した業務）に、請負事業主が雇用する労働者を従事させるというものです。

請負労働者は、自己の使用者である請負事業主の指揮命令を受けて、そのために労働するものであって、注文主からの指揮命令を受け、注文主のために労働することは想定されていないという点で、労働者派遣と区別されます。

ところが、派遣法の平成15年改正により、製造業への派遣が解禁されて以降、派遣法又は職安法上の労働者供給に関する各種規制を潜脱するべく、業務請負の形式を装って、労働者派遣契約を結ばないままに、労働者を派遣又は供給し、実態として注文主が請負事業主の労働者への指揮命令を行い、自己のために労働に従事させるという事態が社会問題化しました。このような事態を「**偽装請負**」といいます。

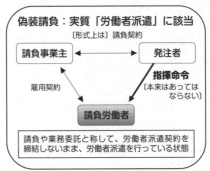

（出典：厚生労働省　政策レポート「労働者派遣制度について」）

偽装請負は、労働者派遣法又は職安法の個々の規定に違反しうるものですが、包括的にこれを禁止する規定はありませんでした。そこで、平成24年の派遣法の改正によって、①派遣法の適用又は同法により労基法や安衛法が適用されることを免れる目的で、②請負その他労働者派遣以外の名目で契約を締結し、労働者派遣契約で定めるべき事項（派遣法26条1項各号）を定めずに、③派遣労働者の受け入れをした場合には、前述の労働契約の申込みみなし（派遣法40条の6第1項5号）の対象

とされました。

偽装請負になるか否かは「注文主と労働者との間に指揮命令関係がある」か否かにより判断されます。

具体的には①業務遂行に対する指示・管理、②労働時間・休日・休憩等に対する指示・管理、③請負事業主の独立性（資金や機材を自ら調達）、④単に肉体的な労働力を提供するものか否か（専門性の有無や料金の定め方など）、⑤専門性の有無などの要素により総合的に指揮命令関係の有無を決定します。詳しくは、厚生労働省「労働者派遣事業と請負により行われる事業との区分に関する基準」を参照して下さい。

⑺ 紹介予定派遣

これまで述べてきたのは通常の労働者派遣ですが、この他によく利用されている制度としては**紹介予定派遣**があります。紹介予定派遣とは、労働者派遣のうち、派遣元が派遣労働者・派遣先に対して職業紹介を行う（ことを予定しているもの）をいいます。つまり、当初は労働者派遣として派遣先の業務に従事（最長6か月）していた労働者が派遣先にマッチするようであればその後に派遣先の従業員として直接雇用されることを前提とした労働者派遣のことをいい、企業・労働者共に、派遣終了後に直接雇用契約締結を検討することが可能です。

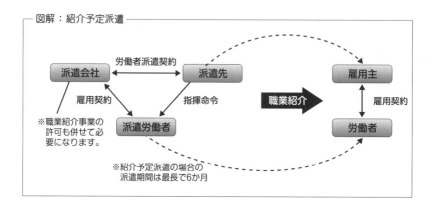

図解：紹介予定派遣

紹介予定派遣の特徴（通常派遣との相違点）は以下のとおりです。

【紹介予定派遣の特徴】
・紹介予定派遣は、派遣労働者の業務遂行能力などが直接雇用するのに相応しいかという点について労働者派遣の期間に見定めることを目的としています。また、派遣労働者にとっては、派遣先における仕事が自分に合うかどうかを実際に働きながら確かめることが可能です。
・派遣先にとってのメリットは募集に関する費用と労力を節約し、有能な人材を効率的に探すことが出来るという点です。一方、労働者にとっては、労働条件などについて、一人で交渉するのではなく、派遣会社を通じて交渉してもらえるため、安心感があります。
・そのため、派遣期間は最長6か月間であり、3か月とするものも実務上多くみられます。
・その他、紹介予定派遣は直接雇用時のミスマッチを防ぐために利用される制度ですので、通常の派遣では禁止されている事前面接や履歴書の派遣先への送付が可能です。

紹介予定派遣は、派遣により直接雇用者のマッチングを図る制度である。

コラム

派遣会社の本質

派遣切り、派遣イジメ、ワーキングプアなど、労働者派遣を批判する声は強く、派遣法も労働者保護の観点から改正が重ねられています。その一方で改正を繰り返した結果利用しにくい制度になっているのも事実で、現に派遣労働の利用数は減少傾向にあります。その中で、改めて考えてみると、派遣会社の存在意義は、「安価な労働力の提供」ではなく（この点では海外に勝てない。）、やはり「人材確保」という点にあると思われます。つまり「技術力はあるけれど知名度はなく、募集広告を出して

もなかなか人が集まらない中小企業」や「地方にあるため若い人が集まらない会社」などが自力で募集をする費用・手間を省き、効率的に人材紹介を行う点に存在意義の一つがあるといえるでしょう。その意味では、労働者派遣制度の中でも紹介予定派遣こそが、人材難を解消し、かつ、派遣期間に実際の就労を見ているので雇用のミスマッチを防止できることから、その趣旨に最も合致している制度だと考えます。

　また、非正規雇用問題の根本を捉え直すには、強すぎる正社員の保護を見直す必要もあるでしょう。

第12-2章 同一労働同一賃金

1. 働き方改革関連法と同一労働同一賃金

2. 不合理な待遇差の禁止 (均衡待遇、パート・有期法8条)

3. 差別的取り扱いの禁止 (均等待遇、パート・有期法9条)

4. 派遣労働者に関する不合理な待遇差の解消

5. 同一労働同一賃金ガイドライン

6. 「同一労働同一賃金」についての実務上の留意点

第12-2章 同一労働同一賃金

1. 働き方改革関連法と同一労働同一賃金

(1) はじめに

同一労働同一賃金とは、同一の事業主に雇用される通常の労働者と非正規雇用（短時間・有期雇用労働者・派遣労働者）との間の不合理な待遇の相違、差別的取り扱いの解消を目指すものです。ただし、一口に同一労働同一賃金といっても、日本の場合は法人単位でその判断を行うため、産業別の同一労働同一賃金は存在せず、また厳密には「**均衡待遇**」と「**均等待遇**」に分かれています（そのため「日本版同一労働同一賃金」とも呼ばれます）。

「均衡待遇」とは、正社員と非正規雇用の待遇差が、職務内容や配置等の変更範囲、その他の事情に照らして不合理ではないこと、つまりバランスの取れた待遇を目指すものであり、不合理でなければ一定の差異を許容する概念です。

「均等待遇」とは、差別的取り扱いの禁止、つまり均衡待遇とは異なり、差異を設けてはならないという厳しい規制であるため、後述のようにその要件は加重されています。

以下では、同一労働同一賃金に関する法規制の状況、ガイドライン、裁判例を踏まえた実務対応について検討します。

(2) パート労働法の改正

有期雇用労働者については、これまで、労働契約法20条において、無期雇用労働者との間の労働条件の相違は、不合理と認められるものであってはならないとされ、パート労働者については、パート労働法8条において、通常の労働者との間の待遇の相違は、不合理と認められるも

のであってはならないとされ、バランスのとれた待遇（均衡待遇）を求める規定は存在していました。

　ただ、これらの法律の条文を見ても、どのような労働条件・待遇の違いが「不合理」なのかは明らかではなく、実務的には、判例の内容が分析されてきました。

　このような企業、従業員双方にとって「不合理」の予測がつきにくい状況にあったことから、働き方改革関連法の成立に伴い、パート労働法の改正が行われて、待遇差が不合理と認められるか否かの判断は、個々の待遇ごとに、当該待遇の性質及び当該待遇を行う目的に照らして適切と認められる考慮要素で判断されるべき旨が条文に示されました。

　具体的には、以下の通りです。

> ① 業務の内容
> ② 責任の程度
> ③ 配置変更の範囲（人材活用の仕組み）
> ④ その他の事情

　また、有期雇用労働者もパート労働者と共に改正パート労働法の適用対象とされたため、労働契約法20条は削除されることになりました。

　とはいえ、本書執筆時点（令和元年7月）でも今なお、実務的に不透明な部分が存在しますので、本文中にその旨記載していきます。同一労働同一賃金の問題は日々新たな情報が更新されているので、情報のアップデートを心がけましょう。

(3) 労働者派遣法の改正

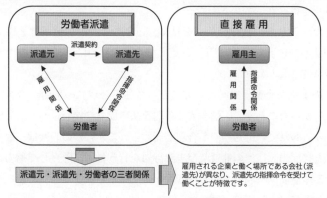

（出典：厚生労働省　政策レポート「労働者派遣制度について」）

　労働者派遣は、第12-1章で説明したように、派遣労働者が派遣元に雇用されながら、派遣先にて指揮命令を受けて労働するという、通常の雇用関係とは異なる特徴があります（雇用と使用の分離）。そうすると、派遣労働者にとって、自分の待遇との違いが気になるのは、主に同じ職場で一緒に仕事をする派遣先の従業員、といえそうです。

　このような派遣労働者の納得感を考慮するため、労働者派遣法は、派遣元に対して、派遣先の労働者と派遣労働者との間の均衡・均等を図る原則的な定めをおくことにしました（派遣先均等・均衡方式）。

　しかし、派遣先の労働者との待遇とバランスを取るとなると、同じような仕事をしているのに、ある大手の派遣先では、賃金が高く、別の小規模の派遣先へ行ったとたん、賃金が低くなってしまうなど、派遣先次第で派遣労働者の待遇が不安定になる可能性があり、また派遣先にとっては派遣労働者と同種の仕事をする正社員の賃金情報などを提供しなければならず煩雑です。

　そこで、労働者派遣法は、一定の要件を満たす労使協定を派遣元が結ぶことで、派遣労働者の待遇に配慮する例外的な方法も定めています（労使協定方式）。

2．不合理な待遇差の禁止（均衡待遇、パート・有期法 8 条）

❶ 有期雇用労働者と無期雇用労働者との間の不合理な労働条件の禁止を定めた労働契約法 20 条を廃止して、パート労働法 8 条へ内容を統合し、正規雇用労働者と非正規雇用労働者（短時間・有期雇用労働者）との間の不合理な待遇を禁止する規定が設けられました（パート・有期法 8 条）。

❷ パート・有期法 8 条は、企業に対して、雇用している短時間・有期雇用労働者の基本給、賞与その他の待遇のそれぞれについて、正規雇用労働者の待遇と比較して、正規雇用労働者の①業務の内容及び②当該業務に伴う責任の程度（2 つをまとめて「職務の内容」といいます。）、③当該職務の内容及び配置の変更の範囲④その他の事情のうち、当該待遇の性質及び当該待遇を行う目的に照らして適切と認められるものを考慮して、不合理と認められる相違を設けてはならない、としています。

　ある待遇が不合理であるかどうかを判断するための要素は、同条で明らかになりましたが、具体的にどのような待遇について不合理なのか、そうでないのかをイメージできるよう、例示をまとめたガイドラインが出されています。

　ガイドラインの内容と実務上の対応については、後述します。

3．差別的取り扱いの禁止（均等待遇、パート・有期法 9 条）

　職務の内容（※前記①と②が同一）が通常の労働者と同一のパート・有期労働者であり、事業主との雇用関係が終了するまでの全期間において、その職務の内容及び配置が当該通常の労働者の職務の内容及び配置の変更の範囲と同一の範囲で変更される（前記③が同一）ことが見込まれるものについては基本給、賞与その他の待遇のそれぞれについて「差別的取扱い」をすることが禁止されます。つまり、差異を設けてはならないという均等待遇の規定であり、効果が強力であるため、

「雇用関係が終了するまでの全期間において」という要件が加重されています。

> パート・有期法 8 条・9 条を根拠に、パート労働者だけでなく、有期雇用労働者も含めた労働者について、正規雇用労働者との不合理な待遇が禁止される（一定の要件を満たすと均等待遇）。

4．派遣労働者に関する不合理な待遇差の解消

(1) 派遣先均等・均衡方式

　労働者派遣法 30 条の 3 第 1 項は、派遣元に対し、派遣労働者の基本給、賞与その他の待遇のそれぞれについて、当該待遇に対応する派遣先の通常の労働者との待遇との間において、職務の内容、当該職務の内容及び配置の変更の範囲その他の事情のうち、当該待遇の性質及び待遇を行う目的に照らして適切と認められるものを考慮して、不合理と認められる相違を設けてはならない、としています。これは、パート・有期法 8 条の定め方と共通しており、均衡待遇についての規定になります。

　また、労働者派遣法 30 条の 3 第 2 項では、派遣元に対し、職務の内容が派遣先に雇用される通常の労働者と同一の派遣労働者であって、当該労働者派遣契約及び慣行その他の事情からみて、当該派遣先における派遣就業が終了するまでの全期間において、職務の内容及び配置が、派遣先の通常の労働者と同一の範囲で変更が見込まれるものについては、正当な理由がなく、基本給、賞与その他の待遇のそれぞれについて不利なものとしてはならないとされています。これが、均等待遇についての規定です。

(2) 労使協定方式

　派遣元が、過半数組合（過半数組合がないときは、過半数代表者）との労使協定を結んで、以下の事項を定めたときは、派遣先均等・均衡方

式は適用されません（労働者派遣法30条の4第1項）。この労使協定に定める内容は、①当該協定の対象となる派遣労働者の範囲、②派遣労働者の賃金の決定方法、③派遣労働者の職務の内容、成果、意欲、能力、経験等を公正に評価すること、④「労使協定の対象とならない待遇（労働者派遣法40条第2項の教育訓練、同条第3項の福利厚生施設）及び賃金」を除いた派遣労働者の待遇の決定方法、⑤派遣労働者に対する教育訓練の実施、⑥その他の事項（有効期間など）、ですが、この内容が適切でなかったり、労使協定で定めた内容を遵守しないと、労使協定方式によって待遇を決める方法が使えず、自動的に派遣先均等・均衡方式によることになってしまうので運用に注意が必要です。

また、労使協定方式を適用したとしても、一定の教育訓練や休憩室などの福利厚生施設の利用機会については、労使協定の対象とはならず、派遣先均等・均衡を図る必要があります。

(3) 各方式による場合の流れ

各方式による場合の流れについては、次頁の図のとおりです。派遣労働者の待遇について、均等・均衡を図ることが中心ですが、派遣元が適切な待遇を決められるように、派遣先から、比較の対象になる派遣先労働者の待遇についての情報を提供しなければ、派遣契約を結ぶことができなくなったことや、派遣元から労働者に対する各種の情報提供が求められることなどが実務担当者としてはポイントになるでしょう。

> 派遣労働者の待遇について、派遣元は、派遣先均等・均衡方式か労使協定方式を選択することができる。

派遣労働者の待遇改善までの流れ

■ 派遣元が講ずる措置　　■ 派遣先が講ずる措置

【派遣先均等・均衡方式】の場合

比較対象労働者の待遇情報の提供（派遣先）
【法第26条第7項・第10項】

↓

派遣労働者の待遇の検討・決定（派遣元）
【法第30条の3】

↓

派遣料金の交渉（派遣先は派遣料金に関して配慮）
【法第26条第11項】

↓

労働者派遣契約の締結（派遣元及び派遣先）
【法第26条第1項等】

↓

派遣労働者に対する説明（派遣元）
1) 雇入れ時
　・待遇情報の明示・説明
　　　　　　【法第31条の2第2項】
2) 派遣時
　・待遇情報の明示・説明
　　　　　　【法第31条の2第3項】
　・就業条件の明示　【法第34条第1項】

(注) 比較対象労働者の待遇に変更があったときは、変更部分について派遣先から派遣元に待遇情報を提供。派遣元は派遣労働者の待遇の検討を行い、必要に応じて、上記の流れに沿って対応。

（求めに応じて下記の対応）

派遣労働者に対する比較対象労働者との待遇の相違等の説明（派遣元）
【法第31条の2第4項】

【労使協定方式】の場合

過半数代表者の選出〈過半数労働組合がない場合〉
投票、挙手等の民主的な方法により選出（派遣元）

・通知で示された最新の統計を確認　☆
・労使協定の締結（派遣元）
　【法第30条の4第1項】
　（※）労使協定における賃金の定めを就業規則等に記載
・労使協定の周知等（派遣元）
　1) 労働者に対する周知
　　　　　　【法第30条の4第2項】
　2) 行政への報告　【法第23条第1項】

↓

比較対象労働者の待遇情報の提供（派遣先）　【法第26条第7項・第10項】
（※）法第40条第2項の教育訓練及び第40条第3項の福利厚生施設に限る。

↓

派遣料金の交渉（派遣先は派遣料金に関して配慮）
【法第26条第11項】

↓

労働者派遣契約の締結（派遣元及び派遣先）
【法第26条第1項等】

↓

派遣労働者に対する説明（派遣元）
1) 雇入れ時
　・待遇情報の明示・説明
　　　　　　【法第31条の2第2項】
2) 派遣時
　・待遇情報の明示・説明
　　　　　　【法第31条の2第3項】
　・就業条件の明示　【法第34条第1項】

(注) 同種の業務に従事する一般労働者の平均賃金に変更があったときは、派遣元は、協定改定の必要性を確認し、必要に応じて、上記の流れに沿って対応。

（求めに応じて下記の対応）

派遣労働者に対する労使協定の内容を決定するに当たって考慮した事項等の説明（派遣元）
【法第31条の2第4項】

派遣先の労働者に関する情報、派遣労働者の業務の遂行の状況等の情報の追加提供の配慮（派遣先）
【法第40条第5項】

☆ 令和元年7月8日職発0708第2号「令和2年度の労働者派遣事業の適正な運営の確保及び派遣労働者の保護等に関する法律第30条の4第1項第2号イに定める「同種の業務に従事する一般の労働者の平均的な賃金の額」」等について参照（業種・地域別賃金水準が通勤手当・退職手当について考慮することとされた）。

(※) 想定される流れの一例であり、全ての事例に該当するものではありません。また、派遣元及び派遣先に係る義務を網羅しているものではありません。

（出典：厚生労働省　平成30年労働者派遣法改正の概要＜同一労働同一賃金＞）

5．同一労働同一賃金ガイドライン

(1) はじめに

　平成30年12月28日、厚生労働省は、同一労働同一賃金に関するガイドラインとして、「**短時間・有期雇用労働者及び派遣労働者に対する不合理な待遇の禁止等に関する指針**」を公表しました（以下、ガイドラインといいます。）。これは、働き方改革に関連する法改正において立法化された、非正規労働者について通常の労働者との均衡・均等な待遇を求める条文について、どのように解釈すべきかを行政が示したものです。ガイドラインは、改正法の施行時期に合わせて令和2年4月1日から適用される予定ですが、中小企業については、短時間・有期雇用労働者に係る規定は令和3年4月1日から適用されることとなっています。

(2) ガイドラインについての留意点

　ガイドラインはあくまでも「指針」ですので、これ自体には法的拘束力はありません。しかし、改正法の適用開始後は、このガイドラインに従っていない企業に対しては行政指導がされることが見込まれます。また、非正規労働者と通常の労働者の待遇差が裁判において争われた場合に、裁判所がガイドラインの内容を事実上判断の参考にすることも見込まれます。したがって、ガイドラインとはいえ軽視するべきではありません。

　もっとも、ガイドラインの読み方については、以下に述べることにも留意すべきです。

　すなわち、ガイドライン本文の基本給に関する箇所は、全体として、非正規労働者と通常の労働者を同じ賃金制度の下に置いている場合（例えば正規非正規どちらも職能資格給制度など）を前提に、両者を同じ基準で待遇することを求めています。しかし、両者をすべて同じ制度下に置かなければならないとまでは述べておらず、例えば、正社員が職能資格制度であり有期・パートが職務給の場合については言及していません。

　実際に、多くの企業では、非正規労働者と通常の労働者を別の賃金制度下に置いて待遇しているものと思われます。特に、基本給や賞与につ

いては、両者を異なる制度下に置いている企業が大多数でしょう。しかし、ガイドライン本文では、非正規労働者と通常の労働者が異なる制度下に置かれている場合について、どのようなケースが不合理な待遇差となるか、明確な基準が述べられている箇所はなく、以下で述べる（注）において言及されているのみとなっています。そのため、ガイドライン本文の記載をそのまま適用できる場面はきわめて限定されているものと考えられます。

ガイドラインの最重要記載は
　ガイドラインにおける最重要記載事項は、（注）として記載されている以下の箇所です（傍線筆者）。

> （注）通常の労働者と短時間・有期雇用労働者との間に賃金の決定基準・ルールの相違がある場合の取扱い
> 　「通常の労働者と短時間・有期雇用労働者との間に基本給、賞与、各種手当等の賃金に相違がある場合において、その要因として通常の労働者と短時間・有期雇用労働者の賃金の決定基準・ルールの相違があるときは、<u>「通常の労働者と短時間・有期雇用労働者との間で将来の役割期待が異なるため、賃金の決定基準・ルールが異なる」等の主観的又は抽象的な説明では足りず</u>、賃金の決定基準・ルールの相違は、通常の労働者と短時間・有期雇用労働者の職務の内容、当該職務の内容及び配置の変更の範囲その他の事情のうち、当該待遇の性質及び当該待遇を行う目的に照らして適切と認められるものの<u>客観的及び具体的な実態に照らして、不合理と認められるものであってはならない。</u>」

　実は、日本の雇用システムにおいて、殆ど（実際99％の企業が正社員と非正規雇用の賃金制度が同一ではないでしょう）の賃金規程は、ガイドラインに定めるような区分けができるものではなく、（注）にあるように例えば正社員は職能資格制度、非正規は職務給で時給の場合など「通常の労働者と短時間・有期雇用労働者の賃金の決定基準・ルールの相違がある場合」に該当します。この点こそがガイドラインで最も重要な記載であり、この点をどう読み解くかにより、その後の実務対応も自ずから見えてくることになるのです。
　ここで重要なのは、

> ①正社員と非正規雇用の違いは将来の役割期待が異なるという主観的・抽象的説明では足りず、均衡待遇の4要素に従い具体的に検討する必要があるということ。
> ②具体的に検討する対象が何であるか
>
> という点です。
> 　①の具体的に検討するというのは当然として、②が特に重要になります。つまり、何の違いについて正社員と非正規雇用の違いを検討するのかというと、「賃金の決定基準・ルールの違い」と「将来の役割期待」の違いについてということになります。具体的に言えば、なぜ正社員は職能資格で、なぜパートは職務給なのか、あるいは役割に対して払うのかという点です。要するに「なぜその賃金体系なのか」という点を説明する必要があり、賃金体系の相違やこれに基づく具体的人事評価指標の違いなどが具体的役割の違いに直結するのです。

　以下、ガイドラインの内容を概観します。

(3) 短時間・有期雇用労働者

　ガイドラインでは、短時間・有期雇用労働者の待遇に関する法律上のルールとしてパート・有期法8条及び9条を挙げたうえで、原則となる考え方及び具体例を記述しています。各項目については、「問題となる例」「問題とならない例」も列挙されていますので、詳細は、ガイドラインをご確認ください。なお、ガイドラインは、「同一労働同一賃金ガイドライン」で検索することにより厚生労働省のHPで確認することができます。

① 基本給・賞与

> 1　基本給については、「職業経験・能力に応じて支給するもの」・「業績・成果に応じて支給するもの」・「勤続年数に応じて支給するもの」の3類型が取り上げられています。
> 　「職業経験・能力に応じて支給するもの」について、通常の労働者と同一の職業経験・能力を蓄積している短時間・有期雇用労働者に対しては、職業経験・能力に応じて支給する部分について同一の支給をしなければならないとされており、職業経験・能力

> に一定の違いがある場合でも、その違いに応じた支給をすることを求めています。他の2つの類型についても同様に、それぞれの要素の相違の程度に応じて支給をするべきとされています。
> 2　基本給の昇給に関しても、勤続による職業能力の向上に応じて行う昇給については、短時間・有期雇用労働者に通常の労働者と同様の職業能力の向上があった場合には同一の昇給を、能力向上に一定の違いがある場合にはその相違に応じた昇給をすることが求められています。
> 3　会社の業績等への貢献に応じて支給される賞与については、同一の貢献があれば同一の、貢献に違いがある場合にはその違いに応じた支給をすることが求められています。

※基本給に関する記載の読み方については前記【一歩前へ】をご参照ください。

② 各種手当

> 　基本的に、通常の労働者に支給している各種手当について、短時間・有期雇用労働者が支給要件を満たす場合には同一の支給をすることが求められています。
> 　ただし、役職手当については、役職の内容、責任の範囲・程度に対して役職手当を支給する場合、役職・責任に相違がある場合でもその相違に応じた支給をすることが求められます。

※各種手当については裁判例が多数出ておりますが、判断構造は概ね以下のとおりです。

【手当に関する判断構造】
> 手当が支給される趣旨を認定
> ↓
> その趣旨からみて①正社員・非正規の業務内容②責任③人材活用の仕組みから支給の差異を説明できるか
> ↓

> ④その他の事情として、労使協議を経ているか高年齢者雇用か否か等
> ↓
> 「不合理」性判断

具体的には、役職手当、業務手当、勤務手当、精皆勤手当、時間外・休日・深夜の割増率、通勤手当、食事手当などは支給の趣旨を整理しておくことが必要です。

③ 福利厚生

> 食堂や休憩室等の福利厚生施設の利用や、慶弔休暇等の福利厚生に関し、通常の労働者と短時間・有期雇用労働者に対して同一の支給をすることが求められています。病気休職についても短時間労働者に対しては同一の取得を認めることが求められ、有期雇用労働者にも契約の残存期間を踏まえて取得を認めるべきとされています。
>
> また、法定外年休を勤続期間に応じて付与している場合は、有期雇用労働者については契約期間を通算した期間を勤続期間として算定することが求められています。

※同一労働同一「賃金」ですが、賃金以外の労働条件についても広く問題となり、例えば裁判例でも法定外休暇についてその差異が不合理とされた例があります。また、物理的制約が無い場合の食堂や休憩室も問題となるでしょう。この点の実務対策として、例えば無期転換が発生しうる５年目以降の非正規雇用については待遇を見直すなどの対応も考え得るところです。

④ その他（教育訓練・安全管理）

> 労働者が現在従事している職務に必要な技能・知識を習得するために実施する教育訓練は、通常の労働者と同一の職務内容である短時間・有期雇用労働者に同一の実施をすることが求められています。

> 安全管理に関する措置・給付についても、通常の労働者と同一の業務環境に置かれている短時間・有期雇用労働者には同一の支給をすべきものとされています。

(4) 派遣労働者

　ガイドラインでは、派遣労働者の待遇について、いわゆる協定方式の対象となる派遣労働者か否かで分けた記載をしています。

　派遣については、派遣先で就労するため、派遣先での同一労働同一賃金の検討が原則となりますので、協定方式の対象とならない派遣労働者に関する記載は、前述の短時間・有期雇用労働者に関するものをベースにしたものとなっています。派遣元事業主は、派遣労働者の待遇について、当該派遣労働者の派遣先に雇用される通常の労働者の待遇と比較して均衡・均等な待遇をすることが求められています。短時間・有期雇用労働者に関する箇所と同様に、派遣労働者の待遇についても「問題となる例」と「問題とならない例」が例示されていますが、複数の関係者が関与するという労働者派遣の特質から、理解しにくい記述が多いものとなっています。

　一方で、派遣先が同一労働同一賃金トラブルに巻き込まれないようにするためには協定対象の派遣労働者であることが必要です。協定対象となる派遣労働者に関しては、賃金の決定方法について、協定方式について定める派遣法の条文どおりの記載がされており、同種の業務に従事する一般の労働者の平均賃金額と同等以上のものでなければならないこと、職務内容等の向上があった場合には改善されるものでなければならないこと、評価は公正にしなければならないとされています。そのほかは、協定対象とならない派遣労働者に関するものと同じ内容です。

　なお、派遣先の実務としては、派遣を受けようとする派遣労働者が協定対象か否かを派遣開始前に確認する必要があります。

退職金・住宅手当・家族手当

　ガイドラインでは、実務上支給されている例が多くみられる退職金・住居手当・家族手当について、原則となる考え方が示されていません。そこで、これまでの裁判例から、それぞれ検討を行います。

①退職金

　退職金については、通常の労働者には支給し、短時間・有期雇用労働者には支給しない取り扱いとしている企業が多いものと思われます。

　退職金は、有為人材を長期に確保するため、長期雇用を前提とする無期雇用の労働者に対してのみ支給することに一定の合理性があります。また、基本給と連動して退職金の金額を決定している企業や外部の積み立てによる企業（確定拠出型）も多くみられますが、そのような企業において、基本給について短時間・有期雇用労働者と正社員とで異なる制度をとっている場合、退職金について相違が生じることの説明はつきやすいでしょう。実務上のポイントは、業績や個人成績に連動した設計としたり、外部積立型とすることにより、個人別の支給とすることです。なお、非正規雇用に対して退職金そのものではなく、別の制度として「退職慰労金」や「雇用終了給付」など、僅少であっても何らかの給付を行う企業対応も見られます。

　この点は賞与についても同様で、「寸志」や「金一封」の支給を検討することも考えられます。

②住宅手当

　住宅手当（住居手当ともいいます）は、転居を伴う配置転換の可能性がある労働者に対し、住居費の負担を軽減することなどを目的として支給されることが多い手当です（生活保障給として支給している企業もありますのでそこは手当が創設された経緯によります）。

　ハマキョウレックス事件判決は、正社員にのみ支給されていた住宅手当について、「従業員の住宅に要する費用を補助する趣旨で支給される」と解したうえ、契約社員については就業場所の変更が予定されていないのに対し、正社員は転居を伴う配転が予定されているため住宅に要する費用が多額となりうることを指摘し、住宅手当に関する差異は不合理と認められるものに当たらないと判断されました。

　他方、日本郵便事件では、転居を伴う転勤がない「新一般職正社員」に対しては住居手当が支給されている一方で、同じく転居を伴う配置転換等のない契約社員に対しては住居手当が支給されていない点を不合理と判断しました。

　転居を伴う配置転換の可能性の有無が同じであるのに住宅手当の支給の有無が異なっている場合、差異を設けることについて、上記生活保障給などの観点からよく説明できるようにしておくことが必要です。

> ③家族手当
>   家族手当とは、配偶者や子どもなどの扶養家族がいる労働者に対し、主に生活保障の趣旨で支給される手当です。扶養家族の数に応じてその金額が決定されることが通常です。扶養手当という名目で支給されることもあります。
>   生活保障給について、長期勤続のインセンティブ、有為人材確保の観点から、その差異が不合理であるか否かについては争いがなお残っているところですが、結局のところ、家族手当については制度設計の問題も少なくありません。
>   企業としては、家族手当の支給対象が不相当に広まることがないよう、家族手当を支給する趣旨をよく整理して、支給基準を設定するべきです。例えば、有為な人材の定着を図るという趣旨であれば、「勤続年数○年以上」という支給基準を設けることや、生活保障という趣旨からすれば、支給対象を「世帯の主たる生計者」に限定することも不合理とはいえないでしょう。

6．「同一労働同一賃金」についての実務上の留意点

(1) 正規と非正規で共通の賃金制度を設けることは求められていない

　前提として、均衡待遇や均等待遇を定める法律や指針は、通常の労働者と非正規労働者とが、同じ制度下に置かれている場合には同じ基準で賃金を支給すべきとしていますが、そもそもとして両者について賃金やその他待遇を全て同じにすることや、共通の賃金制度を当然に設けるべきとしているものではないことに留意が必要です。

(2) 待遇の相違についての４つの視点、考慮要素

　また、長期雇用を前提とする日本型の雇用システムのもとでは、正社員等の「通常の労働者」と非正規労働者間での賃金決定の基準やルールには相違があるというのが一般的だとは解されますが、今後は、そうした相違点やその理由を明確にし、よって賃金やその他待遇に相違がある理由を説明できるようにしておくことが必要です。

　そのため、均等待遇や均衡待遇に関する法律が挙げる考慮要素を踏まえ、次の表におけるパート・有期法８条の４つの視点から、通常の労働

者と非正規労働者の賃金を含めた待遇とで違いがあるかどうかを整理し、その違いとリンクさせて相違が具体的に説明できるかどうかを検討して、必要に応じてそれぞれの賃金制度の見直しや設計をする必要があります。

【4つの視点—均等、均衡待遇における考慮要素】

視点(考慮要素)	内　　容
①業務内容の差異	業務内容や役割における差異の有無及び程度 （実務的には要素別点数法による職務分析が有用）
②責任の範囲の差異	業務に伴う責任や差異の有無及び程度、人事考課の差異 （業績や成果に対する責任の有無・程度、責任の差異が人事考課に反映されているか）
③人材活用の仕組みの差異	職務内容（上記①＋②）及び配置の変更の範囲の差異→配転（職務や職種変更、転勤）、出向、昇格、降格、人材登用等における差異
④その他の事情	労働組合やその他労使間での交渉状況、従業員への説明状況、労使慣行、経営状況、正社員登用等の処遇向上に通じる措置の実施状況や実績、非正規労働者が定年後再雇用された者であるか等

なお、ガイドラインの「注」において、「通常の労働者と短時間・有期雇用労働者との間に賃金の決定基準・ルールの相違がある場合」の説明として、「通常の労働者と短時間・有期雇用労働者との間で将来の役割期待が異なるため、賃金の決定基準・ルールが異なる」という主観的・抽象的説明では足りないと述べられているとともに、当該相違がある場合には、法所定の要素（上記①〜④と同旨）を考慮して、不合理なものであってはならない旨が述べられています。

(3) **基本給及び賞与について**

基本給は職業経験・能力に応じた職能給、業績・成果に応じて支給する成果給、勤続年数に応じて支給する年功給など様々な考慮要素によるものがあるうえ、それらの考慮要素を組み合わせてその金額が決定されていることも珍しくありません。また、賞与についても基本給額をベースにしていることが多く、その意味では基本給と同様に様々な考慮要素

により定まる面があるといえますし、その他、賞与額算定に当たっての考課項目なども種々のものがあります。

　よって、基本給や賞与については、そもそも決定要素を単純に区分けや切り出せるわけではない面もありますが、トラブル発生防止のためには、通常の労働者と非正規労働者それぞれについて、どのような要素をもって基本給や賞与が定まっているのか、あるいは今後定めていくかは整理しておくべきでしょう。

　すなわち、「通常の労働者」の典型である正社員と非正規労働者とでは期待する役割が違うというのであれば、①業務内容の差異や②責任や権限の差異及び③人材活用の仕組み等の差異がおのずとあるはずで、それらの点を整理、明確にした上で、さらにそれが賃金決定の基準へとどう反映されているか、あるいは今後反映するのかを説明できるようにする必要があります。

　この賃金決定の基準への反映という点では、例えば、正社員について、幅広い役割を担うことや、将来の役職者の候補者として組織全体への貢献も求められているというのであれば、短期だけでなく中長期実績も求め、業務実績のほか、業務品質の向上、担当可能業務の拡大、部下の育成状況等を業績として評価したり、正社員に求められる役割を発揮したことを評価する行動評価を実施し、それら評価の結果を賃金へ反映することが考えられます。

　他方で非正規労働者に正社員のような役割が期待されておらず、担当する業務での実績を挙げることが期待されているならば、正社員のような評価はしないで、担当業務についての短期の実績評価や、担当できる業務の広さや習熟度で評価し、それを賃金へ反映することが考えられます（なお、この場合、評価を賃金へと反映する仕組み自体も設定されていることが前提です。）。

　ちなみに、賞与については、一律の支給とするのではなく企業の業績や個人成績を加味することや非正規労働者にそのまま支給するのではなく、「寸志」や「金一封」などの制度を検討することも有用でしょう。

(4) 各種手当について

　他方で、役職手当や、住宅手当、通勤手当など、手当については、各裁判例や判例（ハマキョウレックス事件・最判平 30.6.1。ただし、改正前の労働契約法 20 条についてのもの。以下、同様）により、相違（正社員に対してのみ支給するという場合も含む）の不合理性判断が次のようになされています。

　すなわち、まず手当の趣旨がどういうものかを確認し、その趣旨が非正規労働者にも及ぶのかどうかの確認がなされます。趣旨が及ぶならば、上記①～④から正社員のみに支給する理由を説明できないと、非正規労働者には支給しないことは不合理な相違だとされます。

　そして、判例によると、このような判断は手当ごとに行うとされています。ただし、ある賃金項目の有無及び内容が、他の賃金項目の有無及び内容を踏まえて決定される場合は、そのような事情も考慮されるとしています。

　なお、手当の趣旨次第では、上記①～④の視点で挙げた要素が異なっていたとしても、通常の労働者に対してだけではなく、非正規労働者にも支給すべきと判断される場合もありうる（例えば通勤手当）ので、手当関係については改めて社内検討をして下さい。

(5) 改正パート・有期雇用労働法に基づく説明義務について

　非正規労働者の雇入れ時や、雇い入れ後に非正規労働者からの求めがあった場合には、以上のように整理、検討したところをもって、通常の労働者のうち比較対象となる者との待遇の相違の内容とその理由について説明することになりますので、どのように説明するか準備しておきましょう。説明に際し、書面を用いる義務はありませんが、参考様式としては厚生労働省 HP の「不合理な待遇差解消のための点検・検討マニュアル」を参照して下さい。

> 通常の労働者と非正規雇用労働者の間に待遇差を設けている場合には、上記①～④の視点から、その理由を客観的かつ具体的に説明できるように備えておくことが重要である。

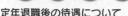

定年退職後の待遇について

　正社員として勤務し、定年退職後に、同一企業に再雇用され、定年前と同一業務に従事し、責任の範囲も同じで、それらの変更の範囲も同じであるが、賃金が定年前よりも下がるという例として長澤運輸事件があります。

　同事件で、最高裁（平30.6.1）は、定年後再雇用による有期雇用の場合でも期間の定めの有無に関連して労働条件の相違が生じていれば、労働契約法20条違反の有無が問われるとしました。そして、①定年制が長期雇用や年功的待遇を前提としながら、人事刷新等による組織運営の適正化とともに、賃金コストを一定限度に抑制するための制度であること、②定年制の下での無期労働者の賃金体系が定年退職までの長期雇用を前提としているのに対し、定年退職者を有期労働契約により再雇用する場合は長期雇用が通常予定されていないこと、③定年後再雇用者である有期契約労働者は定年退職する前の間、無期契約労働者として賃金の支給を受けてきた者であり、一定の要件を満たせば老齢厚生年金の支給を受けることも予定されていることを指摘しました。その上で、最高裁は、上記三点を定年後再雇用者である有期契約労働者の賃金体系の在り方を検討するに当たって基礎になるとして、有期雇用労働者が定年退職後に再雇用された者であることは「その他の事情」として大幅に考慮する旨を述べました。この点は、大いに注目に値します。

　そして、実際の判断において、最高裁は賃金項目ごとに相違が不合理か否かを検討し、結論として、精勤手当（従業員に休日以外は1日も欠かさず出勤することを奨励する趣旨）については、嘱託乗務員と正社員（無期雇用労働者）との職務内容が同一で、両者でその皆勤を奨励する必要性に相違はないとして、嘱託乗務員に支給しないことは不合理だとし、この精勤手当が嘱託乗務員の時間外手当の算定基礎に含まれないことも不合理だとはしましたが、その余の賃金項目についての相違は不合理ではないとしました。

　相違が不合理ではないとした賃金の中には、住宅手当や家族手当といった、業務内容や労務とは関連性が乏しく、福利厚生や生活保障の趣旨で支給されるものもありました。これらについて、最高裁は正社員には嘱託乗務員と異なり、幅広い世代の労働者が存在し得るが、そのような正社員について住宅費や扶養のための生活費を補助することに相応の理由があることや、嘱託乗務員が老齢厚生年金を受給でき、また調整手当（企業が嘱託乗務員の待遇改善のために、組合との団体交渉も経て支給するようになった手当）を受給していることを挙げて、不合理ではないとしています。最高裁が賃金体系の在り方を検討する基礎にするとした定年後再雇用の特殊性（上記①～③）が考慮されているといえます。

つまり、生活保障や福利厚生の必要性が異なるという判断です。

　なお、上記長澤運輸事件では、結論としては、賃金総額が定年前の約8割となったことを不合理ではないとしましたが、判断の実際は上記のとおりですので、職務の内容や配置の変更の範囲までもが定年前後で同一であっても、一律に何割までならば下げられるとか、8割までならば減額可能だと断言できるものではありません。この点は事案（業種）ごとの判断になります。特に、長澤運輸の事案は定年前後で仕事内容や責任、人材活用の仕組みが全く同じという事案であることに注意を要します。

　一般論としては、職務の内容等に明確な差異があり、また差異の程度が大きい程に、定年後再雇用者の賃金が定年前よりも下がっても、不合理ではないといえる余地は大きくなると解されますし、高年齢雇用継続給付金は年収が61％程度にまで低下することを前提として制度設計されています。

　ただし、パート・有期法9条が施行された後（中小企業基本法所定の中小企業については2021年4月1日から、それ以外の企業については2020年4月1日から施行）は留意が必要です。すなわち、定年後再雇用されたパート労働者や有期雇用労働者も、均等待遇にかかわる同条の適用対象になり、基本給や賞与、その他の待遇それぞれについて、差別的取扱いが禁止されます。このため、定年後再雇用者であるパート労働者や有期雇用労働者については職務内容を一部変更するか人材活用の仕組みに差異を設けることが必要となります。

労基署対応

1. はじめに
2. 労基署とは
3. 労基署による監督
4. 企業名公表制度
5. 点検すべきポイント

第13章 労基署対応

1．はじめに

　この章では、労働基準監督署（以下、「労基署」）に対する対応を、企業側の立場から解説していきます。

　近時、労基署という存在が一般にも知られるようになりました。特に、平成27年4月以降、厚生労働省では、「過重労働撲滅特別対策班」（通称「かとく」）が新設されるとともに、労基署の上部組織である都道府県労働局には、「過重労働特別監督監理官」が配置されるようになりました。

　その結果、労基署の調査・指導等に対する報道も増え、労働者は企業に労基法違反があったり、不満があったりすると、躊躇なく、労基署に駆け込むことが多くなっています。そのため、企業としても、労基署対応を迫られることが増えているのが現状です。

　しかし、労基署に対する対応についての知識を習得することは、実際に経験をしてみないと難しいことです。そこで、労基署に関する基本的な事項を確認し、それを踏まえた上で、実務的な対応や注意点を解説していきます。

2．労基署とは

(1) 労基署の役割

　労基署は、厚生労働省の機関です。各都道府県に都道府県労働局が置かれ、その下部組織として、労基署があります。

　労基署は、労基法、賃金の支払の確保等に関する法律、労働時間等の設定の改善に関する特別措置法、最低賃金法、家内労働法、労働安全衛生法、作業環境測定法、じん肺法等の法律について監督指導等を行って

います。

　また、労基署と一言でいっても、その内部には、方面（監督課）、安全衛生課、労災課、業務課があり、部署によって担当する業務は、大きく異なります。

　これを簡単に図にすると、次のとおりです。

【労働基準行政の組織】

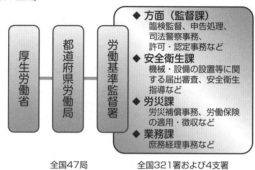

（出典：厚生労働省　労働基準監督署の役割）

　それぞれの部署の仕事は、次のとおりです。
① 方面（監督課）
　●申告・相談の受付
　　　労基法に関する相談や、労働者からの労基法違反に対する申告等を受け付けます。
　●監督・指導
　　　定期的に、または労働者からの申告に基づき、企業に労基法違反がないかを調査確認し、法違反が認められた場合等には、その是正を勧告し指導します。詳細は、後記3で解説します。
　●司法警察事務
　　　企業が、度重なる指導にもかかわらず、是正を行わない場合など、重大・悪質な事案については、労基法違反等の刑事事件として、任意捜査、捜索・差押え、逮捕などの強制捜査を行い、検察官に送検します。なお、送検後に起訴（書面のみの審理である略式起訴と刑

事法廷が開かれる公判請求があります。）するか否かの判断や起訴後の刑事訴訟対応は検察官の業務になります。

② 安全衛生課

労働安全衛生法等に基づき、企業に対し、労働者の安全と健康を確保するために指導を行います。具体的には、クレーン等の機械の検査や建築工事に関する計画届の審査、事業場への立ち入り、健康診断の実施状況や有害な化学物質の取り扱いに関する措置（マスクの着用など）等に関する指導等を行っています。

③ 労災課

労働者災害補償保険法に基づき、労働者の業務上または通勤による負傷等に対して、被災者や遺族の請求により、関係者からのヒアリング・実地調査等を行った上で、労災保険給付に関する決定及びその支給を行っています。

④ 業務課

労基署を運営していくためのバックアップ業務を行っています。

> 同じ「労基署が来た」でも、方面（監督課）の監督官が来るのか、労災課の監督官がくるのか、安全衛生課の監督官がきたのか、によってチェックされる内容は異なる。

(2) **労働基準監督官の権限**

労基署に所属する労働基準監督官は、労基署の監督指導等の業務を遂行するために、主に、次のような非常に強力な権限を持っており、あたかも労働法の領域における警察と同じ役割を担っています。

- ●事業場、寄宿舎その他の付属建物に立ち入り調査する臨検、書類提出要求、従業員への尋問を行う権限（労基法101条）。
- ●労基法違反、安衛法などに関して、刑事訴訟法上の司法警察官の職務権限（逮捕、差押、捜索、検証）を行使する権限（労基法102条、安衛法92条など）。

3．労基署による監督

(1) 労働基準監督官による監督の種類

　労働基準監督官による監督には、主として、定期監督、災害時監督、申告監督、再監督があります。毎年、厚生労働省労働基準局や都道府県労働局長から指示された行政方針に基づいて、労働基準監督署長が管内の行政方針を策定し、その中で監督の重点項目や重点業種を詳細に定めて監督指導が実施されています。

① 定期監督

　当該年度の監督計画に基づき、事業所（工場、事務所など）を選定し、定期的に実施される臨検監督（立ち入り調査）

- ❶ 重点項目のほか、労働条件、安全衛生対策など全般について書類での確認、企業や管理監督者、従業員等からの聴き取りなどが行われます。

  　具体的には、就業規則、労働者名簿、賃金台帳、各種労使協定、労働条件通知書、健康診断結果報告書等の書類を中心に確認が実施されます。

- ❷ その結果、法違反等の問題点があれば、事業主に対して改善の勧告・指導が実施されます。

- ❸ 定期監督は、予告なしに行われることが多い。場合によっては、予告監督（予告の上での監督）や、呼び出し監督（労基署に呼び出した上での監督）もあります。

② 災害時監督

　重大な労働災害が発生した場合、その原因究明及び同種災害の再発防止等のために行われる監督

- ❶ 定期監督と異なり、災害時監督は、発生した労働災害に関係ある事項についてのみ調査が行われるのが一般的です。

- ❷ 実務的には、悪質な事業所は、災害時監督を契機に、労基法違反全般に対する調査が実施されることもあります。

③ 申告監督

労働者から労基法 104 条 1 項に基づく申告があった場合に実施される監督

❶ 労基法 104 条 1 項は、「事業場に、この法律又はこの法律に基いて発する命令に違反する事実がある場合においては、労働者は、その事実を行政官庁又は労働基準監督官に申告することができる。」と定めています。

❷ 申告監督についても、予告なしに行われることが多く、特に、申告者が企業からの報復を恐れて氏名の守秘を要請した場合には、予告なく実施され、申告監督であることも明らかにされないのが通常です。また、申告者を保護するために、あえて定期監督であるかのように実施されるケースが多く見られます。

　そのため、企業としては、定期監督か申告監督かを区別することは容易ではありません。

❸ 退職した労働者からの未払い残業代等に関して申告がある場合は、労基署から予告されて調査が実施されることがあります。

　この調査は、労基署に出頭させる場合が多く、出頭要請書及び持参すべき資料の一覧が送付されることが通常です。

> 労働者が労基署への申告を行ったことを理由に不利益処分を行ってはいけません（労基法 104 条 2 項）。犯人探しをして、何らかの不利益を与えるようなことは禁止されていますので、注意が必要です。

④ 再監督

定期監督等で是正勧告を受けた事業所などに対して、法違反の改善状況を直接再度臨検して是正状況を確認するために行われる監督（実施されない場合もあります。）

(2) 労基署による監督手続

① 労基署の調査には誠実に対応する必要

ここでは、特に対応する場面が多い定期監督と申告監督について、さらに具体的に説明します。

定期監督や申告監督の場合、①予告なしに行われる立ち入り調査、②予告の上で行われる立ち入り調査、③労基署に出頭させて行う調査、の3種類があります。

　いずれの場合であっても、企業は誠実に対応しなければなりません。労基署からの調査や出頭を拒むことは基本的にできません。これらを拒否すれば、労働基準監督官の心証を悪くするだけでなく、非協力的であることを理由に、強制捜査（捜索、差押など）に発展する要因ともなります。さらに、調査の結果、法違反が確認された場合には、厳しい措置（全社的な是正措置など）が求められる場合もあります。その上、悪質な企業として、当初予定していた法違反の調査（申告対象の法違反行為）以外にも調査が拡張される場合があります。さらには、労基法120条により30万円以下の罰金が科される可能性があります。

② 監督手続の流れ

　一般的な監督手続きの流れは、次の図のとおりです。

【臨検監督の一般的な流れ】

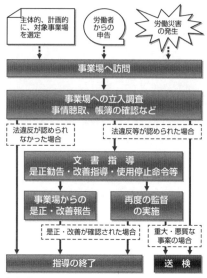

（注1）上図は一般的な流れを示したものであり、事案により、異なる場合もあります。
（注2）監督指導は、原則として予告することなく実施しています。

（出典：厚生労働省　労働基準監督署の役割）

③ 是正勧告書、指導票、使用停止等命令書について

　定期監督等の監督が行われ、問題点等が発見されると、労働基準監督官は、**是正勧告書**、**指導票**、使用停止等命令書を、企業の責任者に交付します。是正勧告書、指導票、使用停止等命令書では、文書の意味合いが異なるため、その意味を正確に理解しておくことが必要です。

　ⅰ．是正勧告書

　　　労働基準監督官が臨検監督を行い、当該事業場において法違反を発見した場合には、労働基準監督官は違反事項を説明し、期日を指定して是正を勧告します。この際に交付されるものが是正勧告書です。是正勧告書が交付されるということは、法違反が認定された、ということです。

　　　是正勧告書には、違反している法律の該当条項、違反事項、是正期日が記載されています（例えば、36協定なく残業させていれば右頁の書式のように労基法32条違反が、残業代が未払いであれば37条違反が指摘されます。）。これに対して、企業は、是正勧告書に記載された事項の趣旨に従って、是正期日までに是正措置を講じて（例えば、36協定の締結・労働時間の削減、未払残業代の支払いなど）、労働基準監督署長に是正報告書を提出する必要があります。

　　　なお、是正勧告は行政処分に該当しません。そのため、その内容に異議があっても、行政不服審査法や行政事件訴訟法による救済の対象にはなりません。

```
様式第2の1号の2
```

是正勧告書

令和元年 9月30日

株式会社〇〇〇〇
代表取締役 〇〇〇〇 殿

〇〇労働基準監督署

労働基準監督官 〇〇 〇〇 ㊞

貴事業場における下記労働基準法違反については、それぞれ所定期日までに是正の上、遅滞なく報告するよう勧告します。
なお、法条項に係る法違反（罰則のないものを除く。）については、所定期日までに是正しない場合又は当該期日前であっても当該法違反を原因として労働災害が発生した場合には、事案の内容に応じ、送検手続をとることがあります。

法条項等	違 反 事 項	是正期日
労基法第32条	法36条に基づく労使協定の上限時間を超えて時間外労働を行わせていること	即時 ・・・・・・・・・・・・・

| 受領年月日 | 令和元年 9月30日 | (1)枚のうち |
| 受領者職氏名 | 〇〇〇〇株式会社　人事課長　〇〇〇〇　㊞ | (1)枚 目 |

一、労働安全衛生法等関係法令違反を原因として、労働者災害を発生させた場合には、是正期日内であっても、送検手続きをとることがあり、また、労働者災害補償保険法に基づき特別に費用を徴収することがあります。

二、この勧告書は三年間保存してください。

ⅱ．指導票

　法違反には該当しないものの改善した方が好ましい点がある場合や法違反までは認定できない場合、法違反に該当することになるおそれがありそれを未然に防止する必要がある場合等に交付されます。

　指導票に対しても、企業は指定された期日までに是正措置を講じて、労働基準監督署長に是正報告書を提出しなければなりません。

　指導票に記入されている指導事項は、現に法違反に該当してい

るわけではないので、仮に従わないとしてもそのこと自体で処罰されることはありません。しかし、指導票に対しても適切に対応しなければ、労基署と対立することになりますし、コンプライアンス上も好ましくありません。

そこで、実務上は、是正勧告書と同様、是正期日までに是正措置を講じて是正報告書を提出するのが通常です。なお、報告書の記載内容については顧問弁護士等と打ち合わせた上で、再発防止策なども含めて作成する場合が多くみられます。

様式第8号の2

指　導　票

令和元年　9月30日

株式会社〇〇〇〇
代表取締役　〇〇〇〇　殿

〇〇　労働基準監督署

労働基準監督官

〇〇〇〇　㊞

あなたの事業場の下記事項については改善措置をとられるようお願いします。
なお、改善の状況については 10月 末 日までに報告してください。

指導事項
貴事業場においては、一部労働者について、労働時間の実績と労働時間の記録（パソコンのログオン・ログオフ時刻）との間に相違があり、時間外労働が正確に把握されていないものと認められる。このため、このような状況を改善するため、具体的な対策を講じた上で、その改善対策の実施状況及び労働時間管理の改善状況を報告すること。

受領年月日　令和元年　9月30日
受領者職氏名　株式会社〇〇〇〇　人事課長　〇〇〇〇　㊞

（　枚のうち　枚目）

ⅲ．使用停止等命令書

　労働基準監督署長等は、労働者を就業させる事業場の建設物、寄宿舎、あるいは設備、原材料等が安全や衛生に関する基準に違反する場合、労働災害を未然に防ぐ見地から、使用停止等命令処分を行うことができます。この際に交付されるのが、使用停止等命令書です（労基法103条、安衛法98条1項、99条など）。

　使用停止等命令書は、是正勧告書と異なり、命令に従わなかったこと自体について6か月以下の懲役又は50万円以下の罰金という罰則があり、強制力があります（労基法119条2号）。

　一方、企業は、命令内容に不服があるのであれば、行政不服審査法や行政事件訴訟法に基づき、救済を求めることができます。

是正勧告書ではなく指導票であることの意味

　是正勧告書と指導票とでは、法違反が認定されるか否かで大きく異なります。法違反が認定されてしまえば、明確なコンプライアンス問題になります。

　実際、法違反があるのであれば、即刻是正すべきですが、労基署と企業の見解が相違する場合には、ただちに是正勧告書を受け取るべきではありません（受け取ってしまうと、上述したように、行政訴訟等の対象ではないので争う術がなくなってしまいます）。

　場合によっては、是正勧告書をすぐに受け取るのではなく、事実関係を詳細に説明し、必要に応じ弁護士に依頼して意見書・上申書等を提出するなどして、企業の見解等を丁寧に主張することが必要になります。

④ 是正報告

　是正勧告書・指導票の交付を受け是正措置を講じた後には、是正措置の具体的内容を記載した是正報告書を労働基準監督署長に提出する必要があります。この是正報告書には、具体的な是正内容を記載しなければなりません。

　また、労働基準監督署長に対して是正報告書を提出する際には、是

正状況を裏付ける各種書類の提出を求められることもあります（例えば、賃金未払いのケースでは未払い賃金の支払ったことがわかる領収書や振込票の写しや賃金台帳、36協定未締結のケースでは新たに締結した36協定の写し、健康診断を実施していないケースでは健康診断結果報告書といったものを添付資料として提出する必要があります。）。そのため、ただ報告書を提出すればよいというものではなく、適切な改善・是正の実体を伴っている必要があります。

さらに、是正報告書を提出した後も、労基署への改善状況に関する定期的な報告が求められる場合や再監督を受ける場合がありますので、一時しのぎ的な発想は捨てる必要があります。

⑤ 送検

法違反の程度が著しい場合や被害が甚大で悪質な場合は、単に上記の行政手続で終わらずに、検察官へ送検が行われることがあります。その際、いわゆる「書類送検」がなされることがあります。労基署の書類送検とは、法律用語ではありませんが、刑事手続において、労基署が被疑者の身柄を拘束することなく事件を検察官送致することを指す、主に報道で用いられる用語です。なお、送検がなされると、通常の刑事手続と同様に被疑者として弁護人を選任し、対応することになります。

是正報告をする際の実務的対応

　　実務上、是正措置がどうしても間に合わない場合もあります。その場合には、誠実に、労働基準監督官に、間に合わない理由を説明すべきです。事前の説明なく期限を徒過してしまえば、労基署から、是正する意図がない悪質な事業主と判断されて、送検等より厳しい対応の対象となってしまいかねません。

　　また、いきなり是正報告書を提出するのではなく、是正を始める段階、是正が終了しそうな段階、是正報告書を作成する段階等において、その都度、労働基準監督署に相談に行き、内諾をとるなどの対応をとると、スムーズに進みます。是正方法が間違っていたのでは、元も子もありません。

　　一番重要なのは、労働基準監督官との緊密なコミュニケーションです。

第 13 章 労基署対応

> 労働基準監督官は、改善・是正しようとする企業には、親身になって相談に乗ってくれたり、場合によっては労使紛争の仲裁のような振るまいを事実上行ってくれることがあります。労働基準監督官と緊密なコミュニケーションをとるよう心がけましょう。

4．企業名公表制度

これまで、労基署による監督指導は、是正を目的とした強制力のない行政指導であるため、監督指導段階で、企業名は、公表されないのが原則でした。

しかし、厚生労働省は、平成27年5月18日、度重なる違法な長時間労働を撲滅するために、「長時間労働に係る労働基準法違反の防止を徹底し、企業における自主的な改善を促すため、社会的に影響力の大きい企業が違法な長時間労働を複数の事業場で繰り返している場合、都道府県労働局長が経営トップに対して、全社的な早期是正について指導するとともに、その事実を公表する」と発表され、また過労死等に対する社会的批判の高まりを受けて、平成28年12月28日には「過労死等ゼロ」緊急対策が策定され、是正指導段階での企業名公表基準が拡大されました。

そのため、現在では、複数の事業場を有する大企業は、是正指導段階で、次の図の流れを経て、企業名が公表されることになっています。

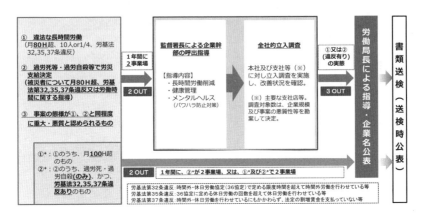

5．点検すべきポイント

　　定期監督等では、労働基準監督官から、どのような項目が見られるのかを知っておかなければ、適切かつ迅速な対応ができません。そこで、点検すべきポイントを、次の図にまとめました。

【監督署調査において点検しておくべき事項】

項目	点検すべきポイント
就業規則	・就業規則作成の有無（労働者が10人以上の事業場） ・過半数代表からの意見聴取の有無、労基署への届出（変更届含む）の有無、就業規則の従業員への周知の有無 ・全労働者を対象にしているか（非正規社員を除外している場合、非正規社員用の就業規則が作成されているか）。 ・必要記載事項（労基法89条）が網羅されているか。 ・規定内容が適法か。
労働条件通知書	・全労働者に交付しているか。 ・交付の時期（労働契約締結時） ・書面により明示すべき事項（労基則5条、パート労働法6条）を網羅しているか。
労働者名簿	・事業場ごとに適切に作成されているか。 ・記入事項（労基則54条）に漏れはないか。 ・保管期間（労基法109条）の間、保管されているか。
賃金台帳	・事業場ごとに適切に作成されているか。 ・記入事項（労基則54条）に漏れはないか。 ・保管期間（労基法109条）の間、保管されているか。
労働時間・休憩・休日	・36協定を締結し、労基署に届け出ているか。 ・過半数代表の選出方法（労基則6条の2）は適切か。 ・延長時間数が上限規制の範囲内か。 ・時間外労働が36協定の範囲内か。 ・特別条項の手続は適切に行われているか。 ・労働時間把握ガイドラインに定められた労働時間の適切な把握のために事業主が講ずべき措置が講じられているか。 ・タイムカードと在社時間（PCログオンオフやICカードにより認定）との齟齬は無いか。

	・事業場外みなし、裁量労働などの労働時間制が適切に運用されているか、「みなし時間」は適切か。 ・36協定記載の健康福祉確保措置が適切に実行されているか。 ・始業・終業時刻が職種や勤務態様によって異なる場合に、就業規則に始業・終業時刻の記載があるか。 ・休日・休憩が法定どおりに与えられているか。 ・有給休暇を年に5日取得させているか。 ・有給休暇管理簿を作成・保存しているか。
賃金	・労基法24条に則った支払方法（通貨払い、直接払い、全額払い、毎月一回以上一定期日払い）がなされているか。 ・最低賃金以上が支払われているか。 ・時間外労働等の実情に応じて割増賃金が適切に支払われているか。 ・割増賃金の計算方法は法定どおりか。 ・端数計算が適切になされているか（昭和63年3月14日基発150号）。 ・管理監督者の範囲が適切か、管理監督者に対して深夜割増賃金を支払っているか。
安全衛生管理体制	・事業場の規模に応じて、適切な安全衛生管理体制（産業医・安全管理者・衛生管理者の選任など）が構築されているか。 ・（安全）衛生委員会が行われ、議事録が保管されているか。
健康診断等	・雇入れ時及び定期の健康診断を実施しているか（安衛法66条）。 ・定期健康診断の項目が適切か（安衛規則44条）。 ・定期健康診断個人票を作成しているか（安衛法66条の3）。 ・医師等からの意見聴取を実施しているか（安衛法66条の4）。 ・定期健康診断結果報告書を労基署に提出しているか（安衛規則52条）。 ・ストレスチェック制度が適切に実施されているか。 ・長時間労働者に対する面接指導が行われているか。

ハラスメントも労基署が対応？

　労働者から、企業の上司や担当者に「労基署もハラスメントと言っている」などの申し立てがあることも、しばしば見受けられます。しかし、パワーハラスメント、セクシュアルハラスメント、マタニティハラスメント等のハラスメントは労基法や安衛法に関するものではないので労働基準監督官は取り扱いません。また、労働条件の不利益変更（労契法10条）や解雇それ自体（労契法16条）も、労基法に関することではない（労契法は民事法規であり、行政取締法規ではない）ため、労働基準監督官は取り扱いません。ただし、事実上、相談者と企業の間に入って解決を促す監督官もいますので、その場合は柔軟に対応すべきでしょう。

　上述の労働者の申し立ての場合のほとんどが、都道府県労働局や労基署等に設置された「総合労働相談コーナー」の相談員のアドバイスを踏まえての発言であることが多いです。労基官は行政取締り・刑事司法の点で強大な権限を持っていますが、企業は、その権限や業務内容を正確に理解し、不正確な情報に振り回されることなく、事実に基づき淡々と対応することが求められます。

労働組合

第 14 章

1. 労働組合の基礎知識

2. 労働組合対応の基本

3. 団体交渉への対応

4. 争議行為

5. 不当労働行為とは

6. 合同労組への対応

第14章 労働組合

1．労働組合の基礎知識

(1) 労働組合とは

　労働組合とは労働者が主体となって自主的に労働条件の維持改善その他経済的地位の向上を図ることを主たる目的として組織する団体又はその連合団体（労組法2条）と定義されています。

　労働組合の存在意義は、労働者と企業では交渉力に格差があるため、労働者が企業と1対1ではなく集団的に交渉することで企業と対等に近い状態で交渉を行うという点にあり、憲法でも保障されている労働基本権（憲法28条）を具現化したものが労組法等の法律であるという構造になっています。

> 労働組合の存在は、憲法により保障されている。

(2) 労働組合の種類

　日本の労働組合の種類は大きく①企業内組合、②産業別・職業別組合、③合同労組、④ナショナルセンターに分けられます。

① 企業内組合	特定の企業ごとに組織される労働組合であって、組合員は基本的に当該企業の労働者であるのが通常で、日本ではこの形態の組合が殆どです。
② 産業別・職業別組合	同一産業や同一職種ごとに、企業産業横断的に組織される組合のことをいい、企業内組合の上部団体であるケースもあります。
③ 合同労組	特定地域において企業や産業に関わりなく、多様な労働者が加入する組合のことをいい、「1人でも加入できます」などと謳っている点に特徴があります。また、多くが地域ごとに分かれており、「○○ユニオン」であるとか「××合同労組」といった団体名がみられます。
④ ナショナルセンター	②の産業別・職業別組合や①の企業内組合の上部団体などを取りまとめた全国的な中央組織のことで、現在は最大組織として日本労働組合総連合会（連合）、全国労働組合総連合（全労連）、全国労働組合連絡協議会（全労協）があり、上記③合同労組がこれらに加入しているケースもあります。

> 労働組合は①企業内組合、②産業別・職業別組合、③合同労組、④ナショナルセンターに分別される。

(3) **労働組合は何をするところなのか**
　一般的に、「**労働三権**」と言われる
　① **団結権**（労働組合を組織して団結する権利）
　② **団体交渉権**（使用者が雇用する労働者の労働条件について使用者と団体として交渉する権利）
　③ **団体行動権**（争議行為などを行う権利＝ストライキなど）
　に基づく行為を行います。
　また、事実上の活動としてデモ活動、街宣活動（街宣車による演説、ビラ配布、ホームページでの意見公開）、**オルグ**（組合への加入を誘う勧誘行為）などを行うこともあります。

(4) **労働組合として法律上認められるには？**
　労働組合は、使用者との労働条件などの交渉において対等な立場を確保すべく労組法により保護されるため、この目的から外れる組合については労組法の保護を受けられません。具体的には、次の要件が必要となり、これらを満たすものを「**法適合組合**」といいます。

【法適合組合の要件】
① 労働者が主体となって組織されること（主体性要件、企業からの命令ではない）
② 活動目的が労働条件の向上その他労働者の経済的地位の向上であること（目的要件、政治活動目的ではない）
③ 構成員が複数であることのほか、役員や規約をもつなど、組織としての形態をもつこと（団体性要件）
④ 民主的手続によって運営されるなどの規約を備えていること（民主性要件）

逆に以下のような組合は労組法上の労働組合とは認められません。

> ⅰ 監督的地位（役員に近い高い地位）にある労働者が参加するもの
> ⅱ 使用者から経費援助を受けるもの
> ⅲ 共済事業・福利事業のみを目的とするもの
> ⅳ 主として政治運動又は社会運動を目的とするもの（労組法2条）

労組法の保護を受けるためには、法適合組合であることが必要。

(5) 労組法上の労働組合と認められることのメリットは？

労組法上の労働組合（＝法適合組合）であることが認められると、正当な争議行為や組合活動の際の刑事責任（正当なストライキ・デモなどの場合における威力業務妨害や建造物侵入など）・民事責任（ストライキによる営業損失について損害賠償請求など）の免除、組合員に対する不利益取扱いの禁止、不当労働行為救済手続の利用（後述5(3)参照）、非課税、労働協約の締結主体になるなどの特権を受けることができます。

(6) 過半数労組の法的位置付け

さらに、従業員の過半数が加入している企業内組合の場合には、賃金控除協定、変形労働時間・フレックスタイム制・事業場外労働・専門業務型裁量労働制の協定、36協定など各種労使協定の締結主体、就業規則変更の際の意見聴取対象となり、労働安全衛生委員会の労働者委員推薦などを行うことが可能となります。もし、過半数労組がない企業ですと、これらの場合に都度、過半数代表者を選任する必要がありますので煩雑ですし、過半数代表者（投票など民主的方法により、労使協定を締結するために選ばれた当該事業場の過半数を代表する労働者）の企業に対する姿勢が一貫しているとは限りません。そのため、企業組織運営上も過半数労組によって安定的な労使関係を構築することができる場合が多くみられます。

過半数労組には企業組織運営上のメリットがある。

労組法上の使用者性の問題

　労働組合に加入し、団体交渉を求めることができるのは、基本的に「労働契約のある労働者」のみですが、例えば業務委託・請負などの形式を取っていたとしても、例外的に、発注者が「雇用主と部分的とはいえ同視できる程度に現実的かつ具体的に支配決定することができる地位にある」（朝日放送事件、最高裁平7.2.28）場合には、発注者が「労組法上の使用者」として団交当事者となる場合があります。

　その他、実務上は直接の雇用関係がない労働者派遣の派遣先、親会社、ファンド、事業譲渡先等に対しても労働組合側が団体交渉を求めるケースがあります。

労組法上の労働者性の問題

　労働組合が求める団体交渉についてはこれを拒否すると不当労働行為となります（労組法7条2号）。ここで、同条号は「使用者が雇用する労働者」が所属する組合との団体交渉を拒否してはならないとしています。そのため、原則としては、使用者が直接雇用する労働者がその対象となるのであって、直接雇用していない業務委託・請負先の労働者、派遣労働者、子会社の労働者や、雇用関係にない個人事業主が所属する組合からの団体交渉には応ずる必要がありません。

　もっとも、判例や労働委員会は、「使用者が雇用する労働者」の概念をやや広げ（使用者・労働者概念の拡張）、「雇用主以外の事業主であっても、雇用主から労働者の派遣を受けて自己の業務に従事させ、その労働者の基本的な労働条件等について、雇用主と部分的とはいえ同視できる程度に現実的かつ具体的に支配、決定することができる地位にある場合」には団交に応ずべきとしており（朝日放送事件　最高裁平成7.2.28）、実務上も業務委託先の労働者や個人事業主からの団交要求に応ずるケースがみられます（純粋な労働者からの要求ではないため、「団体交渉」と呼ばずに、「事務折衝」と呼んで対応するケースもあります）。

　「使用者性」の問題か「労働者性」の問題かの区別は分かりにくいのですが、労働者であることは明らかですが直接の雇用関係がない場合（派遣や親子会社など）が「使用者性」の問題、役務に就かせる契約が労働契約ではない場合（個人事業主など）が「労働者性」の問題と考えてよいでしょう。

　この問題は、デジタル化（Uber化）により、雇用と業務委託の境目

があいまいになるこれからの雇用社会において重要な論点となります。
　これに関連して、近時、注目すべき命令が中央労働委員会から出されています。コンビニのフランチャイズ店のオーナーが労働組合を結成して、コンビニの本部企業に対してフランチャイズ契約についての団体交渉を求めた事案において、事業者同士の交渉力の格差の問題にとどまるとして、コンビニのオーナーの「労働者性」を否定し、団体交渉権を認めない、とするものです。これは、事業者同士の契約に関する紛争については、もっぱら経済法（独占禁止法や下請法など）で解決することを示唆したものとして、参考になります。
　なお、上記の経済法は交渉権まで認めたものではないので、中小企業等協同組合法を活用するという方策が注目されます。これは、一定の業務に従事する個人個人の業務受託者が組織化することによって、通常は大企業である業務委託者に対して集団的に契約に関する交渉を認めるものです。

コラム

労労対立～非正規社員を組合に加入させなければならないか～
　主に企業内組合においては、組合に非正規労働者（アルバイト、パート、契約社員等）を加入させるべきかという問題があります。そもそも、組合員の範囲については組合規約で組合自らが決定すべき問題ですが、正社員と非正規では利益状況が異なり（非正規に有利な制度改定をすると正社員の労働条件が下がる可能性がある）労働者同士の対立（労労対立と言われます）になってしまうことから、非正規労働者を加入させない組合も多くあります。労働組合は組合員の労働条件の向上を目的として活動していますが、正社員の権利保護がかえって非正規労働者の労働条件低下に繋がり得るので、現実的に悩ましい問題です。

２．労働組合対応の基本

(1) 労働協約と労使協定

　使用者と労働組合が、団体交渉の結果、一定の事項について合意した場合、労働協約や労使協定を締結することがあります。

① 労働協約とは
　労働協約とは、ⅰ労働組合と使用者との間のⅱ労働条件その他に関す

る協定であって、ⅲ書面により作成され、ⅳ両当事者が記名捺印したもののことをいいます（ⅰ当事者要件・ⅱ内容要件・ⅲ書面要件・ⅳ記名捺印要件）。なお、名称については特に問われませんので、覚書、確認書、念書、議事録等といった任意のタイトルであっても、上記要件を満たす限りにおいては、労働協約として認められます。

② 効力の優劣関係

　労働協約の中には、団体交渉や争議行為のルールなど集団的労使関係における手続を定めたものもありますが、労働協約のうち、「労働条件その他の労働者の待遇に関する」ものを定めた部分（労組法16条）については、法令に反しない限り、就業規則、個別労働契約に優先する効力（規範的効力）があります。

　そのため、効力の優劣としては、

❶法令　＞　❷労働協約　＞　❸就業規則　＞　❹個別労働契約

（労基法92条、労契法12条。なお、就業規則より有利な個別労働契約の合意は労契法7条但書きにより就業規則に優先する。）となります。

　なお、労働協約のうち、事業場における同種労働者の4分の3以上を組合員とする労働組合によるものについては、当該事業場の他の同種労働者（組合員以外の者）にもその効力が及びます（拡張適用、労組法17条）。

③ 労働協約の有効期間

　労働協約において有効期間を定める場合には、3年をこえる有効期間の定めをすることができず、3年をこえる有効期間の定めをした労働協約は、3年の有効期間の定めをした労働協約とみなされます。

　これに対して、有効期間の定めがない労働協約は、当事者の一方が、署名又は記名押印した文書によって90日前に相手方に予告して解約することができます。

　また、一定の期間を定める労働協約（例えば有効期間1年間）において、その期間の経過後も期限を定めず効力を存続する旨の定めがあるもの（いわゆる「自動更新・延長」条項）については、❶期間の定めの

ある自動延長（「当事者双方に異議なきときは1年間延長する」）、❷期間の定めのない自動延長（「新協約が締結されるまで延長する」）があり、❷については有効期間の定めのない協約となりますので、上記のとおり90日前文書予告による解約が可能となります（労組法15条）。

④ 労使協定とは（労働協約との違い）

一方、労使協定とは、ⅰ労基法・育児介護休業法・雇用保険法など、法律により特別に規定された事項について、ⅱ事業場の、ⅲ過半数労組（過半数労組が無い場合は過半数代表者）との間で締結する、書面による協定のことです。

労使協定は❶内容が法律により過半数労組との協定を要求するもの（時間外労働に関する36協定が典型例）に限られ、❷事業場単位で、❸過半数労組との間で締結する（過半数労組が無い場合は過半数代表者と締結可能。なお、労働協約は労働組合のみが締結主体となり、過半数代表者は締結できない）という点で、労働協約と異なります。

【表：労働協約と労使協定の違い】

	労使協定	労働協約
対象事項	法定	限定なし
締結主体	組合 or 過半数代表	組合のみ
締結単位	原則として事業場ごと	制限なし
効果範囲	事業場の全従業員	原則として組合員のみ

労使協定は法律により特別に規定されたものであり、その他労働組合と締結する書面を労働協約という。

(2) ユニオン・ショップ制とは

ユニオン・ショップ制とは、労働協約により、組合員であることを雇用の条件とすることによって、組合に入っていない労働者を解雇するよう約束させる制度のことです。これにより、その企業の労働者は組合に入ることを事実上強制されることになりますが、組合にとっては確実に

組合員の加入が見込め、組織基盤の強化、交渉力の増加につながる制度であるため、昔から導入している組合は多くあります。

伝統的に、ユニオン・ショップ協定に基づく解雇（入社後組合加入を拒む者、組合から脱退した者、除名された者などを解雇することで、俗に「ユ・シ解雇」とも言われる）は有効であるという学説が通説的見解です。

ただし、憲法により団結権が保障されているということは、「組合結成の自由」が認められるということですので、組合脱退者が新たな組合に加入したり、新たな組合を結成した場合については解雇を行うことができないと解されており、判例の立場も同様です。

ユニオン・ショップ解雇無効論
　組合移籍の場合にユ・シ解雇ができないということは、組合選択の自由が認められているということになりますが、さらに、どこの組合にも所属しないという自由（消極的団結の自由）も認められるべきではないか、という考え方もあります。近年、組合加入率が下がり、組合離れが進むと共に労働組合の存在意義自体が問われている現状からすれば、無効論も十分説得的であると考えられます。しかも、ユ・シ解雇の有効性を認めた判例は昭和時代のものであり、現代的価値観に照らすと、組合加入を強制する考え方がこれまでと同様に通用するかは疑問です。

(3) チェック・オフとは

① 意味

チェック・オフとは、労使協定に基づき、企業が組合員である労働者の賃金から組合費を控除して、それらを一括して組合に引き渡す制度のことをいいます。

② 労基法24条との関係

第3章で述べたとおり、賃金については労基法上全額払の原則がありますので、チェック・オフを行うには労使協定が必要になります。

なお、チェック・オフの協定がある場合であっても、これはあくまで企業と労働組合との間の取り決めですから、チェック・オフを実施する

には、組合員が組合費の支払を企業に委任している必要があります。このため、判例上は個々の組合員がチェック・オフの中止を申し出た場合に企業はこれを中止しなければならないこととされています。

(4) 組合専従とは
① 意味
　組合専従とは、労働組合の幹部役員などが、従業員の身分を保持したまま、企業の業務を免除されて組合業務のみを行うことをいいます。企業内組合が多い我が国では、労働組合がこの組合専従を求めることが多く見られます。
② 認める義務はあるか
　もっとも、組合専従を認めるか否かは企業の判断であって、法律上これを認める義務はありません。あくまで労使自治に基づき交渉によって定めるべき問題ということになります。

(5) 組合休暇とは
　組合休暇とは、組合大会への出席など、労働組合の行事に出席するための休暇のことで、労働協約や就業規則により制度化される例もあります。
　組合休暇についても、法律上これを認める義務はなく、労使自治により決すべき問題です。

(6) 便宜供与とは
① 定義
　便宜供与とは、企業が労働組合に対して組織運営上の様々な便宜を図ることをいい、例えば上で述べた組合専従、組合休暇、チェック・オフなどがこれに該当する他、組合事務所・掲示板の貸与などもこれに該当します。
② 労組法の規制
　労組法上は、使用者が労働組合に対し経費援助や便宜供与を行うことを不当労働行為として禁止しています（労組法7条3号）。
　なぜこのような規制があるかというと、労働組合は企業の援助なく独自に運営するのが原則であり、企業が労働組合に過度の便宜供与を行う

ことは労働組合の自主性を損ない、却って労働者に不利益を生ずるおそれがあるからです（お金をもらっているから逆らえないという状況に陥らないようにするため）。

ただし、企業の便宜供与が全て禁止されるものではなく、法律上の例外（労組法7条3号但書）として労働時間中の団体交渉・労使協議の有給保障、福利厚生基金への補助、最小限の広さの事務所の供与は経費援助に当たらないと定められています（これらの義務がある訳ではなく、あくまでこれらを行ったとしても違法ではないという意味です。）。

また、これらに準じて、組合掲示板の貸与、組合事務所の光熱費・社会通念上相当な範囲の通信費の企業負担などは認められると考えられるでしょう。これらは、いずれも労働組合が企業との交渉の上で勝ち取ったものといえるからです。

> 組合対応で実務上よく見られるのは、ユニオン・ショップ、チェック・オフ、組合専従、便宜供与

3．団体交渉への対応

(1) **交渉事項**は

団体交渉（団交）とは、労働者の労働条件その他労働関係に関連する事項について、使用者と労働組合が団体として交渉することをいい、通常、企業内組合とは定期的に（春闘、ベア交渉など）、また議題がある都度、交渉を行います。

(2) **団交応諾義務**とは

① 意味

労働組合が要求する団体交渉を企業が拒否することは不当労働行為として法律上禁止されます（労組法7条2号）。

団体交渉に関する不当労働行為には、❶団体交渉拒否、❷不誠実団交の2種類があり、前者はそもそも交渉に応じないこと、後者は交渉に応

ずるも殆ど回答をしない場合や組合側の提案などを検討すらしない場合を指します（誠実交渉義務。ただし、合意する義務まではないので、互いに主張を尽くしたにもかかわらず交渉の結果、合意に達しなかった場合は不当労働行為ではありません。もっとも、何をもって「主張を尽くした」といえるかは、実務的に難しい問題です。）。

② 義務的団交事項と任意的団交事項

　このように、不当労働行為制度により誠実に交渉を行うことが法律上強制されている事項を**義務的団交事項**といいます。

　しかし、労働組合が求める交渉が全て義務的団交事項になる訳ではなく、ここから外れたものは**任意的団交事項**（団交に応ずるか否かは企業の自由）となります。つまり、義務的団交事項以外の交渉事項は任意的団交事項と呼ばれ、応ずるか否かは企業の自由となります。

③ 義務的団交事項の範囲

　では、いかなるものが義務的団交事項になるのでしょうか。一般的には、「組合員である労働者の労働条件その他の待遇（❶）や当該団体的労使関係の運営に関する事項（❷）であって、使用者に処分可能なもの（❸）」をいうとされます。

　❶は、組合員の労働条件であれば広く義務的団交事項になるということであり、賃金労働時間等の主要な労働条件の他に教育訓練、災害補償、福利厚生などについても広い意味で労働条件に該当します。一方、組合員ではない労働者（非正規労働者や管理職）の労働条件についてはこの範囲外となりますので、任意的団交事項となります（ただし、非組合員や管理職の処遇変更が結果的に組合員に影響する場合等は、義務的団交事項となるケースもあります。）。

　❷には例えば団体交渉を進めるにあたってのルールや組合に対する便宜供与などが該当します。

　❸は、使用者に対応不可能な事項は団交事項ではないということで、例えば、他社の労働条件に関する事項や政治的事項などについては義務的団交事項ではないということになります。

義務的団交事項について団体交渉を拒否することは不当労働行為となる。

解雇された後に組合に駆け込むケースは団交事項か

　上で述べた義務的団交事項の要件として「組合員である労働者の労働条件その他の待遇」というものがありました。そうすると、例えば解雇された後にはじめて労働組合に加入し、団体交渉を求めるケースについては、既に解雇により労働者としての地位が失われている訳ですから、「組合員である労働者」の要件に当たらないようにも思えます。

　しかし、結論から言えば、労働者の解雇を巡る交渉は団交事項になります。なぜなら、仮に解雇が労働契約法などに照らし無効であれば、解雇された労働者はその企業に復職することになる訳ですから、「労働者」に該当する可能性があることになるからです。そのため、団交事項が解雇を巡る問題を含む以上は、いわば「潜在的に」労働者性があると考えて、被解雇者が駆け込んだ組合からの団交要求にも対応するのが一般的です。

(3) 経営専権事項は交渉事項か

　経営専権事項は使用者において対応可能な事項ですが、このうち労働条件に全く関係のないは団交応諾義務の対象とはなりません。例えば、新設備の導入、生産方法の変更、企業組織の変更、工場の移転、生産管理の方法、経営層の人事などは一般的に経営専権事項といえるでしょう。

　但し、これらのものであっても、組合員の労働条件に影響がある場合には義務的団交事項になるケースもあります。例えば、新設備の導入や生産方法の変更について組合員の労働安全衛生の観点から交渉を要求される場合や、通勤距離や整理解雇と関連する工場の移転問題などは労働条件に関わる義務的団交事項といえるでしょう。

(4) 団交の進め方

① 団体交渉のルール

　団体交渉は労使双方ともに誠意をもって、かつ、不相当な手段に出ずに平和的に行うのが基本であることはいうまでもありません。具体的には、出席者、人数、交渉日時、場所などについては社会通念上許容される範囲において行うべきであり、例えば、「社長が出席しないのであれば不当労働行為だ」、「今日は徹夜で団交を求める」などといった要求

に応ずる義務はありません。通常、使用者側は人事担当役員や人事部長、労務担当者などが出席します。時間についても2時間程度で区切ることも可能ですし、人数についても会場の都合からある程度の制限を行うことも可能であり、この範囲を著しく超える団体交渉（例えば、組合が50人の出席を求めたり、徹夜の団交を求めるケース）を拒否したとしても直ちに不当労働行為にはなりません。人数については少人数（規模にもよりますが5人程度）で労使同数を基本とすべきでしょう。

② 団交時間中の賃金は

団体交渉を所定労働時間内に行う場合、組合側出席者はその間業務に従事しないことになりますから、ノーワークノーペイの原則上、団交出席時間について賃金控除を行うことが可能です（賃金控除に関する就業規則の規定は必要）。

もっとも、法律上は団交時間の賃金支払は経費援助の例外として許容されていることから、良好な労使関係にある企業においてはこれを認めているケースも見られます（もちろん、認める義務はありません）。

③ 上部団体の出席は

団体交渉には当該企業で組織する組合の他に職業別・地域別など別の上部団体の役員などが出席することを求められるケースもあります。上部団体の役員であれば出席を拒むことはできませんが、あまりに多人数の場合などは拒否しうるケースもあるでしょう。なお、本当に上部団体の者かどうかを確かめるための身分確認は実施しても構いません。また、「支援者」、「協力者」、「傍聴人」など位置づけが曖昧な場合には出席を拒否することが可能なケースもあります。

> 団体交渉は社会通念上許容されうるルールに基づき行われる。

非組合員の労働条件は本当に交渉しなくて良いのか

上記のとおり、非正規労働者や管理職など非組合員の労働条件に関する事項は任意的団交事項ですから、応じなくとも不当労働行為とはなりません。もっとも、就業規則変更による労働条件変更の場合は、過半数労組への意見聴取の対象となり、いずれにせよ意見を求めなければなりませんので、団交を行うというケースもよく見られます。特に、第12-2章で述べた同一労働同一賃金の観点では労使協議が重要です。そのため、非正規が組合員でなかったとしても、非正規雇用者の労働条件について話し合う必要があります。また、第3章で述べたとおり、労働条件の不利益変更の際には「労働組合等との交渉の状況」（労契法10条）が合理性判断の一要素となるため、合理性を担保する手段の一環として、あえて団体交渉を丁寧に行うことも実務上よく見られるところです。

4．争議行為

(1) 争議行為とは

① 意味

争議行為とは、**同盟罷業**（ストライキのこと）、**怠業**（**サボタージュ**と言われる、意図的に仕事の能率を低下させる行為）、**作業所閉鎖**（**ロックアウト**と言われる作業所の占拠行為）その他労働関係の当事者が、その主張を貫徹することを目的として行う行為及びこれに対抗する行為であって、業務の正常な運営を阻害するものをいいます（労働関係調整法7条参照）。

② 趣旨

争議行為は、憲法で保障された団結権の行使として、労働組合が使用者（企業）と対等な立場になって労働条件等の交渉を行うにあたり、対等な交渉力を確保すべく、労働組合側の主張を通す手段として認められたものです。本来は刑事責任（威力業務妨害、建造物侵入など）・民事責任（損害賠償など）を負うような行為であっても、正当な組合活動であり相当な手段の範囲に留まる限りにおいては正当性が認められ、民事・刑事の責任が免除されることになります。

③種類

　争議行為で最も代表的なものは、ストライキ（組合員で一斉に労務提供を拒否する行為。通常は「○月●日午前8時から午後6時まで」など日時を区切って行われる）です（詳細は後述）。ストライキは所定労働時間に行われるものの他にも「時間外労働拒否」、「休日労働拒否」というように部分的に行われる場合もあります。

　その他の争議行為としては、**ピケッティング**（ストライキを行う労働者が、業務を遂行しようとする企業側の労働者または出入りする取引先に対して見張り、呼びかけ、説得、実力阻止その他の働きかけを行う行動）、サボタージュ（意図的に仕事の能率を低下させる行為）、街宣活動（企業前や最寄り駅にて組合の主張を演説する行為）、その他ビラ貼り（企業の掲示板に貼る）、ビラ撒き（企業前で配るなど）、ゼッケン・たすき・腕章を付けるなどの行為があります。

(2) **争議行為の限界**

　このように、争議行為は、労働者が自らの労働条件などについて使用者と対等に交渉し労働者の経済的地位を向上させるための手段として認められているものですから、その目的・手段が正当な争議行為の範囲を逸脱するものについては上記の刑事・民事免責は及びません。

　以下では、ストライキを中心に、争議行為の限界を超え、違法となりうるものについて検討します。

① **目的が違法な争議行為**

　純粋な政治ストや同情スト（他企業のストライキを支援する目的で行われるスト）、経営参加目的のスト（組合関係者を取締役にするように要求する等）は本来の目的から外れた争議行為ですので正当性は認められません。

　また、業務命令違反回避目的のスト（例えば、組合員が配置転換を命じられ、これに関する団交を行っている最中に、組合員が配置転換という業務命令を拒否することを正当化する為にその者を指名して個別的なストライキの形にすることなど）も、その目的は個別の業務命令を回避

するためであり、ストライキ自体は名目的なものに過ぎないため、正当性を欠くと考えられます。

② 時期・手続が違法な争議行為

違法な争議行為の種類	理　由
組合員の無記名投票による過半数の賛成（いわゆる「**スト権確立**」）を経ないもの	必要な手続を欠いている。（労組法5条2項8号参照）
団体交渉を経ないもしくは要求直後の争議行為	団体交渉を進展させるために行うものであるため
山猫スト（組合の指示によらない、一部の組合員による勝手なスト）	正当な組合活動ではない。
平和義務違反のスト ※**平和義務**とは、労働協約を締結した当事者は、その労働協約の有効期間中その労働協約の中に定められた事項の改廃を目的とした争議行為を行わない義務	一度労働協約により合意して労働条件を決定した以上、その協約に定められた事項の改廃に関する団体交渉を求められても、これに応じる義務を負うものでないため、かかる交渉を目的とするストも行うことはできない。 なお、この義務に違反した争議行為で損害が発生した場合は、労働組合に損害の賠償を請求することが可能。
生産・運送途中の業務放棄スト	単なる労務提供拒否とは異なり、企業に対して積極的に損害を生じさせる結果となるため

予告を経ない（抜き打ち）ストは違法か

　抜き打ち的に行う争議行為や予告した時間を前倒しして行うストは労使関係における信義則に反しますが、他方で、企業側においてストが予見可能であり業務にも混乱を来さなかった場合には、正当性がなお肯定されるとする裁判例もあります。そのため、抜き打ちストの正当性については、これを正当化する程の目的の緊急性・重要性・企業の事業運営にどの程度混乱・麻痺をもたらしたかにより決すべきと考えられます。

③ 手段・方法が違法な争議行為

　労働条件の向上が目的であれば「何をやっても良い」ということにはなりません。争議行為が民事・刑事上の免責を受ける正当なものと認められるためには、その手段・方法も正当なものであることが必要となります。

　具体的には、次のようなものが手段の正当性を欠く例として挙げられます。

ⅰ　暴行・傷害・脅迫を伴う行為
　　　ⅱ　私生活の平穏を侵害する行為（社長の自宅周辺で大音量で行う街宣活動等）
　　　ⅲ　生産管理（工場や事業場を組合が管理して営業を続ける）スト
　　　ⅳ　職場占拠
　　　ⅴ　集金した金銭を企業に引き渡さない納金スト
　　　ⅵ　車両・船舶の占拠
　④　ストライキ中の賃金支払いは

　ストライキに参加した労働者は、その期間、労務の提供を拒否している訳ですから、ノーワークノーペイの原則（労働契約法6条参照）から、賃金は支払われないことが原則となります。

　ただし、就業規則に賃金控除の規定がない、いわゆる「完全月給制」（遅刻や欠勤でも賃金控除がない月給制）の場合や出来高払いの賃金については、その契約に従って支払われることになります。

> 争議行為は労働組合が企業に対抗する有効な方策だが、手段・方法等が正当である必要がある。

裁量労働制とストライキ
　第4章で述べた裁量労働制においては、時間配分と業務遂行の方法が大幅に労働者側の裁量に委ねられていることになりますので、例えば一日8時間ストに参加しても、その後に業務遂行をしたのであれば、「みなし」時間働いたとされるため、賃金控除ができないという事態が生じかねません。そこで、企業としては、予め組合との間で、裁量労働制の適用対象者がストに参加した場合の取り扱い（賃金控除の範囲）を労働協約などにより明確にしておくことが必要でしょう。

5．不当労働行為とは

(1) 不当労働行為とは

　憲法上保障された労働基本権（団結権、団体交渉権、団体行動権）を実

行あるものにするため、労働組合法は、労働組合活動に対する使用者の不当な干渉や妨害行為を不当労働行為として禁止しています（労組法7条）。

(2) 不当労働行為の類型

労組法が規定する不当労働行為の類型を纏めると以下のとおりとなります。

労組法7条1号 (不利益取扱、黄犬契約、少数組合とのユニオン・ショップ協定の禁止)	【この類型に含まれる不当労働行為】 ① 不利益取扱 　ⅰ労働組合の組合員であること・ⅱ労働組合に加入し・結成しようとしたこと・ⅲ労働組合の正当な行為をしたことのいずれかを理由に解雇、配置転換、転勤、本採用拒否、昇級昇格の停止、賞与減額、出勤停止などの不利益を与えること。 ② 黄犬契約 　労働者が組合に加入しないことや労働組合から脱退することを雇用の条件とすること。 ③ 少数組合とのユニオン・ショップ 　過半数を代表する組合ではない少数組合の組合員であることを雇用条件とする労働協約を締結すること。
2号 (団体交渉拒否)	① 団体交渉を拒否すること。 ② 不誠実な団体交渉を行うこと（組合の質問に一切回答しない、組合要求を検討すらしないことなど）。
3号 (支配介入・経費援助)	支配介入 　労働組合の結成又は運営に対して各種の干渉行為を行うこと。例えば、組合結成に対抗して企業側の意をくんだ労働者が組合を作って引き抜き工作を行ったり、組合結成を思いとどまるように妨害することを指します。また、組合活動に対する干渉としては、組合大会等組合行事への出席の妨害、企業と対立する少数組合に対する差別的な待遇などを指します。 経費援助 　労働組合の自主性を確保する為に、組合運営費を企業が支出することは禁止されています。例えば、組合専従者に対する給与支払や組合大会出席の旅費、日当の支給、ストライキ中の賃金支給などがこれに該当します。 　ただし、①団交や協議時間について賃金カットしないこと、②福利厚生基金への支出、③最小限の広さの事務所の供与は経費援助にあたりません。（労組法7条3号但書）
4号 (報復行為)	地方労働委員会や中央労働委員会に対する申立て、同委員会で証人となったことや同委員会における発言などを理由として解雇その他不利益な取り扱いをすること。

(3) 不当労働行為の効果

使用者が不当労働行為を行った場合の効果としては、次のとおりとなります。

①不利益な行為が法律上無効となる
　　不当労働行為となる解雇や賃下げ、配置転換などの法律行為は無効となり、労働者は元の職場や労働条件に戻ることになります。
②労働委員会への申立てによる救済
　　労働組合は不当労働行為を受けた場合、労働委員会にその救済を求めることができます（不当労働行為救済申立）。労働委員会が発する不当労働行為の救済命令は、救済に必要な範囲で柔軟に行われますので、例えば解雇無効や賃金支払の他に、団交応諾命令、謝罪文の掲示・交付などが発せられる場合があります。
③民事裁判による救済
　　不当労働行為の救済申立てと並行して、解雇・賃下げの無効を求めて**仮処分**、通常訴訟などの民事訴訟が提起されることがあります（労働委員会の救済申立てと並行して行うことは禁止されていない）。この場合、労働委員会と裁判所の両方で同じ事件が審理されることになります。また、不当労働行為を行ったことについて、組合に対する慰謝料の支払を請求するケースもあります。

> 不当労働行為は労働組合法上、厳格に禁止されており、これを行った場合の企業側のペナルティは大きい。

コラム

労働組合は何を言っても良いのか（企業に対する不当労働行為）

　　日本では、労働組合の評価を貶めるような使用者側の言動は、支配介入の不当労働行為として法律で禁止されていますが、一方で労働組合側の言動には特段の規制はありません。そのため、一部の団体交渉では労組側が大声で怒鳴ったり、使用者側出席者に対する誹謗中傷が飛び交う場合があります。

　　諸外国には、労働組合側の不当労働行為という考え方がある国もあり、お互いに不当労働行為を禁止するというケースも見られますが、日本では一方的な規制となっています。

　　そのため、組合側が不相当な発言をするケースも散見されますが、そのような時には、後に不当労働行為救済申立がなされた場合に備えて、

> 不誠実な団交を行っているのはどちらか、という意味で録音など記録化しておくことが重要でしょう。
> また、誹謗中傷の程度が激しい場合には別途損害賠償や誹謗中傷行為が止むまでの団交一時中断なども検討すべきケースもあります。

(4) 労働委員会とは

① 不当労働行為救済申立てについて

　労働組合が不当労働行為を受けた場合に、労働委員会に対して不当労働行為救済命令の申立てを行います。このように行政的に、労働組合に対する不当労働行為を認定して、これに対する救済を与える機関が労働委員会です。

　不当労働行為救済申立にかかる労働委員会は、公益委員、労働者側委員及び使用者側委員という三者の合議体で構成されます。

ⅰ．救済申立てがなされ、調査期日が開かれるまでの流れ

　労働委員会に救済申立てができる労働組合は、いわゆる「法適合組合」（労組法2条）に限定されます。法適合組合は、管轄の労働委員会に申立書を提出し、これが事件として受理されると、申し立てられた使用者（不当労働行為事件において「相手方」と呼びます。）に当該申立書が送達され、労働委員会主導のもと調査期日が決定され、所定の期日に労働組合（不当労働行為事件において「申立人」と呼びます。）と相手方双方が出席して、調査が開始されます。

ⅱ．一般的な調査～初審命令の流れ

　労働委員会は初回調査期日において、申立てにかかる申立人の主張並びに相手方の申立てに対する反論及び認識（この時点で既に申立書に対する反論書面を提出している場合にはその内容）などを改めて具体的に聴取し、申立てにかかる紛争の本質の分析に努めるほか、次回調査期日までに新たな主張があれば適宜補充を求めます。その後の個別の調査期日においても、新たに提出された双方の書面などを参照しながら、申立後の両者の関係などを労使同席または個別にて聴取するという形で調査手続を指揮します。

双方主張が尽き、争点整理が完了した段階で、申立てにかかる尋問手続（労働委員会では「審問」と呼びます。）を経て調査期日が終結し、命令が下されることになります。

　なお、労働委員会は、申立てにかかる命令を下す権限を有することはもちろんですが、集団的労使紛争の根本的解決をも目的としていますので、調査期日の中で積極的に和解の勧告を行う場面も多く見受けられます。また、特に団交拒否や不誠実団交（労組法7条2号）にかかる申立てにおいては、労働委員会が積極的に関与して団体交渉に立ち会ういわゆる「立会団交」が提案されることも、珍しくありません。

ⅲ．初審命令以降の流れ

　初審命令に対しては、中央労働委員会へ再審査を申し立てることができ、審査の流れは初審と同様です。また、初審命令と中労委命令に対しては、裁判所へ行政処分取消訴訟を提起して争うことも可能です。以上をまとめると、次の流れとなります。

【不当労働行為救済申立の流れ】

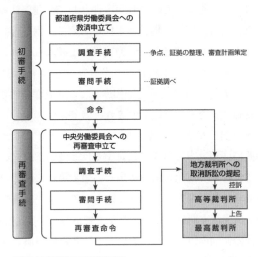

> **コラム**
>
> **個別の労働委員会委員と労使の関わり**
>   労働委員会の構成員たる労働者側委員と使用者側委員において、各々労働者側委員は労働組合に対し、使用者側委員は使用者に対し、申立てにかかる主張内容、希望する事件の終結方法（和解をしたいのか、命令を獲得したいのかなど）について綿密に聴取を行う場面が見受けられます。実務的には、個別の調査期日において実際の調査開始前に待合室を訪れ、主張の骨子を確認したり前回調査期日後の労使のやりとりを確認したり、場合によっては調査期日外に打合せをすることもあります。
>   これらの聴取や打合せを経ることによって、公益委員以外の各委員と当事者たる申立人ないし相手方との信頼関係が構築され、労働委員会全体として事件の本質を理解する一助となることはもちろん、聴取や打合せの内容は、場合によっては公益委員及び他の1名の委員と共有され、労働委員会として申立てにかかる紛争の早期円満解決に向けて協議する際に有益な情報となります。
>   これは、実際の手続期日に初めて裁判所で面談し、審判官たる裁判官とともに主張立証内容を確認する労働審判員と大きく異なる点です。

② その他の手続について

　労働委員会は、不当労働行為事件の審査の他、労働争議の調整として「あっせん」、「調停」、「仲裁」を行っています。

　これらの手続はいずれも、不当労働行為救済申立てよりも簡易かつ迅速な手続で労使紛争の解決を目指すものといえます。例えば、あっせんは、労働委員会に労働組合と使用者が出席し、2名で編制されるあっせん委員が同席ないしは個別に事情聴取を行い、当該委員が双方の主張を踏まえて事案を整理し、和解、解決を目指す手続です。

　あっせん、調停、仲裁の違いは次のとおりです。

【図：あっせん・調停・仲裁の違い】

	あっせん	調停	仲裁
開始事由 （当事者申請）	一方申請 双方申請	双方申請 協約に基づく一方申請	双方申請 協約に基づく一方申請 公益事業に係る一方申請
労働委員会側の調整主体	あっせん員	仲裁委員会 （公益委員で構成）	調停委員会 （公労使委員三者構成）
解決案の提示	提示することもある	原則提示	原則提示
解決案の受諾	任意	労働協約と同一の効力を持って当事者拘束	任意
申請後の別の調整方法選択	可能	可能	可能
当事者申請以外の開始（※）	あり	なし	あり

＊国民の日常生活、国民経済に重大な影響を及ぼすおそれがある場合等に、労働争議の関係当事者の申請を待たずに調整を開始することがあります。

③ 組織形態

　労働委員会の構成は都道府県労働委員会、中央労働委員会の２種類からなり、まずは都道府県労働委員会へ申立てを行い、この判断に不服がある場合には中央労働委員会で争います。なお、中央労働委員会の命令に不服がある場合にはその取り消しを求めて行政訴訟として、地方裁判所、高等裁判所、最高裁まで争うことが可能であり、全て争った場合にはⅰ都道府県労委、ⅱ中労委、ⅲ地裁、ⅳ高裁、ⅴ最高裁となるため俗に「５審制」とも言われますが、理論的には「ⅰ」の後、ⅱ中労委とⅲ地裁が並行して進行することもあります。

④ 手続の種類

　大きく分けて以下の２種類の手続があります。

❶ 不当労働行為救済申立事件の審理
❷ 労働争議の調整（あっせん、調停、仲裁）

労働委員会は、労働組合と企業の紛争を解決するところである。

6．合同労組への対応

(1) 合同労組加入の増大

これまではある企業内の労働者で組織されるいわゆる企業内組合を前提としてきましたが、近時は複数の企業の労働者が混在して加盟している、「○○ユニオン」、「××東部合同労組」などといった合同労組・ユニオンから団体交渉を要求されるケースが増加しています。

合同労組の特徴は、その企業に所属している労働者の大半ではないこと、個別的な権利問題（個人の解雇問題や残業問題、セクハラ・パワハラなど）を主に取り扱うこと、そのため、労働者全体利益の議論ではなく、当該労働者にとっての利益を最大化することを目的としている点にあります。

(2) １人だけが加入した組合とも団体交渉をしなければならないのか

労働組合法における労働組合の要件を満たした組合（法適合組合）である限り、例え１人でもその企業が雇用する労働者が所属した場合は、その組合からの団交要求を拒否することは不当労働行為となり得ますので団交に応ずるケースが殆どです。

(3) 企業内組合との違い

① 企業内組合の特色

企業内組合においては、一般的には、当該企業の具体的人員、資産状況の把握、団交における既存ルールの構築、従前の団交で譲歩し合った経緯などに基づき、長年に渡って企業との間で構築された信頼関係を前提に、双方が相当程度譲歩して比較的冷静かつ穏便に団交事項にかかる妥結をすることが期待できます。

また、団交事項との関係で企業に開示を求める内部資料なども、機密事項として、第三者に開示することなく秘密裡に取り扱うとの共通意識を得られます。さらに、団交事項はベースアップや労働環境の改善など、全労働者の地位を向上させるためのものが多く、集団的・中長期的な視

点で企業と議論が行われます。

これは、企業との継続的な信頼関係の構築を前提としているからです。

② 合同労組の特色

他方、合同労組においては、個別的・短期的な事案を扱う場合が多く、上記のような信頼関係が構築できないケースもまま見られます。

まずもって団交ルールの構築の時点で労使各担当者のやり取りが円滑に進まず、企業において図らずも不誠実団交や団交拒否と受け取られる事態となりかねません。また、過去の団交の実績もなく、合同労組としても企業の具体的事情を把握できていないことから、双方が譲歩し合うということが期待できず、団交事項についての妥結が困難となることもあります。内部資料についても、そもそも合同労組の構成員のほとんどが当該企業と無関係であることからすれば、企業がその開示に躊躇する場面もやむを得ず生じるでしょう。

そのうえ、合同労組の特徴にもあるとおり、合同労組との団交においてはある組合員の解雇・雇止め問題、残業代問題、セクハラ・パワハラ問題など、その企業に所属する労働者全体との集団的関係ではなく、組合員個人の問題が中心になります。そのため、合同労組としても、労働者全体の利益ではなく、当該個人の利益を最大化することを目標としてきますので、長期的視点に立つことなく、金銭的な議論に終始するケースもままあります。特に、駆け込み解雇事案（解雇された後に合同労組に駆け込む事案）にその傾向が強く見られます。

そのほか、交渉がまとまらずに団交の場が紛糾し、合同労組が街宣活動に踏み切るなど、より過激な組合活動、争議行為に発展してしまうことも、現実問題としてあります。

したがって、企業としては、通常の企業内組合とは異なる対応を必要とされるケースが実務上多く見られます。

(4) 団交対応の留意点は

上記のとおり、合同労組に対しては、企業内組合とは違った対応をすることになるケースが多い一方、団交要求を無視するなどの不当労働行

為を行ってはならないことは変わりません。

　そのため、団交の場所は企業内組合のように企業内の会議室等ではなく外部会議室（公民館など）で行ったり、個別問題に関する議論のみを行うため、春闘や定期的な団交・事務折衝を行わないなどの差異が生ずることもあります（長期的に関係が継続しており信頼関係が醸成できる場合には企業内組合と同等の対応をすることもあり、ケースバイケースで判断します。）。

(5) **便宜供与要求への対応**

　結成直後の合同労組が組合事務所や掲示板の貸与を求めてくるケースがあります。基本的な考え方としては、少数組合であってもある程度平等に取り扱うことになりますが、所属人数や長期的関係に基づく信頼関係が異なるため、実務上の取り扱いにある程度の差異が生ずることはやむを得ない区別として許容される場合が多いでしょう。通常の企業内組合と同等の対応をするか否かは、長期的な信頼関係が構築できるか否かという点によっても変わってきます。

> 合同労組対応は、企業内組合の対応と違う視点で捉える。

コラム

真の労働者代表たるべき労働組合

　労働組合の本質的な存在意義は、集団的な労使関係を安定化し、賃金原資を適正に分配させるという点にあります。つまり、全体的な労働者の処遇を勘案した上で、特に不利益を被る者が居ないように、公平に要求を行うことが不可欠であり、これこそが集団的な労使関係の本質だといえます。

　そうすると、ある特定の個人だけの権利の実現を目的とした労働組合は、他の労働者に不利益を押し付けてでも、その個人の利益を最大化しようとする訳ですから、労働者全体の代表とはいえず、集団的労使関係の安定化という本来の存在意義に反することになります。

　また、労働組合の団体行動として最も本質的な行動はストライキです。しかし、合同労組のように、1人だけが加入している組合では、ストを行ったとしてもあまり効果がありません。そのため、激しい街宣活動やビラ配

りなどの手段に出ることが多く見られますが、これも本来的な労働組合の行動とは異なるように思われます。

　このような合同労組、ユニオンが増加する背景としては、企業内労組が正社員のみを守っているという傾向が見られる点にもあります。企業内組合の組合員資格は正社員のみとしていることから、企業内組合に加入できず、みずからの権利を主張出来ない非正規労働者など少数派の労働者が、その権利実現を求めて合同労組に加入するケースが多いように思われます。

　その点では企業内労組にも問題があると言えるでしょう。真の意味で、企業内の労働者全体の利益を代弁せず、一部の正規雇用者の既得権を守る集団と化している場合があるからです。

　日本においても非正規労働者問題や労働法改革が叫ばれる中、労働組合自身も、一部の労働者の権利だけではなく、真に労働者全体の代表たる存在になるべきことが求められます。諸外国の例では、最大組合にのみ交渉権を認める例（アメリカ）や団交当事者になるには20％以上の組織率が必要（タイ）などの規制があります。

　また、日本でも労働契約法制定時には全労働者の3分の2以上で組織する労働組合については特別多数労働組合として唯一の交渉主体となるなどの議論が行われたことがありました。このように、多数労働者の全体の利益のために活動する労働組合の役割は今後ますます重要になっていくと言えるでしょう。

　労働者同士が対立し、既得権を奪い合う「労・労対立」の構図ではなく、長期的視点に立脚し、企業の持続的発展と労働者全体の労働条件の向上という共通目的を持ち、真に労働者全体の代表たる労働組合の存在が求められており、そのための労組法改革も必要であると筆者は考えています。これからの時代において、労働組合と企業は対立する存在ではなく、立場が違うだけで共に成長に向かって真摯に向き合って行くべき存在でしょう。

※この点についての詳細は、本書の編著代表者である倉重公太朗の拙著、「なぜ景気が回復しても給料が上がらないのか」（労働調査会、平成25年）をご参照下さい。

人事関連の法律で知っておくべきもの

第15章

1. 雇用対策法
2. 男女雇用機会均等法
3. 育児介護休業法
4. 高年齢者雇用安定法
5. 会社分割承継法
6. 職業安定法
7. 個人情報保護法
8. 公益通報者保護法
9. 労働審判について

第15章 人事関連の法律で知っておくべきもの

　これまでの章では、労働基準法、労働契約法、労働組合法という人事に携わる方にとって最も基本となる法律を中心に解説してきました。しかし、人事関連の法律で知っておくべきものはこれ以外にも多数あります。

　詳細に語ろうとすれば、それぞれの法律で1冊の本が出来てしまう程ですので、分量の関係でその全てを解説することは不可能ですが、どのような法律にどのような制度があるかということだけでも知っておくと後々に役立つと思われます。

　そこで、本章では、上記の基本三法以外の主要な法律について、その概要を整理します。

1．雇用対策法

　雇用対策法（法律名称が「労働施策の総合的な推進並びに労働者の雇用の安定及び職業生活の充実等に関する法律」へと変更されています。）は、国の雇用政策に関する基本方針を定めた法律であり、直接に使用者や労働者の権利義務に関して定めるものではありませんが、働き方改革の理念を反映した基本法として位置づけられています（その他、第1章でも述べたとおり、採用における年齢差別の禁止などについて規定するほか、パワハラについても規定する予定です。）。

　同法は、働き方改革の基本理念として「労働者は、職務の内容及び職務に必要な能力、経験その他の職務遂行上必要な事項（以下この項において「能力等」という。）の内容が明らかにされ、並びにこれらに即した評価方法により能力等を公正に評価され、当該評価に基づく処遇を受けることその他の適切な処遇を確保するための措置が効果的に実施さ

れることにより、その職業の安定が図られるように配慮されるものとする。」（3条2項）と述べています（下線筆者）。

　この内容はこれまでの日本型雇用に対して大きな変革を迫るものです。日本型雇用の特徴は、職務が特定されていないという点でした。企業勤めをしていると、休んだ隣の席の人の仕事を手伝わされた、という場面に出くわした人も多いでしょう。辞令の際、「あなたの仕事は○○で、その遂行に必要な能力が○○であるため、○○のように処遇します」と説明を受ける機会は殆どないと思います。

　さらに言えば、企業のメンバーになっている正社員とメンバー外である非正規雇用の給与体系は違うことも前提になっていました。

　しかし、今回の政府の方針は、職務の内容や職務に必要な能力を明らかにしたうえで、「公正な評価」を行うことを明確にしていることから、今後、日本型雇用の大変革をもくろむ意気込みが伝わってきます。

　そして、この大改革は、年功序列型賃金制度の終わりの始まりともいえます。なぜなら、年功序列型賃金の多くは、年次が進むと職務遂行能力が高まったという「フィクション」として賃金が上がるからです。しかし、先ほどの雇用対策法の考え方では、賃金が上がるためには「何の能力が上がったか」を明らかにしないといけないので、正に年功序列型賃金を否定している考え方なのです。

> 雇用対策法は、雇用政策に関する国の基本方針を定めたもので、働き方改革の基本理念も示されている。

2．男女雇用機会均等法

　男女雇用機会均等法（正式名称は「雇用の分野における男女の均等な機会及び待遇の確保等に関する法律」といい、以下「均等法」）においては以下のような制度があるという概要をおさえておきましょう。なお、本項目でいう「法」とはこの均等法のことを指します。

(1) 雇用管理全般において、性別を理由とする差別は禁止（法第5条・第6条）

　事業主が、男女労働者を、募集・採用、配置（業務の配分及び権限の付与を含む）・昇進・降格・教育訓練、福利厚生、職種・雇用形態の変更、退職の勧奨・定年・解雇・労働契約の更新において、性別を理由に差別することは禁止されています。これは直接的な差別禁止です。詳細については、「労働者に対する性別を理由とする差別の禁止等に関する規定に定める事項に関し、事業主が適切に対処するための指針（平成18年厚生労働省告示第614号）」で検索して厚生労働省のHPにてご確認下さい。

(2) 間接差別の禁止（法第7条）

　均等法では、直接差別の他、間接差別（※1）も禁止されています。

　間接差別とは、「性別以外の事由を要件に、一方の性の構成員に他の性の構成員と比較して相当程度の不利益を与えるものを、合理的理由なく講じること」をいいます。要は、表向きは男女の性別以外の理由（例えば全国転勤が可能）などといった理由であっても結果的に男性が殆どで女性は事実上これに応ずることが出来ないという場合など結果的に男女差別に等しい事態となるものを指します。なお、合理的理由があれば間接差別には該当しません。

※1　間接差別として禁じられる措置は厚生労働省令（均等法施行令）で定めることとされており、その内容は以下のとおりです。同省令に定められているもの以外は、間接差別として均等法違反にはなりませんが、雇用管理上の事項につき不必要な要件を課す等して、男女の労働者間で、能力発揮等に差異が生じてしまうことがないよう留意すべきです。

【間接差別の対象】
① 労働者の募集又は採用にあたり、労働者の身長、体重又は体力に関する事由を要件とすること
② 労働者の募集若しくは採用、昇進又は職種の変更にあたり、労働者

の住居の移転を伴う配置転換に応じることができることを要件とするもの
③ 労働者の昇進に関し、労働者が勤務する事業場と異なる事業場に配置転換された経験があることを要件とするもの

(3) 妊娠・出産等を理由とする女性に不利益な取扱いの禁止（法第9条）

事業主の以下の行為は禁止されています（法第9条1項～3項）。
① 女性労働者が婚姻、妊娠、出産した場合には退職する旨をあらかじめ定めること。
② 婚姻を理由に女性労働者を解雇すること。
③ 妊娠したことや出産したこと、その他の妊娠または出産に関する事由で厚生労働省令で定められているものを理由に、女性労働者に対し解雇その他不利益な取扱いをすること。

また、妊娠中・産後1年以内の解雇は、事業主が、妊娠等が理由ではないことを証明しない限り無効とされています（法第9条4項）。

(4) セクシュアルハラスメント対策（法第11条）

均等法は、職場におけるセクシュアルハラスメント（以下、「セクハラ」）をなくすため、雇用管理上必要な対策をとるべき旨を定めています。詳細については、「事業主が職場における性的な言動に起因する問題に関して雇用管理上講ずべき措置についての指針（平成18年厚生労働省告示第615号）」で検索して厚生労働省のHPにてご確認いただくほか、第8章を参照して下さい。

なお、同指針では、同性に対するものも職場のセクハラに含まれることが明示されました。また、「男のくせに根性がない」、「女には仕事を任せられない」といった性別役割分担意識に基づく発言は、セクハラ発生の原因や背景になるものとして、そうした発言をなくしていくこともセクハラ防止の効果を高める上で重要だとされています。

(5) 職場における妊娠・出産等に関するハラスメント対策（法第11条の2）

均等法は、セクハラと並んで、妊娠・出産等に関するハラスメントについても、その防止のために必要な措置を講じるべき旨を定めています。

その詳細は、「事業主が職場における妊娠、出産等に関する言動に起因する問題に関して雇用管理上講ずべき措置についての指針（平成28年厚生労働省告示第312号）」をご確認いただくとともに、第8章をご参照ください。

(6) 妊娠中・出産後の健康管理に関する措置（母性健康管理、法第12条・第13条）

事業主は、妊娠中・出産後の女性労働者が保健指導・健康診査を受けるために必要な時間を確保し（法第12条）、医師等による指導事項を守ることができるよう必要な措置を講ずることが必要です（法第13条）。

> 男女雇用機会均等法は、男女差別、妊娠・出産等による不利益取扱、セクハラを禁止し、母性健康管理などの規定を設ける法律である。

3．育児介護休業法

育児介護休業法（正式名称は「育児休業、介護休業等育児又は家族介護を行う労働者の福祉に関する法律」、以下、「育介法」といい、本項目で「法」とは育介法を指します。）にも様々な制度がありますが、その概要は以下のとおりです。

なお、制度ごとに、法が対象となる労働者の範囲を定めていたり、あるいは法の定める一定の範囲の労働者を労使協定で制度の対象外とすることができるとされていますから、対象者に当たるかは制度ごとに確認が必要です。

以下では、育児関連と介護関連とに分けて概説した後、それぞれに共通する事項を概説します。

【育児関連】

(1) **育児休業制度（法第5条〜第9条）**

育児休業は、育介法の最も基本的かつ最も多く利用される制度です。

原則として、労働者が申し出ることにより、子が1歳に達するまでの間、育児休業をすることができます（一定の範囲の期間雇用者も対象となります。）。

例外として、子が1歳に達する日において、保育所に入所できないなど、一定の場合、子が1歳6か月に達するまでの間、育児休業を延長することができます。また、1歳6か月以後も一定の場合には、最長2歳まで延長可能です。

また、両親ともに育児休業する場合で、一定の要件を満たせば、育児休業の対象となる子の年齢が、原則1歳に満たない子から原則1歳2か月に満たない子に延長されます（いわゆる「パパ・ママ育休プラス」制度です。例として次の図を参照。）。

【パパ・ママプラス制度の取得パターン】

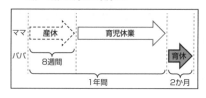

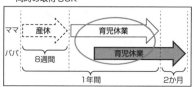

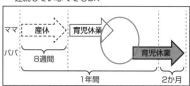

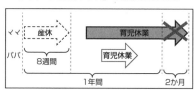

(2) **子の看護休暇制度（法第16条の2、第16条の3）**
　小学校就学前の子を養育する労働者は、申し出により、1年度に5日まで、病気・けがをした子の看護のために、休暇を取得することができます。休暇は1日単位又は半日単位（1日の所定労働時間の2分の1。労使協定でこれと異なる時間数を半日と定めた場合はその時間数）です。

(3) **所定外労働の制限の制度（法第16条の8）**
　3歳に満たない子を養育する労働者が請求した場合、事業の正常な運営を妨げる場合を除き、事業主は所定労働時間を超えて労働させてはなりません（ただし、書面による労使協定によりこの請求ができないと定めた法所定の一部労働者は制限の対象外です。）。

(4) **法定時間外労働の制限の制度（法第17条）**
　事業主は、小学校就学以前の子を養育を行う労働者が請求した場合には、事業の正常な運営を妨げる場合を除き1か月24時間、1年150時間を超える法定時間外労働をさせてはなりません（ただし、法所定の一部労働者は制限の対象外です。）。

(5) **深夜業の制限の制度（法第19条）**
　事業主は、小学校就学前の子を養育する労働者が請求した場合には、事業の正常な運営を妨げる場合を除き、深夜（午後10時から午前5時まで）において労働させてはなりません（ただし、法所定の一部労働者は制限の対象外です。）。

(6) **所定労働時間の短縮等の措置等（法第23条、第24条）**
　事業主は、3歳未満の子の養育を行う労働者（1日の所定労働時間が5時間以下の者を除く）からの申出があった場合には、所定労働時間の短縮の措置を講じなければなりません（ただし、書面による労使協定によりこの請求ができないと定めた法所定の一部労働者は対象外です。）。
　なお、業務の性質等からして上記短縮措置を講じることが困難な業務

に従事している労働者は、書面による労使協定で同措置の対象外とすることができます。ただし、当該対象外とした者については、その申し出に基づき、勤務しつつ、子を養育することを容易にするために育児休業に関する制度に準じる措置を事業主は講じなければなりません。

　また、事業主は、3歳から小学校就学前の子を養育する労働者については、育児・介護休業の制度又は勤務時間の短縮等の措置に準じた措置を講ずるよう努めなければなりません（努力義務）。

【介護関連】
(1) **介護休業制度（法第11条〜第15条）**
　労働者が申し出ることにより、要介護状態にある対象家族1人につき、常時介護を必要とする状態ごとに3回を上限として、介護休業を分割して取得することができます（一定の範囲の期間雇用者も対象となります。）。期間は通算して（のべ）93日までです。

　なお、93日の介護休業期間では到底介護が終わらないケースが殆どですので、なぜ介護休業が93日なのかについては誤解が多いのでよく説明しておくべきでしょう。つまり、この期間は「休んで介護をする」期間ではなく、「介護と就労を両立させるための準備期間」なのです。介護はそのステージにより、病院・ケアマネ・介護施設・親族間の連絡調整など様々なやり取りや調整が必要な場合があり、これらの準備を整えるのが介護休業の趣旨なのです。

(2) **介護休暇制度（法第16条の5、第16条の6）**
　要介護状態にある対象家族の介護をする労働者が申し出ることによって、1年度において5日を限度として介護休暇を取得できます。休暇は1日単位又は半日単位（1日の所定労働時間の2分の1。労使協定でこれと異なる時間数を半日と定めた場合はその時間数）です。

(3) **所定外労働の制限の制度（法第16条の9）**
　要介護状態にある対象家族の介護をする労働者が請求した場合、事業

の正常な運営を妨げる場合を除き、事業主は所定労働時間を超えて労働させてはなりません（ただし、労使協定によりこの請求ができないと定めた法所定の一部労働者は制限の対象外です。）。

　子を養育する労働者が求める場合と異なり、要介護状態の対象家族の介護が続く限りは、期間無制限に継続するというのがポイントです。

(4) 法定時間外労働の制限の制度（法第18条）

　事業主は、要介護状態にある対象家族の介護を行う労働者が請求した場合には、事業の正常な運営を妨げる場合を除き、1か月24時間、1年150時間を超える法定時間外労働をさせてはなりません（ただし、法所定の一部労働者は制限の対象外です。）。

(5) 深夜業の制限の制度（法第20条）

　事業主は、要介護状態にある対象家族を介護する労働者が請求した場合には、事業の正常な運営を妨げる場合を除き、深夜（午後10時から午前5時まで）において労働させてはなりません（ただし、法所定の一部労働者は制限の対象外です。）。

(6) 所定労働時間の短縮等の措置（法第23条、第24条）

　事業主は、要介護状態にある対象家族の介護を行う労働者からの申出があった場合には、所定労働時間の短縮等の措置を講じなければなりません。これは介護休業とは別に、当該措置の利用開始から3年間のうちに2回以上の利用が可能とされています（ただし、書面による労使協定によりこの措置を講じないと定めた法所定の一部労働者は対象外です。）。

　また、事業主は、家族を介護する労働者については、育児・介護休業の制度又は勤務時間の短縮等の措置に準じた措置を講ずるよう努めなければなりません（努力義務）。

【育児と介護に共通の事項】
(1) 転勤についての配慮（法第 26 条）

　事業主は、労働者を転勤させようとするときには、育児や介護を行うことが困難となる労働者について、その育児又は介護の状況に配慮しなければなりません。特に、近時はダブルワークが一般的になり、保育園の入園も困難なこともあるなど、転勤に対する労働者の意識が大きく変わっています。そのため、法律的に転勤命令が有効か否かはさておき、会社は転勤に対してどのような考えをもっており、今回の異動が今後のキャリアとどう関係するのかなどを丁寧に説明する必要がある場面が増えてくるでしょう。

(2) 不利益取扱いの禁止（法第 10 条、第 16 条、第 16 条の 4、第 16 条の 7、第 16 条の 10、第 18 条の 2、第 20 条の 2、第 23 条の 2）

　事業主は、育児休業、介護休業、子の看護休暇、介護休暇、所定外労働の制限、所定労働時間の短縮措置等、時間外労働の制限及び深夜業の制限について、その申出をしたこと又は取得したことを理由として、労働者に対して解雇その他不利益な取扱いをしてはなりません。

　詳細は、第 8 章及び「子の養育又は家族の介護を行ない、又は行うこととなる労働者の職業生活と家庭生活との両立が図られるようにするために事業主が講ずべき措置に関する指針」（平成 21 年厚生労働省告示第 509 号）を参照してください。

(3) 育児休業等に関するハラスメント（マタハラ）防止措置（法 25 条）

　使用者にセクハラや妊娠・出産等を理由とするハラスメントの防止措置義務が課されているのと同様に、育児休業や介護休業等に関するハラスメントについても防止措置義務が課されています。

　詳細は、第 8 章及び上記(2)記載の指針をご確認ください。

育休復帰後の職務と賃金

　育児休業から復帰する労働者をどのような業務に就かせるかは悩ましいところです。特に、年功序列の職能資格級制度ではなく、職務給（業務内容ごとに賃金を定めている場合）制度の場合には、担当業務によって賃金が変わることになります。すなわち、復帰明け早々に従前の業務は難しいため軽減業務につける場合、職務給に基づき賃金を減額することができるかという問題が生じます。これは、育介法の不利益取扱の禁止の規定に抵触するか否かという問題であり、育休取得等と減額との間に因果関係が認められる場合は不利益取扱に該当することになりますが、軽減業務に就くこと及びそれに伴い減給となることにつき、労働者が自由な意思に基づき同意したと認められる場合、又は同法の不利益取扱禁止規定の趣旨に反しないと認められる特段の事情がある場合には、不利益取扱には当たらないと解されます（最判・広島中央保険生協事件参照）。

> 育児介護休業法は、育児・介護休業や休暇のほか、労働時間の制限、配転についての配慮などを定める法律である。

4．高年齢者雇用安定法

　高年法（正式名称は「高年齢者等の雇用の安定等に関する法律」）の中身は第11章において解説しましたが、本法の基本は原則として60歳定年の後も65歳までは継続雇用の義務があるという点です。ただし、65歳までの継続雇用義務には3つの例外があります。

(1) 60歳定年時（例外①）

　60歳の定年時点において継続雇用を行うわけですが、「心身の故障のため業務に堪えられないと認められること、勤務状況が著しく不良で引き続き従業員としての職責を果たし得ないこと等就業規則に定める解雇事由又は退職事由に該当する場合」（高年齢者雇用確保措置の実施及び運用に関する指針「第2、2」）には継続雇用を行わなくとも良いとされています。つまり、就業規則上の解雇・退職事由に該当するような事由

がある場合は再雇用をする必要がなく、60歳定年で雇用終了となります。

(2) 経過措置としての再雇用基準適用時（例外②）

この点は第11章を参照下さい。

(3) 雇止め（例外③）

以上の2つは高年法に基づく雇用終了の場面でした。最後3つめは、これと異なり、通常の契約更新の問題です。高年法に基づき再雇用された者は通常期間雇用となりますので、契約期間ごとに契約更新を行います。ここで、契約に定める更新事由に該当しない（若しくは不更新事由に該当する）ことによる雇用終了（要は通常の雇止めと同様）が3つ目の場面です。

この場合には、高年法の問題ではなく、労働契約法19条に定める雇止めが無効になるか否かが問題となります。

なお、労働基準法施行規則により、有期労働契約においては「期間の定めのある労働契約を更新する場合の基準」を明示することが労基法15条の労働条件明示義務として必要になっています。

(4) 高年齢者の処遇

継続再雇用の場合は有期契約労働者である場合が多いため、同一労働同一賃金との関係については第12-2章を参照してください。

また、高年法上は、高年齢者の賃金について直接規定する条文はありませんが、継続雇用の趣旨からして、著しく低い処遇は認められないという一部裁判例があり、今後高年齢者雇用はますます増えていくことから、60歳以降のモチベーション管理と賃金制度設計が非常に重要になってきます。

> 60歳定年以降、高年齢者雇用を継続する義務があるが、その終了する場面は3つある。

> **コラム**
>
> **世代間の公平**
>
> 　高年法を考える際に必要な視点は「世代間の公平」を如何に図るかという点にあります。そもそも、60歳定年が65歳までの継続雇用が原則義務化された背景には年金政策の破綻により60歳時点から年金を支給することができなくなったという点にあります。年金政策破綻のツケを民間企業に押し付ける形で高年法の義務が拡大された訳です。
>
> 　企業としても、60歳以降人を雇い続ける以上、人件費が嵩みます。法改正の分、人件費が増えるのであれば良いのですが、通常の企業はそうはならず、60歳以降の雇用で増加した分を現役世代やこれから入社する若年層の人件費を減らすことで調整します（採用人数を減らしたり、賃金カーブの上昇を抑えるなど）。
>
> 　さらに、当たり前のことですが、高年齢者は高年法により保護される一方で、これから雇用される学生の採用を積極化させる法律はありません。
>
> 　つまり、若年層からみれば「何で高年齢者だけが優遇されるんだ」と思う向きがあっても不自然ではないのです。
>
> 　今後、人生100年時代とも言われる中で、継続雇用の年齢を70歳とする検討もなされていますが、企業の人件費総額という「パイ」が限られている以上、これを世代的にどのように公平に分配すべきか、という世代間格差を生じさせないという視点が求められていると筆者は考えます。

5．会社分割承継法

　この法律の正式名称は、「会社分割に伴う労働契約の承継等に関する法律」と言い、会社分割の際の従業員の移籍について定めた法律です。

　会社分割とは、会社がその事業の全部または一部を分割し、新たに設立する会社、またはすでに存在する別の会社に承継させることを言います。要は、会社内のある事業部門を独立させ、別法人として切り出したり、他の会社に承継させること指します。

　ここで、事業が分割されるのに伴い、この事業に主として従事していた労働者の所属はどうなるのかというのがこの法律のポイントです。

　一般的な原則としては、労働者を他の会社に移籍させるには労働者本人の同意が必要です。しかし、それでは折角会社分割により企業再編を図ろうとしても肝心の従業員がついてくるかどうかが不透明であるため、

再編の効果が得られないという懸念から、会社の事業部門に「主として」従事していた労働者は分割契約書等により承継される旨が定められた場合には、労働者本人の同意が無くとも、承継先の会社へ移籍させることができるようにしたものです。

但し、このように会社分割に伴い一方的に移籍をさせることができるのは分割対象業務に「主として」従事していた労働者を言います。

ここで、「主として」とは、承継される事業に専ら従事している労働者をいい、労働者が他の事業にも従事している場合には、それぞれの事業に従事する時間、果たしている役割等を総合的に判断して、「主として」従事する労働者か否かを決定するとされています。

この流れを図解すると、次のとおりとなります。

【会社分割承継法のフローチャート】

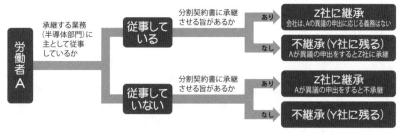

会社分割による企業再編を検討する際には必須の法律となりますので、概要だけでも理解しておきましょう。

> 会社分割承継法は、会社分割による企業再編時の労働者の移籍について定めた法律

5条協議と7条協議

　会社分割承継法は、労働者の同意なくして一方的に所属する会社を変えるという強力な効力を有していますので、労働者保護とのバランスを図るべく、労働者側の意向を反映させる手続が置かれています。これが、いわゆる「5条協議」、「7条協議」と言われるものです。

　まず、5条協議とは、会社分割制度を導入した商法等改正法の附則「5条」1項において、定められた手続のことです。ここでは、分割会社に対して、会社分割に伴う労働契約の承継に関し、事前の一定期間内に、分割される事業で仕事をしている労働者と協議することを義務づける旨、定められています（商法等改正法附則「5条」に基づく協議なので「5条協議」といいます。会社分割承継法ではない点注意です）。

　次に、7条協議とは、会社分割承継法「7条」に定められた手続のことで、分割会社は、分割をなすに当たって、労働者の「理解と協力」を得るよう努めるものとする旨が定められています（承継法「7条」に基づく協議なので「7条協議」と言われます。なお、7条協議の義務は「努力義務」に留まります）。

　そして、7条協議における「理解と協力」の具体的内容に関しては、省令により、過半数組との協議あるいはこれに準ずる方法によることとされています（承継法施行規則4条）。

　また、この協議は、5条協議とは異なり、労働契約の承継に関して対象労働者の意向を汲むという目的というよりはむしろ、分割をめぐる労働関係上の問題について、一定の労働者の集団的な意思を反映させることが目的とされているものと考えられます。

　そのため、協議の対象事項も、労働契約の承継そのものに関する事項の他に、分割が必要となった背景や、異議申し出権の有無に関わる、分割される事業に「主として」従事しているか否かの判断基準など、5条協議よりも広いものを含むものと考えられます。

　特に、5条協議が全く行われなかった場合には、会社分割に伴う労働契約承継の効力そのものが否定される事態となる可能性があるとするのが最高裁の判断です（最二小判平成22.7.12日本アイ・ビー・エム事件）ので、会社分割の際の手続には留意が必要です。

6．職業安定法

職業安定法（以下、本項で法とは同法を指します。）は、雇用仲介サービス全般を規制する法律で、労働者の募集、職業紹介、労働者供給について定めています。

(1) 職業紹介

職業紹介とは、求人及び求職の申込みを受け、求人者と求職者の間の雇用関係の成立をあっせんすることであり、これを図にすると次のとおりとなります。

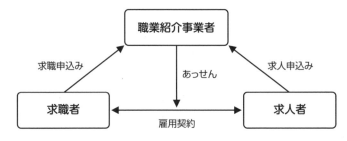

職業紹介には無料・有料のものがあり、一般的な有料職業紹介は許可制事業です。

次に、以下では特に労働者の募集及び労働者供給に関する規制で、求人をする側にかかわるものを概観します。

(2) 労働者募集

労働者の募集とは「労働者を雇用しようとする者が、自ら又は他人に委託して、労働者となろうとする者に対し、その被用者となることを勧誘すること」をいいます。

求人をする事業主として、押さえておきたいのは以下の点です。

① 労働条件の明示（法5条の3、42条）

求人をする企業等は、Webサイトで労働者の募集をしたり、ハローワーク等へ求人申し込みをする際には、次の①～⑩の事項を書面の交付によ

り明示しなければなりません（ただし、求職者が希望する場合は電子メール等での明示も可能）。

> 【最低限明示しなければならない労働条件等】
> ①業務内容、②契約期間、③試用期間の有無や期間、④就業場所、⑤就業時間、⑥休憩時間、⑦休日、⑥時間外労働の有無（裁量労働制を採用している場合はみなし時間数）、⑦賃金（固定残業代を採用する場合は、その金額や実際の残業代との差額を支払うこと）、⑧加入保険の内容、⑨募集者の氏名又は名称（企業名等）、⑩雇用形態（派遣労働者として雇用する場合）

　また、求人をする事業主は、一旦明示した労働条件について、労働契約締結前に変更があった場合は、変更内容を明示しなければなりません。明示方法は、当初の明示と変更された後の内容を対照できる書面を交付する方法が望ましいとされていますが、労働条件通知書において、変更された事項に下線を引いたり着色したり、脚注を付ける方法などでも可能とされています。

　これら募集時の労働条件の明示の詳細については、法やその施行規則等のほか、指針（平成11年労働省告示第141号）をご確認ください。

② 個人情報の取り扱い（法5条の4）

　法は、求人をする事業主が、求職者の個人情報を収集、保管、使用するに当たっては、その業務の目的（ここでは採用の可否の判断）の範囲内で収集することとし、ただし求職者の同意がある場合にはそれに限られないとします。

　さらに同法の指針（平成11年労働省告示第141号）では、①人種、民族、社会的身分、門地、本籍、出生地、その他社会的差別の原因となるおそれのある事項、②思想及び信条、③労働組合の加入状況といった個人情報は原則として収集してはならないとします。ただし、例外的に、特別な職業上の必要性が認められることやその他業務の目的達成に必要不可欠で、かつ収集目的を示して、本人から取得することは可能だとされて

います。

　また、求人をする事業主は、求職者から収集した個人情報を適切に管理せねばならず、上記指針では、例えば、個人情報の破壊や紛失、改ざんを防止する措置、正当な権限を有しない者が個人情報にアクセスすることを防止する措置や、不要となった個人情報を破棄又は削除するための措置等を講じることが必要とされています。

　なお、個人情報の取り扱いについては、後述の個人情報保護法が規定を設けており、求人の場面のみならず、労働契約成立後の雇用管理における個人情報の取り扱いもその対象となります。

(3) 労働者供給（法44条、45条）

　労働者供給とは、供給契約に基づいて労働者を他人の指揮命令を受けて労働に従事させることをいいます。

　法はこれを原則として禁じており（法44条）、これに違反すると供給をする側及び受ける側のいずれにも罰則が適用されます（法64条9号）。例外的に、労働組合が厚生労働大臣の許可を受けて無料で行う場合には可能であるとされています（45条）。

　なお、労働者派遣は労働者供給の概念から分離除外されています（法4条6項が、派遣法2条1号が定める労働者派遣に該当するものを含まないとしています。）。

（出典：厚生労働省「労働者派遣事業関係業務取扱要領」の図を一部改編）

職業安定法は、労働者の募集、職業紹介、労働者供給について定める法律である。

7．個人情報保護法

個人情報保護法（正式名称は「個人情報の保護に関する法律」、平成15年法律第57号。以下、本項で法とは同法を指します。）は、個人情報の適正な取扱いに関し、個人情報取扱事業者の遵守すべき義務等を定めることにより、個人の権利利益を保護することを目的とする法律です。

(1) 定義の確認

同法上の「**個人情報**」とは生存する個人に関する情報であって、①氏名や生年月日その他の記述等により特定個人を識別することができるもの、又は②**個人識別符号**（例えば、マイナンバーや指紋データ、顔認識データや運転免許証番号など）が含まれるものをいいます。

個人情報には、さらに「**要配慮個人情報**」というものがあり、これは、本人（個人情報によって識別される特定の個人）の人種、信条、社会的身分、病歴、犯罪の経歴、犯罪により害を被った事実その他本人に対する不当な差別、偏見その他の不利益が生じないようにその取扱いに特に配慮を要するものとして政令で定める記述等が含まれる個人情報をいいます。そして、政令では法律上の「要配慮個人情報」に加えて、身体障害等や健康診断の結果等が「要配慮個人情報」に含むとされています。

同法では、個人情報データベース等を事業の用に供している者を「**個人情報取扱業者**」と定義しており、「**個人情報データベース等**」とは、個人情報を含む情報を含む情報の集合物で、①特定の個人情報をコンピュータを用いて検索できるよう体系的に構成したもの（例えば、電子メールのアドレス帳）、又は②コンピュータを用いないものでも特定の個人の情報を容易に検索することができるように体系的に構成したもの（例えば、五十音順で整理した名簿）を指します。なお、個人情報データベース等を構成する個人情報を「個人データ」といい、個人情報保護法上の義務規定は個人データを中心に課せられています。

使用者が、例えば、雇用管理のために、従業員の個人情報からなる従業員名簿を作成し、コンピュータ上でデータ化していると、「個人情報

取扱業者」に該当し、法の適用を受けることになります。

(2) **個人情報取扱事業者の義務**
　法は、個人情報取扱事業者（以下、「事業者」）の義務として、個人情報の利用目的をできる限り特定せねばならないとし、利用目的の変更をする場合も当初の目的との関連性を有すると認められる合理的範囲を超えてはならないとします。利用目的に関する規制は、個人情報データベース等を構成する前の取得段階から課せられる必要があるため、個人データではなく、個人情報にかかっています。
　また、法は、あらかじめ本人の同意を得ずに、特定されている利用目的の達成に必要な範囲を超えて個人情報を取扱ってはならないとします（ただし、法令に基づく場合や、人の生命、身体または財産の保護のために必要がある場合で本人の同意を得ることが困難であるとき等では、例外として本人の同意は不要とされます。）。
　加えて法は、事業者に、偽りその他不正の手段により個人情報を取得することを禁じ、適正な取得を義務付けます。さらに、要配慮個人情報については原則としてあらかじめ本人の同意を得ずに取得することが禁じられています（ただし、法令に基づく場合や、人の生命、身体または財産の保護のために必要がある場合で本人の同意を得ることが困難であるとき等は本人の同意は不要とされます。なお、この法令に基づく場合の一例として、安衛法104条1項があります。）。
　以上のような取得及び利用目的に関する規制の他、法は、事業者に対し、取得に際しての利用目的の通知、公表又は明示（一定の例外事由あり）や、個人データの漏洩等防止の安全管理措置を講じることを義務付け、また、本人の予めの同意なしに第三者へ個人データを提供することを禁じています（目的外利用と同様の例外事由あり）。

(3) **雇用管理に関する規制**
　使用者が、雇用管理のために用いている個人情報データベース等の取扱いについても、法の定める規制を受けます。

法には監督機関である個人情報保護委員会によるガイドラインが設けられており、雇用管理分野についても、ガイドライン通則編（「個人情報の保護に関する法律についてのガイドライン（通則編）」、平成28年個人情報保護委員会告示第6号）の対象範囲になります。法の平成27年改正以前には「雇用管理分野における個人情報保護に関するガイドライン」が存在しましたが、これは平成27年改正法の施行と同時に廃止されましたので（平成29年厚生労働省告示第200号）、消費者の個人情報の取扱いと同様、一般的なガイドラインに含まれるに至ったというわけです。

　また、特に、労働者の健康情報の取り扱いについては、安衛法とガイドライン通則編に定められた措置の実施のため、「雇用管理分野における個人情報のうち健康情報を取り扱うに当たっての留意事項（以下、「留意事項」）」（平成16年10月29日付け基発1029009号）が定められており、法と安衛法における個人情報の取扱いをあわせて把握するのに大変有益です。

　留意事項が取り扱う「健康情報」とは、健康診断の結果、病歴、その他の健康に関する情報とされています（「要配慮個人情報」に当たります。）。例えば、産業医が労働者の健康管理等を通じて得た情報や、労働安全衛生法（以下、「安衛法」）に基づき実施された定期健康診断の結果（安衛法66条）、健康診断の結果について医師等から聴取した意見（安衛法66条の4）や医師による面接指導の結果（安衛法66条の8）、ストレスチェックの結果や面接指導の結果、医師から聴取した意見（安衛法66条の10）等です。

　そして、留意事項では、事業主は、上記健康情報が労働者の個人の心身の健康に関する情報で、不利益取扱いや差別等につながるおそれのある要配慮個人情報であるため、取扱いに特に配慮が求められ、同情報を労働者の健康確保に必要な範囲を超えて取り扱ってはならないと基本的な考え方を示しています。

　加えて、留意事項は、事業主は、健康情報の取得に当たっては、法令に定める場合を除き、あらかじめ本人の同意を得なければならないと

し、労働者の生命、身体又は財産の保護のために必要がある場合等を除き、利用目的を本人に明示しなければならないとします。これは、法が利用目的について通知又は公表で許される場合を定めている（法18条1項）こととの対比では、常に「明示」を要求するもので、運用レベルの上乗せ措置を定めているものといえます。

その他、留意事項は、ストレスチェックの結果の取得、労働者から提出された診断書以外の健康情報につき、事業主が医師等から健康情報を取得する場合等の第三者提供の場合の本人の同意等についても言及しています。特に、ストレスチェックを外部機関に委託している場合、通常、法との関係では、本人同意なしに委託先である外部機関から事業主へのストレスチェック結果を提供する（又はそもそも事業主が取得していると整理する）ことができそうですが、安衛法上の規制から、委託先である外部機関といえども、本人（労働者）の同意なしには事業主にストレスチェックの結果が提供できないことには注意が必要でしょう。この提供について実施事務従事者に提供を強要したり、労働者に同意を強要したりするのは、不正の手段による取得であるともされています。

> 個人情報保護法は、個人情報取事業者の個人情報や要配慮個人情報の取扱いに関する義務を定めている。

8．公益通報者保護法

公益通報者保護法は、労働者が不正の目的ではなく、犯罪事実及び刑事罰につながり得る法令違反行為（「通報対象事実」といい、同法が別表にて定める刑法等のほか、個人の生命又は身体の保護、消費者利益の擁護、環境保全、公正な競争の確保その他の国民の生命、身体、財産その他の利益の保護にかかわる法律として政令で定めるものに規定される犯罪行為）について、所定の通報先（企業内部、行政機関、その他企業外部）に通報した場合に、そのことを理由として労働者を解雇した場合は無効とし、また労働者に対する不利益な取扱いを禁止するものです。

要するに、企業における内部告発を保護するもので、従業員が企業内

の不祥事を内部告発することにより、コンプライアンスを高め、ひいては公益を確保することを図ることを目的とします。

　ただし、一方で、内部告発は企業の名誉や信用等の利益を損なう側面がありますから、同法で保護されるためには上記のとおり不正目的のないことが要件とされ、また通報対象事実が限定されていますし、通報先が、企業内部、行政機関、企業外部のいずれかであるかで保護されるための要件に区別を設けています（通報先が企業内部から見て、外部である程に保護される要件が厳しくなります。）。

　具体的には、通報先が①事業所内部の場合は、通報者が、通報対象事実が生じ、又はまさに生じようとしていると思料していれば、保護されます。

　また、通報先が②行政機関の場合は、通報者が、通報対象事実が生じ、又はまさに生じようとしていると信じるに足りる相当の理由（真実性・相当性の要件）があれば保護されます。

　そして、通報先が③企業外部（マスコミ等）の場合は、真実性・相当性の要件を満たすことに加えて、一定の加重要件（企業内部や行政機関に公益通報をすれば解雇その他の不利益取扱いを受けると信じるに足りる相当な理由があること、証拠隠滅等のおそれがあると信じるに足りる相当な理由があること、生命身体に危害が発生したこと等）が必要とされています。

　なお、法の要件を満たさなかった場合は、同法の保護の対象とはなりませんが、通報対象事実に係る通報をしたことを理由とする解雇その他不利益取扱いを禁止する他の法令の適用を妨げませんし、解雇権濫用法理（労働契約法16条）やその他人事異動や懲戒処分についての権利濫用法理（労働契約法14条、15条）の適用も妨げられることにはなりません（個別に権利濫用性の有無の検討がなされることになります。）。

> 公益通報者保護法は、一定の要件のもと、内部告発をした者を保護する法律である。

9．労働審判について

　最後に、労働分野における紛争類型として最も特徴的な労働審判について概要を説明します。労働審判法に基づく労働審判は、通常の裁判と大きく異なる特徴がいくつかあります。

【労働審判のイメージ　裁判所 HP より】

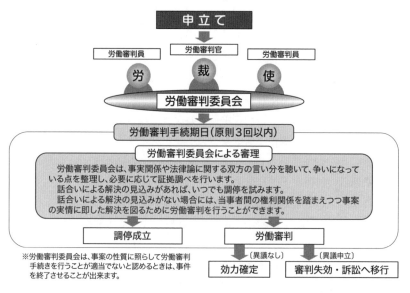

① 期日が原則 3 回までであること

　通常の裁判であれば事件の争点について原告被告が主張立証を尽くすまで期日が行われ、特に審理期日の回数制限はありませんが、労働審判は審理期日を開く回数が原則 3 回に決まっている点が最も特徴的です。

② 第 1 回期日までに主張を尽くす必要があること

　そのため、労働審判は迅速な審理が要求されますので、原則として、第 1 回期日までに全ての主張立証を尽くす必要があります。通常の裁判では、企業側は「答弁書」という書面を提出しますが、そこでは「会社の主張は追って述べる」との簡潔な書面のみで終わり、証拠も追って提出するというケースが多く見られます。しかし、労働審判の答弁書は企

業の主張をほぼ尽くす程度に詳細な事実を記載し、併せて証拠も全て提出することが求められます。

したがって、労働審判の場合、申立から第1回期日までの準備がかなりタイトなスケジュールになりますので、申立書が送達された場合、速やかに顧問弁護士に相談して下さい。

③ 和解で終わるケースが極めて多いこと

さらに、労働審判の特徴としては、通常の裁判よりも和解で終わるケースが多いということです。労働審判の和解率は8割近いとも言われ、かなりのケースが和解により終了します。実際、第1回期日はお互いの主張を確認する手続となりますが、第1回期日の後半から第2回期日以降は和解に向けた調整が行われることが殆どで、その意味では調停手続に似ています。もっとも、調停手続と異なる点は、調停の場合、話し合いが纏まらなければ調停不調となって手続が終了するのに対し、労働審判で話し合いが纏まらなければ、「審判」という判決と同一の効力を有する裁判所の判断が下されます。

このように、最終的には裁判所による強制力を有する判断が下される可能性があるので、「審判が出るなら和解しよう」と和解で終わるケースが多くなるのです。

なお、審判に不服のある当事者はその言渡しから2週間以内に異議申立てをすることができ、この場合、審判は失効し、手続は通常の民事訴訟第1審へと移行します。

④ 裁判官から当事者の聞き取りが行われること

通常の裁判であれば代理人弁護士のみが出席し、当事者が発言を行うのは基本的に証人（本人）尋問の時だけですが、労働審判の場合は第1回期日から関係当事者（事案を直接経験し、最も良く知る者）は出来る限り出席するように求められ、関係当事者は裁判官から直接質問を受けます。

そのため、第1回期日から、出席者は想定問答を作成し、受け答えの準備をして臨むことが重要になります。

このように、簡易迅速かつ和解による最終的な解決率が高い労働審判

が利用される機会が極めて増加していますので、「もし、労働審判申立書が届いたら」すぐに弁護士に相談できる体制を普段から整えておくことが肝要でしょう。

仮処分と労働審判

　労働審判類似の迅速な手続としては「仮処分」があります。仮処分はその名の通り「仮の」判断を速やかに行う手続ですので、迅速性はある程度あります（通常の裁判は1か月の1回の期間隔ですが、仮処分の場合は1～2週間に1度）。もっとも、期日の回数が3回に限られる訳ではありませんし、あくまで「仮」なのでその後に本訴（通常訴訟）を提起することが必要となるため、簡易迅速な解決には向きません。

　そのため、現在ではむしろ、「本気」の申立てが仮処分としてやってくることが多いように思われます。すなわち、労働審判は和解を落としどころにすることを申立人側もある程度承知していますので例えば解雇を争う場合、金銭的な解決をイメージして臨むことになります。一方、仮処分の場合は、後の本訴（通常裁判）まで見据えて、和解による金銭解決を求めるのではなく、本気で「解雇無効（＝職場復帰）を勝ち取ろう」として、申立てが行われるケースが多く、労働審判とは使い分けられているように思われます。

　したがって、企業としては、仮処分の申立てが送達された場合には、それ相応の覚悟を持って相対する必要があるということがいえるでしょう。

> **コラム**

印象裁判

　労働審判は上で述べたとおり、原則3回の期日で終了します（例外的に4回目が行われるのは、和解がほぼ纏まりかけているけれども決済が間に合わないといった場合など）。そして、事実関係の審理は第1回期日にてほぼ終了するため、最初の印象で判断が決まる可能性が高いように思われます。

　そのため、労働審判の場合には、最初の主張（どこまで具体的な事実を主張できるか）・立証（どのような証拠を提出するか、若しくは提出することをにおわせるか）による印象が事案の判断に相当程度影響してくるものと思われます。また、第1回期日における当事者の受け答えが印象を大きく左右するでしょう。

　通常訴訟の場合は、当事者が主張立証を尽くし、厳格な手続に基づく尋問等を経て、裁判官が「心証」を形成して判決を下しますが、労働審判を多数経験すると、これは「心証」というよりも「印象」によるところが大きいのではないかと思うのです。

　もちろん、簡易迅速な解決の為にはやむを得ないことという側面はあると思いますが、労働審判に携わる者としては、この「印象」を如何に良くするかという点にも苦心することになるわけです。

社会保険・労働保険の基礎知識

第16章

1. 社会保険制度の概要

2. 社会保険に関する1年間の人事スケジュール例
   (4月始まりの会社を想定)

第16章 社会保険・労働保険の基礎知識

1. 社会保険制度の概要

　社会保険制度とは、労働者の生活を守ることを目的とし、労働者が病気やケガ、出産、失業、高齢になったときなど、働けなくなってしまうような様々な場面で必要な給付を受けられるように、国が運営する制度のことをいいます。社会保険（**健康保険・介護保険・厚生年金保険**）と労働保険（**労働者災害補償保険**（以下、労災保険）・**雇用保険**）は、私たちの生活に欠かすことのできない大切な制度です。広義では、社会保険と労働保険のすべてを総称して「社会保険」という言い方をする場合もあります。しかし、労働者の入退社の手続きをするときなどを行う際には、この2つはまったく異なる扱いをするため、違いを理解することが必要です。ここでは、事業主に加入を義務付けている保険制度を中心に、仕組みや最低限知っておくべき内容についてご紹介します。具体的には、以下のような制度があります。

こんな時	社会保険・労働保険	問い合わせ窓口（管轄）
業務外の病気・ケガなど	健康保険	全国健康保険協会、健康保険組合
	国民健康保険	市（区）町村、国民健康保険組合
介護が必要なとき	介護保険	市（区）町村
老齢・死亡・障害時の年金	厚生年金保険など	日本年金機構
	国民年金	市（区）町村
業務中の病気・ケガ、障害、死亡など	労災保険	都道府県労働局、労働基準監督署
失業したとき	雇用保険	都道府県労働局、公共職業安定所（ハローワーク）

健康保険（介護保険）と厚生年金保険を合わせて「社会保険」、労災保険と雇用保険を合わせて「労働保険」という。健康保険ならびに年金保険については「国民皆保険制度」を採用しており、すべての国民が公的な保険に加入することが義務付けられている。

次に、それぞれの概要について説明します。

(1) 健康保険とは
① 概要
　健康保険は、労働者（会社員等）やその扶養家族の業務外における（仕事や通勤とは関係ない）病気・ケガ、死亡、出産に関して、保険給付を行う制度です。
　※業務中や通勤中の病気・ケガ、障害、死亡は、労災保険の保険給付が行われます。
② 保険者（運営主体）
　全国健康保険協会（以下、協会けんぽ）、健康保険組合
③ 適用事業所
　ⅰ．国、地方公共団体又は法人の事業所、あるいは
　ⅱ．一定の業種であり常時5人以上を雇用する個人経営の事業所
　が適用事業所（強制適用事業所）となります。
　なお、個人経営の事業所のうち一定の業種から除かれる業種は次のとおりです。

一定の業種から除かれる業種（適用されない業種）

　農業、牧畜業、水産養殖業、漁業 サービス業（ホテル、旅館、理容、娯楽、スポーツ、保養施設などのレジャー産業）、法務（弁護士、会計士、税理士、社会保険労務士等）、宗教(神社、寺院、教会等)

・適用事業所の範囲

		適用業種	適用業種以外業種
国・地方公共団体・法人		強制適用事業所	強制適用事業所
個人経営の事業所	5人以上		適用されない※
	5人未満	適用されない※	

※適用されない事業所においても任意適用事業所として一定の条件を満たせば健康保険に加入することができます。

④ 被保険者（加入者）

　適用事業所に常時使用される労働者は加入者となります。そして、パートやアルバイトでも、<u>1週間の所定労働時間及び1か月の所定労働日数が、同じ事業所に使用される労働者のおおむね4分の3以上あれば加入させる必要があります</u>。

　なお、501人以上の被保険者がいる適用事業所については、上記下線部の条件に該当しないパートやアルバイトでも、次に掲げるⅰ～ⅳすべてに該当する者は加入者となります。

　　ⅰ．週の所定労働時間が20時間以上であること
　　ⅱ．雇用期間が1年以上見込まれること
　　ⅲ．賃金の月額が8.8万円以上であること
　　　（残業代、通勤手当などは含めません。予め決まっている賃金（所定内賃金）が対象となります。）
　　ⅳ．学生でないこと

⑤ 保険料

　加入している保険者（健康保険・健康保険組合など）によって異なります。一例として東京都の会社（保険者：協会けんぽ）で働く40歳未満の保険料の目安

　・標準報酬月額：200,000円　保険料率：9.90％（2019年4月現在の東京都の保険料率）

　・保険料額：200,000円 × 9.90％ ＝ 19,800円（本人負担：9,900円、会社負担：9,900円）

⑥ 会社の負担

　保険料は、事業主と労働者が折半で負担し、保険料の納付は事業主が行います。

⑦ 給付内容

　保険者が協会けんぽ・健康保険組合のケースは図－1のとおりです。

　なお、健康保険組合については次の給付以外に独自の保険給付を行っていることがあります。

第16章 社会保険・労働保険の基礎知識

図-1 健康保険の給付内容

ケース		給付内容	
		被保険者	被扶養者
病気やケガをしたとき	健康保険証で治療を受けるとき	・療養の給付 ・入院時食事療養費 ・入院時生活療養費 ・保険外併用療養費 ・訪問看護療養費	・家族療養費 ・家族訪問看護療養費
	立て替え払いのとき	・療養費	・家族療養費
	医療費が高額になったとき※1	・高額療養費	・高額療養費
	医療費と介護保険の自己負担額の合計が高額となったとき	・高額介護合算療養費	・高額介護合算療養費
	緊急時などに移送されたとき	・移送費	・家族移送費
	療養のための休業(欠勤)が続いたとき	・傷病手当金	―
出産したとき	出産したとき	・出産育児一時金	・家族出産育児一時金
	被保険者が産前産後休業をしたとき (原則として、出産予定日以前42日が産前、予定日後56日が産後となります)	・出産手当金	―
死亡したとき		・埋葬料(費)	・家族埋葬料
退職したあと		継続給付※2のみ ・傷病手当金 ・出産手当金 継続給付、任意継続※3 ・出産育児一時金 ・埋葬料(費) なお、任意継続でも継続給付の条件に該当する場合は、傷病手当金、出産手当金が支給されます。	―

※1 事前に医療費が高額になるときは「限度額適用認定申請書」の利用が便利です。この制度では、一医療機関ごとの窓口での支払を一定の金額(自己負担限度額)までに留めることができます。
※2 継続給付とは、在職時に保険給付を受けている人が資格を喪失した場合でも、継続して受けられる給付のことです。
※3 任意継続制度とは、会社などを退職して被保険者の資格を喪失したときに、以下の条件のもとに個人の希望により引き続き同じ健康保険にて最長2年間被保険者となることができる制度です。

加入要件	・資格喪失日の前日までに「継続して2か月以上の被保険者期間」があること ・資格喪失日から「20日以内」に申請すること
加入期間	任意継続被保険者となった日から最長2年間
保険料	本人金額負担(上限あり)

> 健康保険は、民間企業等に勤める会社員やその扶養家族の業務外の病気やケガ、またはそれによる休業、出産、死亡に関して、保険給付を行う公的な医療保険制度である。被保険者と事業主が保険料を負担しあって運用している。

介護保険

　介護保険は、介護が必要な高齢者を社会全体で支える仕組みであり、公費（税金）や高齢者の介護保険料のほか、40歳から64歳までの健康保険の加入者（介護保険第2号被保険者）の介護保険料（労使折半）等により支えられています。40歳から64歳までの健康保険の加入者は、健康保険料と一緒に介護保険料を納めます。ただし、65歳以降は介護保険の第1号被保険者となり、住居地の市区町村より介護保険料が徴収されることとなります。

子ども医療費助成制度

　子ども医療費助成制度とは、健康保険等に加入している0歳から中学卒業までの子どもに対し、各市区町村にて保険医療費の自己負担額を助成する制度です。利用する場合には、各市区町村にて助成内容、助成範囲、保護者の所得制限の範囲が異なるので、居住地の市区町村にて確認を行ってください。

(2) 労災保険とは

① 概要

　業務が原因の病気・ケガ、障害、死亡、また通勤の途中の事故などの場合（※通勤災害）に、国が会社に代わって給付を行う公的な制度です。労働基準法では、労働者が仕事で病気やケガをしたときには、使用者が療養費を負担し、その病気やケガのため労働者が働けないときは、休業補償を支払うことを義務づけています（労働基準法第75、76条）。しかし、会社に財政的な余裕がない場合や、大きな事故が起きた場合には、十分な補償ができない可能性が高くなります。そこで、労働災害が起きたときに労働者が確実な補償を得られるように労災保険制度が設けられています。

> ※**通勤災害**
> 　業務中でなくても通勤中のケガの場合でも労災保険が適用されることがあります（通勤のための合理的な経路及び方法により行う事が必要です）。通勤の途中で通常の経路を外れたり（逸脱）、通勤と関係ない行為（中断）をしたときは、その後に、通常の経路に戻ったとしても、原則として通勤災害とは認められません。ただし、例外として以下のような行為を行い、その後に通勤経路に戻れば、再び通勤と認められます。
> ・日用品の購入、その他これに準ずる行為
> ・選挙権の行使、その他これに準ずる行為
> ・病院や診療所で診察や治療を受けること、その他これに準ずる行為
> ・職業訓練を受ける場合
> 　なお、通勤災害の詳細については（第9章 P286を参照してください）

② 適用事業所

　労働者を一人でも雇用する事業所は法人であっても個人であっても、原則として、労災保険が強制的に適用される適用事業所となります（つまり、事業主や労働者の意思にかかわらずに労災保険に加入することになります）。

③ 適用事業者（加入者）

　従業員、パート、アルバイトを含む全ての労働者が対象ですが、自営業者や法人の役員は原則加入ができません。事業主には原則として労災保険が適用されませんが、**特別加入**（※）制度により、労災保険の適用を受けることができます。

> ※**特別加入**
>
> 　特別加入制度とは、労働者以外で、業務の実態や、災害の発生状況からみて、労働者に準じて保護することがふさわしいと見なされる人に、一定の要件の下に労災保険に特別に加入することを認めている制度です。
>
> 　特別加入できる人の範囲は、中小事業主等・一人親方等・特定作業従事者・海外派遣者の4種に大別されます。
>
> 　例えば中小事業の場合、事業主は労働者とともに労働者と同様の業務に従事する場合が多いこと、また、建設の事業などの自営業者は、いわゆる一人親方として労働者を雇わずに自分自身で業務に従事するため、これらの人は労働者に準じて保護することを目的としています。
>
> 　また、海外派遣者に関しては、日本の労災保険法の適用はありません。しかし、諸外国の中には、労災補償制度が整備されていなかったり、労災補償制度があったとしても、日本の労災保険給付の水準より低く、充分な保険給付が受けられないことがありますので、海外での労災に対する補償対策として設けられています。

④ **保険料**

　労災保険料は雇用保険料（P526参照）とあわせて「**労働保険料**」として企業が支払います。労働保険料は、労働者に支払う賃金総額×一般保険料率（労災保険料率＋雇用保険料率）という計算式で算定します。労災保険料率は事業の種類によって各々細かく設定されていて、定期的に改定されます。また、メリット制というものがあり、事業主に災害防止努力を促すための制度で、災害発生率の高い事業主は労災の保険料を高くし、災害発生率の低い事業主は保険料を低くするという、個々の事業所における労働災害の多寡により労働保険料率を増減させる制度があります。

⑤ 本人の負担

なし

⑥ 会社の負担

通常労働者を一人でも雇っている事業は、適用事業として労災保険法の適用を受けることになり、保険料を納付しなければなりません。また、保険料は全額事業主負担です。これは業務上の災害については事業主に補償義務があるからです。また、業種によって危険度が異なるため料率が異なります。

⑦ 給付内容

パートやアルバイトも含むすべての労働者が対象です。仮に事業主が加入手続きをしていない場合でも給付を受けられますが、故意又は重大な過失により労災保険に係る加入手続きをしていない期間中に労働災害が生じ、労災保険給付を行った場合は、事業主から遡って労働保険料を徴収（併せて追徴金を徴収）するほかに、労災保険給付に要した費用の全部又は一部を徴収することになります。

図－2 労災保険の給付内容
※給付の名前で補償とつくのが業務災害、つかないのが通勤災害です。

ケース		給付内容
療養したとき	労災病院または労災指定病院で療養する時	・療養（補償）給付 療養の給付
	上記以外で療養する時	・療養（補償）給付 療養費の支給
休業したとき	傷病により労働できず、賃金を受けられない日が4日以上あった時に、4日目から支給される。	・休業（補償）給付
障害を負ったとき	療養開始1年6か月経過しても傷病が治らず、障害の程度が傷病等級（1～3級）に該当する時	・傷病（補償）年金
	傷病が治った後に、障害等級1～7級の障害が残った時	・障害（補償）年金
	傷病が治った後に、障害等級8～14級の障害が残った時	・障害（補償）一時金
死亡したとき	死亡時に生計維持関係にあった遺族がいた時	・遺族（補償）年金
	遺族（補償）年金を受給できる遺族がいない時など	・遺族（補償）一時金
	労働者の葬祭を行った時	・葬祭給付（葬祭料）
介護を受けているとき	障害（補償）年金または傷病（補償）年金の2級以上の受給者が、居宅で介護を受ける時	・介護（補償）給付
健康診断で異常	定期健康診断で脳血管・心臓疾患に関する一定の検査項目の全てに異常があった時	・二次健康診断等給付

⑧ その他

業務上の病気やケガについては労災保険、業務災害以外の病気やケガについては健康保険の保険給付が行われます。なお、通勤途中のケガについては原則として労災保険の保険給付が行われます。労災保険の給付を受けるためには、本人または遺族が労働基準監督署に請求をして、その認定を受ける必要があります。起きてしまった災害等により保険給付が支給されるかどうかは、「**業務起因性**（仕事が原因である災害であるか）」「**業務遂行性**（仕事に必要とされる行為中の災害であるか）」という基準で判断（第9章 P287を参照してください）されます。判断が難しい場合は、労災保険を管轄する「労働基準監督署」に相談しましょう。

> 労災保険は、業務上や通勤途上の事故等による病気やケガに対する補償を、一方で、健康保険は、業務災害以外の病気やケガなどに対する補償をするという違いがある。労災保険の保険料は事業主が全額負担。

メリット制（労働保険の保険料の徴収等に関する法律12条3項）

労災保険のメリット制とは、大きな労働災害を発生させた場合や、労働災害が多発している事業では労災保険率が高くなり、逆に労働災害が少ない事業では労災保険率が低くなる制度です。これにより、労働保険の保険料が最高40％上昇する可能性があります。逆に労災がなければ、最大40％の減となります。なお、通勤災害の場合は、メリット制とは関係がありません。

●メリット制の適用になる対象事業場

「事業の継続性」と「事業の規模」に関する要件を同時に満たしている場合に対象となります。

「事業の継続性」・・・連続する3保険年度中の最後の保険年度に属する3月31日現在において、労災保険にかかる労働保険の保険関係が成立した後3年以上経過していること。

「事業の規模」・・・次のいずれかを満たしていること。

（ア）100人以上の労働者を使用する事業であること。

（イ）20人以上100人未満の労働者を使用する事業であって、当該労働者の数に当該事業に係る基準となる労災保険率から非業務災害にかかる率を減じた率を乗じて得た数(災害度係数)が0.4以

上の事業であること。
災害度係数＝労働者数×(労災保険率－非業務災害率) ≧ 0.4
（ウ）一括有期事業（建設または立木の伐採事業）の場合、確定保険料の額が40万円以上である事業。

(3) 雇用保険とは
① 概要
　雇用保険は、労働者が失業したときや仕事を続けることが困難になったとき、あるいは仕事に関連して教育訓練を受けたときに給付を行うことで、労働者の生活の安定と就職の促進のための失業等給付を行う保険制度です。また、一定の基準を満たした企業へ助成金を支給するなど、会社が安定して労働者を雇用できるように支援する制度もあります。

② 適用事業所
　労働者を一人でも雇っている事業所は法人であっても個人であっても、原則として適用事業となります。雇用保険制度への加入は事業主の責務となっておりますが、労働者自らが雇用保険制度へ会社が加入しているかどうか、インターネット上で検索することも可能です。

③ 被保険者（加入者）
　雇用される労働者は、常用・パート・アルバイト、名称や雇用形態にかかわらず、

　　ⅰ．1週間の所定労働時間が20時間以上で、
　　ⅱ．31日以上の雇用見込がある人は適用対象となります。

　ただし、就労形態や年齢により被保険者の種類が4種類に分けられます。

	名　称	条　件
(1)	一般被保険者	以下の(2)～(4)に該当しない者、大分部がこれに該当する。
(2)	高年齢継続被保険者	65歳に達した日以後に雇用される者（65歳以前から引き続き雇用された者も含める）
(3)	短期雇用特例被保険者	季節的に雇用される者、短期間の雇用に就くことを常態としている者
(4)	日雇労働被保険者	日々雇用される者、30日以内の期間を定めて雇用される者

④ 保険料（P522 労災保険④保険料 参照））

　一般的な事業の雇用保険料率は、9／1000（うち3が本人、6が会社：2019年度）となります。保険料率は、毎年変更になる可能性がありますので、詳しくは厚生労働省ホームページをご確認ください。なお、65歳以上の被保険者は、2019年度までは免除となります。

⑤ 本人の負担

　④の通り保険料は労働者と事業主の双方が負担します。

⑥ 給付内容

図－3　雇用保険の給付内容

ケース		給付内容
失業したとき	一般被保険者	求職者給付	・基本手当（失業手当） ・技能習得手当 ・受講手当 ・通所手当 ・寄宿手当 ・傷病手当
	高年齢継続被保険者	・高年齢求職者給付金
	短期雇用特例被保険者	・特例一時金
	日雇労働被保険者	・日雇労働求職者給付金
再就職・就職活動などしたとき	早期に安定した職に再就職、または事業を開始した時	就職促進給付	・再就職手当
	再就職後の賃金が、離職前の賃金より低い時	・就業促進定着手当
	常用雇用等以外の形態で就業した時	・就業手当
	障害のある方や就職が困難な方（一定の45歳以上の者など）が早期に安定した職業に就いた時	・常用就職支度手当
	公共職業訓練などを受けるために住所や居所を変更した時	・移転費
	ハローワークの紹介により遠隔地の求職活動をした時	・広域求職活動費
	ハローワークの職業指導により再就職のための教育訓練を受けた時	・短期訓練受講費
	面接や教育訓練を受講するため、子について保育等サービスを利用した時	・求職活動関係役務利用費

在職中	60歳以降の賃金が下がった時 （60歳以降の賃金が、60歳時点と比べて75%未満に低下した状態で勤務する時）	雇用継続給付	・高年齢雇用継続基本給付金 （継続雇用など、基本手当や再就職手当を受けずに勤務する時）
	60歳以降に再就職して賃金が下がった時 （再就職後の賃金が、基本手当の基になる賃金日額を30倍した額の75%未満に低下した状態で勤務する時）		・高年齢再就職給付金 （退職後に基本手当や再就職手当を受けた者が再就職した時）
	育児休業をした時 （育児休業期間中に休業開始前の賃金の8割以上を受けてないこと、かつ就業している日数が1か月毎に80時間以下であること）		・育児休業給付
	介護休業をした時 （介護休業期間中に休業開始前の賃金の8割以上を受けてないこと、かつ就業している日数が1か月毎に10日以下であること）		・介護休業給付
教育訓練を受講した時	厚生労働大臣の指定する一般教育訓練を受講し修了した時	教育訓練給付	・一般教育訓練給付金
	専門職大学院や一定の資格取得を目的として養成施設等を受講し修了した時		・専門実践教育訓練給付金
	専門実践教育訓練給付金の受給資格者が失業中の時		・教育訓練支援給付金 （2022年3月31日までの時限措置）

⑦ その他

　失業給付を受けるには、会社を辞めた日以前の2年間に、11日以上働いた月が12か月以上あることが条件です。ただし、辞めた理由が倒産や会社の都合による解雇、有期労働契約が更新されなかった等の場合、辞めた日以前の1年間に、11日以上働いた月が6か月以上あれば、失業給付が受けられます。

　また、失業した理由により、給付の開始時期や給付期間（※）が異なるので注意が必要です。給付が始まるのは、ハローワークに求職の申込みをした日以後、失業状態の日が通算して7日間経過した後ですが、自

己都合または懲戒解雇の場合には、さらに3か月（トータルで7日＋3か月）経たないと支給されません。ただし、自己都合であっても正当な理由がある（例：自己都合ではありながら、病気やケガで労働できない事により会社側の解雇ではなく、自己退職した場合など）と認定されれば、この限りでない場合もあります。

上記のように離職理由によって支給される給付の開始時期や内容が異なります。加えて、退職者は離職票を受け取った際に、離職理由欄を確認し、理由が違っていた場合の申立てや、退職や解雇の理由についての証明書を会社から取得することができるので（労働基準法第22条）、人事労務担当者は、離職票の離職理由欄への記入は慎重に行うことが大切です。

例えば解雇が理由になる場合、離職理由欄へ「解雇」と記載しただけでは判断が難しいので、例えば次のような追記が必要となります。（会社都合による解雇・企業の倒産に伴う離職・事業所の廃止に伴う離職・事業所の移転により、通勤が困難になったことに伴う離職など）なお、記入方法について迷った際には所轄のハローワークに問い合わせるとよいでしょう。

※退職理由による、失業給付（基本手当）が受給できる期間の比較

ⅰ．自己都合・懲戒解雇により退職した場合

区分 \ 被保険者であった期間	1年未満	1年以上5年未満	5年以上10年未満	10年以上20年未満	20年以上
全年齢	−	90日	90日	120日	150日

ⅱ．会社都合（倒産・解雇等）・正当な理由により退職した場合

区分 \ 被保険者であった期間	1年未満	1年以上5年未満	5年以上10年未満	10年以上20年未満	20年以上
30歳未満	90日	90日	120日	180日	−
30歳以上35歳未満	90日	120日（90日）※	180日	210日	240日
35歳以上45歳未満	90日	150日（90日）※	180日	240日	270日
45歳以上60歳未満	90日	180日	240日	270日	330日
60歳以上65歳未満	90日	150日	180日	210日	240日

※離職日が2017年3月31日以前の場合の日数

ⅲ. 就職困難者（障害者・保護観察中の者など）が退職した場合

区分　被保険者であった期間	1年未満	1年以上5年未満	5年以上10年未満	10年以上20年未満	20年以上
45歳未満	150日	300日			
45歳以上65歳未満		360日			

> 雇用保険は、労働者が失業した場合などの再就職促進だけではなく、育児休業期間や介護休業期間の所得保障の役割を担う、失業時・在職時に関わらず雇用を支援するための給付を行う制度である。保険料は会社と労働者が双方で負担。

(4) 厚生年金保険とは

　厚生年金保険の説明の前に、年金制度の全体像を把握する必要があります。年金制度の全体像は下の図のようになっており、職業や働き方などにより、第1号被保険者から第3号被保険者までに分けられます。

図－4　年金制度の全体像（一部省略）

　日本の年金制度は家の構造に例えられることがあり、いわゆる3階建ての構造になっています。

　1階部分は、国内に居住する20歳以上60歳未満のすべての者が**国民年金**に加入している基礎年金と言われる部分（＝国民皆年金）で、高齢期になれば加入期間に応じて定額の基礎年金を受け取ります。2階部分は、会社員や公務員が加入している厚生年金保険の部分で、基礎年金の上乗せとして、会社員・公務員等として「働いた期間」と「給料」に応じた報酬比例の年金を受け取ることになります（保険料は、会社と本人が半々

で負担します)。そして、3階部分は企業年金(**厚生年金基金**・確定拠出年金・**確定給付企業年金**など)や共済年金の**年金払い退職給付**です。

また、年金といえば、「老後に受け取るもの」というイメージがあるかもしれませんが、公的年金には、この「老齢年金」だけでなく、障害を負った場合の「障害年金」、被保険者等が亡くなった場合の「遺族年金」など、現役世代も所得を失った場合に受け取ることのできる年金もあります。

こうした公的年金の様々な給付を受けるためには、保険料を納付することが必要となります。なお、所得が低い場合や学生については、保険料を免除したり猶予したりする制度もあります。

① 概要

労働者が高齢となり働けなくなったり、何らかの病気やケガによって身体に障害が残ってしまったり、生計の担い手である被保険者を亡くしてその遺族が困窮してしまうといった事態に際し、保険給付を行い、労働者とその遺族の生活を守ることを目的としています。

② 適用事業所　※健康保険と同じ

　　ⅰ．国、地方公共団体又は法人の事業所あるいは
　　ⅱ．一定の業種(※)であり常時5人以上を雇用する個人事業所では強制適用

③ 被保険者(加入者)

適用事業所に雇用される70歳未満の者。なお、パートやアルバイトは健康保険と同様の加入基準となります。(P518　参照)

図-5　被保険者の分類

種類	対象	保険料
第1号被保険者	第2号、第3号被保険者以外の20歳から60歳未満の人	月16,410円 (本人支払：2019年度)
第2号被保険者	厚生年金保険が適用される事業所に勤める会社員または公務員	標準報酬月額200,000円の場合36,600円(会社と本人とで18,300円づつ負担) ※保険料率　18.3%
第3号被保険者	第2号被保険者に扶養される20歳から60歳未満の人	なし (配偶者が加入する制度が負担)

④ 保険料

標準報酬月額および標準賞与額にそれぞれ保険料率を乗じて得た額となります。

⑤ 本人の負担　※健康保険と同じ

保険料は、事業主と労働者が折半で負担します。

⑥ 給付内容

図−6　厚生年金保険の給付内容

※被保険者であった期間や受給要件によって受給開始時期や金額が個々人で異なります。

種類	対象	保険料
老齢になったとき	特別支給の老齢厚生年金（60〜64歳まで）	厚生年金保険の被保険者期間が1年以上あり、かつ老齢基礎年金の受給資格を満たしている場合に支給される。
	老齢厚生年金（65歳以上）	厚生年金保険の被保険者期間が1か月以上あり、かつ老齢基礎年金の受給資格を満たしている場合に支給される。※
障害を負ったとき	障害厚生年金（障害等級1級〜3級）	厚生年金保険の加入期間中に初診日のある病気やケガにより、一定の障害の状態になり、かつ障害基礎年金の保険料納付要件を満たしている場合に支給される。
	障害手当金	初診日から5年以内に病気やケガが治り、障害厚生年金の受給対象となる障害よりも軽度の障害が残った場合に、一時金として支給される。
死亡したとき（遺族になったとき）	遺族厚生年金	厚生年金保険の加入中に亡くなった時（または厚生年金保険に加入中に初診日のある傷病がもとで初診日から5年以内に亡くなった場合も含む）、かつ遺族基礎年金の保険料納付要件を満たしている場合に、亡くなった被保険者により生計を維持されていた遺族に支給される。老齢厚生年金の資格期間を満たした者が死亡したときも支給される。

※老齢基礎年金の受給資格を満たすためには、国民年金の保険料納付済期間や厚生年金保険、共済組合等の加入期間が原則として25年以上必要でしたが、2017年8月1日からは10年以上とされ受給資格を満たすための期間が短縮されました。

厚生年金保険は、民間企業などに勤める会社員やその親族の生活安定と福祉の向上に寄与することを目的とした社会保険制度で、被保険者が老齢に達した際や、障害または死亡した際に保険給付が行われる。健康保険と厚生年金保険は、労働者個人や事業主が自由に契約・加入するものではなく、法律により加入が義務づけられている。そのため、健康保険と厚生年金保険への加入は、事業所単位で行うこととなり、事業主は従業員と保険料を折半して負担し、その納付や加入の義務を負う。

年金の３階部分となる確定拠出年金とはどんな制度か？

　公的年金や企業年金などの従来の年金制度は「確定給付型年金」と呼ばれ、国や企業が将来の年金の額を約束していますが、「確定拠出年金」では、加入者自身が資産を運用するため、将来支給される年金額は、掛金とその運用収益との合計額を基に給付額が決まります。

　確定拠出年金の種類には、掛金を企業が拠出する「企業型年金」と加入者自身が拠出する「個人型年金（iDeCo）」があり、受けられる給付には、老齢給付金、障害給付金、死亡一時金、脱退一時金があります。

確定拠出年金のメリットとしては、

- 年金資産を自分で運用し、その結果に応じて年金額が決定される。
- 年金資産が個人別に区分され、残高の把握が容易であり、確定拠出年金相互間のポータビリティ（資産の持ち運び）が可能である。
- 税制上の優遇措置がある（拠出時の事業主掛金は損金算入、加入者掛金は小規模企業共済等掛金控除が適用され、受給時の老齢給付金は、年金の場合は公的年金等控除、一時金の場合は退職所得控除が適用される）。

一方デメリットとして

- 投資リスクを各加入者が負うことになる。
- 老後に受け取る年金額が事前に確定しない。
- 原則60歳までに途中引き出しができない。
- 勤続期間が３年未満の場合には、資産の持ち運びができない可能性がある。

　このように、確定拠出年金は老後の資産形成方法として期待が持たれていますが、積み立てたお金は原則60歳まで引き出すことができないこと、運用成果は自己責任となり不確定であるというデメリットもあります。

コラム

会社がすべきマイナンバー（個人番号）の保護措置とは！？

マイナンバーとは、日本に住民票を有するすべての人（外国人も含まれます。）が持つ12桁の番号で、2016年1月より利用開始された制度です。

目的としては、社会保障、税、災害対策の3分野について、横断的な共通の番号を導入することで、個人の特定を確実かつ迅速に行うことが可能になり、行政の効率化、国民の利便性の向上、さらに公平・公正な社会を実現することにあります。

政府が掲げるマイナンバーのメリットは、大きく3つあります。
① 行政事務を効率化し、人や財源を行政サービスの向上のために振り向けられること
② 社会保障・税に関する行政の手続で添付書類が削減されることや、一人ひとりにあったお知らせを受け取ることができること、各種行政手続がオンラインでできるようになることなど国民の利便性が向上すること
③ 所得をこれまでより正確に把握するとともに、きめ細やかな社会保障制度を設計し、公平・公正な社会を実現すること

会社がマイナンバーを取扱う場面としては、健康保険、雇用保険、年金などの手続きや税務署に提出する法定調書等に労働者のマイナンバーを記載することですが、社会保険においては、以下のような届出にマイナンバーを記載するようになります。

制度	主な届出の内容	施行日
雇用保険	・雇用保険被保険者資格取得届 ・雇用保険被保険者資格喪失届 ・雇用継続給付に関わる届出 等	2016年1月1日提出分〜
労災保険	・障害(補償)給付支給請求書 ・遺族(補償)年金支給請求書 ・傷病の状態に関する届 等	2016年1月1日提出分〜
健康保険 厚生年金保険	・健康保険・厚生年金保険被保険者資格取得届 ・健康保険・厚生年金保険被保険者資格喪失届 ・健康保険被扶養者（異動）届 等	2017年1月1日提出分〜

会社はこうした手続きを行うために、マイナンバーを ①取得 ②利用・提供 ③保管・廃棄し、④安全管理措置を講じすることになりますが、取扱いについては厳しい保護措置が求められています。

① 取得

マイナンバーを取得する際は、利用目的を特定して明示する必要があります。多くの場合は個人番号利用目的通知書などにより、利用目

的を列挙した上で明示します。
　また、マイナンバーを取得する際には、正しい番号であることの確認（番号確認）と、番号の正しい持ち主であることの確認（身元確認）が必要です。原則として、いずれかの書類により確認する必要があります。
　　ⅰ．個人番号カード
　　ⅱ．通知カードまたはマイナンバーの記載された住民票の写しと、運転免許証など
　雇用関係にある場合は、本人に相違ないことが明らかに判断できると認められるときは、身元確認書類を不要とすることが認められます。例として社員カードのICチップによる確認や、対面でマイナンバーの提供うける場合に知覚（見て本人であることを判断）による確認です。

② 利用・提供
　マイナンバーの利用範囲は、法律（以下、番号法）に規定された社会保障、税及び災害対策に関する事務に限定されています。また提供にあたっても番号法で限定的に明記された場合を除き、マイナンバーを提供してはなりません。
　例えば、労働者が出向により異動した場合、会社間でマイナンバーの受渡しをすることはできませんので、出向先は労働者本人からマイナンバーの提供を受けなければなりません。

③ 保管・廃棄
　番号法で限定的に明記された場合を除き、マイナンバーを収集又は保管することはできないため、社会保障及び税に関する手続書類の作成事務を処理する必要がなくなった場合で、法令において定められている保存期間を経過した場合には、マイナンバーをできるだけ速やかに廃棄又は削除しなければなりません。
　　※社会保険関連の書類保存期間の例
　　・健康保険、厚生年金保険　　被保険者資格取得届・喪失届 ⇒ 2年
　　・雇用保険　　　　　　　　　被保険者資格取得届・喪失届 ⇒ 4年

④ 安全管理措置
　特定個人情報の漏えい、滅失又は毀損の防止その他の適切な管理のために、必要かつ適切な安全管理措置を次の4つの分野について講じなければなりません。

(1) 組織的安全管理措置
　　安全管理について労働者の責任と権限を明確に定め、安全管理に対する規程等を整備運用し、その実施状況を確認することをいいます。
(2) 人的安全管理措置
　　労働者に対する、業務上秘密と指定された個人データの非開示契約の締結や教育・訓練等を行うことをいいます。
(3) 物理的安全管理措置
　　入退館（室）の管理、個人データの盗難の防止等の措置をいいます。
(4) 技術的安全管理措置
　　個人データ及びそれを取り扱う情報システムへのアクセスログ管理、不正ソフトウェア対策、情報システムの監視などの措置をいいます。

2. 社会保険に関する1年間の人事スケジュール例（4月始まりの会社を想定）

〜定期的に発生するもの〜

■ 毎月

　《社会保険》　末日　前月分社会保険料の支払

■ 社員入社時

　《社会保険》　健康保険・厚生年金保険資格取得手続（5日以内）
　《労働保険》　雇用保険資格取得手続（翌月10日まで）

■ 社員退職時

　《社会保険》　健康保険・厚生年金保険資格喪失手続（5日以内）
　《労働保険》　雇用保険資格喪失手続（10日以内）

■ 賞与を支給時

　《社会保険》　賞与支払届提出（支給日より5日以内）

■ 給与を改定した時

　《社会保険》　月額変更届の提出（3か月間の平均報酬月額に該当する標準報酬月額と従前の差が2等級以上あるとき）
　《社会保険》　社会保険料控除額の変更（月額変更届の対象となる月の保険料から変更）

〜時期によるもの〜

■ 4月

　《労働保険》　雇用保険料率の変更（不定期）

■ 6月

　《労働保険》　6月1日　労働保険料の年度更新手続きの受付開始

■ 7 月
《社会保険》　4 月昇給の場合、社会保険月額変更届の要否確認
《労働保険》　7 月 10 日　労働保険料年度更新手続きの提出・納付期限
《社会保険》　7 月 10 日　算定基礎届の提出期限
《そ の 他》　7 月 15 日　障害者・高年齢者雇用状況報告書の提出期限

■ 9 月
《社会保険》　算定基礎届決定通知に基づく社会保険料変更

■ 10 月
《社会保険》　健康保険扶養異動調書
《労働保険》　10 月 31 日　労働保険料第 2 期分の納付期限（延納の場合）

■ 12 月
《社会保険》　賞与支払届提出（支給日より 5 日以内）
《そ の 他》　給与所得の年末調整（本年最後の給与支給日）

■ 1 月
《そ の 他》　1 月 31 日　給与支払報告書の提出（各市区町村）
《労働保険》　1 月 31 日　労働保険料第 3 期分の納付期限（延納の場合）

■ 3 月
《社会保険》　介護保険料率の変更（全国健康保険協会管掌健康保険、3 年ごと）

本書を最後までお読み頂きありがとうございました。

　本書に書いてあることを一通りご理解頂ければ、最低限、人事労務担当者としての基本は身に付いたといっても良いのではないかと思います。
　本書を執筆するにあたり、最も難しかったのは、「分かりやすく伝える」という部分です。基本を理解する上で、分かりやすさというポイントは絶対に譲れない部分でしたが、我々法律実務家は、日々専門用語を用いて業務に当たっています。そのため、専門用語をできる限り使わずに、かつ、誤解の無いような解説を行うことは本当に難しく、まず自らが本当に理解している事が必要となり、不確かな知識では、小難しい言い方でごまかすことはできても、平易な言葉で分かりやすく伝えることはできません（自分の不理解を痛感した場面もありました）。
　その意味では、本書は2014年1月から2月までという極めて短期間の執筆時間内でしたが、最後の最後まで文章の推敲を重ね、読みやすくする工夫をしたつもりです。
　ここで、本書の目的である、「基礎を学ぶ」という点について述べておきます。
　本書の意義は、基礎的な事項に関する結論を覚えて頂くところにあるのではなく、あくまで労働法の基礎を理解するという点になります。
　なぜ、基礎を理解する必要があるのかというと、実務上の問題に対する「結論」だけを覚えていたのでは、未知の問題に取り組む際に応用が利かないからです。
　人事労務担当者として、日々の実務に携わる中では、「本に書いていないような問題」、「当社独自の問題」が必ず生じます。そのようなときに、最終的には弁護士・社会保険労務士にアドバイスを求めるとしても、まずは自分で、新しい問題に対する方向性だけでも見つけられるための羅針盤となること、これが基礎を学ぶ意味であり、本書の存在意義でもあります。
　そのため、本書は、一度読んで終わりではなく、繰り返し読んでみたり、問題が発生した際に当該箇所を参照するなどすることによって、本当の意味で基本が身に付くと考えています。
　本書のエッセンスを実務に生かして頂ければ、これ以上の喜びはありません。

本書をマスターした方の「今後の勉強法」としては、まずは実務で現に問題となっている箇所の専門書（本書の各章をそれぞれ1冊の本にしたようなものが世の中には多数あります）をお読み頂くことでしょう。自分が現に問題として抱えている事項を勉強し、さらにその周辺まで勉強するようにすれば、徐々に自分の守備範囲が広がっていくと思います。

さらに労働法が難しく、奥深いのは、法律の記載が非常に抽象的で（例えば、解雇が「濫用」の場合は無効など）、これだけを追いかけていても実務に役立たないからです（しかも、法改正は頻繁にあります）。労働法を正しく理解する上では、①法律、②規則、③通達、④行政見解、⑤判例、⑥学説を複合的に理解する必要があります。

①法改正・②規則改正の動向を雑誌・セミナー、厚生労働省HP（厚生労働省のメールマガジンもあります）などを通じて理解し「問題となりそうだ」という感覚を身につけることでしょう。

最終的には、弁護士・社会保険労務士に回答を求めれば良いのですが、そもそも人事労務担当者の方が疑問に思って質問して頂かなければ士業は動けません。そのため、まずは「疑問に思って質問する」ために必要な最低限の知識を常にアップデートしていくことが必要となります。

最後に、今後、企業人事労務研究会としては、本書の出版だけではなく、応用的・実践的書籍の出版、基礎的セミナーから応用実務セミナーまで、様々なチャネルを通じて、人事労務担当者の方の助けとなるべく活動して参る所存です。

本書・本会に関するご意見・ご要望・ご感想がございましたら、是非こちらまでお寄せ下さい。

　　　info@j-leaders.org

人事労務担当者になって初めて本書を手に取った方が、いつの日か人事部長になる日を夢見て

　　　　　　　　　　2014年2月　首都圏20年ぶりの大雪を見ながら
　　　　　　　　　　　　　　　編集代表　弁護士　倉重公太朗

こちらの用語集では、前半は各章に掲載されている用語順で意味を詳しく解説。
後半では五十音順での索引形式により、各用語の掲載頁がわかるようになっております。
必要に応じてご活用ください。

用語集

序章2

等級（基本処遇）制度	人事処遇の基本となる社内の等級（資格）制度	P40
賃金制度	基本処遇制度に基づき、社員の賃金を決定するための制度	P40
人事考課制度	公正かつ納得性のある人事管理を運営し、組織目標を達成できる人材を育成するための制度	P40
人材育成（能力開発）制度	会社が求める社員の能力を戦略的・計画的に高める制度	P40
職能資格制度	企業における職務遂行能力を職掌として大くくりに分類したうえ、各職掌における職務遂行能力を資格とその中のランク（級）に序列化したもの	P50
職務等級制度	企業内の職務を職責の内容・重さに応じて等級（グレード）に分類・序列化し、等級ごとに賃金額の最高値、中間値、最低値による給与範囲（レンジ）を設定する制度	P50
役割等級制度	各人の役割に基づき人材を処遇する制度	P50
職能給	職務遂行能力の高まりに応じて決定される給与	P50
職務給	職務等級の大きさに応じて決定される給与	P51
役割給	役割の大きさに応じて決定される給与	P51
能力考課	職務遂行能力の保有度合いについて評価するもの	P52
意欲考課	組織で働く上での心構えについて評価するもの	P52
成績考課	具体的な仕事の達成度合いについて評価するもの	P52
コンピテンシー	高いレベルの業務成果を生み出す、仕事のできる人の行動特性のこと	P52
目標管理	社員に業務目標を設定させ、その進捗や実行を各人が自ら主体的に管理する手法	P52

用語集

第1章

用語	説明	頁
採用	企業が労働者を雇い入れること	P68
労働契約（雇用契約）	労働者は労働に従事し、企業は労働者の労働に対して賃金を支払うことを内容とする契約	P68
採用の自由	企業が労働者を採用することについて有する自由	P68
間接差別	性別以外の事由を要件に、一方の性の構成員に他の性の構成員と比較して相当程度の不利益を与えるものを、合理的理由なく講じること	P70
コース別採用（コース別管理）	雇用する労働者について、労働者の職種、資格等に基づき複数のコースを設定し、コースごとに異なる配置・昇進・教育訓練等の雇用管理を行うシステム	P70
合理的配慮	（募集・採用時）障害者と障害者でない者との均等な機会を確保するための措置 （採用後）障害者と障害者でない者との均等な待遇の確保または障害者の能力の有効な発揮の支障となっている事情を改善するための措置	P72
法定雇用率	常時雇用している労働者の総数に占める身体障害者・知的障害者・精神障害者である労働者の割合	P73
障害者	身体障害、知的障害、精神障害（発達障害を含む。）その他の心身の機能の障害があるため、長期にわたり、職業生活に相当の制限を受け、又は職業生活を営むことが困難な者	P73
対象障害者	身体障害者、知的障害者又は精神障害者（精神保健法に基づく精神障害者保健福祉手帳の交付を受けているものに限る）	P73
賃金	賃金、給与、手当、賞与、その他名称のいかんを問わず、労働の対償として、使用者が労働者に支払うすべてのもの	P77
労働条件通知書	労働基準法上、企業が労働者に明示しなければならない労働条件を記載した書面	P77
就業規則	企業の職場規律と労働条件を定めた文書	P78
身元保証契約	企業が労働者のために負うであろう損害賠償責任を身元保証人が担保する旨の契約	P79
退職勧奨	企業が労働者に対し、自発的に退職するように促すこと	P80
採用内定	正式な入社により労務提供を開始する前ではあるけれども、労働者を採用することが決定している状態	P80
採用内々定	ほぼ内定が決まりかけているけれども内定式などの正式手続の前の状態	P80
解雇	企業が一方的に雇用契約を終了させること	P81

始期付解約権留保付の労働契約	採用内定通知を発した後に労働契約締結のための他の手続（内定式等）が予定されていない場合における採用内定中の労働契約関係のことをいい、労働契約が成立しているが、労働義務の履行に始期が付されており、企業が労働者を不適格と判断した場合には労働契約を解約しうる状態	P82
出向	労働者が自己の雇用先の企業に在籍のまま、他の企業の事業所において相当長期間に亘って当該他企業の業務に従事すること	P86
試用期間	労働者を採用後（労働契約の成立後）、労働者を業務に従事させながら労働者の適格性を判断するための期間	P87
解約権留保付の労働契約	試用期間中の労働契約関係のことをいい、労働契約が成立しているが、企業が正社員として不適格であると判断した場合には労働契約を解約しうる状態	P88
解雇予告	解雇することを労働者に対して事前に予告すること。労基法では、原則として30日前の解雇予告が必要とされている	P88
解雇予告手当	解雇予告をしない場合において、解雇予告に代えて労基法上支払わなければならないとされている手当のこと	P88
解雇権濫用法理	客観的に合理的な理由を欠き、社会通念上相当であると認められない解雇は、解雇権を濫用したものとして無効になること（労働契約法16条）	P89

第2章

懲戒処分	労働者の企業秩序維持違反行為に対する制裁罰であることが明確な、労働関係上の不利益措置	P92
直律効	法律に反することで無効となった部分が、当該法律の定める基準によって規律されること	P93
労働協約	ⅰ労働組合と使用者との間のⅱ労働条件その他に関する協定であって、ⅲ書面により作成され、ⅳ両当事者が記名捺印したもの	P95
労働組合	労働者が主体となって自主的に労働条件の維持改善その他経済的地位の向上を図ることを主たる目的として組織する団体又はその連合団体	P95
労使協定	労基法・育児介護休業法・雇用保険法等法律により特別に規定された事項について過半数労組との間で締結する書面による協定	P95
絶対的必要記載事項	就業規則に必ず記載しなければならない事項	P97
相対的必要記載事項	ある制度を実施する場合には就業規則に記載する必要がある事項	P97
任意的記載事項	就業規則に記載するか否かが自由である事項	P97

用語集

36協定	使用者が、労働者に対し、法定時間外労働又は法定休日労働を適法に命じるために、使用者と当該事業場の労働者の過半数で組織する労働組合又は労働者の過半数を代表する者との間で締結する時間外・休日労働に関する労使協定	P102
不利益変更	労働契約等によって一度設定された労働条件を就業規則・労働協約等により低下させること	P105

第3章

月例賃金	毎月支払われる給与	P110
賞与	定期又は臨時に、支給されているものであって、その支給額があらかじめ確定していないもの	P110
退職金	労働契約の終了に伴い、使用者が労働者に払う一定の金員のこと	P110
基準内賃金（所定内賃金）	割増賃金の算定基礎となる賃金	P110
基準外賃金（所定外賃金）	割増賃金の算定基礎から除かれる賃金	P110
割増賃金	労基法が定める「1日の実労働時間が8時間または1週40時間を超えた場合」、「1週1日又は4週4日の休日に労働させた場合」及び「午後10時から午前5時までの深夜に労働させた場合」に、その超過労働時間等の対価として通常の賃金に割増加算して支払われる賃金	P110
年俸制	賃金の全部または相当部分を労働者の業績等に関する目標の達成度を評価して年単位に設定する制度	P111
出来高払制	労働者の製造した物の量・価格や売上等に応じた一定比率で額が決まる賃金制度	P112
通貨払いの原則	労基法上の賃金は現金で支払わなければならないこと	P112
直接払いの原則	労基法上の賃金は労働者本人に直接支払わなければならないこと	P112
全額払いの原則	労基法上の賃金は全額を支払わなければならないこと	P113
毎月1回以上払いの原則	労基法上の賃金は、毎月（毎月1日から月末までの間）1回以上支払われなくてはならないこと	P113
一定期日払いの原則	労基法上の賃金は、毎月一定の期日に支払わなければならないこと	P113
男女同一賃金の原則	労働者が女性であることを理由として、賃金について、男性と差別的取扱いをしてはならないこと	P113
年功型賃金	年齢、勤続年数に応じて賃金額が上昇する賃金	P119

成果主義賃金	成果や業績、能力を重視して決定される賃金	P119
最低賃金	最低賃金法が定めるもので、地域別最低賃金と特定最低賃金の2種類ある。これに違反する金額を労働契約で定めても無効であり、最低賃金が適用される	P120
平均賃金	原則、算定すべき事由の発生した日以前3か月間にその労働者に対し支払われた賃金の総額を（支給総額）、その期間の総日数（歴日数）で除した金額であって、解雇予告手当の額などを算定する基礎となる概念	P121
育児休業	1歳未満の子を養育する（同居し、看護する）労働者が、子の養育のためにする休業。期間は、原則として子が1歳になる日までの間で労働者が申し出た期間であるが、子が保育園に入所できない等、休業が特に必要と認められる場合には、最長で2歳になる日まで延長が認められる	P122
介護休業	労働者が、負傷、疾病又は障害により、2週間以上の期間にわたり常時介護を必要とする状態にある対象家族（配偶者、父母及び子のほか、祖父母、兄弟姉妹及び孫）を介護するためにする休業。期間は、延べ93日間で、この日数内で最大3回まで分割して取得できる	P122
定期昇給	個々の労働者の年齢、勤続年数等に応じて決められる賃金について、毎年、あらかじめ定められている賃金テーブル等の賃金決定基準に従って増額する制度、ないしは、個々の労働者の職務遂行能力に応じて決められる賃金について、毎年の人事考課に基づく職能等級の上昇により増額する制度	P123
ベースアップ	あらかじめ定められた賃金表ないしあらかじめ定められている賃金決定基準そのものを修正・改定し、賃金を上昇させること	P124
実労働時間	労働者が実際に働いた時間	P124
法定労働時間	労基法で定められた1日8時間、1週40時間の労働時間	P124
所定労働時間	就業規則等において契約上労働すべき時間として定められた時間であり、始業時刻から終業時刻までの時間（拘束時間）から休憩時間を除いた時間	P124
労働審判	地方裁判所に設置される労働審判委員会（裁判官1名と労働関係専門家2名からなる）が、原則3回以内の期日で、個別労働関係の民事紛争について、権利関係を踏まえつつ事案の実情に即した解決のための審判をする制度。当事者が審判に異議申立てをすれば通常の民事訴訟（第一審）へと移行するが、実務上は調停（和解）で終了するケースが多い	P126
付加金	使用者が割増賃金等の支払義務に違反した場合に、裁判所が、労働者の請求により、それら未払金のほかに、支払いを命じることができる金員。支払義務の有無及び金額は裁判所の裁量により決定される	P126

用語集

労使慣行	労使関係において、成文の規範に基づかないで一定の取扱いが長い間反復・継続されている場合、そのような取り扱いが行為準則となること	P131
支給日在籍条項	賞与の支給要件として支給日に雇用されていることを要求する旨の条項	P131
転籍	労働者が自己の雇用先の企業を退職したうえ、他の企業へ籍を移して(労働契約関係を成立させて)当該他企業の業務に従事すること	P132

第4章

労働時間の状況	労働者がいかなる時間帯にどの程度の時間、労務を提供し得る状態にあったかを図る安衛法上の概念であり労基法上の労働時間とは異なるもの	P141
法内残業	所定労働時間を超えて労働基準法で定める法定労働時間以内の残業	P142
法定外残業	法定労働時間を超える残業	P142
法定休日	労働基準法の定める1週1日又は4週4日の休日	P142
所定休日	法定休日以外の休日	P142
限度時間	36協定により延長できる時間の限度	P144
特別条項	臨時的な特別の事情がある場合に限度時間を超えて残業を命じることができる条項	P144
安全配慮義務	特定の契約を締結した当事者が負っている、相手方の身体・生命・財産を害さないように配慮すべき義務のこと。労働契約における使用者は、契約上このような義務が明示されていなくても、労働契約法5条に基づき、労働者に対して安全配慮義務を負っている	P151
勤務間インターバル	前日の終業時刻と翌日の始業時刻の間に設ける休息時間	P153
変形労働時間制	労使協定または就業規則等において定めることにより、一定期間を平均し、1週間当たりの労働時間が法定の労働時間を超えない範囲内において、特定の日又は週に法定労働時間を超えて労働させることができる制度	P154
フレックスタイム制	就業規則等により制度を導入することを定めた上で、労使協定により、一定期間(3か月以内)を平均し1週間当たりの労働時間が法定の労働時間を超えない範囲内において、その期間における総労働時間を定めた場合に、その範囲内で始業・終業時刻・労働者がそれぞれ自主的に決定することができる制度	P154
事業場外労働	労働者が事業場外で労働する場合であって、労働時間の算定が困難なときに、原則として所定労働時間労働したものとみなす制度	P154

裁量労働制	業務の遂行方法が大幅に労働者の裁量に委ねられる一定の業務に従事する労働者について、労働時間の計算を実労働時間ではなくみなし時間によって行うことを認める制度	P154
1か月単位の変形労働時間制	1か月以内の一定の期間を平均し、1週間の労働時間が40時間以下の範囲内において、1日及び1週間の法定労働時間を超えて労働させることができる制度	P156
1年単位の変形労働時間制	1か月を超え1年以内の期間を平均して1週間当たりの労働時間が40時間を超えないことを条件として、業務の繁閑に応じ労働時間を配分することを認める制度	P156
1週間単位の非定型的労働時間制	規模30人未満の小売業、旅館、料理・飲食店の事業において、労使協定により、1週間単位で毎日の労働時間を弾力的に定めることができる制度	P156
コアタイム	フレックスタイム制で労働者が必ず労働しなければならない時間帯	P165
フレキシブルタイム	フレックスタイム制で出退勤が労働者に委ねられている時間帯	P166
専門業務型裁量労働制	業務遂行の手段や時間配分などに関して企業が具体的な指示をしない19の業務について、実際の労働時間数とはかかわりなく、労使協定で定めた労働時間数を働いたものとみなす制度	P173
企画業務型裁量労働制	事業運営の企画、立案、調査及び分析の業務であって、業務遂行の手段や時間配分などに関して企業が具体的な指示をしない業務について、実際の労働時間数とはかかわりなく、労使委員会で定めた労働時間数を働いたものとみなす制度	P173
管理監督者	労働条件の決定その他労務管理について経営者と一体的立場にあり、労働時間、休憩及び休日に関する労基法の規定の適用が除外される者	P178
高度プロフェッショナル制度	高度の専門的知識を有し、職務の範囲が明確で一定の年収要件を満たす労働者を対象として、労使委員会の決議や本人の同意を要件として、労働時間、休憩、休日及び深夜割増賃金に関する労基法の規定の適用が除外される制度	P180

第5章

休憩時間	労働時間の途中に置かれた、労働者が労働から離れることができる時間	P190
一斉休憩の原則	企業は労働者に一斉に休憩時間を与えなければならないという原則	P191
休憩時間自由利用の原則	労働者は休憩時間を自由に利用できるという原則	P191

用語集

休日	あらかじめ労働義務がない日として契約で定められた日	P191
休暇	もともと労働義務があったものの、一定の理由により労働義務が免除された日	P192
休日の振替	あらかじめ振替休日の日を指定した上で、特定の休日に労働させること	P193
代休	休日に労働をさせた後に、代わりの休みを与えること	P194
有給休暇	労働者が毎年一定日数取得でき、出勤したとみなされ賃金が支払われる休暇	P195
法定の有給休暇	労働基準法の要求する最低限の有給休暇	P195
法定外の有給休暇	労働基準法の水準を超えて、就業規則等を根拠に与えられる有給休暇	P195
有給休暇の買上げ	企業が労働者に対価を支払って、未消化の有給休暇を消滅させること	P195
時季指定	労働者による有給休暇日の指定	P197
時季変更権	労働者に有給休暇を認めることで企業の事業の正常な運営を妨げる場合に、労働者の時季指定を認めないとする企業の権利	P199
計画年休	有給休暇のうち5日を超える部分について、労働者からの時季指定がなくとも、企業が強制的に労働者に有給休暇を付与できる制度	P201
年次有給休暇管理簿	年休の時季、日数、基準日を労働者ごとに明らかにした管理簿	P205

第6章

配転	労働者の配置の変更であって、職務内容または勤務場所が相当の長期間に亘って変更されるもの	P210
不当労働行為	労働組合に対する使用者の不当な干渉や妨害行為として労働組合法により禁止されている行為	P211
限定正社員	契約期間の定めはないものの、勤務地、職種、勤務時間のいずれかが限定されている労働者	P213
昇進	企業組織における管理監督権限や指揮命令権限の上下系統（ライン）における役職（管理監督職）の上昇又は役職をも含めた企業内の職務遂行上の地位（職位）の上昇	P227
昇格	職能資格制度における資格の上昇	P227
昇級	職能資格制度における級の上昇	P227
降格	人事権行使としての職位や役職を引き下げるもの（昇進の反対）又は職能資格制度上の資格や職務等級制度上の等級を低下させるもの（昇級、昇格の反対）	P228

第7章

譴責(けんせき)	始末書を提出させて将来を戒める処分	P232
戒告	将来を戒めるのみで始末書の提出を伴わない処分	P232
減給	労働者が受け取ることができるはずの賃金を減額する処分	P233
出勤停止(停職)	労働契約を存続させつつ、労働者の労働義務の履行を停止する処分	P233
(懲戒処分としての)降格	制裁を目的として労働者の役職や職能資格を低下させること	P233
諭旨解雇(諭旨退職)	勧告に応じない場合には懲戒解雇をすることを前提として即時退職を勧告して、本人の願い出による形式をとって退職させること	P234
懲戒解雇	労働者に対する制裁として行われる解雇のこと	P234
合意退職	企業と労働者の合意によって雇用契約を終了させること	P250

第8章

セクシュアルハラスメント	職場における労働者の意に反する性的言動	P261
LGBT	「Lesbian（レズビアン：女性の同性愛者）、Gay（ゲイ：男性の同性愛者）、Bisexual（バイセクシャル：両性愛者）、Transgender（トランスジェンダー：身体上の性別と自己の性自認が一致しない者）の頭文字をとって組み合わせた言葉で、性的少数者（セクシュアルマイノリティ）を表す言葉の一つとして使われることもある。最近はLGBTQとして「Q」(Questioning)、つまり自分の性別がわからない人や意図的に決めていない人、決まっていない人、模索中である人を加えることもあります	P262
対価型セクシュアルハラスメント	職場において行われる性的な言動に対する労働者の対応により、当該労働者が解雇、降格、減給等の不利益を受けること	P262
環境型セクシュアルハラスメント	職場において行われる性的な言動により、労働者の就業環境が不快なものとなったため、能力の発揮に重大な悪影響が生じる等当該労働者が就業する上で看過できない程度の支障が生じること	P262
パワーハラスメント	同じ職場で働く者に対して、職務上の地位や人間関係などの職場内の優位性を背景に、業務の適正な範囲を超えて、精神的・身体的苦痛を与える又は職場環境を悪化させる行為	P265
マタニティハラスメント	妊娠・出産、育児休業等を理由として解雇、不利益な異動、減給、降格等の不利益な取扱い及び妊娠や出産に関する嫌がらせ行為	P268

用語集

第9章

用語	説明	ページ
相当因果関係	特定の具体的な出来事から、ある損害が生じたという事実の流れについて、通常であれば予見が可能であるという関係性が認められること。債務不履行や不法行為に起因して生じた損害のうち、相当因果関係のある損害のみが、損害賠償責任の対象となる	P301
過失相殺	損害が発生したことについて被害者に過失が存在した場合に、加害者の損害賠償責任が減額されること。たとえば、損害が発生したことについて、被害者の過失の占める割合が3割（加害者の過失の占める割合は7割）であれば、損害賠償額は3割減額される	P303
損益相殺	損害を受けた被害者が、その損害の発生原因と同一の原因により、同時に利益も受けていた場合において、加害者の損害賠償責任の額から、当該利益の額を減額すること	P305
総括安全衛生管理者	常時100人以上を使用する建設業や運輸業など一定の業種・規模の事業場において選任が必要となる、事業場における安全衛生の最高責任者	P311
安全管理者	一定の業種（屋外作業的業種や製造業など）・規模（常時50人以上を使用）の事業場において選任が必要となる、安全に関する技術的事項を管理する者	P311
衛生管理者	一定の規模（常時50人以上を使用）の事業場において選任が必要となる、衛生に関する技術的事項を管理する者	P311
安全委員会	一定の業種（製造業、建設業や化学工業など）・規模（業種により、常時50人以上もしくは100人以上を使用）の事業場において設置が義務付けられる、安全に関する事項を審議する機関	P315
衛生委員会	一定規模（常時50人以上を使用）の事業場において設置が義務付けられる、衛生に関する事項を審議する機関	P315
安全衛生委員会	安全委員会及び衛生委員会の双方を設置する必要がある事業場において、両委員会を別々に設置する代わりに認められる両者を合併した審議機関	P315
産業医	常時50人以上の労働者を使用する事業場において選任が義務付けられる、労働者の健康管理等の一定の職務を行う医師	P316
安全衛生管理計画書	労働災害防止の観点から策定及び労基署への提出が求められる、職場の安全衛生管理活動の計画書	P318
健康診断	安衛法に基づき事業者に実施が求められる医師による健康診断。定期的な一般健康診断と特定業務にかかる特殊健康診断がある	P319
ストレスチェック	労働者の心理的な負担の程度を把握するための検査	P320

第10章

同一労働同一賃金	同一の事業主に雇用される通常の労働者と非正規雇用（短時間・有期雇用労働者・派遣労働者）との間の不合理な待遇の相違、差別的取り扱いの解消を目指すもの。なお、日本の場合は法人単位であり、職務内容や責任、その他の事情により同一の処遇でなくとも良いとする点でEUなど諸外国の例とは異なる「日本版」の同一労働同一賃金である	P335
無期労働契約に転換	同一の使用者との間で締結している有期労働契約の契約期間が、通算して5年を超えた場合、労働者からの申し出により、有期労働契約を無期労働契約へ転換することが認められている	P336
ノーワークノーペイ	労働していない場合、当該不就労分に関しては賃金が支払われないこと	P336

第11章

普通解雇	懲戒解雇以外の解雇のこと	P348
狭義の普通解雇	解雇の原因が労働者にある場合の解雇のこと	P349
整理解雇	企業側の経営上の都合で行う解雇のこと	P349
退職	「解雇」以外の雇用契約の終了事由の総称	P350
辞職	労働者が一方的に雇用契約を終了させること	P350
雇止め	企業が有期雇用契約の期間満了前に契約を更新せず、期間満了により雇用契約を終了させること	P350
休職期間	正常な労務提供ができない労働者が、労働義務の免除を受けている期間のこと。いわゆる療養のための期間であり、同期間内に復職可能とならなければ解雇・退職に至る。そのため、休職期間は、一般的には解雇・退職猶予のための期間であると考えられている	P350
定年制	就業規則においてあらかじめ定めた年齢に達したことによって雇用契約が終了する制度のこと	P351
労働委員会	労働組合と使用者間の労働条件や組合活動のルールを巡る争いの解決や、使用者による不当労働行為があった場合における労働組合や組合員の救済及びあっせん・調停・仲裁など、集団的労使関係を安定、正常化することを主な目的とする行政機関であり、公益の代表者（公益委員）、労働者の代表者（労働者委員）、使用者の代表者（使用者委員）の三者で構成されているもの	P362
除外認定	即時に解雇するために必要とされる労働基準監督署長の認定のこと	P363

用語集

官報	政府が、国民に知らせる事項を編集して、毎日刊行する国家の公告文書。ウェブサイト（インターネット版官報）でも閲覧することができる	P366
解雇回避努力義務	整理解雇に先立ち、整理解雇を回避するための努力を尽くさなければならないこと。整理解雇が有効となるための要件（要素）の1つ	P370
継続雇用制度	現に雇用している高年齢者が希望するときは、定年後も引き続いて雇用を継続する制度のこと	P383
解雇理由証明書	労働者の請求に基づいて労基法上交付しなければならないこととされている解雇理由の証明書のこと	P386

第12-1章

雇止め法理	労働契約法19条によって立法化された、有期雇用契約労働者に対する解雇権濫用法理の類推適用する法理	P394
不更新条項	有期雇用契約において、本契約は更新せず最終契約であるとする旨の条項	P397
更新上限条項	有期雇用契約において、契約を更新する回数や更新を行う年数の上限を定める条項	P398
無期転換（申込）権	有期雇用契約の更新により通算契約期間が5年を超えた場合に発生する、雇用契約の無期転換を申し込む権利	P398
クーリング期間	有期雇用契約の期間満了後に一定の空白期間が経過した場合に契約期間の通算がリセットされる期間	P400
事業所単位の期間制限	派遣先は同一事業所において、派遣開始日から3年間を超えて、継続して派遣労働者の就業を受け入れてはならないという制限のこと	P410
個人単位の期間制限	派遣先は、当該事業所の同一の組織単位に、同一の派遣労働者の就業を3年間を超えて、継続し受け入れてはならないという制限のこと	P410
常用代替防止	派遣労働者が派遣先の正社員等の常用労働者を代替して、常用労働者の雇用の安定が妨げられることを防止すること	P410
固定化防止	不本意に派遣労働に固定され、キャリアアップの機会を得られなくなることを防止すること	P410
労働契約申込みみなし制度	無許可派遣、派遣禁止業務への派遣、派遣可能期間制限に違反したり、偽装請負などの違法派遣が行われた場合に、派遣先が派遣労働者に対して、直接雇用を申し入れたとみなす制度	P415
偽装請負	派遣法等の適用を免れる目的で、労働者派遣以外の名目で契約し、労働者派遣契約で定めるべき事項を定めずに、労働者派遣を受けること（労働法等の適用を免れるため、労働契約以外の業務委託等の名目で契約し、実質的には指揮命令を行なっていることを指す場合もあります）	P416

用語	説明	頁
紹介予定派遣	労働者派遣のうち、派遣元が、派遣労働者・派遣先に対して職業紹介を行うことを予定して行われるもの	P417

第12-2章

用語	説明	頁
均衡待遇	正社員と非正規雇用社員との待遇差が、職務内容や配置等の変更範囲、その他の事情に照らして不合理ではないこと、つまりバランスの取れた待遇を目指すものであり、不合理でなければ一定の差異を許容するもの	P422
均等待遇	差別的取り扱いの禁止を意味し、均衡待遇とは異なり、差異を設けてはならないという厳しい規制を指す。効果が強力であるため、パート・有期法9条では「雇用関係が終了するまでの全期間において」という要件が、労働者派遣法30条の3第2項では「派遣就業が終了するまでの全期間において」という要件が加重されている	P422
派遣先均等・均衡方式	派遣における、同一労働同一賃金の実現として、派遣労働者が派遣元に雇用されながら、派遣先にて指揮命令を受けて労働するという特徴(雇用と使用の分離)から、派遣労働者の関心は、主に同じ職場で一緒に仕事をする派遣先の従業員との処遇の差にあるとして、労働者派遣法は、原則として、派遣労働者と派遣先従業員との均衡・均等を図る方法を定めたこと	P426
労使協定方式	派遣先均等・均衡方式を選択すると、同じような仕事をしているのに、派遣先の規模により賃金が上下するなど、派遣先次第で派遣労働者の待遇が不安定になる可能性や、派遣先にとっては派遣労働者と同種の仕事をする正社員の賃金情報などを提供しなければならず煩雑な面もあることを考慮して、労働者派遣法は、一定の要件を満たす労使協定を派遣元が結ぶことで、例外的に、派遣労働者の待遇に配慮する方法も定めていること	P426
短時間・有期雇用労働者及び派遣労働者に対する不合理な待遇の禁止等に関する指針(同一労働同一賃金ガイドライン)	平成30年12月28日に厚生労働省が公表した、非正規雇用社員と通常の労働者との均衡・均等な待遇を求める条文について、どのように解釈すべきかを行政が示したガイドラインであり、法的拘束力はないものの、これに基づいて行政指導がされることや裁判所が事実上判断の参考とすることが見込まれる	P429

第13章

用語	説明	頁
是正勧告書	労働基準監督署が、臨検監督等の調査の結果、当該事業場に労働基準法等の労働法令違反を認定した場合に、使用者に対し、違反事項を指摘し、期日を指定して是正を指導するために交付する書面	P450
指導票	労働基準監督署が、臨検監督等の調査の結果、当該事業場に労働法令違反ではないものの、改善をした方が望ましい事項がある場合や、今後法令違反となるおそれがありそれを防止する必要がある場合に、使用者に対し、それらを指摘し、期日を指定して改善を求めるために交付する書面	P450

第14章

企業内組合	特定の企業ごとに組織される労働組合	P460
産業別組合	同一産業ごとに、産業横断的に組織される労働組合	P460
職業別組合	同一職種ごとに、横断的に組織される労働組合	P460
合同労組	特定地域において企業や産業に関わりなく、多様な労働者が加入する労働組合	P460
ナショナルセンター	各種組合を取りまとめる、全国的な中央組織	P460
労働三権	①団結権、②団体交渉権、③団体行動権のこと	P461
団結権	労働組合を組織して団結すること	P461
団体交渉権	使用者が雇用する労働者の労働条件について使用者と団体として交渉する権利	P461
団体行動権	争議行為など、使用者に対抗するために団体として行動すること	P461
オルグ	組合への加入を誘う勧誘行為のこと	P461
法適合組合	労組法の要件をみたし、労組法の保護を受ける労働組合	P461
ユニオン・ショップ制	労働協約により、組合員であることを雇用の条件とすることによって、組合に入っていない労働者を解雇するよう約束させる制度	P466
チェック・オフ	労使協定に基づき、会社が組合員である労働者の賃金から組合費を控除して、それらを一括して組合に引き渡す制度	P467
組合専従	労働組合の幹部役員などが、従業員の身分を保持したまま、会社の業務を免除されて組合業務のみを行うこと	P468
組合休暇	組合大会への出席など、労働組合の行事に出席するための休暇	P468
便宜供与	会社が労働組合に対して組織運営上の様々な便宜を図ること	P468
団交応諾義務	団体交渉に応じなければならない使用者の義務	P469
義務的団交事項	不当労働行為制度により誠実に交渉を行うことが法律上強制されている事項	P470
任意的団交事項	義務的団交事項以外の事項で、団交に応ずるか否かは会社の自由であるもの	P470
争議行為	同盟罷業、怠業、作業所閉鎖その他労働関係の当事者が、その主張を貫徹することを目的として行う行為及びこれに対抗する行為であって、業務の正常な運営を阻害するもの	P473

同盟罷業	ストライキのこと	P473
怠業（サボタージュ）	意図的に仕事の能率を低下させる行為	P473
作業所閉鎖（ロックアウト）	作業所の閉鎖行為	P473
ピケッティング	ストライキを行う労働者が、ストライキの目的を達するために、業務を遂行しようとする会社側の労働者または出入りする取引先に対して、見張り、説得、実力行使その他の働きかけを行うもの	P474
スト権確立	ストライキを行うことについて、組合員の無記名投票による過半数の賛同を得た状態	P475
山猫スト	組合の指示によらない一部の組合員による勝手なスト	P475
平和義務	労働協約を締結した当事者が、その労働協約の有効期間中その労働協約の中に定められた事項の改廃を目的とした争議行為を行わないという義務	P475
仮処分	債権者からの申立てにより、民事保全法に基づいて裁判所が決定する暫定的処置であり、「係争物に関する仮処分」と「仮の地位を定める仮処分」の二種類がある。労働関係においては解雇問題で従業員としての「仮の地位を定める仮処分」の利用例が多い	P478

第15章

会社分割	会社がその事業の全部または一部を分割し、新たに設立する会社、または既存の別の会社に承継させること	P500
5条協議	会社分割による労働契約の承継を行うにあたり、双方等改正法の附則5条1項において定められた協議手続	P502
7条協議	会社分割による労働契約の承継を行うにあたり、会社分割承継法7条に定められた協議手続	P502
職業紹介	求人及び求職の申込みを受け、求人者と求職者との間の雇用関係の成立をあっせんすること。これを事業として行う場合、対価を徴収する有料のものと、いかなる名義でも報酬や手数料を受けない無料のものがある	P503
労働者供給	供給契約に基づいて労働者を単人の指揮命令を受けて労働に従事させることであって、労働者派遣法第2条1号に規定する労働者派遣に該当するものを含まないもの	P505
個人情報（個人情報の保護に関する法律上の定義）	生存する個人に関する情報で、氏名や生年月日等により特定個人を識別できるもの、またはマイナンバーや運転免許証番号等の個人識別符号が含まれるもの	P506
個人識別符号	個人に関する文字、番号、記号その他の符号であって、特定個人の識別等ができるものとして、政令に定められているもの。例えばマイナンバー、指紋データ、顔認識データ、運転免許証番号等が該当する	P506

用語集

要配慮個人情報	人種、信条、社会的身分、病歴、犯罪経歴、犯罪被害を被った事実等、不当な差別、偏見等の不利益が生じないように、取扱いに特に配慮が必要とされる個人情報	P506
個人情報取扱業者	個人情報データベース等を事業の用に供しているもの。ただし、国の機関、地方公共団体、独立行政法人等を除く	P506
個人情報データベース等	個人情報を含む情報の集合物で、電子メールのアドレス帳や五十音順で整理した名簿等、特定の個人情報を検索できるように体系的に構成されたもの	P506

第16章

健康保険	健康保険は、民間企業等に勤める会社員やその扶養家族の業務外の疾病や負傷、またはそれによる休業、出産、死亡に関して、保険給付を行う公的な医療保険制度	P516
介護保険	高齢者の介護サービスや介護支援を保障するための社会保険制度の一種で、高齢者の介護を社会全体で支え合うという保険制度	P516
厚生年金保険	会社員などの被用者、公務員を対象とした年金保険制度。主な保険給付内容は、老齢厚生年金、障害厚生年金・障害手当金、遺族厚生年金、脱退一時金など。保険料は会社と本人で折半	P516
労災保険	業務が原因の負傷、疾病、死亡（業務災害）、また通勤の途中の事故などの場合（通勤災害）に、国が会社に代わって給付を行う公的な制度	P516
雇用保険	労働者が失業したときや仕事を続けることが困難になったとき、あるいは仕事に関連して教育訓練を受けたときに給付を行うことで、労働者の生活の安定と就職の促進のための失業等給付を行う保険制度	P516
国民健康保険	個人事業主など、その他の保険制度に属さない人すべてを対象とした医療保険制度。保険料は世帯単位で、加入者の数、年齢、収入などにより算出され、保険内容も市区町村毎に若干異なる	P516
特別加入	労働者以外の者のうち、業務の実態や、災害の発生状況からみて、労働者に準じて保護することがふさわしいと見なされる者に、一定の要件の下に労災保険に特別に加入することを認めている制度。特別加入出来る者の範囲は中小事業主等、一人親方等、特定作業従事者、海外派遣者の4種に大別される	P521
労働保険料	労災保険料と雇用保険料をまとめた総称	P522
業務起因性・業務遂行性	業務災害とは、労働者が労働契約に基づいて使用者の支配下において労働を提供する過程で、業務に起因して発生した災害をいいます。労働者が使用者の支配下にある状態を「業務遂行性」といい、業務に起因することを「業務起因性」という	P524

国民年金	20歳から60歳までの個人事業主などを加入対象とした年金制度。主な給付内容は、老齢基礎年金、障害基礎年金、遺族基礎年金、寡婦年金、死亡一時金がある。保険料の支払いは本人	P529
厚生年金基金	企業年金の1つで、主に大手企業や業界団体ごとに設立されている。厚生年金基金の設立された企業で働く被保険者は、厚生年金基金の加入員となる	P530
確定給付企業年金	従業員が受け取る給付額があらかじめ約束されている企業年金制度。会社が拠出・運用・管理・給付までの責任を負う。給付内容は会社により異なるが、主に老齢給付、脱退一時金、障害給付、遺族給付	P530
年金払い退職給付	被用者年金制度の一元化により、公務員独自の職域年金相当部分が廃止されたため新たに創設。給付内容は、退職年金、公務障害年金、公務遺族年金の3種類	P530
マイナンバー	日本に住民票を有するすべての人（外国人も含む）が持つ12桁の番号。社会保障、税、災害対策の3分野で、複数の機関に存在する個人の情報が同一人の情報であることを確認するために活用	P533

●用語集（五十音順）

順	用語	頁
ア	安全委員会	P315
	安全衛生委員会	P315
	安全衛生管理計画書	P318
	安全管理者	P311
	安全配慮義務	P151
イ	育児休業	P122
	1年単位の変形労働時間制	P156
	1か月単位の変形労働時間制	P156
	1週間単位の非定型的労働時間制	P156
	一斉休憩の原則	P191
	一定期日払いの原則	P113
	意欲考課	P52
エ	衛生委員会	P315
	衛生管理者	P311
	LGBT	P262
オ	オルグ	P461
カ	解雇	P81
	解雇回避努力義務	P370
	介護休業	P122
	戒告	P232
	解雇権濫用法理	P89
	介護保険	P516
	解雇予告	P88
	解雇予告手当	P88
	解雇理由証明書	P386
	会社分割	P500
	解約権留保付の労働契約	P88
	確定給付企業年金	P530
	過失相殺	P303
	仮処分	P478

順	用語	頁
	環境型セクシュアルハラスメント	P262
	間接差別	P70
	官報	P366
	管理監督者	P178
キ	企画業務型裁量労働制	P173
	企業内組合	P460
	基準外賃金（所定外賃金）	P110
	基準内賃金（所定内賃金）	P110
	偽装請負	P416
	義務的団交事項	P470
	休暇	P192
	休憩時間	P190
	休憩時間自由利用の原則	P191
	休日	P191
	休日の振替	P193
	休職期間	P350
	狭義の普通解雇	P349
	業務起因性・業務遂行性	P524
	均衡待遇	P422
	均等待遇	P422
	勤務間インターバル	P153
ク	クーリング期間	P400
	組合休暇	P468
	組合専従	P468
ケ	計画年休	P201
	継続雇用制度	P383
	月例賃金	P110
	減給	P233
	健康診断	P319
	健康保険	P516

順	用語	頁
	譴責（けんせき）	P232
	限定正社員	P213
	限度時間	P144
コ	コアタイム	P165
	合意退職	P250
	降格	P228
	更新上限条項	P398
	厚生年金基金	P530
	厚生年金保険	P516
	合同労組	P460
	高度プロフェッショナル制度	P180
	合理的配慮	P72
	コース別採用（コース別管理）	P70
	国民健康保険	P516
	国民年金	P529
	5条協議	P502
	個人識別符号	P506
	個人情報（個人情報の保護に関する法律上の定義）	P506
	個人情報データベース等	P506
	個人情報取扱業者	P506
	個人単位の期間制限	P410
	固定化防止	P410
	雇用保険	P516
	コンピテンシー	P52
サ	最低賃金	P120
	採用	P68
	採用内定	P80
	採用内々定	P80
	採用の自由	P68
	裁量労働制	P154

順	用語	頁
	作業所閉鎖（ロックアウト）	P473
	36協定	P102
	産業医	P316
	産業別組合	P460
シ	時季指定	P197
	始期付解約権留保付の労働契約	P82
	時季変更権	P199
	支給日在籍条項	P131
	事業場外労働	P154
	事業所単位の期間制限	P410
	辞職	P350
	実労働時間	P124
	指導票	P450
	就業規則	P78
	出勤停止（停職）	P233
	出向	P86
	障害者	P73
	紹介予定派遣	P417
	昇格	P227
	試用期間	P87
	昇級	P227
	昇進	P227
	賞与	P110
	常用代替防止	P410
	除外認定	P363
	職業紹介	P503
	職業別組合	P460
	職能給	P50
	職能資格制度	P50
	職務給	P51

用語集

順	用 語	頁
	職務等級制度	P50
	所定休日	P142
	所定労働時間	P124
	人材育成（能力開発）制度	P40
	人事考課制度	P40
ス	スト権確立	P475
	ストレスチェック	P320
セ	成果主義賃金	P119
	成績考課	P52
	整理解雇	P349
	セクシュアルハラスメント	P261
	是正勧告書	P450
	絶対的必要記載事項	P97
	全額払いの原則	P113
	専門業務型裁量労働制	P173
ソ	総括安全衛生管理者	P311
	争議行為	P473
	相対的必要記載事項	P97
	相当因果関係	P301
	損益相殺	P305
タ	対価型セクシュアルハラスメント	P262
	代休	P194
	怠業（サボタージュ）	P473
	対象障害者	P73
	退職	P350
	退職勧奨	P80
	退職金	P110
	団結権	P461
	団交応諾義務	P469

順	用 語	頁
	短時間・有期雇用労働者及び派遣労働者に対する不合理な待遇の禁止等に関する指針（同一労働同一賃金ガイドライン）	P429
	男女同一賃金の原則	P113
	団体交渉権	P461
	団体行動権	P461
チ	チェック・オフ	P467
	懲戒解雇	P234
	懲戒処分	P92
	（懲戒処分としての）降格	P233
	直接払いの原則	P112
	直律効	P93
	賃金	P77
	賃金制度	P40
ツ	通貨払いの原則	P112
テ	定期昇給	P123
	定年制	P351
	出来高払制	P112
	転籍	P132
ト	同一労働同一賃金	P335
	等級（基本処遇）制度	P40
	同盟罷業	P473
	特別加入	P521
	特別条項	P144
ナ	ナショナルセンター	P460
	7条協議	P502
ニ	任意的記載事項	P97
	任意的団交事項	P470
ネ	年金払い退職給付	P530
	年功型賃金	P119
	年次有給休暇管理簿	P205

順	用　語	頁
	年俸制	P111
ノ	能力考課	P52
	ノーワークノーペイ	P336
ハ	配転	P210
	派遣先均等・均衡方式	P426
	パワーハラスメント	P265
ヒ	ピケッティング	P474
フ	付加金	P126
	不更新条項	P397
	普通解雇	P348
	不当労働行為	P211
	不利益変更	P105
	フレキシブルタイム	P166
	フレックスタイム制	P154
ヘ	平均賃金	P121
	平和義務	P475
	ベースアップ	P124
	便宜供与	P468
	変形労働時間制	P154
ホ	法定外残業	P142
	法定外の有給休暇	P195
	法定休日	P142
	法定雇用率	P73
	法定の有給休暇	P195
	法定労働時間	P124
	法適合組合	P461
	法内残業	P142
マ	毎月1回以上払いの原則	P113
	マイナンバー	P533
	マタニティハラスメント	P268

順	用　語	頁
ミ	身元保証契約	P79
ム	無期転換（申込）権	P398
	無期労働契約に転換	P336
モ	目標管理	P52
ヤ	役割給	P51
	役割等級制度	P50
	雇止め	P350
	雇止め法理	P394
	山猫スト	P475
ユ	有給休暇	P195
	有給休暇の買上げ	P195
	諭旨解雇（諭旨退職）	P234
	ユニオン・ショップ制	P466
ヨ	要配慮個人情報	P506
ロ	労災保険	P516
	労使慣行	P131
	労使協定	P95
	労使協定方式	P426
	労働委員会	P362
	労働協約	P95
	労働組合	P95
	労働契約（雇用契約）	P68
	労働契約申込みみなし制度	P415
	労働三権	P461
	労働時間の状況	P141
	労働者供給	P505
	労働条件通知書	P77
	労働審判	P126
	労働保険料	P522
ワ	割増賃金	P110

「企業労働法実務入門」
～はじめての人事労務担当者からエキスパートへ～

執筆者一覧

編集代表

弁護士 **倉重 公太朗** (くらしげ こうたろう)

倉重・近衞・森田法律事務所　代表弁護士

【経　歴】：慶應義塾大学経済学部卒
　　　　　　オリック東京法律事務所、安西法律事務所を経て
　　　　　　2018年10月～現事務所　https://kkmlaw.jp/
　　　　　　第一東京弁護士会　労働法制委員会　外国労働法部会副部会長
　　　　　　日本人材マネジメント協会（JSHRM）執行役員
　　　　　　日本CSR普及協会　雇用労働専門委員
　　　　　　経営法曹会議会員、日本労働法学会会員、日本労務学会会員
　　　　　　経営者側労働法専門弁護士。労働審判・仮処分・労働訴訟の係争案件対応、団体交渉（組合・労働委員会対応）、労災対応（行政・被災者対応）を得意分野とする。企業内研修、経営者向けセミナー、人事労務担当者・社会保険労務士向けセミナーを多数開催。

【主な著書】：『雇用改革のファンファーレ』（労働調査会）
　　　　　　　『HRテクノロジーで人事が変わる』（労務行政　編集代表）
　　　　　　　『なぜ景気が回復しても給料が上がらないのか』（労働調査会　著者代表）
　　　　　　　『決定版！問題社員対応マニュアル上・下巻』（労働調査会　著者代表）
　　　　　　　『企業労働法実務入門【書式編】』（日本リーダーズ協会 2016　著者代表）
　　　　　　　『チェックリストで分かる　有期・パート・派遣社員の法律実務』
　　　　　　　　　　　　　　　　　　　　　　　　　　　　（労務行政 2016　著者代表）
　　　　　　　『民法を中心とする人事六法入門』（労働新聞社　編集代表）

　　　　　　　　　　　　　　　　　　　　　　　　　　　　　など著作は20冊を超える

編集副代表

社労士 **田代 英治** (たしろ えいじ)

株式会社田代コンサルティング　代表取締役　社会保険労務士

【経　歴】：1961年　福岡県生まれ。
　　　　　　1985年　神戸大学経営学部卒。同年川崎汽船株式会社入社。
　　　　　　1993年　人事部へ異動。同部において人事制度改革・教育体系の抜本的改革を推進。
　　　　　　2005年　同社を退職し、社会保険労務士田代事務所を設立。
　　　　　　2006年　株式会社田代コンサルティングを設立し、代表取締役に就任。
　　　　　　人事労務分野に強く、各社の人事制度の構築・運用をはじめとして人材教育にも積極的に取り組んでいる。
　　　　　　豊富な実務経験に基づき、講演、執筆活動の依頼も多く、日々東奔西走の毎日を送っている。

【主な著書】：『ホテルの労務管理＆人材マネジメント実務資料集』（総合ユニコム、2018年7月）
　　　　　　　『企業労働法実務入門【書式編】』（日本リーダーズ協会　共著、2016年4月）
　　　　　　　『人事・総務・経理マンの年収を3倍にする独立術』（幻冬舎新書、2015年）
　　　　　　　『人事部ガイド』（労働開発研究会、2014年）
　　　　　　　『企業労働法実務入門』（日本リーダーズ協会　共著、2014年）他

執筆者一覧

編集副代表

弁護士 小山 博章 （こやま ひろあき）
第一芙蓉法律事務所

【経　歴】：慶應義塾大学大学院法務研究科修了
　　　　　経営法曹会議会員
　　　　　第一東京弁護士会労働法制委員会基礎研究部会副部会長
　　　　　日本労働法学会会員
　　　　　経営者側労働法専門弁護士で、労働審判・仮処分・労働訴訟の係争案件対応、団体交渉対応、人事労務に関する相談等を得意分野とする。ハラスメント研修などの管理職研修、従業員研修や、セミナーも数多く担当している。

【主な著書】：『労務専門弁護士が教える SNS・IT をめぐる雇用管理－Q&A とポイント・書式例－』（新日本法規出版　編著）
　　　　　　『裁判例や通達から読み解くマタニティ・ハラスメント－引き起こさないための対応実務』（労働開発研究会　編著）
　　　　　　『最先端の議論に基づく人事労務担当者のための書式・規定例』（日本法令　編著）
　　　　　　『就業規則の変更による労働条件不利益変更の手法と実務』（日本法令　共著）
　　　　　　『退職・解雇・雇止め－適正な対応と実務－』（労務行政　共著）
　　　　　　『決定版　問題社員対応マニュアル（上巻・下巻）』（労働調査会　共著）
　　　　　　『実務 Q&A シリーズ　募集・採用・内定・入社・試用期間』（労務行政　共著）
　　　　　　『実務 Q&A シリーズ　懲戒処分・解雇』（労務行政　共著）
　　　　　　『ローヤリング労働事件』（労働開発研究会　共著）など多数

編集者

荒川　正嗣
（あらかわ まさつぐ）

倉重・近衞・森田法律事務所　弁護士

【経　歴】：一橋大学法学部卒
　　　　　中央大学法科大学院修了
　　　　　第一東京弁護士会労働法制委員会時間法部会副部会長
　　　　　経営法曹会議会員
　　　　　経営者側での人事労務案件を専門とする

【主な著書】：『定額残業制と労働時間法制の実務』（労働調査会　共著）
　　　　　　『民法を中心とする人事六法入門』（労働新聞社　共著）
　　　　　　『最新　労働者派遣法の詳解』（労務行政　共著）
　　　　　　『懲戒処分の実務必携 Q&A』（民事法研究会　共著）

編集者

中山・男澤法律事務所　弁護士

【経　歴】：早稲田大学法学部卒
　　　　　慶應義塾大学法科大学院修了
　　　　　第一東京弁護士会　労働法制委員会基礎研究部会副部会長
　　　　　経営法曹会議会員
　　　　　経営者側労働法専門弁護士。労働審判・仮処分・労働訴訟の係争案件対応や人事労務に関する相談を得意分野とする。

【主な著書】：『女性雇用実務の手引』（新日本法規出版　共著）
　　　　　　『メンタル疾患の労災認定と企業責任～ Q&A でみる新「認定基準」と企業の安全配慮義務～』（労働調査会　共著）
　　　　　　『リスクを回避する　労働条件ごとの不利益変更の手法と実務』（日本法令　共著）
　　　　　　『異動・出向・組織再編－適正な対応と実務－』（労務行政　共著）など

中山　達夫
（なかやま たつお）

編集者

石井　拓士
（いしい たくじ）

太田・石井法律事務所　弁護士

【経　歴】：慶應義塾大学法科大学院修了
　　　　　第一東京弁護士会会員　労働法制委員会委員　経営法曹会議会員
　　　　　経営者側労働法専門弁護士

【主な著書】：『改正労働契約法の詳解』（労働調査会　著者）
　　　　　　『懲戒処分適正な対応と実務』（労務行政　著者）
　　　　　　『労働時間管理 Q&A100 問』（三協法規　著者）

編集者

安西法律事務所　弁護士

【経　歴】：中央大学法科大学院修了
　　　　　第一東京弁護士会　労働法制委員会

【主な著書】：『最新　労働者派遣法の詳解』（労務行政　共著）
　　　　　　『多様化する労働契約における人事評価の法律実務 Q&A』（労働開発研究会　共著）

平田　健二
（ひらた けんじ）

「企業労働法実務入門」
~はじめての人事労務担当者からエキスパートへ~

近衛　大
（このえ　だい）

倉重・近衛・森田法律事務所　弁護士

【経　歴】早稲田大学法学部卒。
早稲田大学大学院修士課程修了（民事訴訟法専攻）。　平成17年弁護士登録。第一東京弁護士会労働法制委員会　均等法部会・労使部会副部会長。人事労務に関する諸問題や労働事件の各種手続での係争案件、組合問題等、企業側労働事件に関する事件を広く扱う。

【主な著書】『管理職のための労働契約法・労働基準法の実務』（講文社　共著）
『個人請負の労働者性の問題』（労働調査会　共著）
『改正労働契約法の詳解』（労働調査会　共編）
『最新実務労働災害』（三共法規　共著）
『Q＆A　職場のメンタルヘルス』（三共法規　共著）
『統合人事管理』（経団連出版　共著）
『メンタル疾患の労災認定と企業責任』（労働調査会　共編）他、多数。

岡村　光男
（おかむら　みつお）

岡村法律事務所　弁護士

【経　歴】中央大学法科大学院修了
2007年弁護士登録（第一東京弁護士会）・安西法律事務所入所
2017年岡村法律事務所開設（山梨県弁護士会）
日本労働法学会会員

【主な著書】『社員が裁判に選ばれたらどうするか？』（労働調査会　共著）
『改訂版最新実務労働災害』（三協法規出版　共著）
『Q＆A職場のメンタルヘルス』（三協法規出版　共著）など

瓦林　道広
（かわらばやし　みちひろ）

野中・瓦林法律事務所　弁護士

【経　歴】福岡大学法科大学院修了
第一東京弁護士会　労働法制委員会労働契約法部会副部会長、日本弁護士連合会　労働法制委員会委員
主な取り扱い分野は、企業の労務問題、契約問題等。労務問題においては、企業の労務管理全般に関する法律相談や労働裁判対応が多い。そのほか、各種交渉案件、一般民事事件も手掛ける。
中小企業経営者、人事・労務担当者向けセミナー講師も担当。

【主な著書】『改正労働契約法の詳解』（労働調査会　共著）
『決定版！問題社員対応マニュアル』（労働調査会　共著）
『定額残業制と労働時間法制の実務』（労働調査会　共著）
『チェックリストで分かる有期・パート・派遣社員の法律実務』（労務行政　共著）
『民法を中心とする人事労務六法入門』（労働新聞社　共著）
『変化する雇用社会における人権』（労働開発研究会　共著）等

樋口　治朗
（ひぐち　じろう）

南青山J＆M総合法律事務所　代表弁護士

【経　歴】慶應義塾大学法学部政治学科卒
国家公務員（Ⅰ種）として防衛庁・外務省へ奉職（1998年～2005年）
第一東京弁護士会　労働法制委員会委員　経営法曹会議会員
労働訴訟を含む人事労務問題対応を一番の得意分野とするが、企業顧問、不動産案件、相続案件、交通事故対応なども多く取り扱う。

【主な著書】『民法を中心とする　人事六法入門』（労働新聞社　共著、2016年）
『定額残業制と労働時間法制の実務』（労働調査会　共著、2016年）
『決定版！問題社員対応マニュアル 上』（労働調査会　共著、2015年）
『メンタル疾患の労災認定と企業責任』（労働調査会　共著、2013年）
『賃金・賞与・退職金の実務Q＆A』（三協法規　共著、2011年）

田島　潤一郎
（たじま　じゅんいちろう）

安西法律事務所　弁護士

【経　歴】慶應義塾大学法学部法律学科卒　慶應義塾大学法科大学院修了
第一東京弁護士会　労働法制委員会委員、総合法律研究所倒産法研究部会会員（2019年4月～執行部幹事）、総合法律研究所会社法研究部会会員、司法修習委員会委員
経営法曹会議会員
日本労働法学会会員
慶應義塾大学法科大学院非常勤講師（2018年3月まで）
人事労務に関する相談及び法的紛争解決を主として、倒産・事業再生案件、会社法案件などの企業法務のほか、家事事件、刑事事件なども手掛ける

【主な著書】『決定版！問題社員対応マニュアル』（労働調査会　共著）
『医療・介護をめぐる労務相談』（新日本法規　共著）
『逐条　破産法・民事再生法の読み方』（商事法務　共著）
『労働基準広報』（労働調査会）にて連載担当

冨田　啓輔
（とみた　けいすけ）

第一芙蓉法律事務所　弁護士

【経　歴】慶應義塾大学法科大学院修了
第一東京弁護士会労働法制委員会労働契約法部会副部会長
労働審判・労働訴訟等の事件対応、団体交渉等の組合対応、戦略的な人事制度改定等、人事労務を専門としている。
2018年8月より、カリフォルニア大学バークレー校ロースクールにおいて上席客員研究員として、シリコンバレーのベンチャー企業の人事労務等を研究しており、ベンチャー企業に対する人事労務相談に力を入れている。

【主な著書】『裁判例や通達から読み解くマタニティ・ハラスメント―引き起こさないための対応実務』（労働開発研究会　共著）
等多数。

執筆者一覧

吉永　大樹
（よしなが　だいき）

牛嶋・和田・藤津法律事務所　弁護士

【経　歴】東京大学法学部私法コース卒
　　　　　東京大学法科大学院修了
　　　　　牛嶋・和田・藤津法律事務所　所属弁護士
　　　　　第一東京弁護士会　労働法制委員会委員
　　　　　経営法曹会議会員

【主な著書】『定額残業制と労働時間法制の実務』（労働調査会　共著）
　　　　　　『最新 労働者派遣法の詳解』（労務行政　共著）
　　　　　　『懲戒処分の実務必携Q＆A』（民事法研究会　共著）など

河本 みま乃
（かわもと　みまの）

番町総合法律事務所　弁護士

【経　歴】慶應義塾大学法学部法律学科卒業、立命館大学法科大学院修了。
　　　　　平成26年第一東京弁護士会にて弁護士登録。
　　　　　経営法曹会議、日本弁護士連合会労働法制委員会、第一東京弁護士会労働法制委員会委員。
　　　　　主に経営側の人事労務案件を扱うほか、刑事事件、家事事件などを取り扱う。

【主な著書】『中央労働時報』（財団法人労委協会　第1211号、第1227号寄稿）
　　　　　　『労働者派遣法の詳解』（労務行政　共著）
　　　　　　『労働契約法の実務問答215』（日本法令　寄稿）
　　　　　　『多様化する労働契約における人事評価の法律実務Q&A』（労働開発研究会　共著）

菱野　義将
（ひしの よしまさ）

社会保険労務士法人　西村社会保険労務士事務所　社会保険労務士
福島県社会保険指導協会　代表

【経　歴】成蹊大学　経済学部卒
　　　　　労働保険・社会保険の加入促進や適正加入の推進、更には労働保険事務組合制度を利用しての中小事業主様への労災保険の特別加入の推進等を中心に活動を行っている。

荒川　建一
（あらかわ けんいち）

社会保険労務士法人 大野事務所　特定社会保険労務士

【経　歴】駒澤大学法学部卒
　　　　　東京都社会保険労務士会所属
　　　　　社会保険労務士・行政書士 早坂事務所にて約10年間の勤務を経て現事務所に入所。中小企業における一般的な手続きから大企業のM&A・上場時の労務監査まで幅広く経験。人事労務デューデリジェンスを得意とする。

【主な著書】『企業労働法実務入門（書式編）』

【改訂版】企業労働法実務入門 はじめての人事労務担当者からエキスパートへ

2019年10月1日　初版　第1刷　発行
2021年　2月1日　　　　　第2刷　発行

著　者　企業人事労務研究会
発行者　西岡 裕司
発行所　日本リーダーズ協会
　　　　〒162-0825　東京都新宿区神楽坂1-9
　　　　電　話　03-3260-6371　ＦＡＸ　03-3260-8647
印　刷　株式会社 ティー・プラス

乱丁本・落丁本はお取り替え致します。